陶行知 著
中国陶行知研究会 组编
总主编 周洪宇

陶行知全集（新编本）

第三卷 论文 演讲（1927—1932）

本卷主编 周洪宇
副主编 詹淑兰 李宇阳

华中师范大学出版社

陶行知全集（第三卷）

TAOXINGZHI QUANJI

图书在版编目（CIP）数据

陶行知全集：新编本. 第三卷 / 周洪宇 总主编；陶行知 著；周洪宇 本卷主编. — 武汉：华中师范大学出版社，2021.12

ISBN 978-7-5622-9608-9

Ⅰ. ①陶… Ⅱ. ①周… ②陶… Ⅲ. ①陶行知（1891—1946）—全集 Ⅳ. ①G4-52

中国版本图书馆 CIP 数据核字（2021）第 265306 号

责任编辑：熊　然　　封面设计：罗明波

责任校对：王　胜　　责任印制：刘　敏

编辑室：学术出版中心　　电话：027－67863280/7792

出版发行：华中师范大学出版社

地址：湖北省武汉市洪山区珞喻路 152 号

电话：027－67863426（发行部）

网址：http://press.ccnu.edu.cn

邮箱：press@mail.ccnu.edu.cn

印刷：湖北恒泰印务有限公司

开本：710mm×1000mm　1/16　　印张：39.25

字数：643 千字　　定价：196.00 元

版次：2022 年 11 月第 1 版　　印次：2022 年 11 月第 1 次印刷

青少年时期

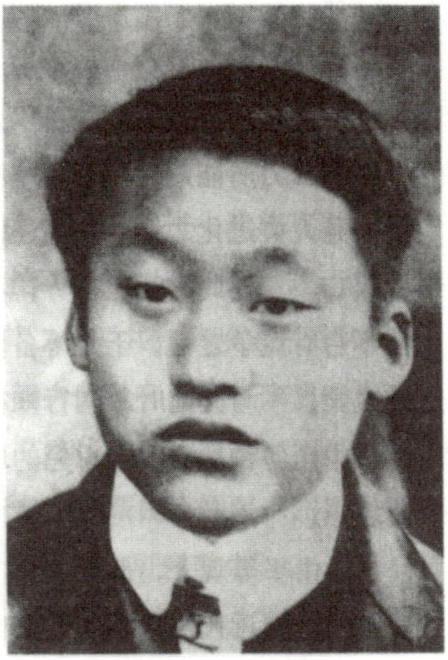

金陵大学时期

1914 年赴美途中与同学合影（前排左一为陶行知，后排右一为陈鹤琴）

1915年秋，转赴纽约哥伦比亚大学师范学院攻读教育学博士学位，在哥伦比亚大学本部校区侧门高台处与同学孙科等合影（中间为陶行知，左二为孙科，背后是哥伦比亚大学师范学院大楼）

与哥伦比亚大学同学合影（前排右一为陶行知，左二为胡适）

与哥伦比亚大学导师斯特雷耶合影

1915 年秋，获伊利诺伊大学政治学硕士学位（后排右二为陶行知）

与妻汪纯宜（右）、妹陶文渼（左）合影

1919 年 5 月，杜威应邀来华讲学，由史量才、陶行知等陪同
参观上海申报馆时的合影（前排右一为杜威，后排右二为陶行知）

1921 年，孟禄来华考察，陶行知陪同并任翻译（左三为孟禄，左四为陶行知）

1923 年，与长子陶宏和次子陶晓光合影

南京平民教育动员大会盛况

陶行知的妹妹陶文渼热心乡村教育，创设了晓庄农妇工学处

东南大学任教时期

中华教育改进社第一次董事会议，陶行知任主任干事（右一为陶行知）

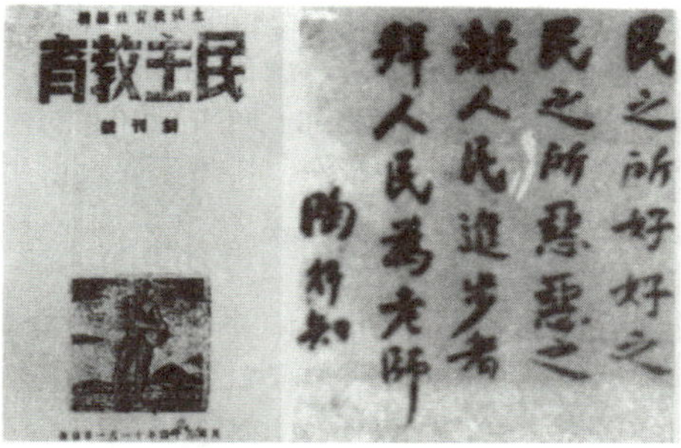

陶行知主编的《民主教育》

陶行知亲自设计的晓庄师范校旗

（100 颗星代表征集 100 万位同志，倡导 100 万所学校，改造 100 万个乡村）

陶行知在晓庄师范周年纪念会上讲话，讲话内容可概括为：主张教学合一，改造乡村教育

1928年秋，陶行知创办了第二所乡村师范——浙江湘湖师范，先后委派晓庄学生操震球、程本海、方与严、王琳、李楚材等赴湘湖师范办学

育才办学时期

出席世界和平大会期间与巴黎学生自治会代表合影（左三为陶行知）

1932年10月1日，山海工学团在宝山县大场成立，
取名“山海”，志在唤醒民众，收复东北失地，要日寇还我河山

1933 年 4 月，山海工学团各儿童自动工学团联合举行儿童节纪念大会，
陶行知在大会上讲话

1936 年 9 月，出席巴黎全欧华侨抗日救国联合会会议时，与钱俊瑞、陆璀合影
（后排左一为陶行知，左三为钱俊瑞；前排中为陆璀）

1936年11月，在英国伦敦海德公园（海德公园是当时的自由论坛，陶行知曾写有《海德公园》一诗，赞扬这里的言论自由，讽刺、抨击当时国民党政权的独裁与专制）

1936年11月，回访母校哥伦比亚大学，并发表演讲

1937 年，孩子剧团人员合影，陶行知鼓励他们勇敢地为抗日救国而斗争

1937 年，在温哥华与华侨合影（居中者为陶行知）

1938年8月，陶行知回国途经香港，受到香港渔人协会平民学校师生的热烈欢迎，应邀在欢迎会上作《国际形势与中国抗战》的演说

1939年，与吴树琴在重庆

1945 年 10 月，中国民主同盟举行第一次全国代表大会（三排右四为陶行知；二排右三为史良，右五为鲜特生，右六为张澜，右七为沈钧儒；前排右六为李公朴）

1945 年 10 月 11 日，毛泽东到重庆谈判后返回延安时，陶行知等到机场欢送（右一为陶行知，右二为陈诚，右四为张治中）

普及教育

社會大學開學

1946 年 1 月初，陶行知创办社会大学，在《普及教育》上

刊登了《社会大学开学》一文

1946 年 6 月 23 日，陶行知在上海北站欢送人民代表赴南京请愿的大会上高呼：“八天的和平太短了，我们需要永久的和平！伪装的民主太丑了，我们需要真正的民主！”

编辑说明

一、陶行知（1891—1946）是中国近现代著名的教育家、思想家、政治家和文学家，也是中国近现代原创力最强，真正形成教育学说体系，并具有世界影响的教育思想家。陶行知在国内外有着很高的地位，毛泽东称之为“伟大的人民教育家”，董必武誉之为“当今一圣人”，宋庆龄赞之为“万世师表”。习近平总书记也多次在不同场合提及陶行知，对陶行知思想、事业、人格与精神予以充分肯定。不仅在国内，陶行知在国际上也享有盛誉。日本知名教育史学家、中国研究所前所长、东京专修大学教授斋藤秋男指出：“陶行知不仅是属于中国的，也是属于世界的。”2007 年，美国知名学者、哥伦比亚大学师范学院哲学、教育学教授戴维德·汉森（David T. Hansen）在他主编的《教育的伦理视野——实践中的教育哲学》一书中，介绍了世界最具影响力的十大教育思想家，其中唯一的一位中国教育思想家就是陶行知，他将陶行知与美国的杜威、意大利的蒙台梭利等世界著名教育思想家并列，足见陶行知在国际学术界的巨大影响以及被国际人士的高度认可。学习、研究和借鉴陶行知教育学说和人格精神在新时代仍然有重要的现实意义。

二、陶行知的著作，生前曾以各种形式出版过专辑，在其去世以后，有关方面和人士也多次提出编辑出版全集，但终因条件所限，一直未能实现。党的十一届三中全会以后，陶行知研究走上正轨。1982 年，华中师范学院（后改名华中师范大学）在陶行知家属吴树琴、陶晓光、陶城和张健、戴自俺、楼化蓬、孙传华、苏辛涛等弟子们，以及一批国内陶行知研究专家的支持和指导下，由华中师范学院教育科学研究所所长杨葆焜和副所长董宝良两位教授分别担任正、副主编，与萧宗六、伍文教授一道，带领中青年教师夏德清、喻本伐、周洪宇、熊贤君、蔡靖方、李红梅等人编辑完成《陶行知全集》（8 卷本），并由湖南教育出版社从 1984 年初开始陆续出版（简称湘教版）。湘教版全集出版后，陶行知弟子，时任国务委员的张劲夫在1986年4月24日的《人民日报》上发表书评《中国近代教育史上的一座宝库》，高度赞扬了华中师范大学湘教版《陶行知全集》的编辑出版工作。湘教版《陶行知全集》先后荣获1988年全国首届优秀教育图书特别奖、1994年第一届国家图书奖。这套全集出版后，为弥补遗漏缺失，成立不久的中国陶行知研究会就组成编辑委员会，邀请张劲夫、钱伟长、孙起孟担任顾问，方明担任主任委员，戴自俺任主编，胡晓风任特邀主编，由陶晓光全面协调，在此基础上利用当时收集的一批新资料，在陶行知家属吴树琴、陶晓光、陶城及刘季平、方明、张健、戴自俺、陆静山、楼化蓬、徐明清、吴瀚、苏辛涛、孙传华、金成林等弟子们指导和参与下，组织郭笙、聂大鹏、张邦民、温致义、洪桥、储朝晖、庞曾漱、王超英等同志整理、编辑《陶行知全集》(12卷本)，丁丁、李能寿、龚思雪担任审稿，并由四川教育出版社金成林、伍尧、浦家驹、吴纪真、王屏汉、周良玉、罗智超、文龙、邹青等人组成出版工作班子，于1990年开始陆续出版（简称川教版），2005年之后又出版修订版。川教版全集第一版出版后，时任中顾委常委的张劲夫再次在《人民日报》上发表书评予以肯定：华中师范大学、中国陶行知研究会都为保存中华民族优秀文化遗产，推动教育改革，建设中国特色社会主义教育理论体系作出了积极贡献，得到了社会各界佳评。

这次华中师范大学及出版社之所以要编辑出版《陶行知全集》（新编本），一是为了纪念陶行知先生诞辰130周年和逝世75周年；二是近30年来又陆续发现了一批重要佚文，是时候重新编辑一套内容更为丰富、资料更为齐全、考订更为精准、卷帙更为繁富的《陶行知全集》了。这有助于推动当下和未来中国教育改革、发展与创新，对建设高质量教育体系，打造教育强国具有重要价值和意义。

三、基于陶行知是20世纪集教育家、思想家、政治家和文学家四大家于一身的综合型文化巨人这一新的历史定位，《陶行知全集》（新编本）力图创新原有的编辑整理理念、思路和分类。

《陶行知全集》（新编本）的第一个明显改进是建立了全新的分类体系：第一卷至第五卷为论文演讲，收录陶行知于1913年至1946年发表的论文、演讲等文章以及与正文内容密切相关的附文，新增篇目是论文演讲卷的一大亮点，同时考证、修订了以往两套全集中的部分错误。第六卷为论著，收录陶行知撰写出版的《中国教育改造》《教学做合一讨论集》《普及教育》《普及教育续编》《普及教育三编》《怎样做小先生》《中国大众教育问题》《育才学校手册》八本论著。第七卷为教材，收录陶行知撰写出版的《平民千字课》《儿童天文学活页指导（函授教材）》《老少通千字课》《算术课本编辑手稿》四套教材及《儿童科学读物》。第八卷为英文，该卷特点在于集论著、书信、诗歌等多种体裁于一卷，按照英文著述与翻译作品对篇目初次分类，继而以体裁二次归类，同一体裁内以时间先后编排，同时考虑到学位论文（硕士）的特殊性与重要性，在编排中予以单列。第九卷为小说、杂文、散文、儿童故事、儿童剧，采取全新的分类方式，将陶行知文学著作中的小说、杂文、散文、儿童故事和儿童剧（如《古庙敲钟录》《斋夫自由谈》以及《创造宣言》等）从原来湘教版、川教版教育著作类中独立出来并加以细分，实现了分类理念的创新。第十卷为诗歌，该卷将《知行诗歌集》《知行诗歌续集》《知行诗歌别集》《知行诗歌三集》《知行诗歌集》5 本专集编排在前，然后将此之外的诗歌（包括中诗英译和英诗中译）依照时间先后编进集外诗歌，同时也将歌曲和对联细分，最终形成了由集内诗歌、集外诗歌、歌曲、对联四大类综合而成的诗歌卷。第十一卷为书信，收录陶行知以个人名义、职务名义以及作为集体一员所写的书信及相关来信或复信，同时该卷将呈文、电文等类似书信形式的通信也收录进来。第十二卷为日志，根据陶行知 55 本记事本的复印件整理而成，是陶行知著述的重要组成部分。第十三卷为自述，陶行知生前没有写过自传，只写过一批带有自传性质的自述。为了让读者对陶行知有更加全面的了解，参照目前市面类似自述的编辑方式，编者以陶行知本人所作《早期的经历和打算》《早期的人生信仰》两篇自述性文章为基础和线索，通过综合整理陶行知各种自述性质的资料编成此自述，给人们提供了一种了解他的新途径、新形式，这也是《陶行知全集》（新编本）编辑方式上的新探索。第十四卷为年谱，该卷内容均为原创，条目化呈现了陶行知的生活轨迹，客观公正地呈现了陶行知的人生，简单明了便于查阅。《陶行知全集》（新编本）14 卷重新细分类型，形成了比较科学合理的分类格局。

《陶行知全集》（新编本）的第二个明显改进是新增了一批重要佚文。特别需要指出的是，《陶行知全集》（新编本）新增了陶行知英文硕士学位论文的原文及译文，合 10 余万字，系首次公开发表，它是研究陶行知早期思想发展过程极为珍贵的史料。此外，新增百余篇新发现的佚文，包括演讲、诗歌、书信、日记等，合40余万字，再加上新整理的自述和年谱，使全集新编本总字数将近900万。这说明陶行知本人实际撰译字数远超前述两套全集。

《陶行知全集》（新编本）的第三个明显改进是努力对照原文，考证查实了收文的标题、内容、出处、日期，对以往两套全集中存在的错误进行了修订。例如，经考证修订了文章出处及日期错误60余处、其他各类文字脱漏和标点错误等数百处。

《陶行知全集》（新编本）的第四个明显改进是新增了各卷的本卷说明，介绍了各卷的编辑原则、编辑范围、编辑体例、新增篇目、修订内容以及各卷的特点与风格，做到了全集与各卷之间的兼顾与呼应。

四、《陶行知全集》（新编本）的编辑工作，以"求全""求新""求真"为基本原则。（一）求全：将已知的文献尽可能地全部收入，尽量不留遗憾。（二）求新：增补了新收集的资料，并做了认真的校勘和考订。（三）求真：《陶行知全集》新编本收文，尽量保持陶行知著作原貌，所收文稿，均作慎重核查考订。校勘、考订工作主要以手稿或最早的影印本为依据，并参考湘教版、川教版等，对照比较，在出现表述差异的情况下，以"求真"为原则进行选择。

五、《陶行知全集》（新编本）的编辑工作，努力把握和处理好主体与全体的关系、整体与局部的关系、继承与创新的关系。（一）主体与全体的关系：陶行知著述丰富，涉及领域广泛，不仅在教育方面，而且在哲学、政治和文学多方面都有许多论述。教育著述是陶行知著述的主体，但不是它的全体。因此，《陶行知全集》新编本不仅在分类和内容上重点编辑教育著述，还努力将诗歌、小说、杂文、散文、儿童故事、儿童剧、歌曲、对联等文学作品与教材、书信、日志、自述等各类著述分类呈现。（二）整体与局部的关系：体现在两个层面，一是分卷局部与14卷整体的关系，在编辑本卷时努力放在14卷整体中来考虑；二是编辑本卷时，努力把每篇文章放在本卷整体中来考虑，做到统筹兼顾，相互协调。（三）继承与创新的关系：《陶行知全集》（新编本）一方面努力继承湘教版和川教版两套全集的精华与优点，另一方面在分类与编辑过程中大胆创新与突破。

六、在华中师范大学校领导以及中国陶行知研究会新任会长朱永新等人的高度重视和大力支持下，《陶行知全集》（新编本）由华中师范大学陶行知国际研究中心发起组织并协调，中国陶行知研究会组编，华中师范大学出版社出版。编辑机构分为顾问委员会和编辑委员会。顾问委员会名誉主任为张劲夫、钱伟长、孙起孟、吴树琴；主任委员为方明、张健、戴自俺、胡晓风、刘若曾、章开沅、朱永新、杨葆焜、董宝良、赵凌云、韩邦彦，副主任委员为丁丁、丁右涵、王琳、王世杰、王承绪、邓宗琦、吕长春、吕景星、伍文、任钟印、孙传华、苏辛涛、李冰封、李能寿、李楚材、杨应彬、杨明远、肖宗六、吴瀚、余洁生、张一诚、张邦民、张达扬、陆维特、陆静山、陈树新、陈贻鑫、罗明、周正章、庞曾漱、洪桥、祝德顺、聂大朋、夏德清、徐明清、徐春轩、郭笙、陶城、陶晓光、曹先捷、龚思雪、蒋秋芝、温致义、楼化篷、操震球、戴本博；委员包括王仁雷、王旭明、王超英、卢志文、申国昌、吕德雄、刘大康、刘有声、刘贵华、江长风、汤翠英、许森、李冬、李红梅、李祚明、杨东平、杨立义、张颖、张惠元、张德生、陈华、陈思、陈洛、金堤、周国彪、周晓平、赵振铣、胡国枢、姚启安、聂圣哲、夏青峰、徐成钢、陶侃、陶铮、韩忠祥、喻本伐、程红兵、程晋升、程翊德、储朝晖、鲁风、童兆玲、童富勇、窦桂梅、蔡靖方、裴未如、熊贤君。编辑委员会名誉主任是中国陶行知研究会会长朱永新；编辑委员会主任为中国教育学会副会长、中国陶行知研究会原常务副会长、中国陶行知研究会学术委员会主任、华中师范大学陶行知国际研究中心主任周洪宇，华中师范大学校长郝芳华，副主任为华中师范大学副校长彭南生。编辑委员会成员按姓氏笔画排序，包括于洋、王会波、申国昌、申慧宁、冯会平、邢欢、刘大伟、刘从德、刘训华、刘来兵、齐彦磊、杜小双、杜京容、李宇阳、汪亮、张汉敏、陈诗、周娜、周挥辉、赵婧、柯文涛、侯雅蓉、贺鹏丽、夏豪杰、黄国华、覃琳、詹淑兰、操太圣。编辑人员包括陈海霞、郑媛、李楠、王燕、刘明源、操若璠、余江涛、陈港、佀娅琳、赵美君、陈冰、潘亚东、产夏洪、安智诚、邓宇星、杨妮、刘利敏、王亭力、冯雯、唐仁凤、吴梦洁、胡晓涵、郑王怡、徐聪聪、励琳、方楹、金小骞、张好、李佳新、樊竣菲、韩旭帆、曾嘉怡。编辑委员会成员是这次编辑工作的主干，秘书长为周挥辉、刘从德、申国昌，副秘书长为刘来兵、齐彦磊、陈诗。

七、《陶行知全集》（新编本）总主编由周洪宇担任。第一卷分卷主编周洪宇，副主编齐彦磊；第二卷主编周洪宇，副主编王会波；第三卷主编周洪宇，副主编詹淑兰、李宇阳；第四卷主编申国昌，副主编夏豪杰、申慧宁；第五卷主编操太圣；第六卷主编刘来兵，副主编贺鹏丽；第七卷主编刘来兵，副主编贺鹏丽；第八卷主编周娜、杜小双，副主编侯雅蓉、张汉敏；第九卷主编于洋；第十卷主编汪亮、覃琳；第十一卷主编邢欢，副主编陈诗；第十二卷主编刘训华，副主编柯文涛；第十三卷主编周洪宇；第十四卷主编杜京容、刘大伟。

八、《陶行知全集》（新编本）的编辑工作，得到了中国陶行知研究会、湖北省图书馆、华中师范大学图书馆、南京晓庄学院图书馆、南京大学图书馆、南京晓庄学院陶行知纪念馆、伊利诺伊大学档案馆、中国第二历史档案馆以及各相关省市图书馆、博物馆、档案馆、陶行知纪念馆、出版社以及陶行知先生后人、生前友人和学生的热心赞助与大力支持，特别是喻本伐教授、何荣汉博士提供了一批重要佚文及信息，谨此致谢！

九、限于水平和时间，《陶行知全集》（新编本）中错漏之处在所难免，敬希读者教正。

《陶行知全集》（新编本）编辑委员会

2021 年 9 月

编辑凡例

一、《陶行知全集》新编本采取体裁加编年的形式作为编辑体例。按照体裁分类分卷，再于各分卷下以编年的原则编排。《全集》新编本分编为十四卷：第一至五卷为论文演讲；第六卷为论著；第七卷为教材；第八卷为英文；第九卷为小说、杂文、散文、儿童故事和儿童剧等；第十卷为诗歌；第十一卷为书信；第十二卷为日志；第十三卷为自述；第十四卷为年谱。

二、《全集》新编本的编年原则为：（一）文章写作、演讲时间与发表时间皆备者，以写作与演讲时间为据。（二）无写作与演讲时间而有发表时间者，以发表时间为据。（三）报刊上连载的文章，以第一部分的发表时间为据。

三、《全集》新编本的收文原则为：（一）收文以首次发表者为准。（二）专著以陶行知生前出版者为据。（三）未刊发者以底本为据。

四、《全集》新编本的注释原则为：（一）一律采用尾注形式。（二）注释从简。同一条目，在同一卷中，原则上只在首次出现时加注，在后卷出现时酌注。（三）注释序号，原注照旧。今注用①②③④等。（四）人物注释，只做介绍，不做评价，力求客观真实。（五）文章标题尽量使用原文发表时期的标题，对于部分原文没有标题的篇目由编者拟定，并以注释形式说明。原则上从原文中直接摘取代表性文字构成文章标题，必要情况下对原文文字稍加增减。（六）对于作者在原著重新发表时有所增删者，其增删部分用注释加以说明，或将修改文字以附录形式置于原著正文之后，以便对照。（七）注释中须说明写作或发表时间以及原著来源。

五、《全集》新编本的文字处理原则为：（一）按国家公布的《简化字总表》（1986 年 10 月），将原件的繁体字一律改为简化字。（二）按《现代汉语词典》，将原件中的异体字、通假字等一律改为规范字。（三）原稿及印本中有明显的漏字、衍字和错字，由整理者慎重校勘后斟酌订正；无从判断正误者，或发现数据有误者以注释存疑。（四）原著中因直排而出现“如左”字样，均改为“如下”。

《陶行知全集》（新编本）编辑委员会

2021 年 9 月

本卷说明

本卷包括1927年至1932年之间陶行知发表的论文、演讲等内容，采用“编年”体例，按照时间顺序确定目录。在1984年湘教版全集的基础上，借鉴吸收了1991年川教版全集的优点，收录了文章249篇，其中包括正文238篇，与正文内容密切相关的附文11篇。

新增篇目是本卷的一大亮点。本卷新增了陶行知的数篇论文、演讲。部分篇目系首次发表，部分篇目虽已在其他相关出版物上发表，但此前尚未被湘教版、川教版两套全集收录，此次也一并收录到本卷。经过细致搜集和严格考证，本卷新增陶行知文章22篇，新增字数约4万字。分别是：《南京燕子矶乡村幼稚园成立》《晓庄师范三年发展步骤》《晓庄联村运动会》《改造乡村的小学几个建议——在江宁县教育局“暑期学校”的讲演》《打破书本和教师的联盟——对光华大学教育学会参观团的谈话》《教育的力量在改造社会——在中央大学区“扩充教育机关会议”上的演讲》《中国教育的改造》《联村禁烟委员会规程》《农村教育》《希望个个为用书的主人——在“中华图书馆协会”年会上的演讲》《二年来之晓庄乡村教育运动》《晓庄试验》《生活教育论发凡》《贫穷与教育——生活教育讨论之一》《培养儿童科学教师以造就科学儿童案》《生活与教育——在杭州之江文理学院的演讲》《社会与学校》《民众十条路线——对到访学生的演讲提纲》《中国普及教育之出路——对安徽省“国内教育考察团”的演讲大要》《农村社会与农村教育》《陶知行所述之两种病——软手病 呆脑病》。

本卷修正了部分以往全集版本中的错误。例如，原收于湘教版全集第2卷和川教版全集第2卷的《中国乡村教育运动之一斑——中国代表致送坎拿大世界教育会议报告之一》一文，文章出处为《教育季刊》，经考证查实，刊名应为《中华基督教教育季刊》；原收于湘教版全集第2卷和川教版全集第2卷的《小孩子最要紧的是进学校》一文，文章出处为《乡教丛讯》第2卷第5期，经考证查实，期数应为第15期；《创造的教育》一文原收于湘教版全集第2卷和川教版全集第3卷，两版均认为此文发表于1933年，经查实，此文最初的发表时间为1932年。本卷均按照最新考订进行了修正。此外，本卷还改正了以往版本中的多处文字错误。

本卷所收录的文章，部分是陶行知署其笔名发表，例如“何日平”、“时雨”、“彬”、“文”等，这些笔名均经学术界历年考证（笔名详见湖南教育出版社出版的《陶行知全集》第6卷“陶行知笔名录”），认为系陶行知曾用名。

本卷分工：主编周洪宇，副主编詹淑兰、李宇阳。

编者

2021年9月

目　录

一九二七年

中华教育改进社
乡村教育同志会简章①

第一条　本会依据中华教育改进社乡村教育政策组织而成，以群策群力、共谋中国乡村教育之改造为宗旨。

第二条　凡接受本会所定《信条》而具有下列资格之一者，皆得为本会会员。

（甲）实际在乡村学校服务者；

（乙）学术实力足以研究或提倡乡村教育者；

（丙）初中以上各级学校末二年学生预备毕业后从事乡村教育者。

第三条　本会设执行委员九人，处理一切会务。

第四条　执行委员概由会员通讯选举，任期三年。每年改选三人，连选得连任。第一次执行委员任期一年、二年、三年者各三人，于第一次开会时签定之。选举执行委员时，应推举司选员三人管理下届选举事宜。被改选之三人应由司选员加倍提名寄与全体会员选举，但会员欲于提名外另选他人者听便。

第五条　执行委员举定后应互选委员长一人，文牍一人，会计一人，庶务一人，编辑四人，分理会务。

第六条　委员任务如下：

（甲）联合全国同志，力谋乡村教育之改造；

（乙）编辑《乡村教育丛讯》以沟通各地乡村教育同志之声气；

（丙）调制全会同志一览以资本会存查；

（丁）征集同志俾本会分工合作之分子得以继续增加；

（戊）每月报告中华教育改进社一次，并将该报告送交《新教育评论》披露；

（己）答复会员质疑问难；

（庚）发给入会证；

（辛）保管入会志愿书；

（壬）核准分会支会成立；

（癸）其它重要事项。

第七条 会员任务如下：

（甲）甲种会员应依据《信条》切实进行本职本校本村之改造；

（乙）乙种会员应依据《信条》切实提倡研究乡村教育；

（丙）丙种会员应依据《信条》切实作服务乡村之准备；

（丁）各会员应随时向总会报告进行状况，以便编入《乡村教育丛讯》；

（戊）各会员应用感化精神进行改造。

第八条 本会以《乡村教育丛讯》为沟通声气、交换经验之主要工具，每会员邮寄一份。出版期限暂不确定，但每年至少应寄十次。

第九条 同地会员上五人时得组织分会，并将“简章”“会员名单”“职员名单”函请核准成立定名为中华教育改进社某某地方乡村教育同志分会。

第十条 同县分会上五处时，得组织支会，其成立手续如上。

第十一条 本会会员于入会前应照下列格式填写志愿书及履历表各一纸（表格略——编者）。

第十二条 本会会员每年纳会费大洋四角，可用邮票代替。

第十三条 委员会常会每月举行一次，遇有重要问题得由委员长召集临时会议。全国支部代表大会则每两年举行一次。

第十四条 本“简章”如有不适之处，须经会员十人以上之提议，全国支部代表大会出席会员三分之二以上之通过，及中华教育改进社董事会之同意始得修改。

1926年12月订

原载《乡教丛讯》第1卷第1期，1927年1月1日。

【注释】

①本篇原发表时无署名。系由陶行知主持拟订。

1926年底，中华教育改进社召开特约试验乡村学校第二次研究会时，陶行知提议成立乡村教育同志会并宣读了该会简章十一条。后经集体修改增补，遂成本篇。

教育改进社乡村师范筹备会纪①

中华教育改进社之试验乡村师范学校筹备会，于一月一日在南京安徽公学开会。到者有改进社主任干事陶行知，试验乡村师范第一院筹备主任赵叔愚，农事指导员邵德馨，第一中心小学指导员丁超，第二中心小学校长宋鼎，第三中心小学校长钱向志。当时议决三十四条积极分任筹备，俾三月十五日可以如期开学。

（一）田地二百亩；

（二）荒山十里；

（三）中心小学三处；②

（四）童子军帐蓬二十个；

（五）校舍界牌用“信条”口号逐条写在上面，每片写一条；③

（六）校匾题字；

（七）校旗；

（八）筹开办经费一万元，经常费一万元；④

（九）聘请指导员二十人；⑤

（十）编制课程；

（十一）制造农具、土木工具、烹饪器具、桌凳及其它教具、用具；

（十二）先造图书馆、科学馆、手工室、娱乐室、讨论室；

（十三）凿井二口；⑥

（十四）准备树苗、蚕子及其他需用之种子与肥料；

（十五）编制各项章程、办法；

（十六）组织招生委员会，处理招生事宜；

（十七）编定招生用表格、工具、测验及题目；

（十八）绘校图三：一工程图，一油画图，一国画图；

（十九）选购乡村师范用图书；

（二十）制造简单仪器标本，并选购不能制造之仪器；

（二十一）设立杂货铺一处；
（二十二）设立印刷所一处；
（二十三）设立木匠铺一处；
（二十四）设立铁匠铺一处；
（二十五）设立裁缝铺一处；
（二十六）预置建造宿舍用种种材料，如茅草、木料等；
（二十七）加推筹备员；
（二十八）规定学校组织系统；
（二十九）农民借贷处一处；⑦
（三十）乡民体育场一处；
（三十一）编制乡村师范学校用簿记、表册、单据全套；
（三十二）编制乡村小学用簿记、表册、单据全套；
（三十三）邀请燕子矶小学、尧化门小学童子军为立础、考试、开学招待员；
（三十四）邀请乡村教育同志，参加立础礼、考试礼及开学礼。

1927年1月1日拟定

原载《乡教丛讯》第1卷第2期，1927年1月16日。

【注释】

①本篇原发表时无署名。此会系由陶行知召集、主持，会议内容亦由他准备并提出。

1927年1月4日《申报》刊载《教育改进社乡村师范之筹备会议决筹备事项三十四条》一文，与本篇内容基本一致。

②在《申报》刊出时，此句之后有“创办一处”四字，系指已经创办的晓庄中心小学。

③在《申报》刊出时，“每片”为“每牌”，系指将《我们的信条》18条分写于18块标语牌上，而用此标语牌作为校舍的“界牌”。

④在《申报》刊出时，“开办经费”为“开办费”。

⑤在《申报》刊出时，“二十人”为“十二人”。

⑥在《申报》刊出时，“二口”为“二具”。

⑦在《申报》刊出时，“借贷处”为“借贷社”。

中国乡村教育之根本改造及建设新徽州之使命

——在上海徽社新年聚餐同乐会上的演讲①

现在，先从这两个月来，我所做的工作谈一下。然后，讲到家乡的事情。我今天所要讲的，是关于我们中国的根本问题，便是中国乡村教育之根本改造！

中国估算有一百万个乡村。如欲教育普及，一个乡村，至少有一个学校；一个学校，至少要一个教员，而且要好的教员。但是，向来所办的教育，完全走错了路：他教人离开乡下向城里跑，他教人吃饭不种稻，穿衣不种棉，盖房子不造林；他教人羡慕繁华，看不起务农；他教人有荒田不知开垦，有荒山不知造林；他教人分利不生利；他教人忍受土匪、土棍、土老虎的侵害而不能自卫，遇了水旱、虫害而不知预防；他教农夫的子弟变成书呆子；他教富的变穷，穷的格外穷，强的变弱，弱的格外弱。

像这种教育，大家还高唱着要教育普及，真是痴人说梦。其实，这种教育，决不能普及，也不应该普及。前面是万丈悬崖，同志们，务须把马勒住，另找生路。生路是甚么？就是建设适合乡村实际生活的活教育。

不过，活的乡村教育，必须要有活的乡村教师。活的乡村教师，必须有三个条件：第一有农夫的身手；第二有科学的头脑；第三有改造社会的精神。他的功效，一年能使学校气象生动，二年能使社会信仰教育，三年能使科学农业著效，四年能使村自治告成，五年能使活的教育普及，十年能使荒山成林、废人生利。这样，教师就是改造乡村生活的灵魂。

活的乡村教育，要有活的方法；活的方法，就是教学做合一。教的法子，根据学的法子；学的法子，根据做的法子。凡事怎样做，就怎样学；怎样学，就怎样教。比如种田这件事，要在田里做，就要在田里学，也就要在田里教。活的乡村教育，要用活的环境，不用死的书本。他要用环境里的活势力，去发展学生的活本领，征服自然、改造社会的活本领。他其实要叫学生在征服自然、改造社会上，去运用环境的活势力，以培植他自己的活本领。活的乡村教育，要教人生利；他要叫荒山成林，叫瘠地长五谷。他教人人都能自立、自治、自卫，他要教乡村变为西天乐国，村民都变为快乐的活神仙。

以后看学校的标准，不是校舍如何、设备如何；乃是学生生活力丰富不丰富？村中荒地都开垦了吗？荒山都造成了林吗？村道已四通八达了吗？村中人人都能自食其力吗？村政已经成了村民自有、自治、自享的活动了吗？

这种活的教育，不是教育界或任何团体单独办得成功的。我们要有一个大规范的联合，才能希望成功！那应当联合中之最应当联合的，就是教育与农业携手。中国乡村教育之所以没有实效，是因为教育与农业，都是各干各的，不相闻问。教育没有农业，便成为空洞的教育、分利的教育、消耗的教育；农业没有教育，就失了促进的媒介。

倘有好的乡村学校，深知选种、调肥、预防虫害种种科学农业，做个中心机关，农业推广就有了根据地、大本营；一切进行，必有一日千里之势。所以，第一要教育与农业携手！那最应当携手的虽是教育与农业，但要求其充分有效，教育更须与别的伟大势力携手。教育与银行充分联络，就可推翻重利；教育与科学机关充分联络，就可破除迷信；教育与卫生机关充分联络，就可预防疾病；教育与道路工程机关充分联络，就可改良路政。其他不胜枚举。

总之，乡村学校是今日中国改造乡村生活之惟一可能的中心！他对于改造乡村生活的力量大小，要看他对于别方面势力联络的范围多少而定。乡村教育关系三万六千万万人民之幸福。办得好，能叫农夫上天堂；办得不好，能叫农夫下地狱。

现在，我们在南京已经开始进行了，决定创办一所试验乡村师范学校。他的目的，是依据乡村实际生活，造就乡村学校教师、校长、辅导员的地方。因为要有好的学校，先要有好的教师。好的教师，有生成的，有学成的。生成的，不可多得，简直凤毛麟角；恐怕一百万位乡村教师当中，有九十九万九千九百位，是要用特殊的训练，把他们培养成功的。

有了好教师，就算是好的乡村学校。好的乡村学校，就是改造乡村生活的中心。现在，中国有极少数乡村学校，确是朝着这条路走。他们的精神，确是要令人起敬。如同燕子矶小学、尧化门小学和无锡开原小学，都是著有成绩的乡村中心小学。

中心小学，以乡村实际生活为中心；同时，又为试验乡村师范的中心。平常师范学校的小学，叫做附属小学。我们要打破附属品的观念，所以叫做中心小学。中心小学，是师范学校的主脑，不是师范学校的附属品；中心小学，是师范学校的母亲，不是师范学校的儿子。中心小学是太阳，师范学校是行星。师范学校的使命，是要传布中心学校的精神、方法和因地制宜的本领。

我们这个学校，正在积极筹备，决定三月十五日开学——开学期即为开工期。所要考的，有五样东西：(1) 农事或土木工操作一日；(2) 智慧测验；(3) 常识测验；(4) 作国文一篇；(5) 三分钟演说。该校各科教师，都称为指导员，不称为教员。他们指导学生教学做，他们与学生共教、共学、共做、共生活。不但如此，高级程度学生，对于低级程度学生，也要负指导之责。

我们准备了田园二百亩，供师生耕种；荒山十里，供师生造林；最少数经费，供师生自造茅草屋居住。每个茅草屋住十一个人——十位学生和一位指导员。里面有阅书室、会客室、饭厅、盥洗室、厕所，屋外后面附一个小厨房。厨房之后有一小菜园。但是，茅草屋没有造成之前，大家都住在童子军式帐篷里。谁的茅草屋没有造好，谁都要住在帐篷里。十一个人，都要受茅草屋指导员的指导，按照图样，建造一个优美的、卫生的、坚固的、合用的、省钱的茅草屋。个个人都要参加，都要动手。教师不但是教书，学生不但是读书，他们是到这里来，共同创造一个学校。从院长起，以及到学生，谁不能造成茅草屋，谁就永久住在帐篷里。

所有一切建筑，都是茅草屋。除宿舍外，还有图书馆、科学馆、教室、娱乐室、操室、浴室、陈列所、医院、动物园，以及指导员家属住宅，都要逐渐使他们成立。但总依据茅草屋的形式建筑。

简括说起来，试验乡村师范的精神，可以拿本校校旗之意义来代表：旗之中心，有一个小圆圈，里面有个活字，代表所要培养之生活力；圈外有个等边三角，代表教学做三者合一；三角上面有一个“心”放在当中，表示关心农民甘苦之意；左边有一支笔，右边有一把锄头；三角之外，有一大圆圈放射光芒，好比是太阳光；四面有一百个金色星布满全旗，代表一百万个学校，改造一百万个乡村，使个个乡村都得到光明，合起来造成中华民国的伟大的光明。

总之，乡村教育的生路是：我们要从乡村实际生活产生活的中心学校；从活的中心学校产生活的乡村师范；从活的乡村师范产生活的教师；从活的教师产生活的学生、活的国民。

讲到我们徽州的教育，尤其令人痛心！自从废科举、兴学校以来，也有二十年了。但对于社会有何贡献？这是事实，毋庸讳言的。

我很希望，吾徽教育界，应当早日觉悟，有一个总反省、总忏悔、总自新。徽州六县，估计起来，约有三千个乡村，就须有三千所学校；最少，就须有三千位教师。好教师的生成，是很难得的；恐怕有二千九百九十九位，是用特殊的训练把他们培养成功的。这是一件伟大的事业，要全徽同志运用心力、财力，才能办到。

本社的宗旨，以造成新徽州为目的。我们要觉悟，非走此路不可。诸同志们，应该从这方面去努力进行。本社所出版之《微音》月刊，已出至三十期了。逐期有进步，很能引起各地同乡欢迎。这是一个好现象，还望同志们本此毅力，认定共同事业是永久的、普遍的，必须共同合作到底。我们既有一个目标，应有方针、有计划、有组织，对于人才有切实的训练。我希望，这次乡村师范里面，徽州至少每县要保送两个人来学习。学成之后，回到徽州去，从事乡村教育的开山工作。

我们的新使命，是要征集一百万个同志，创造一百万个学校，改造一百万个乡村。在徽州，我们至少希望，有三千个同志，创造三千个学校，改造三千个乡村。我们以至诚之意，欢迎全国及全徽同胞一齐出来，加入这个运动，赞助他发展，督促他进行，一心一德的，来为中国一百万个乡村，创造一个新生命；叫中国一个个的乡村，都有充分的新生命，合起来造成中华民国的伟大新生命！

1927年1月3日讲

原载《微音》第31、32期合刊，1927年1月25日。

【注释】

① 本篇系演讲记录。记录者为程本海。副题系编者加拟。该演讲记录后以《中国乡村教育之根本改造》为题，发表于《中华教育界》第16卷第10期“乡村教育专号”（1927.4）。由于在《中华教育界》的发表件删除了部分内容，故此次补遗时，仍将《微音》的原发表件全文收录。

再论中国乡村教育之根本改造①

——在上海青年会的演讲

今天所要讲的，是关于我们中国的根本问题，便是中国乡村教育之根本改造。中国估算有一百万个乡村，如欲教育普及，一个乡村至少有一个学校，一个学校至少要一位教员，而且要好教员。但是，中国向来所办的教育，完全走错了路：他教人离开乡下向城里跑，他教人吃饭不种稻，穿衣不种棉，盖房子不造林。他教人羡慕繁华，看不起务农。他教人有荒田不知开垦，有荒山不知造林。他教人分利不生利。他教人忍受土匪、土棍、土老虎的侵害而不能自卫，遇了水旱虫害而不知预防。他教农夫的子弟变成书呆子。他教富的变穷，穷的格外穷；强的变弱，弱的格外弱。像这种教育，大家还高唱着要教育普及，真是痴人说梦。其实，这种教育决不能普及，也不应该普及。前面是万丈悬崖，同志们务须把马勒住，另找生路。生路是什么？就是建设适合乡村实际生活的活教育！

不过，活的乡村教育，必须要有活的乡村教师。活的乡村教师必须有三个条件：第一有农夫的身手；第二有科学的头脑；第三有改造社会的精神。他的功效：一年能使学校气象生动，二年能使社会信仰教育，三年能使科学农业著效，四年能使村自治告成，五年能使活的教育普及，十年能使荒山成林，废人生利。这样，教师就是改造乡村生活的灵魂。活的乡村教育要有活的方法，活的方法就是教学做合一：教的法子根据学的法子，学的法子根据做的法子；凡事怎样做就怎样学，怎样学就怎样教。比如种田这件事，要在田里做，就要在田里学，也就要在田里教。活的乡村教育要用活的环境，不用死的书本。他要用环境里的活势力，去发展学生的活本领——征服自然、改造社会的活本领。他其实要叫学生在征服自然、改造社会上去运用环境的活势力，以培养他自己的活本领。活的乡村教育要教人生利，他要叫荒山成林，叫瘠地长五谷。他教人人都能自立、自治、自卫。他要教乡村变为西天乐国，村民都变为快乐的活神仙。

以后看学校的标准，不是校舍如何，设备如何，乃是学生生活力丰富不丰富。村中荒地都开垦了吗？荒山都造成了林吗？村道已四通八达了吗？村中人人都能自食其力吗？村政已经成了村民自有、自治、自享的活动了吗？这种活的教育，不是教育界或任何团体单独办得成功的，我们要有一个大规范的联合，才能希望成功！那应当联合中之最应当联合的，就是教育与农业携手。中国乡村教育之所以没有实效，是因为教育与农业都是各干各的，不相闻问。教育没有农业，便成为空洞的教育、分利的教育、消耗的教育。农业没有教育，就失了促进的媒介。倘有好的乡村学校，深知选种调肥、预防虫害种种科学农业，做个中心机关，农业推广就有了根据地、大本营，一切进行，必有一日千里之势。所以第一要教育与农业携手！那最应当携手的虽是教育与农业，但要求其充分有效，教育更须与别的伟大势力携手。教育与银行充分联络，就可推翻重利；教育与科学机关充分联络，就可破除迷信；教育与卫生机关充分联络，就可预防疾病；教育与道路工程机关充分联络，就可改良路政。其他不胜枚举。

总之，乡村学校是今日中国改造乡村生活之唯一可能的中心！他对于改造乡村生活的力量大小，要看他对于别方面势力联络的范围多少而定。乡村教育关系三万万六千万人民之幸福！办得好能叫农夫上天堂，办得不好能叫农夫下地狱。

现在我们在南京已经开始进行了，决定创办一所试验乡村师范学校。他的目的，是依据乡村实际生活造就乡村学校教师、校长、辅导员的地方。因为要有好的学校，先要有好的教师。好的教师有生成的，有学成的。生成的天才不可多得，简直是凤毛麟角，恐怕一百万位乡村教师当中，有九十九万九千九百位是要用特殊的训练把他们培养成功的。有了好教师，就算是好的乡村学校；好的乡村学校，就是改造乡村生活中心。现在中国有极少数乡村学校确是朝着这条路走，他们的精神，确是要令人起敬。如南京燕子矶小学、尧化门小学、明孝陵小学和无锡开原一校[②]等，都是著有成绩的乡村中心小学。中心小学以乡村实际生活为中心，同时又为试验乡村师范的中心。平常师范学校的小学叫做附属小学，我们要打破附属品的观念，所以称他为中心小学。中心小学是师范学校的主脑，不是师范学校的附属品；中心小学是师范学校的母亲，不是师范学校的儿子；中心小学是太阳，师范学校是行星。师范学校的使命是要传布中心学校的精神方法和因地制宜的本领。我们这个学校正在积极筹备，决定三月十五日开学——开学期即为开工期——所要考的有五样东西：（一）农事或土木工操作一日；（二）智慧测验；（三）常识测验；（四）作国文一篇；（五）三分钟演说。该校各科教师都称为指导员，不称为教员，他们指导学生教学做，他们与学生共教、共学、共做、共生活。不但如此，高级程度学生对于低级程度学生也要负指导之责。我们准备了田园二百亩供师生耕种，荒山十里供师生造林，以最少数经费供师生自造茅草屋居住。每个茅草屋居住十一个人——十位学生和一位指导员。里面有阅书室、会客室、饭厅、盥洗室、厕所，屋外后面附一个小厨房，厨房之后有一小菜园。但是，茅草屋没有造成之前，大家都住在童子军式帐篷里，谁的茅草屋没有造好，谁都要住在帐篷里。十一个人都要受住茅草屋指导员的指导，按照图样建造一个优美的、卫生的、坚固的、合用的、省钱的茅草屋。个个人都要参加，都要动手。教师不但是教书，学生不但是读书，他们是到这里来共同创造一个学校。从院长起以及到学生，谁不能造成茅草屋，谁就永久住在帐篷里。所有一切建筑都是茅草屋，除宿舍外，还有图书馆、科学馆、教室、娱乐室、操室、浴室、陈列所、医院、动物院以及指导员家属住宅，都要逐渐使他们成立，但总依据茅草屋的形式建筑。简括起来：试验乡村师范的精神，可以拿本校校旗之意义来代表，旗之中心有一个小圆圈，里面有个“活”字代表所要培养之生活力；圈外有个等边三角，代表教学做三者合一；三角上面有一个“心”字放在当中，表示关心农民甘苦之意；左边有一支笔，右边有一把锄头；三角之外有一大圆圈放射光芒，好比是太阳光；四面有一百个金色星布满全旗，代表一百万个学校，改造一百万个乡村，使个个乡村都得到光明，合起来造成中华民国的伟大的光明！

总之，乡村教育的生路是：我们要从乡村实际生活产生活的中心学校，从活的中心学校产生活的乡村师范，从活的乡村师范产生活的教师，从活的教师产生活的学生、活的国民。

临了，我还要把我们上月在南京开会[3]所议决通过的信条也顺便说一说：（一）我们深信教育是国家万年根本大计；（二）我们深信生活是教育的中心；（三）我们深信健康是生活的出发点，也就是教育的出发点；（四）我们深信教育应当培植生活力，使学生向上长；（五）我们深信教育应当把环境的阻力化为助力；（六）我们深信教法学法做法合一；（七）我们深信师生共生活共甘苦为最好的教育；（八）我们深信教师应当以身作则；（九）我们深信教师必须学而不厌才能诲人不倦；（十）我们深信教师应当运用困难，以发展思想及奋斗精神；（十一）我们深信教师应当做人民的朋友；（十二）我们深信乡村学校应当做改造乡村生活的中心；（十三）我们深信乡村教师应当做改造乡村生活的灵魂；（十四）我们深信乡村教师必须有农夫的身手、科学的头脑、改造社会的精神；（十五）我们深信乡村教师应当用科学的方法去征服自然，美术的观念去改造社会；（十六）我们深信乡村教师要用最少的经费，办理最好的教育；（十七）我们深信最高尚的精神是人生无价之宝，非金钱所能买得来，也就不必靠金钱而后振作，尤不可因钱少而推诿；（十八）我们深信如果全国教师对于儿童教育都有鞠躬尽瘁死而后已的决心，必能为我们民族创造一个伟大的新生命。这十八则就是“我们的信条”。

我已经随便的讲了不少，如今再具体的作一结束如下：我们教育同志，应当有一个总反省、总忏悔、总自新。我们的新使命是要征集一百万个同志，创设一百万个学校，改造一百万个乡村。我们以极诚恳的意思，欢迎全国同胞一齐出来，加入这个运动！赞助他发展，督促他进行，一心一德的来为中国一百万个乡村创造一个新生命，叫中国一个个的乡村，都有充分的新生命，合起来造成中华民国的伟大的新生命！

1927 年 1 月 3 日讲

原载《中华教育界》第 16 卷第 10 期，1927 年 4 月。

【注释】

①本篇系演讲记录。记录者：程本海。题目原为《中国乡村教育之根本改造》，编者在题目前加“再论”二字，以示区别作者 1926 年 12 月所撰《中国乡村教育之根本改造》一文。

本文原发表时，附有如下文字：“陶知行先生这篇演词，是于一月三日应徽社所请，在青年会演讲约一时半之久，态度恳挚，听者无不动容，足见其感人之深。这篇笔记，经陶氏校阅并改正多处，应在这里附志谢忱。——笔记者识。”

②四校皆为中华教育改进社特约试验乡村学校。前三所校址在南京近郊，开原一校在无锡开原乡河埒口。

③指 1926 年 12 月 25 日在南京尧化门小学召开的中华教育改进社特约乡村学校第二次研究会。在这次会议上，以第一次研究会（1926 年 11 月 21 日开）通过的《我们的信条》为誓词，举行了立志乡村教育的宣誓典礼。

中华教育改进社设立试验乡村师范学校招生广告[①]

（江苏教育厅准予试验）

目标

（一）培养农夫的身手；（二）培养科学的头脑；（三）培养社会改造的精神。

考试科目

（一）农务或土木工操作一日；（二）智慧测验；（三）常识测验；（四）作汉文一篇；（五）三分钟演说。

本校准备

（一）田园二百亩，供学生耕种；（二）荒山十里，供学生造林；（三）最小数经费，供学生自造茅屋居住；（四）中心学校数处，供学生实地学做；（五）指导员数人，指导学生教学做。

投考资格

初中、高中、大学末一年半程度学生；有农事或土木工经验；及在职教师，有相当程度，并愿与农民共甘苦，有志增进农民生产力，发展农民自治力者，皆得投考。倘有志兴办乡村小学者，为预备师资起见，选择合格学生，保送来校投考，尤所欢迎。

报名期

一月十日起。

投考期

三月十日起。

开学及开工期：

十六年三月十五日。

报名处及函索章程处

南京中正街安徽公学；北京西四中华教育改进社。

学费免，膳宿杂费详简章。小名士、书呆子、文凭迷最好不来！

原载《新教育评论》第3卷第9期，1927年1月28日。

【注释】

①本篇原发表时无署名，系由陶行知起草或审定。陶行知当时是试验乡村师范学校的筹创人。原题是《中华教育改进社设立试验乡村师范学校招生》，今题为编者所拟。

试验乡村学校筹备处启事①

本院刻正积极筹备，以便如期开学。除各方青年愿意，自行报名投考外，各地教育机关或热心人士有志改造或兴办乡村小学者，为预备师资起见，选择合格学生，资送投考，尤所欢迎。并望切实注意本院所定投考办法及农事、建筑等项作业，均极繁重，苟非体格强健、志愿坚定者，断难任此种清苦之锻炼。务希预先详慎审查投考者之资格，然后资送来宁，以免徒劳跋涉为幸。

原载《新教育评论》第3卷第9期，1927年1月28日。

【注释】

①本篇原发表时无署名，系由陶行知起草或审定。陶行知当时是试验乡村师范学校的筹创人。

我们应当向谁拜年

今天是元旦，我们应当向谁拜年？请大家想一想。我们充饥的油盐菜米面是从那里来的？我们御寒的棉花丝绸是从那里来的？我们安居的房屋所用的木石砖瓦是从那里来的？都是从乡下来的，都是乡下人的血汗换来的。我们今天不应该下乡拜年，下乡送礼，下乡报恩吗？我们今年不应当为乡下同胞做点事吗？我们今生不应当化点钱，尽点心，用点力，为乡下同胞减少些痛苦，增加些幸福吗？

十六年夏历元旦①

原载《乡教丛讯》第1卷第3期，1927年2月1日。

【注释】

①民国十六年即1927年，夏历即今所谓阴历，此处元旦指正月初一。

中华教育改进社
辅导乡村小学办法①

第一条 本社为赞助乡村小学改造起见，特设乡村小学辅导课主持进行。

第二条 本社辅导步骤订定如下：

（一）有志改革之校长或主持人员，到本社指定之乡村小学作有系统之参观；

（二）本社乡村小学辅导员到该校作有系统之参观；

（三）该校校长或主持人员提出改造计划，与本社乡村小学商决；

（四）根据会定计划，由该校负责进行改造。本社乡村小学辅导员，当依照该校需要，随时到校酌情辅导。

第三条 凡愿依照上项步骤邀约本社辅导进行者，须正式备函与本社接洽。

第四条 本社指定参观之乡村小学列下：

（一）南京观音门燕子矶小学；

（二）南京尧化门小学；

（三）南京明孝陵明陵小学；

（四）南京笆斗山小学；

（五）无锡河埒口开原小学。

第五条 本社在各校推定招待员姓名列下：

（一）燕子矶小学毛瑞芝先生；

（二）尧化门小学宋调公先生；

（三）明陵小学王慕周先生；

（四）笆斗山小学蔡嘉乐先生；

（五）开原小学潘一尘先生。

第六条 本社以燕子矶小学、尧化门小学、开原小学离城较远，特备宿舍以便参观时可以暂住，从容考察，以免往返之劳。

第七条 燕子矶小学同时可住十人，尧化门小学同时可住四人，开原小学同时可住四人。

第八条 参观人员如愿借宿，务请先期与招待员函约到校日期及约留铺位、住宿日数，俟得招待员复信方算约定。

第九条 参观人员借宿，宜携带铺盖、手巾、牙刷，余由宿舍供给。

第十条 借宿人员每天每人付杂费洋一角，膳食可由学校代办，燕子矶、尧化门每天每人二角，开原每天每人四角。

第十一条 本社辅导员来往旅费，除有特别情形，概以三等支给，此项用费除本社机关、社员外，概由邀请学校或管辖该校之机关、个人担负。

第十二条 本社辅导计划，先在轮船、火车通行之附近地方试办。俟办有成效，辅导人员加增，当徐图向内地推行。

路程说明：

（一）燕子矶——在观音门外江岸，距神策门十三里，自南京城中雇人力车前往，每辆车价至多半元，如有多人合乘马车，当日往返亦可，按照半天或全天例价计算支付。

（二）尧化门——在沪宁路沿线，距下关十二里，距神策门十五里，可自以上两点乘沪宁慢车前往，车资颇廉，或乘人力车出太平门亦可。

（三）明陵——距朝阳门仅三里，人力车、马车均可通达，当日往返甚便，无须留宿。

（四）笆斗山——距燕子矶仅二里，可由燕子矶就近前往参观，无须留宿。

（五）开原乡河埒口——距无锡车站约十里，人力车绕惠山或由西门走均可。

原载《乡教丛讯》第1卷第3期，1927年2月1日。

【注释】

①本办法系由陶行知主持拟定。陶行知时任中华教育改进社主任干事。

苏义教会之农村师范评点表

江苏义务教育期成会，为谋农村师范改进计，去年曾请胡叔异君赴各县调查农村师范，近复将调查所得之结果，制为农村师范评点表，备将来调查农村师范之应用。此表仍由胡君主稿，经袁观澜会长审定后，复请陶知行、章伯寅、顾述之诸君校阅，汇集各人之意见，经几次之修订，草成下表，闻日内拟作最后之修订，即行付印。兹将该表条目录下，以飨读者。

第一目标〔30分〕 学校普通各科目能适合于师范教育之原则，并能注意于农村有关系之各点。其细目为：

（一）普通各科目，能就农村有关系各点，加意注重。

（二）国文教材，能选习合于农村兴味及日常应用文字。

（三）作文能练习合于农村兴味及日常应用文字（乡村应用之契约，柬帖等均应练习）。

（四）算学能练习乡村日常生计中数量的各种问题，如丈量田亩、计算租税及日常简易簿记等。

（五）有稻、麦、棉主要作物之一种科目及实习。

（六）有园艺、畜殖、蚕桑、造林、农产制造等，适宜于本地副产之实习。

（七）手工有制造及修理简单农具及家具之技能。

（八）有关于医药常识之科目及实习。

（九）有研究农村社会正当娱乐之教材及练习。

（十）有去除虫害及关于水旱灾之研究及实习。

（十一）改进农村交通之研究。

第二目标〔25分〕 教师指导是否能直接或间接可培养良好的农村教师：

（一）教师与学生共同生活，实行人格感化。

（二）能练习衣食住三项，自己操作的并能助人的。

（三）能制造农村小学适用之教具。

（四）利用乡村环境及其机会而采作适当之教材。

（五）指导目标，能养成有思想有干才的农村导师。

（六）能练习勤朴、坚苦、耐劳之习惯。

（七）有新村组织机关，而学生真能实地练习受熏陶，其热心宏愿，真难能而可贵也。

原载《乡教丛讯》第1卷第3期，1927年2月1日。

中华教育改进社拟订全国乡村学校大比赛办法①

中华教育改进社为促进全国乡村教育起见，特拟举办乡村学校比赛办法。第一次拟于民国十七年一月一日举行。兹将此种办法录下，以资海内关心乡村教育者之参考。

全国乡村学校大比赛办法：

（一）凡在中国境内之乡村学校（乡村师范及乡村小学），有志改良者皆得以学校之名义加入比赛。

（二）比赛性质系以各本校现状与理想乡村学校比较。

（三）比赛准备期限以一年为度。在此一年之内，各本校进步多少，即为各该校之成绩。

（四）各校准备期间，得向中华教育改进社函索《理想乡村学校》一份，借资改进。交通便利之处，并得依据本社改造乡村学校辅导办法，要求本社辅导。

（五）与赛各校由本社函请各该县教育局派员视察现状，并于一年后视察改造成绩。依据理想乡村学校详点表报告本社，分别等级，赠送匾额奖证。

原载《乡教丛讯》第1卷第3期，1927年2月1日。

【注释】

①本篇原发表时无署名。系陶行知主持拟订。与本办法同时拟成的还有一份乡村小学比赛表。

中华教育改进社
试验乡村师范学校组织大纲①

第一条 本校为中华教育改进社所设立，以试验乡村师范教育制度、办法为宗旨，故定名为中华教育改进社试验乡村师范学校。

第二条 本校设董事会主持全校进行方针，董事会董事由中华教育改进社聘任之。

第三条 本校设执行、研究、监察三部。

第四条 执行部设校长一人，由董事会聘任，根据董事会所规定之方针、计划监督全校一切进行事宜。

第五条 执行部得依社会需要成立第一、第二等院，分别训练各项乡村教育人才。

第六条 各院设院长一人，由校长推荐，于董事会聘任之。

第七条 各院设立或特约中心学校若干处，以为训练乡村教育人才中心。

第八条 中心学校主任及执行部全体指导人员，由院长与校长商定聘任之。

第九条 研究部研究本校一切改进事宜。设部长一人，研究员若干人，由校长聘任之。

第十条 监察部监察本校一切实施状况及经济出纳。设部长一人，监察员若干人，由董事会聘请校外同志任之。

第十一条 本校执行、研究、监察三部规程另定之。

第十二条 本组织大纲由本校董事会建议，经中华教育改进社董事会之通过施行。将来如有修正之处，亦应经过同样手续。

1927年2月10日拟

原载《乡教丛讯》第1卷第4期，1927年2月16日。

【注释】

①本篇原发表时无署名。陶行知参加了讨论和起草。

1927年2月10日，试验乡村师范董事会召开第一次会议，参加者有陶行知、王岫庐、赵叔愚等。会上共同议定了本组织大纲、组织系统图、董事会简章、会计规程和本年一至六月预算书等文件，并决定由陶行知担任试验乡村师范学校校长。

试验乡村师范董事会纪事及章程

中华教育改进社试验乡村师范，于本月十日中午在功德林开第一次董事会，首由陶知行致开会词，次推举王岫卢为临时主席。次陶知行报告就小学办师范之主旨，并述欲做农民导师，须先化自己为农民，方为有效。次赵叔愚报告第一院筹备情形，关于指导人才之物色、校址之选择、经费之筹措及学生招考，皆有详细之叙述。报告毕，即开议。计议定组织大纲一件，组织系统图一件，董事会简章一件，会计规程一件，本年一月至六月预算一件。最后推举袁观澜为董事长，王岫卢为司库，陶知行为书记，江彤侯为监察部部长；继又举陶知行为校长，赵叔愚为第一院院长并研究部部长。第二院专收女生，须至下学期开办。其第一、第二、第三中心小学主任及指导员，皆由院长与校长会商延聘。选举毕散会。

【附录】

中华教育改进社试验乡村师范学校董事会章程

第一条 本校设董事会，主持本校一切进行方针。

第二条 本董事会设董事九人，其中五人由中华教育改进社聘任之，其余四人由董事会随时就赞助本校最力之同志中推荐于中华教育改进社聘任之。

第三条 董事任期三年，每年改选三分之一，连选得连任。第一届董事任期抽签定之。

第四条 本董事会董事任满或出缺时，由董事会推荐继任董事于中华教育改进社。

第五条 本董事会设董事长、书记、司库各一人，由董事互选任之。

第六条 本董事会之职权如下：

一、规定本校教育方针及进行计划；

二、任免校长；

三、审核预算、决算；

四、审核各种重要规程；

五、报告校务进行，每学期一次；

六、筹募经费；

七、其他重要事项。

第七条 本董事会常会每年两次，于一月、七月内举行。遇有重要事故，得由董事长召集临时会。

第八条 本董事会董事均为名誉职，但赴会得支旅费。

第九条 本章程由本董事会建议，经中华教育改进社董事会之通过施行。将来有修正之处，亦应经过同样手续。

原载《乡教丛讯》第 1 卷第 4 期，1927 年 2 月 16 日。

中华教育改进社试验乡村师范及中心学校会计规程

一、本校财政完全公开。

二、本校一切款项出入之账目均须由指导员指导学生轮流练习处理。

三、本校一切款项出入均须立时登记。

四、本校一切入款必须发给收据；一切出款除零用另行规定外，必须取领收据。

五、本校一切出入款项、收据必须编号保存。

六、本校收入款项经手人，必须于指定时期连同存根报告会计。

七、本校用出款项经手人，必须于每事结束时连同收据报告会计。

八、本校一日之账，必于本日结清；一月之账，必于本月后三日内结清；一年之账，必于本年后半月内结清。

九、学生分组练习管账，每月轮流一次，交表时由监察部派员监督审查签字。

十、本校各处用款，应由各主任人员依据预算签字，并由会计副署，始能作正式开销。师范应由各院院长签字，各院会计副署。中心学校应由各中心学校主任签字，各中心学校会计副署。

十一、各项簿记任人参观。

十二、每学期应将收支实况列表报告董事会及中华教育改进社并公布之。

1927年2月10日拟

原载《乡教丛讯》第1卷第4期，1927年2月19日。

中华教育改进社全国乡村教育运动计划预算书①

（一）在全国各部中心地点，创设省钱的平民的适合国情的乡村幼稚园，以节省农妇之精力而谋农民幼儿之幸福。

（甲）经常费

南京附近乡村幼稚园每年三〇〇元；

武昌附近乡村幼稚园每年三〇〇元；

成都附近乡村幼稚园每年三〇〇元；

奉天附近乡村幼稚园每年三〇〇元；

广州附近乡村幼稚园每年四〇〇元；

北京附近乡村幼稚园每年四〇〇元。

共计每年二〇〇〇元。

（乙）临时费

每处一次开办费六〇〇元。

共计三六〇〇元。

（二）在南京附近乡村，创设试验乡村幼稚师范，训练乡村教师夫人、亲属，以便推广乡村幼稚园。

（甲）经常费每年四〇〇〇元。

（乙）临时费一次三〇〇〇元。

（三）在全国各部中心地点，创设省钱的、平民的、适合国情的乡村小学，使作改造乡村生活之中心。

（甲）经常费

南京附近乡村小学每年六〇〇元；

武昌附近乡村小学每年六〇〇元；

成都附近乡村小学每年六〇〇元；

奉天附近乡村小学每年六〇〇元；

广州附近乡村小学每年八〇〇元；

北京附近乡村小学每年八〇〇元。

共计四〇〇〇元。

（乙）临时费

每处一次开办费约一五〇〇元。

共计九〇〇〇元。

（四）在南京附近乡村创设试验乡村师范，培植有农夫身手、科学头脑及改造社会精神的教师，使作改造乡村生活之灵魂。

（甲）经常费每年一〇〇〇〇元。

（乙）临时费每年一〇〇〇〇元。

（五）补助各省及特别区优良乡村小学费每年一〇〇〇〇元。

（六）补助各部中心地点附近优良乡村师范费每年六〇〇元。

（七）设乡村教育辅导员六人，辅助各省区改造乡村教育每年六〇〇〇元。

（八）发刊《乡教丛讯》以沟通全国乡村教育同志之学识、经验、精神，每年二〇〇〇元。

（九）派遣专员赴国外考察乡村教育一次六〇〇〇元。

（十）购置图书杂志以供同志研究，每年二〇〇〇元。

（十一）招待外国专家来华指导，每年一〇〇〇〇元。

（十二）编辑乡村学校用教材，每年二〇〇〇元。

（十三）调查国内乡村教育状况，以作改造乡村教育之根据，每年二〇〇〇元。

（十四）本社乡村教育行政费每年五〇〇〇元。

（十五）优良乡村教师求学补助费每年一〇〇〇元。

（十六）委托中国留学生研究乡村教育问题，每年四〇〇〇元。

（十七）在大学教育科或师范大学设立乡村教育讲座六位，共计每年一八〇〇〇元。

（十八）预备费每年二〇〇〇元。

（十九）与农科大学联络，委托本社特约学校为本村传布科学、农林的中心，款项由该大学担任。

（二十）与本国银行联络，委托本社特约学校为本村经理农民借贷之中心，款项由该银行担任。

（二十一）与医生及公共卫生机关联络，委托本社特约学校为本村推行乡村卫生之中心，款项由该机关担任。

（二十二）与道路工程机关联络，委托本社特约学校为本村改良乡村路政之中心，款项由该机关担任。

（二十三）与平民教育机关联络，委托本社特约学校为本村推行职业教育之中心，款项由该机关担任。

（二十四）与职业教育机关联络，委托本社特约学校为本村推行职业教育之中心，款项由该机关担任。

（二十五）与科学机关联络，委托本社特约学校为传布通俗科学之中心，款项由该机关担任。

（二十六）在联合改进农村生活董事会指定地点，改进乡村小学款项另筹。

全部计划预算总数：每年经常费九八〇〇〇元，一次临时费三一六〇〇元。

本计划分别缓急轻重定进行先后，拟于五年内使之完全实现。五年后，拟将乡村幼稚园、乡村幼稚师范、乡村小学、乡村初级师范逐渐向各省区推广，以期普遍。其计划预算可以类推另订，但省区中因有特别机会须本社提前助其进行某项乡村教育，本社得视能力所及酌量办理。

原载《乡教丛讯》第1卷第4期，1927年2月16日。

【注释】

①本篇原发表时无署名，系由陶行知主持拟订。陶行知时任中华教育改进社主任干事。

中华教育改进社
特约乡村学校办法

第一条 本社为提倡适合国情、裨益农民之乡村教育起见，得特约著有成绩之乡村学校以资试验而供参观。

第二条 乡村学校应具下列资格始得为本社特约学校。

（一）该校教育必须确实适合国情、裨益农民；

（二）该校对于征服自然、改造社会必须确有相当成绩之表现；

（三）该校教职员中，必须有一人以上具有农夫的身手、科学的头脑及改造社会的精神；

（四）该校一切设施必须合乎最节省之原则。

第三条 凡乡村小学、乡村师范或其他乡村学校，合乎上列资格，经本社专员建议，皆得为本社特约学校。

第四条 本社对于特约乡村学校负有下列之任务：

（一）本社对于该校额外研究费及设备费，应酌量情形加以补助，以不减少该校之独立精神为度；

（二）本社对于该校改进计划及实施，应予以相当之辅导；

（三）本社对于该校教职员学识应予以相当之进修机会；

（四）本社关于乡村教育之出版物应奉送该校一份；

（五）本社年会应邀请特约学校代表出席。

第五条 特约乡村学校对于本社负有下列之任务：

（一）特约学校应与本社同心协力共谋乡村教育之改进；

（二）特约学校应于每学期之终报告本社一次。

第六条 特约学校于原有校牌外应加一校牌，称为中华教育改进社第几特约学校。

第七条 特约手续或由本社发起，或由学校发起，只须双方同意互换约书即生效力。

原载《乡教丛讯》第1卷第5期，1927年3月1日。

告来本院应试的同志

我们先要向诸位表示欢迎，欢迎诸位是我们的同志。

现在诸位要来了。心中必定要问问究竟要在什么时候来报到？住宿在那儿？膳食又怎样？应试的办法如何？诸位来到本院应试，人地生疏，必然有许多事情要问我们，我们又不能一一招待诸位。无已，只得把这些事写出来告诉诸位。

（一）诸位须于三月十日以前，来到燕子矶小学报到。这小学，是你们知道的，是本院第一中心小学。

（二）诸位往燕子矶去：（甲）由下关去的——可在下关雇黄包车，直往燕子矶小学，相距十五里，随身可带行李，车价每辆共约小洋五六角。此路太狭小了，夜行不便车行，你们要走这条路，当在白天的时候。（乙）由南京城内去的可由神策门去——由神策门至燕子矶相距约十二里，黄包车亦可通行。

（三）诸位寄宿，即可在燕子矶小学，铺盖自备，宿费不取。膳食可由附近新农村饭馆包办，每天费洋三角。

（四）听说燕子矶小学的小朋友，要在三月十日的晚上，开个欢迎会，欢迎诸位咧。盼望诸位备答词，并参加献技以为同乐。

（五）我要把考试日程告诉诸位了：

第一天——三月十一日（随带毛笔、铅笔、墨盒）上午：8：00—10：00 国文；10：00—11：00 常识测验；11：00—12：00 智慧测验。下午：一时半演说及辩论。

第二天——三月十二日　上午：9：00—12：00 垦荒及施肥。下午：1：30—4：30 修路。

（六）三月十三日　揭晓。

（七）三月十四日　办理入学手续。

（八）十五日　开课。

临了，还要告诉诸位：本校誓与村民共休戚。村民既须在枪林弹雨之下耕种，吾校断不因时局不靖[①]而辍学，故投考开课均照公布之日期办理，决不变更。诸位还有什么别的问题要问我们呢？请告诉来，我们愿尽力向诸位解答。

试验乡村师范学校校长　陶行知

第一院院长　赵叔愚

原载《乡教丛讯》第1卷第5期，1927年3月1日。

【注释】

①当时北伐军已逼近南京，盘踞南京的军阀褚玉璞部准备负隅顽抗，故战云密布，人心惶恐，政局不定。

在试验乡村师范学校开学典礼上的讲话①

本校特异于平常的学校有两点：一无校舍，二无教员。大凡一个学校创立，总要有房屋才能开课。我们在这空旷的山麓行开学礼，实在是罕见的。要知道我们的校舍上面盖的是青天，下面踏的是大地，我们的精神一样的要充溢于天地间。所造的草屋，不过避风躲雨之所。本校只有指导员而无教师，我们相信没有专能教的老师，只有比较经验稍深或学识稍好的指导。所以农夫、村妇、渔人、樵夫都可做我们的指导员，因为我们很有不及他们之处。我们认清了这两点，才能在广漠的乡村教育的路上前进。

1927 年 3 月 15 日讲

出自杨效春著《晓庄一岁》，1935 年 4 月上海儿童书局版。

【注释】

①本篇系演讲记录。记录者：李楚材。题目为编者所拟。

在晓庄师范学校开学典礼上的演讲大要①

一

本校特异于寻常学校者有二：一无校舍，二无教师。

本校之校舍，上以天为盖，下以地为址，所造者不过避风避雨之所。

本校所聘者，均为指导员，并无教师之名。再，农夫樵子、猪狗牛羊，均能给予知识。

1927年3月15日讲

原载《申报》，1927年4月3日。

二

今天是我们试验乡村师范开学的日子。我们没有教室，没有礼堂。但我们的学校是世界上最伟大的，我们要以宇宙为学校，奉万物作宗师。蓝色的天是我们的屋顶，灿烂的大地是我们的屋基。我们在这伟大的学校里，可以得着丰富的教育……

今天到会的农友很多，他们是我们的朋友，以后我们要他们帮助的地方很多，我们需要和大家做亲密的朋友，向他们好好的学习。你们不要以为乡下人无知识，一般大学生念过不少自然科学的书，到了乡下便不认识麦子，说韭菜何其多也！嘻嘻，你们看，乡下人不比我们认得的东西多么？……

1927年3月15日讲

出自戴伯韬《陶行知的生平及其学说》，香港新中国书局1949年5月版。

【注释】

①本篇系演讲记录。题目为编者所拟。第一部分摘自《试验乡村师范已开学》一文；第二部分摘自戴伯韬著《陶行知生平及其学说》。

北齐庙会期内之农民教育运动

庙会在中国乡村中具有很伟大的势力。不但表示村民的宗教活动，并是村民交易之市场、娱乐之场所，以及别种群众生活之中心。他的教育价值之大，无人否认。但运用庙会的机会而施行裨益农民本身之教育，实以北齐庙会为起点。

定县[①]，北齐村于五月二十日至二十四日举行韩祖庙庙会，特把二十二日全日让出作为平民教育工作之期。这天到会的有五十八村的村长、二千余平民学校学生和村民六七千人。中华平民教育促进会[②]特派职员赴会举行同乐会及演讲会，以唤起村民对于本身教育之兴趣。所以这次的庙会，除了上述之效用外，又做了村民本身教育之中心了。

村民本身须要什么教育？平民教育促进会的答案是：一、消除文盲；二、普及农业科学；三、培植公民资格。普及农业科学一项是新近加入的。这项事业在冯君梯霞[③]指导之下正在勇猛进行。他的目的在增进农民的生产力。为着表示科学农业的效用起见，翟城村[④]的人民已经指定一千三百亩公地供平民教育促进会充作试验农场之用。农场的奠基礼就于二十三日在翟城村举行。我问到普及农业科学知识的具体办法，冯君说由刘泛弛、陆理成二君研究，一并把中国农业应当运用科学方法改良的事举了五十六件给我听，我觉得非常切实。倘能以毅力恒心进行，必能为农民本身造福。农业科学以服事农民，指导他们增进生产为主旨，故冯君提出一句警语，叫做："打倒贵族式的农业。"这个趋向是很好的。我曾向他建议补充一句警语，就是："提防书呆子的农业。"

平民教育促进会和教育改进社[⑤]所进行的乡科教育，出发点虽不同，但确是相成的。他们同是努力要运用科学方法建设适合本国生活之教育。他们现在极力要避免的就是对于外国制度之盲目的、囫囵吞枣的抄袭。北齐庙会期内的农民教育运动就是适应本国情形办学的一个好的例子。我们希望各地同人，都能充分运用这种固有的组织，从事真正裨益人民的活动。

原载《新教育评论》第3卷第23期，1927年5月6日。

【注释】

①定县，属河北省。中华平民教育促进会曾在此推行乡村平民教育。

②中华平民教育促进会，教育团体，由陶行知、朱其慧、晏阳初等共同发起，1923年成立，总会设于北京，分会遍及全国，旨在推行平民教育。

③冯梯霞，广东人，金陵大学农业植物系毕业生，当时任中华平民教育促进会干事。

④翟城村，中华平民教育促进会定县平民教育实验区所在地。

⑤教育改进社，全称中华教育改进社，教育团体。1921年底，由实际教育调查社、新教育共进社、《新教育》编辑社合并组成。该社事务所设于北京。蔡元培、范源廉等为董事，陶行知为主任干事。改进社当时已设立乡村教育委员会，致力于研究和推行乡村教育。

行是知之始

阳明先生说："知是行之始；行是知之成。"我以为不对。应该是："行是知之始，知是行之成。"我们先从小孩子说起，他起初必定是烫了手才知道火是热的，冰了手才知道雪是冷的，吃过糖才知道糖是甜的，碰过石头才知道石头是硬的。太阳地里晒过几回，厨房里烧饭时去过几回，夏天的生活尝过几回，才知道抽象的热。雪菩萨做过几次，霜风吹过几次，冰淇淋吃过几杯，才知道抽象的冷。白糖、红糖、芝麻糖、甘蔗、甘草吃过几回，才知道抽象的甜。碰着铁、碰着铜、碰着木头，经过好几回，才知道抽象的硬。才烫了手又冰了脸，那么，热与冷更能知道明白了。尝过甘草接着吃了黄连，那么，甜与苦更能知道明白了。碰着石头之后就去拍棉花球，那么，硬与软更能知道明白了。凡此种种，我们都看得清楚"行是知之始，知是行之成"。佛兰克林[①]放了风筝，才知道电气可以由一根线从天空引到地下。瓦特[②]烧水，看见蒸汽推动壶盖，便知道蒸汽也能推动机器。加利里翁[③]在毕撒[④]斜塔上将轻重不同的球落下，便知道不同轻重之球是同时落地的。在这些科学发明上，我们又可以看得出"行是知之始，知是行之成"。[⊖]

《墨辩》[⑤]提出三种知识：一是亲知，二是闻知，三是说知。亲知是亲身得来的，就是从"行"中得来的。闻知是从旁人那儿得来的，或由师友口传，或由书本传达，都可以归为这一类。说知是推想出来的知识。现在一般学校里所注重的知识，只是闻知，几乎以闻知概括一切知识，亲知是几乎完全被挥于门外。说知也被忽略，最多也不过是些从闻知里推想出来的罢了。我们拿"行是知之始"来说明知识之来源，并不是否认闻知和说知，乃是承认亲知为一切知识之根本。闻知与说知必须安根于亲知里面方能发生效力。

试取演讲"三八主义"[⑥]来做个例子。我们对一群毫无机器工厂劳动经验的青年演讲八小时工作的道理，无异耳边风。没有亲知做基础，闻知实在接不上去。假使内中有一位青年曾在上海纱厂做过几整天工作或一整天工作，他对于这八小时工作的运动的意义，便有亲切的了解。有人说："为了要明白八小时工作就要这样费力的去求经验，未免小题大做，太不经济。”我以为天下最经济的事，无过于这种亲知之取得。近代的政治经济问题，便是集中在这种生活上。从过这种生活上得来的亲知，无异于取得近代政治经济问题的钥匙。

“亲知”为了解“闻知”之必要条件已如上述，现再举一例，证明“说知”也是安根在“亲知”里面的。

白鼻福尔摩斯一书⑦里面有一个奇怪的案子。一位放高利贷的老头子被人打死后，他的房里白墙上有一个血手印，大得奇怪，从手腕到中指尖有二尺八寸长。白鼻福尔摩斯一看这个奇怪手印便断定凶手是没有手掌的，并且与手套铺是有关系的。他依据这个推想，果然找出住在一个手套铺楼上的科尔斯人就是这案的凶手，所用的凶器便是挂在门口做招牌的大铁手。他的推想力不能算小，但是假使他没有铁手招牌的亲知，又如何推想得出来呢？

这可见闻知、说知都是安根在亲知里面，便可见“行是知之始，知是行之成”。

【原注】

㈠ 上一段曾在《乡教丛讯》第二卷第一期发表。

原载《乡教丛讯》第3卷第12期，1929年7月30日。

【注释】

①佛兰克林，通译富兰克林（Benjamin Franklin，1706—1790），美国科学家，避雷针的发明者。

②瓦特，即詹姆斯·瓦特（James Watt，1736—1819），英国发明家，蒸汽机的改进者。

③加利里，通译伽利略（Galileo Galilei，1564—1642），意大利物理学家、天文学家。

④毕撒，通译比萨（Pisa），意大利西部古城，著名的比萨斜塔坐落于此。

⑤墨辩，指墨家著作总汇《墨子》中的《经》上下和《经说》上下四篇。

⑥“三八主义”，1886年5月1日，美国芝加哥等地工人举行大罢工，提出每天工作八小时，教育八小时，休息八小时的要求。通称为“三八制”。

⑦指英国作家柯南道尔所著侦探小说《福尔摩斯探案》。

十　三　人[①]

西方以十三为不吉利，这话说来很古。耶稣生前有十三位门徒，内中有一位叫做犹大。耶稣后来钉死在十字架上，就是犹大害他的，所以西方习俗以十三为凶数。十三日不做喜事，旅馆里没有十三号房间。可是，近来科学家都不信这一回事。克伯屈[②]先生回国，偏偏拣了五月十三日。

说到我们学校，这个“十三”的数目，可算特别的多了。本校开学为三月十五，那时正是国民革命军攻取南京的时期，四路交通断绝了三路，所以只有十三名学生。第三中心小学[③]在晓庄于六月十六开学，正当农忙时期，恰巧也是十三位小学生。十八晚，农民夜校开校，又是十三位。好像这“十三”的数目和我们是有因缘的。

原载《乡教丛讯》第1卷第13期，1927年7月1日。

【注释】

①本篇原发表时署名“韵秋”。

②克伯屈（Kilpatrick，1871—1965），美国教育家，“设计教学法”的创立者。1927年1—5月，应中华教育改进社邀请来华参观讲学。

③第三中心小学，即晓庄中心小学，1927年2月下旬创立；这里所指“开学”，是指该校由佘儿岗迁址于晓庄后补行的开学典礼。

从野人生活出发

无锡开原小学校长潘一尘来帮助我们创办第三中心小学，和我们同住了六天。临去那一晚，我问他对于试验乡村师范的生活有什么感想。他说："你们这里简直是原始生活，不是农民生活。"我说："原始生活虽说不到，但是一部分确实是野人生活。我们这里的教育是从野人生活出发，向极乐世界探寻。"这段谈话，虽是寥寥数语，却能表示晓庄教育之真相。封建制度下之农民生活是最不进步的。他们一天一天的过去，好像人生毫无问题。乡村教育虽是为农民谋幸福，但从农民生活出发，能否达到目的是很可怀疑的。所以我们鼓起勇气把乡村教育的摆子使劲摆到野人生活上去。野人生活是最富于问题的。生活上的实际问题一个一个的来到我们面前，命令我们思想，要求我们解决。这些问题来势急于星火，不容我们苟且偷安。倘使我们不振作精神，当机立断，必定有不堪言状的痛苦，甚而至于只有死路一条。山上出狼，我们必得学习打猎。地上有蛇，我们必得学习治毒。聚蚊成雷，我们必得学习根本铲除蚊子的方法。衣、食、住、行各种问题，我们在尝试野人生活的时候得到了极亲切的了解。没有到晓庄以前，没有住在晓庄以前，我们对于这些生活需要简直是一知半解。嘴里虽能说得头头是道，其实心中那里觉得到啊？我们从野人生活里感觉到人的身体是不足以应付环境的。我们觉得人类要想征服天然势力，必须发明、制造、运用身体以外的工具。我们自从尝了野人生活，对于工具觉得万分重要，没有生活工具，简直不必空谈生活教育。可是朋友们不要误会，我们不是要做羲皇上人①，我们的黄金时代是在未来。我们从野人生活出发，不是没有出息，开倒车，不是要想长长久久的做野人。出发的号令已下，我们要向极乐世界去探寻了。

出自上海亚东图书馆《中国教育改造》，1928 年 4 月版。

【注释】

①羲皇上人，羲皇，即伏羲氏。指伏羲氏以前的原始人类。

生活工具主义之教育

“教育以生活为中心。”这句话已经成为今日学校里的口头禅。但是细考实际，教育自教育，生活自生活，依然渺不相关。这是因为什么缘故？我们先前以“老八股”不适用，所以废科举，兴学堂；但是新学办了三十年，依然换汤不换药，卖尽气力，不过把“老八股”变成“洋八股”罢了。“老八股”与民众生活无关，“洋八股”依然与民众生活无关。但是新学校何以变成“洋八股”，何以与民众生活无关？这其中必有道理。

人的生活，必须有相当工具，才能表现出来。工具充分，才有充分的表现；工具优美，才有优美的表现；工具伟大，才有伟大的表现。“老八股”与“洋八股”虽有新旧之不同，但都是靠着片面的工具来表现的，这片面的工具就是文字与书本。文字与书本只是人生工具之一种，“老八股”与“洋八股”教育拿他当作人生的唯一工具看待，把整个的生活都从这个小孔里表现出去，岂不要把生活剥削得黄皮骨瘦吗？文字、书本，倘能用得得当，还不失为人生工具之一；但是“老八股”与“洋八股”的学生们却不用他们来学“生”，偏偏要用他们来学“死”。中国教育所以弄到山穷水尽，没得路走，是因为大家专靠文字、书本做唯一无二的工具，并且把文字、书本这个工具用错了。我们要想纠正中国教育，使他适应于中国国民全部生活之需要，第一就须承认文字、书本只是人生工具的一种，此外还有许多工具要运用来透达人生之欲望；第二就须承认我们从前运用文字、书本的方法是错的，以后要把他们用得更加得当些。

现在有一班人，开口就说：西方的物质文明比东方好，东方的精神文明比西方高。这句话初听似乎有理，我实在是百索不得其解。精神与物质接触必定要靠着工具。工具愈巧则精神愈能向着物质发挥。工具能达到什么地方即精神能达到什么地方。动物以四肢百体为工具，所以他的精神活动亦以四肢百体的力量所能达到的地方为限。人的特别本领就是不专靠自己的身体为工具。人能发明非身体的工具，制造非身体的工具，应用非身体的工具。文明人与野蛮人的最大分别就是文明人能把这些非身体的工具发明得格外多，制造得格外精巧，运用得格外普遍。有了望远镜，人的精神就能到火星里去游览；有了显微镜，人的精神就能认识那叫人生痨病的不是痨病鬼乃是痨病虫。今年五月七日第一次飞渡大西洋的飞行家林白从德国柏林通电话到美国和他的老母谈话，是精神交通破天荒的成功，也是物质文明破天荒的成功。精神文明与物质文明是合而为一的。这合而为一的媒介就是工具。教育是什么？教育是教人发明工具，制造工具，运用工具。生活教育教人发明生活工具，制造生活工具，运用生活工具。空谈生活教育是没有用的。真正的生活教育必以生活工具为出发点。没有工具则精神不能发挥，生活无由表现。观察一个国家或一个学校的教育是否合乎实际生活，只须看他有无生活工具。倘使有了，再进一步看他是否充分运用所有的生活工具。教育有无创造力，也只须看他能否发明人生新工具或新人生工具。中国教育已到绝境，千万不要空谈教育，千万不要空谈生活；只有发明工具、制造工具、运用工具是真教育，是真生活。

出自上海亚东图书馆《中国教育改造》，1928 年 4 月版。

晓庄儿童生活大纲

把儿童活动分为经纬两大纲：

1. 关于纬的包括：

（1）写日记。

（2）谈话。

（3）用书报。

（4）用数。

2. 关于经的分五目，每目包括事项如下：

（1）健康的身体：技击；团体游戏；卫生；休息。

（2）劳动的技能：干农事；修造工具；裁缝。

（3）科学的头脑：认识生物；了解自然现象。

（4）艺术的兴趣：烹调食物；画画；整洁；奏乐、唱歌；演戏。

（5）改造社会的精神：交朋友；团体自治；努力于家庭改造，努力于本村改造，努力于中华民族革命；为人类幸福努力。

出自《张宗麟乡村教育论集·乡村教育经验谈》。

农夫的身手①

农夫的身手是本校第一个教育目标。我们师生都是认清了这个教育目标来的。以本校的目光看来，对于农事懈怠，简直是反革命。希望大家有则改之，无则加勉。我当尽我的能力为大家排除一切困难，使大家对于农事可以充分学习。从今以后，有农事教学做之日，免去其它粗工。俟新请工人来到，有农事教学做之日，烹饪也免学。农事之后必需洗澡，浴盆不敷，必须购置。现今太阳正烈，每人必须有草帽，才能下田工作，否则中了暑是很危险的。种田如打仗，必须有器械，才能成功。夏天在田里与太阳奋斗的惟一工具是草帽，没有草帽要想和太阳奋斗，是如同当兵没有盒子炮，那得不败？以后须是每人至少要备一个草帽。各种准备都齐全了，倘还有懈怠的表示，那士各有志，尽可不必勉强。本校旗帜鲜明得很，我们大家所干的是乡村教育的革命。从事乡村教育革命必须有农夫的身手，反对农夫的身手，就是反革命。

1927年7月19日讲

原载《乡教丛讯》第1卷第15期，1927年8月1日。

【注释】

①本篇系陶行知在晓庄师范的演讲记录。

杭州市教育局创办西湖中心小学计划书草案①

一、性质

本校性质为乡村小学。

二、宗旨

本校依据科学的方法、艺术的态度试办乡村小学，俾能成为改造乡村实际生活之中心、改造他村小学之中心，并为将来训练乡村教师之中心。

三、校址选择

为透达上项宗旨起见，本校校址之选择应依照下列标准：

甲、自然环境壮丽；

乙、人民多数务农；

丙、学龄儿童充分；

丁、交通便利。

四、依据上列标准观察本校校址，以灵隐寺前之地点最为相宜。此地为西湖第一名胜，以北高峰为背景，前面为小涧，山清水秀，有声有色，自成局势，不与庙宇相混。学生四分之三来自农家。欲在西湖开办乡村小学，实以此地为第一。

五、教师资格

本校为施行有实效之乡村教育起见，所聘教师须合下列资格：

甲、须有农夫的身手；

乙、须有科学的头脑；

丙、须有改造社会的精神。

六、工具

生活教育必须有生活工具。工具不充分，则生活无有表现。本校教学做应有下列各种工具：

（一）图书；（二）理科仪器标本；（三）农具；（四）木工具；（五）泥水工具；（六）油漆工具；（七）医药卫生工具；（八）乐器（包括留声机一

架)；(九) 体育运动工具；(十) 烹饪工具；(十一) 裁缝工具；(十二) 扫除工具；(十三) 绘画工具；(十四) 饮食工具；(十五) 普通工具。

七、编制

第一时期，一、二、三、四年级编为单级，五、六年级编为复式；第二时期，编为三个复式；第三时期，编为六个年级之完全小学。

八、试验

本校为计划实行试验起见，应组织试验委员会，由本校教师及特约校外专家组织之。

九、建筑

本校暂仍用旧校址开学，同时在新选校址开始建筑。两个月内须建成校舍四座，余二座应于一年造成。本校一切建筑，一面应与自然环境谋和谐；一面须与将来杭州试验乡村师范成一系统。建筑标准应适合教育、卫生、美术、经济、耐久五种原则。

原载《乡教丛讯》第1卷第5期，1927年8月1日。

【注释】

①本计划书是陶行知受杭州市教育局之请，与南京燕子矶小学校长丁超共拟的。原文无标点。

晓庄试验乡村师范学校创校概况①

我们中国现在正是国民革命的势力高涨之秋。惟既有国民政治上的革命，同时还须有教育上的革命。政治与教育原是不能分离的，二者能同时并进，同时革新，国民革命才有基础和成功的希望。

本校是于本年三月开学，当时宁地战事②风云正急，三路交通，俱已断绝。而各同学冒危险，自上海、镇江、安徽、浙江、江西相继前来，本校遂得于枪林弹雨中如期开学。自开校迄今，屡经战事及其他变故，故现在设备及其他一切，俱觉不很完备。

本校的办法，是主张在劳力上劳心。本校全部生活，是“教”“学”“做”。教的法子根据学的法子，学的法子根据做的法子。我们的实际生活，就是我们全部的课程；我们的课程，就是我们的实际生活。我们每天早晨五时有一个十分钟至十五分钟的寅会，筹划每天应进行的工作，是取一日之计在于寅的意义。寅会毕，即武术。本校无体操课，即以武术代。上午大部分时间阅书。所阅之书，一为学校规定者；一为随各个人自己性之所好者。下午工作有农事及简单仪器制造、到民间去等。晚上有平民夜校及做笔记、日记等。这是本校全部大概的生活。

现在有一点我们应当注意的，就是以前的教育，都是像拉东洋车一样。自各国回来的留学生，都把他们在外国学来的教育制度拉到中国来，不问适合国情与否，只以为这是文明国里的时髦物品，都装在东洋车里拉过来，再硬灌在天真烂漫的儿童的心坎里，这样儿童们都给他弄得不死不活了，中国亦就给他做得奄奄一息了！我从前也是把外国教育制度拉到中国来的东洋车夫之一，不过我现在觉到这是害国害民的事，是万万做不得的。我们现在要在中国实际生活上面找问题，在此问题上，一面实行工作，一面极力谋改进和解决。本校全体指导员及同学，都是抱有这样一个目标，所以毅然决然的跑到这个荒僻的乡下来。我们认定必须这样，将来中国的新教育才能产生呢！

以上是报告本校大概情况。敝校创办伊始，有许多不对的地方，现在请各位来宾先生们详细的批评和指导。

1927年8月14日讲

原载《乡教丛讯》第1卷第17期，1927年9月1日。

【注释】

①本篇系演讲记录。记录者：葛尚德。摘自《南京市教育局长及各校长参观本校记》。题目为编者所拟。

②宁地战事，指当时北伐军与盘踞南京的军阀张宗昌、褚玉璞部的战争。

如何教农民出头[①]

上次，我和杨先生[②]讨论到怎样把国家建设在农业上，如何教农业文明过渡到工业文明，如何使农民得执工商业之牛耳等等问题。现在把我个人近来关于这些问题的心得，约略说一下。

如何教农民出头？这个问题的解决，我们可举种棉花来比。农民辛辛苦苦，把棉花收获下来之后，他对于棉花就不能自主了。棉花要出头到纱厂里去，纱厂里要他的出头费。纱厂以逸待劳，价格随意而定。农民为经济所迫，不得不低价出售。再进而至于由纺纱厂到织布厂，由织布厂到市场，没有一个关口不是有人要收很重的出头费。到布出卖的时候，农民买进来穿是很贵的棉布衣。棉花出售时是何等的便宜，穿布衣时却是大大的昂贵起来了。我们现在要想个法子，把纺纱厂、织布厂以及市场打成一贯，使农民能执工商业之牛耳，则棉花可以出头，种棉花的人也跟着棉花出头了。依我想来，这是可以做得到的。比方：以江苏省来说，江苏一省有二千五百万的农民，以五个农民为一家来计算，统共有五百万个农家。如果每家出一元，可以得到五百万元之数。以这五百万元，可以兴办农民纺纱厂，农民自己做股东，把农民自己所产的棉花，送到农民自办的工厂里去。再每家出一元来办织布厂以及商店。如此，二千五百万的农民，不但可以省去出头费，也还可以赚得赢利不少。

从农业国进到工业文明的过程中，必然有多数人要受淘汰而失业。因为机器发达，人工省去。这种现象，是确然不可免的。我们现在既然要把农业、工业打成一片，在农业上因机器而遭失业的人，就可以调进纺纱厂、织布厂、商店去做工度日。这个农民失业的危险，如果是农民执工业的牛耳，就可以避去一大部分。

孙中山先生的实业大计划，也包括上述的事业。他主张利用国家资本与外资来发展国内实业。如果他的计划实行，要想教农民执工业上之牛耳，就得教农民实行把民权操在手中，运用国家权力来出头。国家资本，倘使分别缓急，必定要用来先筑十万里的铁路。因为这是农民出头必由之路。如果工厂里的货物运不出去，则生产过剩，价格低落，实业必归失败，所以筑路是发展实业的第一步。假如国家资本只能先顾筑路，创办纱厂一时不能并举，那么我们运用农民自己的资本与劳力，慢慢儿来开办起来，也是必要的政策。因为政府与农民共同努力，出头当然可以快些。

但如何可以从农民的荷包里掏出一元钱来做股东，以及如何可以使农民执有民权？这两件事须靠我们从事乡村教育诸同志的努力。农民对于这种大规模举动的不明了，与不知民权为何物，固然要靠舆论来鼓吹与启迪，但最要紧的还着重在培植小农民的乡村教师。假如每村有农户百家，五百万家就有五万个农村。假使这五万个乡村教师都受有特殊训练，那么五万个教师联合起来，不啻就是五万个村庄联合起来，也就是农民资本聚集的媒介。这样积少成多，就可以开办纺纱厂、织布厂等等。如此棉花可以出头无阻，农民也就可以出头无阻了。至于如何训练农民执民权，如何教他们运用选举权、罢官权、创制权、复决权，也要靠乡村教师为之教导。这是我一月来对于这些问题考虑的一斑。上月我曾种山芋一次，知道山芋必定要底下可以安根，上面可以出头，才可以活。我们要想中国活起来，就得要在农业上安根，在工商业上出头。这个问题很大，希望诸位注意这问题，细细加以研究。

原载《乡教丛讯》第 1 卷第 16 期，1927 年 8 月 15 日。

【注释】

①本篇系演讲记录。记录者：戴邦杰（戴伯韬）。

②杨先生，指晓庄师范乡村教育指导员杨效春。

平等与自由[1]

中山先生解释平等意义，有很大的贡献。他说，世界上有真平等、假平等、不平等。什么是不平等？帝、王、公、侯、伯、子、男、民的地位是一步一步的高上去。我的脚站在你的头上；你的脚又站在他的头上。这是叫做不平等，现在要打倒这种不平等，那是应当的。但是打倒不平等的人，往往要把大家的头一齐压得一样平，变成平头的平等。殊不知头上虽平，立足点却是不能平了。好像拿可以长五尺长的树，三尺长的树，一丈长的树，一齐压得一样高，一齐压得一样平，岂不是大错吗？这种叫做假平等。真平等是要大家的立脚点平等，你的足站在什么地方，我的足亦站在什么地方。大家在政治上站得一样平，经济上也要站得一样平。这是大家的立脚点平等。这才是真平等。

中山先生之解自由，没有他解释平等那样清楚。但他有一点说得很好，他说："中国人不是不知道自由；中国人的自由，实在是太过了。"所以他不用自由做口号，而用民族、民权、民生做标帜，与梁任公[2]先生的维新，以自由为口号，是完全不相同的。外国人说："中国人不知自由。"然而外国人那里知道他们的自由，远不如中国呢！

按中山先生的意思，说到自由，是要求国家之自由。国民革命成功之后，团体能自由，个人不能自由。中国之所以弄到这个地步，就是因为大家私人的自由太过，不注重国家之自由、团体之自由。私人的自由既然太过，则各人有各人的主张，所以中国人大多数是无政府党。我们中国人骨髓里都含有无政府主义[3]。这种无政府主义的倾向，往往在不知不觉中流露出来。比如蔡元培、吴稚晖[4]总算是忠实的国民党员，但是在不知不觉的时候，难免要流露无政府主义的色彩。共产党是与无政府党绝对不同的，但他的中国首领陈独秀，在不知不觉中，又何尝不是个无政府主义[5]者。我们想到国家危险时，固然是要自抑私人之自由，但在不知不觉中，难免不爱享过分之自由。我们于不知不觉中，都有无政府主义的倾向。现在我们要救中国，亟当抑制个人之自由，切不能火上加油的提倡一盘散沙的自由了。这是革命未成时所不得不采之政策。

但是，革命成功以后个人可以不要自由，这句话，我很怀疑。因此我常想着什么地方要自由，什么地方不要自由。我又想到种山芋时所得的感想。我问邵德馨⑥先生山芋如何栽法？他告诉我说："底下可以安根，上面可以出头，山芋乃可活。"因此，我忽然悟到人生"出头处要自由"。如树木有长五尺长的，一丈长的，十丈长的；树的出头处是要自由的。如果我们现在只许树可以长五尺，不许他长一丈与十丈，那世界上不是无成材了吗？因此我们要使他尽他的力量自由长上去。我们人类的智、愚，贤、不肖，也如树木有能长十丈长的，有能长五尺长的，这是天生成的。如果你把五尺长的，拔到一丈，因为它的力量不足，是要死的；如果你把一丈的压到五尺，因为它受了过分的压制，也是要死的。倘若不死，必是他的内力胜过压力，那压力必定是要被撞穿了的。

个人如此，团体、国家之自由解释也是如此。如果国家的力量能够进步到什么程度，就尽她的力量进步到什么程度，谁也不能压迫的。如今中国受到列强压迫，不许我国尽量出头。我们不愿被压力压死，就得使劲把压力撞破。个人能否得到出头的自由，是在乎个人之反抗与努力；国家能否得到出头的自由，那就非靠民众之努力与奋斗不可了！

近来我替友人书了一联，联道："在立脚点谋平等；于出头处求自由。"上联是本着中山先生之学说；下联就是本着我的自由解释。在沪时，我把这意思与胡适之先生也谈论过的。他说："思想、事业，要在困难与不自由中，才能奋发振作。"颇与我们的标语"教师应当运用困难以发展思想及奋斗精神"相同。他用烧肉来比，他说："烧肉要把锅盖盖得紧，才能熟。你要出头自由，我要出头不自由。"当时我反驳他说："（一）锅里的肉，是死的，出头不出头没有多大关系。（二）我们愿肉受压力是为肉的幸福呢？还是为我们口腹之欲呢？"凭借困难，培养人材，当然是最好的教育法。但是困难是否要在出头处压下去，是一问题。现在我仍旧坚信出头处要自由，但为使诸位同学明了各方面意见，并将胡适之先生的意思举出来，希望大家加以研究。

原载《乡教丛讯》第1卷第17期，1927年9月1日。

【注释】

①本篇系演讲记录。记录者：戴邦杰（戴伯韬），陈昌嵩（陈志中）。

②梁任公，即梁启超（1873—1929），字卓如，号任公。广东新会人，早期资产阶级改良主义者，与康有为一起发动领导了戊戌维新。

③无政府主义，一种否定一切国家政权和阶级斗争的小资产阶级反动思潮。十九世纪上叶出现于欧洲，主要代表人物有法国的普鲁东、俄国的巴枯宁和克鲁泡特金。

④蔡元培（1868—1940），字鹤卿，号孑民，浙江绍兴人。反清革命组织“光复会”的创始人之一，后加入孙中山领导的同盟会。民国政府成立后，曾任教育总长、北京大学校长等职。吴稚晖（1866—1953），江苏武进人。时任国民党中央监察委员。

⑤此文收入《中国教育改造》时，第三段删去了从“比如蔡元培、吴稚晖……”至此八十余字。

⑥邵德馨，即邵仲香，金陵大学教授，当时兼任晓庄师范农艺指导员。

晓庄师范新加标语[①]

一、心到手到；

二、双手万能；

三、以教人者教己；

四、在劳力上劳心；

五、在立脚点谋平等；

六、于出头处求自由；

七、小的村庄，应与大的世界沟通；

八、活的教育，要底下可以安根，顶上可以出头；

九、中国要在农业上安根，在工业上出头；

十、发明工具、制造工具、运用工具，是真文明；

十一、认清问题，研究问题，解决问题，为好教育；

十二、改良农村组织，增进农人生活；

十三、乡村教育的使命，是要在农业文明上建筑工业文明；

十四、三民主义教学做；

十五、教三万万四千万农民做皇帝（见中山先生《农民大联合》演讲辞）。

原载《乡教丛讯》第1卷第17期，1927年9月1日。

【注释】

①本篇原发表时无署名。编者考定，系由陶行知所拟。本篇原题《本校新加标语》，今题为编者所拟。

1927年11月1日出版的《乡教丛讯》（第1卷第21期）《校闻一束》栏目下记有："本校于上月制造标语牌二十八块，将乡村教育《我们的信条》十八条（见本报第一期），及本校新近制定的十余标语（见本报第十七期）油缮于其上。"

中国乡村教育运动之一斑[①]

——中国代表致送坎拿大[②]世界教育会议报告之一

一、中国乡村教育为什么值得注意？

中国是著名的农业国。据最普通的估计，中国农民占全国人口总数之百分之八十五，这就是说：全国有三万万四千万人民住在乡村里。所以乡村教育是远东一种伟大之现象，凡关心世界问题的人们，决不至忽略这种的大问题——无论办得好不好，中国的乡村教育关系全世界五分之一的人民。

二、中国现在的乡村学校

中国现在的乡村学校，老实说起来，确实不能适应乡村的需要。他们给儿童唯一的东西是书本知识，他们从来不知道注意到农人的真正的需要。这样教育，使农村社会减少生产量，使农人富的变穷，穷的变得格外穷。这使人最不满意，所以改造农村教育的呼声，到处都可以听得到了，一个新纪元正在放射曙光咧！

三、新运动志在建设与创造

最近几年来，中华教育改进社拟订了改造中国乡村教育的计划，要使乡村教育适应中国乡村生活的需要。办这样教育的人们，都抱着研究的态度、科学的精神，以实际乡村生活，做他们探险的指南针。他们下了决心不再墨守旧法或抄袭舶来货，去重演削足适履的把戏。

现在中国正在产生新生活，占全国最大多数的农民自当得着相当训练去参加这种新生活。从前的旧传统和外国制度已经不适用，非抛弃不可，那新的方法更不期然而然的要产生了。所以中国现时的乡村教育运动是适应新农民生活需要而来的。这种新运动可以肯定的说，是志在建设与创造的。

四、实现新运动的三个时期

这种新运动要想整个地实现出来，须分三个时期：第一时期——也可以说是最重要时期——是试验期。在这时期里，我们要设立各种试验学校去试验关于乡村教育种种方法和材料。第二时期是训练期。根据试验所得的结果，训练许多合于乡村生活的教师和其他有效的人才。第三时期是布种期。依据受过训练人才的多寡从事推广，使乡村教育可以布满全国。

五、中心小学是什么？

这个新运动的出发点是开办中心小学。我们所以叫它为中心小学的意义有三：第一，以乡村生活为学校生活的中心；第二，以学校为改造社会的中心；第三，在这所学校本身已经办得有成绩了，可作训练师资的中心。现在中华教育改进社有三个中心小学：第一中心小学在燕子矶[3]，是特约的，这所学校有六级，是一所单式编制的完全小学；第二中心小学在尧化门[4]，也是特约的，它是用复式编制的；第三中心小学是自办的，叫做晓庄小学[5]，是单级小学，全校只有一位教师。

以上三个中心小学，虽然因为各地需要的不同，而办法也有许多差异，但是他们确有几个共同之点：

第一，他们对于教育与人生有共同的信仰。他们以乡村生活为学校生活的中心，同时以学校为改造乡村的中心，并为小的村庄与大的世界沟通的中心。

第二，他们对于方法有共同的原则。他们的信条是："在劳力上劳心""手到心到"，以实际的工作为教学的中心。

第三，他们深信工具是教育的要素。人生教育须在人生工具上求实现。真的教育是教人发明工具，制造工具，运用工具。明了这点，就可以知道，书籍不过是人生工具的一种，不是人生唯一的工具。

第四，全校的费用是很经济的。他们的经费与邻近小学比起来是差不多的。他们要试验出最经济的标准，使各处的小学都很容易做到。因为在中国的教育经费现状之下，费用少的好小学比费用多的好小学，效力要大得多。

第五，学校既是乡村的中心，教师便是学校和乡村的灵魂。教师的人格影响于学生和乡村人民很大。他们有三个共同的资格：

（一）他们有农人的身手，他们都能够做农人的工作。第一，他们因此可以了解农民的困苦艰难和一切问题，并且容易做他们的朋友，帮助他们；第二，他们有了农人的身手，便可以利用闲暇时间做园艺等工作，像他们这样低额薪俸，种园一事，不无小补；第三，他们有了农人身手，在乡间便有用武之地，因此便多办学之乐而少办学之苦。

（二）他们有科学的头脑。他们是虚心的，好观察和尝试。他们对于科学农业和科学上其他的新发明，都感到浓厚的兴趣，并且他们很切心希望把这些科学常识介绍给农人。这是乡村教师最应当有的态度。如此，才能控制一般农民社会的守旧性。

（三）他们有改造社会的精神，他们把自己的小学变成发电机，拿电力送到农家去，使家家发出光明来。虽然全校只有一个教师，也不觉得孤单寂寞。因为每个学生都是活的电线，把学校和社会连接起来了。我们深信学校的唯一功效，就是使全数村民都能安居乐业，爱乡救国。

六、中心小学的活动

要想把中心小学整个的表现出来，最简单的方法是叙述他们一天的活动。乡村儿童真是像早起的小鸟，寻常在六点钟的时候都到学校里来了。他们第一件活动是整理学校。教师和学生同做：抹桌、扫地、擦窗……每个人担任一处地方，大家一齐做起来，不消半小时，把全校都收拾得清洁可爱了。在轻视儿童做实际生活的人们看起来，以为我们的中心小学教学生做下贱的工作。但是，同时也有人说："这种学校因为教育经费不裕，不得不自己操作，倒获得了生活上必需的技能。"

第二是晨会。晨会里的活动有升旗、唱歌、校长或教师谈话，散后学生方才到课堂里去。"清洁检查"是极重要的，教师和年长的学生共同执行。检查学生的脸部、眼睛、牙齿、手指等等。倘若在家里洗得不干净的，就罚他在学校洗干净。

这些活动完毕以后，就开始别种活动。无论读法、算术、写法，都和乡村生活或其他教材联络的。这些学校要乘各种机会运用文字到实际生活需要上去。例如：有一个不识字的乡人，要求学校替他写一封信，教师就请年长的学生来写。经过教师的修正，便选那最好的交给乡人。这样的写作都给相当的分数。

放午学半小时之前，教师或年长的学生，用故事式体裁对学生报告国家大事，或乡民须合作的事情。这种报告必须学生回去说给家里人听，再将家里人听了以后的反应报告到学校里来。

我们可以用灭蚊子的方法来做自然科的例子。教师事前指导学生搜集各种蚊子各期变化的标本，装在玻璃瓶里，逐步加以说明。因此儿童知道蚊子的变化和人生的关系。同时教师又指导学生知道吃蚊子的虾蟆等等动物，认它们为友军，从事扑灭蚊子的运动。

园艺是重要活动之一，有两种工作：学校设计与家庭设计。在这里我们必须叙述实行这种工作的困难。第一，农民反对教师率领儿童做学校园艺工作。他们说："我们送孩子来是读书的，不是做工的。"许多乡村教师所以失败，就是这个缘故，我们是预先料到的。事先，我们邀请了许多学生的父母，对他们说："我们想教儿童根据地上的出产，教他们读，教他们写，教他们算，使他们所能种的都会读、会写、会算，所以要种园。地上的出产他们可以带回家去，或是卖给人家。"经过这样解释，父母都赞成学校的举动了，学校的计划也就前进无碍。第二个困难是发生于单级小学里的。单级小学里学生的年龄、能力都参差得很多，在田里当然发生困难了。但是我们用了分工法做去，各个儿童都依着自己的能力忙于自己的工作，困难竟减少了。

手工科包含修理校具、校舍和制造教具、校具。教师带着学生做木工和泥水工，是学校很重要的手工。简单的科学器具，也是自己做的。

卫生科是巡回医生来指导的。学校教师跟着医生做检查沙眼、布种牛痘等简单医术，成效都很好。这几所学校里每人都有单独的手巾、牙刷、茶杯。我们希望不久再添聘巡回看护士。

团体的设计，可以用欢迎会来做例子。学生知道有学问的客人来了，一群学生和一位教师便开一个谈话会，筹备怎样欢迎客人。他们推举一个学生作主席，一个学生作纪录，编拟开会节目，指定各人的工作。他们又推定二个学生写请柬，二个学生送信邀请客人。以上的工作在半小时以内都做完了。过了一刻，客人来了，依着拟定的秩序单——致欢迎词，奏乐，来宾演说，致答词，全体唱歌……一件一件的实行下去。临了，学生还替全体摄了一张影。

校舍是公开的，给全体村民用。信用合作社、农产物展览会、村民武术会、村民结婚的礼堂和赛会的会场都可以借用学校的校舍场地。到了夜里还开办村民夜校，夜戏也是教师来主持的。

中心小学的教师实在太忙了，到了夜里当然要想休息，所以另外想出方法来办理夜校。一个乡村里，必定有几个很能干、很肯为公众服务的人，教师就请他们来帮忙。这个计划倘若实行以后，就可增加很多的良教师，在燕子矶试验这个方法，成效很好。现在我们要编一种农民千字课，专为乡民用的，每天化一小时的工夫，四个月以后，大都能读平民报，写普通的信。这样做去，乡村学校不但能给儿童教育，也可以教成人呢！

七、乡村中心幼稚园

在中国乡村里，幼稚园格外来得需要。农忙的时候，农妇异常忙碌，她要帮助种田，要做饭煮茶，还有其他的家事。在这时候，年长的儿童都可以帮助做事。六岁以下的孩子，真是她的累赘物了。倘若有一个地方替她看孩子，她们真是要感激不尽了。有的时候，在小学里的子女被叫回去陪弟妹；有时候做母亲的，拿了一条小凳子，抱着一个小孩子到小学里来，请教师替他看小孩子。她唯一的要求，只要求教师看顾这个孩子，不要让他走动。这是何等可怜呀！我们因此也可以知道乡村幼稚园是何等重要呀！

乡村幼稚园除了为幼稚儿童造幸福以外，还可以节省农忙时农妇的精力，又可以直接帮助小学生减少缺课——因为有许多小学生的缺课是要在家里看管弟弟妹妹，所以乡村幼稚园的功效比城市幼稚园还要大。但是寻常幼稚园的办法，实在不能够移到乡下来。中国寻常城市幼稚园犯了三个大病——贵族的、外国的和浪费的病。倘若我们要办乡村幼稚园，非根本的把幼稚园变成平民的、中国的和省钱的不可。我们已经开始研究了，也已经有些把握了。去世不久的陆慎如[6]女士，曾经发愿为办乡村幼稚园努力。我们此后还是要本着她的牺牲精神，照着预定的计划做下去。

八、试验乡村师范学校

试验乡村师范设在晓庄，和第三中心小学邻近，距第一中心小学五里（一哩半）路，第二中心小学十里。我们所以创办这所学校的目的，是要养成有乡村领袖能力的教师，目的有三：

（一）养成农人的身手；

（二）养成科学的头脑；

（三）养成改造社会的精神。

这个学校的校训是“教学做合一”：教的法子根据学的法子，学的法子根据做的法子。例如农事是要在田里做的，就须在田里学，也就须在田里教。这是合一的方法，与寻常所用的分割方法不同。按寻常的方法，师范生先受了三年半的普通训练，到了最后半年开始实习，毕业以后方才是真的做教师。我们的学生，开始就教儿童，学生们就在真切的、负责的和有指导的环境之下做先生，所以他们不但要自己学习，并且要同时学习教人，他们是以教人者教己。我们深信某件事能够教人家了解，自己方才可以算得真切的了解。我们依据这个方法，很严格的指导每个师范生到各个中心小学里去负一星期的完全责任。

全部的课程包括了全部的生活：一切课程都是生活，一切生活都是课程。我们不知道什么是课内活动和课外活动的。全部活动——教学做——可以分为五个部分：

（一）中心小学活动教学做　这部分教学做占全数时值之半。寻常师范有附属小学实习的一科，这种办法，和师范学校缺少有机体的关系。小学乃是师范的中心，先须有很好的中心小学，才能有很好的师范学校。中心小学好比是母亲，也是发电机。

中心小学活动教学做可以分做六组：国语算术组、公民组、卫生组、自然组、园艺组、游戏娱乐组。每组各设研究指导员。师范生每人可以选择一组或两组做研究指导员的助手。每个指导员研究所得，必须将经过情形和学生讨论，指导他，观察他，帮助他。小学教学做指导员由校长聘请，对于该工作负完全支配之责任。

（二）分任院务教学做　全校的文书、会计、杂务、卫生等工作，都是指导员指导学生做的。全校只有一个粗工，担任挑水，其余的工作都是学生和指导员分担的，甚至烧饭、炒菜也是自己做的。烧饭的工作，在乡村教师是很重要的，因为学生们倘若送到一所没有校工的新学校里去，那么就非自己动手做饭不可了。

（三）征服自然环境教学做　这项包括科学的农业、造林、基本手工、卫生和其他教学做。

（四）改造社会环境教学做　这项包括村自治、民众教育、合作组织、乡村调查和农民娱乐等教学做。这项教学做，从学校三里路四周着手做起。每一个小村有二位去担负责任。现在已经有了十二个小村在计划中了我们无论什么事都是以做为教学的中心的。所以这件事就算是社会工作。

乡村调查，我们不在教室里学的，乃是要到十二个小村里去实行调查的。又如合作社，也是要依照各种原则，实行去组织的，不是空讲的。其他的教学做都是如此的。

二人担任一个小村庄的方法，我们希望他们和这个村庄里的人民做极要好的朋友，做一条学校与村庄通电的电线。有了这根活电线，一切的改造工作，都可以极便利的进行了。

（五）学生自动的教学做　这部分活动都是学生自动计划和决定的。大部分是关于个人的事情。

此外，晓庄师范学校里还有几个特点：学生只用书，不读书。他们在图书室里看书，不在课室里上书①。他们看到书的难处才去问指导员。他们为生活而用书，不为书籍而读书。这是特点之一。

指导员和学生都是农人的样子，有时赤着脚，穿了草鞋干。学生从入学考试的一天起，就必须做农事。我们深信，我们倘要想感化农人，必须自己先受农人感化。这是特点之二。

指导员和学生只有很少的区别，他们的界限实在是分不清楚的。每个人都是教做，也都是学做。“会做的教人，不会做的跟人学”是我们的座右铭。

学生毕业时是没有文凭的，要到毕业以后，服务了半年，有了好的成绩，方才给他证书。学生与学校的关系，虽是离校以后，在社会上服务了，还是要很密切的。我们要设巡回指导员来维持学校与学生的永远关系。

九、试验幼稚师范院

在试验师范学校里，我们还要设幼稚师范院⑦。该院以中心幼稚园活动为教学做的中心，招收乡村的女子学习。乡村小学教师的夫人、未婚妻或亲戚，尤为欢迎。该院有最显著的几个特点：

（一）可以培养许多幼稚教师，适应乡间需要幼稚园的渴望。

（二）可以为乡村间受教育的女子们开一个新的职业之门。

（三）倘若乡村教师的夫人或未婚妻能受此种教育，将来夫妻同在一乡从事教育，可以有下列五点好处：

1. 乡村教师在乡间服务的幸福可以增进；

---

① 上书，疑为“读书”之误。

2. 夫妻同做教师，家庭的收入可以增加；

3. 因此，乡村教师的服务期可以延长；

4. 乡村间有了女教育家，乡村妇女教育可以格外推广；

5. 这位教师的家庭，就可以组织成一个模范乡村家庭。

有了以上的种种理由和需要，所以幼稚师范院的开办，虽然有许多困难，我们还要设法使它实现的。

十、乡村教育研究部

乡村教育研究部，由试验师范研究指导员和名誉研究员组织而成，研究关于乡村教育的各种问题，以谋乡村教育实际问题的解决。大学校的学生可以来做研究员的助理，我们希望该研究部在最近期内可以充分发展，好做中国乡村教育之指针。

十一、其他事业

以上所说的中心学校、试验乡村师范和乡村教育研究部是中国乡村教育运动的主要工作。此外还有几种附带的事业，也来说明一下。

（一）招待参观　改进社为便利远道来校参观者起见，曾在少数优良学校里设备床位，以便参观者作长时期的观察。这个方法，可以使乡村教育运动扩大得更快、更远。

（二）乡村教育同志会　该会有会员千人，曾议决乡村教师信条十八条，发行两星期刊物一种，即《乡教丛讯》，现在销数有二千份。

（三）乡村学校辅导员　改进社请了一位办乡村学校著有成绩的教师，做乡村学校辅导员。乡村学校要想谋学校之改进，可以先派校长或教师到中心小学来实地观察，再由辅导员去考察该校的实际状况，然后他们合拟改进的方法，由校长和教师进行，辅导员则随时前去帮忙。

（四）乡村治疗所　晓庄创办一个乡村治疗所，医生除了看乡人疾病以外，并训练师范生简单的医药卫生常识与检查中心小学儿童的疾病。

（五）乡民武术会　晓庄附近的十二个乡村里的农人倘欲受武术训练，都可由师范学校武术指导员教以相当之武术。

（六）合作社　尧化门小学宋调公先生已经办了一所小规模的合作社，成绩很好。不久在晓庄也要创办一所。我们希望把范围逐渐扩大，训练农民自己组织。

十二、结论

以上所说各节，不过是中国乡村教育运动在南京——中国新都——的简要报告。以我们的能力所及，在广州、武昌、成都、北京、奉天、昆明各地，不久都要举办。我们最后的希望是各省各县都有这样的乡村教育做改造事业的中心。因为我们最后的目标是培养一百万个乡村教师，使全国一百万村庄都得到新生命，合起来造成中华民国的新生命。

原载《教育季刊》第3卷第3期，1927年9月27日。

【注释】

①本篇原稿系英文，由张宗麟译成中文。

②坎拿大，即加拿大。

③第一中心小学，即南京燕子矶国民小学，校长丁超。

④第二中心小学，即南京尧化门小学，校长宋鼎。

⑤晓庄小学，亦称晓庄师范第三中心小学。1927年2月创办于晓庄附近的佘儿岗长生庵，后迁往晓庄。

⑥陆慎如，筹办晓庄师范燕子矶幼稚园的指导员。

⑦幼稚师范院，即晓庄师范第二院，拟议由陈鹤琴担任院长。由于招生、经费等问题，始终未正式成立。

政治家与政客①

昨天有一位同学对我说，他虽是终身要办乡村教育，但是若有机会，他很愿意干一度政客生活，以谋乡村教育之发展，如做县知事一类之职务。我说："我愿你做政治家，不愿你做政客。"其实他的本意是愿做政治家，不是愿意做政客的，因此我们就把政治家和政客的分别详细的讨论了一番。我觉得这个问题是很重要的，所以要拿他来和大家谈谈。政治家的存心只是一个诚字，一伪就变为政客了。政治家的动机是为公众谋幸福的，有所私就变成政客了。政治家的进退以是非为依据，若随利害转移，就变为政客了。政治家的目光注射在久远，若贪近功，就变为政客了。政治家为目的而择手段，政客只管达他的目的而不择手段。政治家是"富贵不能淫，贫贱不能移，威武不能屈"；政客就不然，他的主张，随富贵而变，随贫贱而变，随威武而变。孔子说："政者正也。"政治家以"正"为家；政客是"正"之客，自外于"正"的人。政客只怕天下不乱，政治家一心只求天下之治平。政治家与政客起初之相差只在念头之一转，但是到了表现出来，简直有白的黑的一样的分明。我愿大家做一村的政治家，不愿大家做一村的政客。我们勉励吧！

1927年10月26日讲

原载《乡教丛讯》第1卷第21期，1927年11月1日。

【注释】

①本篇系陶行知在晓庄试验乡村师范学校寅会上的演讲词。

教学做合一[①]

教学做合一是本校[②]的校训，我们学校的基础就是立在这五个字上，再也没有一件事比明了这五个字还重要了。说来倒很奇怪，我在本校从来没有演讲过这个题目，同志们也从没有一个人对这五个字发生过疑问。大家都好像觉得这是我们晓庄的家常便饭，用不着多嘴饶舌了。可是我近来遇了两件事，使我觉得同志中实在还有不明了校训的意义的。一是看见一位指导员的教学做草案[③]里面把活动分成三方面，叫做教的方面，学的方面，做的方面。这是教学做分家，不是教学做合一。二是看见一位同学在《乡教丛讯》[④]上发表一篇关于晓庄小学的文章。在这篇文章里，他说："晓庄小学的课外作业就是农事教学做。"在教学做合一的学校的辞典里并没有"课外作业"。课外作业是生活与课程离婚的宣言，也就是教学做离婚的宣言。今年春天洪深先生创办电影演员养成所，招生广告上有采用"教""学""做"办法字样。当时我一见这张广告，就觉得洪先生没有十分了解教学做合一。倘使他真正了解，他必定要写"教学做"办法，决不会写作"教""学""做"办法。他的误解和我上述的两个误解是相类的。我接连受了这两次刺激，觉得非彻底的、原原本本的和大家讨论明白，怕要闹出绝大的误解。思想上发生误解则实际上必定要引起矛盾。所以把这个题目来演讲一次是万不可少的。我自回国以后，看见国内学校里先生只管教，学生只管受教的情形，就认定有改革之必要。这种情形以大学为最坏。导师叫做教授，大家以被称教授为荣。他的方法叫做教授法，他好像拿知识来赈济人的。我当时主张以教学法来代替教授法，在南京高等师范学校校务会议席上辩论二小时，不能通过，我也因此不接受教育专修科主任名义。八年[⑤]，应《时报·教育新思潮》[⑥]主干蒋梦麟先生之征，撰《教学合一》一文，主张教的方法要根据学的方法。此时苏州师范学校首先赞成采用教学法。继而"五四"事起，南京高等师范同事无暇坚持，我就把全部课程中之教授法一律改为教学法。这是实现教学合一的起源。后来新学制[⑦]颁布，我进一步主张：事怎样做就怎样学，怎样学就怎样教；教的法子要根据学的法子，学的法子要根据做的法子。这是民国十一年的事，教学做合一的理论已经成立了，但是教学做合一之名尚未出现。前年在南开大学演讲时，我仍用教学合一之题，张伯苓[8]先生拟改为学做合一，我于是豁然贯通，直称为教学做合一。去年撰《中国师范教育建设论》时，即将教学做合一之原理作有系统之叙述。我现在要把最近的思想组织起来作进一步之叙述。教学做是一件事，不是三件事。我们要在做上教，在做上学。在做上教的是先生；在做上学的是学生。从先生对学生的关系说：做便是教；从学生对先生的关系说：做便是学。先生拿做来教，乃是真教；学生拿做来学，方是实学。不在做上用工夫，教固不成教，学也不成学。从广义的教育观点看，先生与学生并没有严格的分别。实际上，如果破除成见，六十岁的老翁可以跟六岁的儿童学好些事情。会的教人，不会的跟人学，是我们不知不觉中天天有的现象。因此教学做是合一的。因为一个活动对事说是做，对己说是学，对人说是教。比如种田这件事是要在田里做的，便须在田里学，在田里教。游泳也是如此，游水是在水里做的事，便须在水里学，在水里教。再进一步说，关于种稻的讲解，不是为讲解而讲解，乃是为种稻而讲解；关于种稻而看书，不是为看书而看书，乃是为种稻而看书；想把种稻教得好，要讲什么话就讲什么话，要看什么书就看什么书。我们不能说种稻是做，看书是学，讲解是教。为种稻而讲解，讲解也是做；为种稻而看书，看书也是做。这是种稻的教学做合一。一切生活的教学做都要如此，方为一贯。否则教自教，学自学，连做也不是真做了。所以做是学的中心，也就是教的中心。“做”既占如此重要的位置，宝山县立师范学校竟把教学做合一改为做学教合一。这是格外有意思的。

十一月二日

1927年11月2日讲

出自上海亚东图书馆《中国教育改造》1928年4月版。

【注释】

①本篇系演讲词。

②本校，指晓庄试验乡村师范学校。

③教学做草案，即晓庄师范各科指导员的活动计划，须与学生讨论后共同实施。

④《乡教丛讯》，半月刊。中华教育改进社乡村教育同志会会刊。后与晓庄师范合办，主要内容为宣传乡村教育。

⑤八年，即民国八年。

⑥《时报·教育新思潮》，即《时报》副刊《教育周刊》上的《世界教育新思潮》栏，由蒋梦麟主编，陶行知为该专栏主要撰稿人之一。

⑦新学制，指1922年颁行的《学校系统改革令》(壬戌学制)。

⑧张伯苓，时任南开大学校长，中华教育改进社董事。

在劳力上劳心[①]

昨天我讲《教学做合一》的时候，曾经提及“做”是学之中心，可见做之重要。那么我们必须明白“做”是什么，才能明白教学做合一。盲行盲动是做吗？不是。胡思乱想是做吗？不是。只有手到心到才是真正的做。世界上有四种人：一种是劳心的人；一种是劳力的人；一种是劳心兼劳力的人；一种是在劳力上劳心的人。二元论的哲学把劳心的和劳力的人分成两个阶级：劳心的专门在心上做工夫，劳力的专门在苦力上讨生活。劳力的人只管闷起头来干，劳心的人只管闭起眼睛来想；劳力的人便成了无所用心，受人制裁；劳心的人便成了高等游民，愚弄无知，以致弄成“劳心者治人，劳力者治于人”的现象。不但如此，劳力而不劳心，则一切动作都是囿于故常，不能开创新的途径；劳心而不劳力，则一切思想难免玄之又玄，不能印证于经验。劳力与劳心分家，则一切进步发明都是不可能了。所以单单劳力，单单劳心，都不能算是真正之做。真正之做须是在劳力上劳心。在劳力上劳心是真的一元论。在这里我们应当连带讨论那似是而非的伪一元论。一次我和一位朋友讨论本校主张在劳力上劳心，我的朋友说：“你们是劳力与劳心并重吗?”我说：“我们是主张在劳力上劳心，不是主张劳力与劳心并重。”劳心与劳力并重虽似一元论，实在是以一人之身而分为两段：一段是劳心生活，一段是劳力生活，这种人的心与力都是劳而没有意识的。这种人的劳心或劳力都不能算是真正之做。真正之做只是在劳力上劳心，用心以制力。这样做的人要用心思去指挥力量，使能轻重得宜，以明对象变化的道理。这种人能以人力胜天工。世界上一切发明都是从他那里来的。他能改造世界，叫世界变色。我们中国所讲的科学原理，古时有“致知在格物”一语，朱子[②]用“在即物而穷其理”来解释，似乎是没有毛病的了。但是王阳明[③]跟着朱子的话进行便走入歧途。他叫钱友同格竹，格了三天，病了。他老先生便告奋勇，亲自出马去格竹——即竹而穷竹理，格了七天，格不出什么道理来，也就病了。他不怪他自己格得不对，反而说天下之物本无可格，所能格的，只有自己的身心。他于是从格物跳到格心，中国的科学兴趣的嫩芽便因此枯萎了。假使他老先生起初不是迷信朱子的呆板的即物穷理，而是运用心思指挥力量以求物之变化，那便不致于堕入迷途。在劳力上劳心，是一切发明之母。事事在劳力上劳心，便可得事物之真理。人人在劳力上劳心，便可无废人，便可无阶级。征服天然势力，创造大同社会，是立在同一的哲学基础上的，这个哲学的基础便是“在劳力上劳心”。我们必须把人间的劳心者、劳力者、劳心兼劳力者一齐化为在劳力上劳心的人，然后万物之真理都可一一探获，人间之阶级都可一一化除，而我们理想之极乐世界乃有实现之可能。这个担子是要教师挑的。惟独贯彻在劳力上劳心的教育，才能造就在劳力上劳心的人类；也惟独在劳力上劳心的人类，才能征服自然势力，创造大同社会。最后，我想打一个预防针，以免误解。一次有一位朋友告诉我说：“你们在劳心上劳力的主张，我极端的赞成。”我说：“如果是在劳心上劳力，我便极端不赞成了。我们的主张是‘在劳力上劳心’，不是‘在劳心上劳力’。”

十一月三日

1927 年 11 月 3 日讲

出自上海亚东图书馆《中国教育改造》1928 年 4 月版。

【注释】

①本篇系演讲词。

②朱子，即朱熹（1130—1200），字元晦，号晦庵，别称紫阳，徽州婺源（今属江西）人，南宋哲学家、教育家。

③王阳明，即王守仁（1472—1528），字伯安，世称阳明先生，浙江余姚人，明代哲学家、教育家。倡导“知行合一”“知行并进”，陶行知早年曾受其理论影响。

以教人者教己[1]

“以教人者教己”是本校[2]根本方法之一，我们也必须说得很明白，方知他效用之大。昨天邵先生[3]教纳税计算法就是“以教人者教己”的例证。邵先生因为要教大家计算纳税，所以就去搜集种种材料，并把这些材料融会贯通起来，然后和盘托出，教大家计算。他因为要教大家，所以先教自己。他是用教大家的材料教自己。他年年纳税，但是总没有明白其中的内幕，今年为什么就弄得这样彻底明白呢？因为要教你们，所以他自己便不得不格外明白了，他从教纳税上学得的益处怕比学生要多得多哩。近来韩先生[4]教武术，不是要一位同学发口令吗？这便是以教人者教己。这位同学发口令时便是以同学教同学。因为要他发口令，所以他对于这套武术的步骤就格外明了了，他在发口令上学，便是以教人者教己。第三中心小学潘先生[5]是素来没有学过园艺的，但是第三中心小学有园艺一门功课，他必得教，既然要教园艺，他对于园艺便要格外学得清楚些。他拿园艺教小学生的时候便是拿园艺来教自己。我们从昨天起开始交际教学做。第一次轮到的便是孙从贞[6]女士，今天有客来，便须由她招待。来宾到校必定要问许多问题，孙女士必须一一答复。但她是一位新学生，对于学校的经过历史、现在状况，及未来计划还没有充分明了。因为要答复来宾的问题，她必须预先把这些事情弄得十分明白，才不致给来宾问倒。她答复来宾的问题时，从广义的教育看来，她便是在那儿教，来宾便是在那儿学。为了要答复来宾的问题，她自己就不得不先去弄得十分明白，这便是以教人者教己。我们平常看报，多半是随随便便的。假使我们要教小学生回家报告国家大事，那么，我们看报的时候，便不得不会精聚神了。我们这样看报，比起寻常的效率不知道要大得几多倍哩。这便是借着小孩讲国家大事来教自己明了国家大事。这便是以教人者教己。又比如锄头舞的歌词是我做的，对于这套歌词，诸位总以为我做了之后便是十分明了了，其实不然。我拿这歌词教燕子矶小学生时，方把它弄得十分明白。以前或可以说只有七八分明白，没有十分明白。自己做的歌词还要等到教人之后才能十分明白，由此可见“以教人者教己”的效力之宏。从这些例证上，我们可以归纳出一条最重要的学理，这学理就是“为学而学”不如“为教而学”之亲切。“为教而学”必须设身处地，努力使人明白；既要努力使人明白，自己便自然而然的格外明白了。

十一月五日

1927 年 11 月 5 日讲

出自上海亚东图书馆《中国教育改造》1928 年 4 月版。

【注释】

①本篇系演讲词。

②本校，指晓庄试验乡村学校。

③邵先生，即邵仲香，晓庄师范农艺指导员。

④韩先生，即韩凌森，晓庄师范拳术指导员。

⑤潘先生，即潘一尘，无锡开原第一小学校长兼晓庄小学指导员。

⑥孙从贞，晓庄师范第二期学生。

本校产生时的催生娘娘[①]

今天要同大家谈谈本校产生时的情形。这里有一位本校产生时候的“催生娘娘”“送子观音”，大家是不能不知道的。

在去年三月里，我曾经读了一本书，叫做《人间词话》，是王静安[②]先生著的。书里有这样一段话：

“古之成大事业者，必定要经过三种境界。”

哪三种境界呢？他说：

“一、昨夜西风凋碧树，独上高楼，望尽天涯路。”

这是说为大事者，先天下之忧而忧，要从高远处去望他。

“二、衣带渐宽终不悔，为伊消得人憔悴。”

这就是说看清了人民的隐痛之后，要时时刻刻记念他，就是为他牺牲一切，终不懊悔！

“三、众里寻他千百度，回头蓦见，那人正在灯火阑珊处。”

这是说，从各处各地要寻个解决，只有我们百折不回的去找他，终有一天出人不意的遇着。

我读了这一节书后，大受感动，将那时正在徘徊歧路的态度打破了，立刻起来施行我的计划。王先生今年已经在昆明湖自尽。我听到这个消息，非常悲痛！

王先生与我虽只一面之缘，是那年范静生先生因为要调和梁任公与胡适之[③]两先生的意见，曾备了一席酒，请王先生和我（还有其他几位先生）作陪客。在这一席上，我们虽没有深谈，王先生也不一定晓得我，但他的精神，对于我的事业，影响终是很大的。

今天我要将这几句话提出来同大家讲讲，就是希望我们从事乡村教育的同志，都要经过这种境界，并在每年王静安先生忌日的时候，细细的将这几句话念念。

1927 年 11 月 7 日讲

出自方与严编《晓庄之一页》，上海儿童书局 1934 年 4 月版。

【注释】

①本篇系陶行知在晓庄师范寅会上的演讲记录。记录者：操震球。

本文发表时，记录者改题为《年年今日》，并加按语："这是陶校长在十六年十一月七日寅会里的一篇讲词。原名叫《本校产生时的催生娘娘》，为哀悼王静安先生而讲的。今天已经是我们纪念王先生逝世两周年了，记者亦曾亲受教于王先生之门，回忆往事，倍感神伤，爰将本词检发发表。借表哀思，并告后来的诸同志。"

②王静安，即王国维（1877—1927），字静安，一字伯隅，号观堂，浙江宁海人。近代学者。1925年任清华研究院教授。

③胡适之，即胡适（1891—1962），字适之，安徽绩溪人，现代学者。早年留学美国，师承杜威，获哲学博士学位。

在燕子矶幼稚园开学典礼上的讲话[①]

第一次我觉得乡村里有设立幼稚园之必要，是宋调公[②]君告诉我农忙时往往有母亲一只手抱着小孩子，一只手拿着凳子到学校里来托先生给他看管。他只求先生守着小孩子不给他走开，他就感激不尽了。又一次看见一位母亲在田中做事，对面地下放一个筐子，里面坐着一个小孩子，这孩子便是他的儿子。又一次我遇了一个小学生，我问他为什么不进学校，他说现在田里很忙，他要帮助妈妈带小妹妹。受了这三次感触，我便想创办乡村幼稚园。

……恰巧舍妹文渼来信和我商量家母六旬寿辰家庆的办法，我忽然下了一个决心，要在这一年内把她老人家给我的最好的精神开始充分的表现出来，为她老人家祝寿。我想来想去，没有想到办法。一天豁然觉悟到家母最爱的是我的第四个小孩，称他为蜜桃。因为家母之爱蜜桃，就联想到天下的像蜜桃的小孩，立刻决定要使全国个个乡村都有一个幼稚园为儿童造福，并立志要在这一年之内把第一个乡村幼稚园成立。

1927 年 11 月 11 日讲

出自孙铭勋、戴自俺编著《晓庄幼稚教育》，上海儿童书局 1934 年 3 月版。

【附录一】

在燕子矶幼稚园开学典礼上的讲话要点

（1）自从发了宏愿以后，找地点，找人才，筹经济，所在都遇到困难。

（2）费了相当的时间和力量，后来地点找到燕子矶；人才方面找到陈鹤琴、陆慎如、张宗麟诸先生；经费方面得到陈陶遗先生援助五百元。

（3）地点有了，人才有了，经济亦相当的解决一部分了，后因国民军到南京，孙传芳几次来扰（这是十六年三月、四月的事），又不幸陆慎如女士去世，因而中途遂告停顿。

（4）一直到十六年十月，张宗麟、徐世璧先生等下乡，始兴办此园。到十一月十一日，这中国的第一个乡村幼稚园，便算呱呱坠地了。

（出处同上）

【注释】

①本篇系演讲记录。记录者：戴自俺、孙铭勋。题目为编者所拟。附录系戴自俺、孙铭勋归纳的陶行知讲话要点。

②宋调公，南京尧化门小学校长宋鼎。

【附录二】

南京燕子矶乡村幼稚园成立

南京试验乡村师范，自今春开办第一院以来，试验乡村小学教学做，颇有成效。秋季又创办第二院，培养乡村幼稚教师。该院为试验乡村幼稚园各种教学做起见，拟设立中心幼稚园三所。第一中心幼稚园设于燕子矶，已筹备就绪，于前日在燕子矶小学举行开学典礼。到会者有该校全体指导员学生、中心小学辅导员及燕子矶小学师生与邻近农民，济济一堂，九时开会。

一、向党国旗行最敬礼。

二、恭读总理遗嘱。

三、校长致辞。略谓农家在农忙之时，对于不能帮助田作之幼稚儿童，视同赘物，此于儿童及其父母，皆有极大损失。乡村幼稚园即所以谋幼稚儿童之幸福，并补助家庭教育之不足。惟吾国幼稚园多犯外国化、贵族化及不经济三病。本园为全国乡村幼稚园之首倡者，所以力向中国化、平民化及省钱路上走去云云。

四、演说。张宗麟、马侣贤、丁超等，皆有极诚恳言辞。

五、余兴。小学生唱歌、笑话、进点心等。至午，尽欢散会。

原载《申报》，1927 年 11 月 15 日。

小孩子最紧要的是进学校[1]

昨晚孙总理周游晓庄十二村乡[2]，他见到三等小朋友，他心里就有三种感触。第一种人家的小孩子，在家里不但能读书识字，并且会运用书中的道理。这些小孩子会写信，会看信，会认契据，会记账目，会看报，能懂国家大事。孙总理看了这种人家小孩，他喜欢极了，就说："活人读活书，字字如真珠。"第二种人家的孩子，在家里像木鸡一样，整天的读《百家姓》《三字经》……总理听了不耐烦，便说："活人读死书，愈读愈变迂。"第三种人家的小孩子却不同了，一天到晚只会打架，相骂，偷东西，做种种不长进的事。总理见了气极，对他们家里人说："活人不读书，不如老母猪。"但最后总理还是希望大家把小孩子送到学校里去，读活人的书，做活人的事，过活人的生活。这样看来，小孩子最紧要的是进学校。

1927年11月12日（孙中山诞辰）讲

原载《乡教丛讯》第2卷第15期，1928年8月16日。

【注释】

①本篇系陶行知在晓庄师范孙中山诞辰纪念会上的演讲记录，记录者：徐企周，题目为编者所拟。

②这里所说的"昨晚孙总理周游晓庄十二村乡"的故事，系陶行知假托，并非真事。

一九二八年

艺友制师范教育答客问

——关于南京六校招收艺友之解释

艺友制是什么?

艺是艺术，也可作手艺解。友就是朋友。凡用朋友之道教人学做艺术或手艺便是艺友制。

艺友制如何可以应用到师范教育上来?

师范教育的功用是培养教师。教师的生活是艺术生活。教师的职务也是一种手艺，应当亲自动手去干的。那些高谈阔论，妄自尊大，不屑与三百六十行为伍的都不是真教师。学做教师有两种途径：一是从师，二是访友。跟朋友操练比从师来得格外自然，格外有效力。所以要想做好教师，最好是和好教师做朋友。凡用朋友之道教人学做教师，便是艺友制师范教育。

艺友制是如何发现的?

发现艺友制之起因有二：一是由于感觉现行师范教育之缺憾，二是由于感觉各种行业施行艺徒制之实效。现行师范教育将学理与实习分为二事，简直是以大书呆子教小书呆子，所出的人才和普通中学不相上下。国内少数优良小学全凭天才做台柱，至于师范教育的贡献还是微乎其微。大多数受过师范训练的人，至今办不出一个可以令人佩服的学校，岂不是大可叹息的事吗?我们再看看木匠徒弟所做的桌椅，裁缝徒弟所做的衣服，漆匠徒弟所做的牌匾，不由人要觉得十分惭愧了。艺友制便是这种叹息惭愧的土壤里面发生出来的一根嫩苗。现在中国职业界有一个不好的趋势，这趋势便是以仿效学校为荣。所以有汽车学校、理发学校、洗衣学校，这种学校，那种学校，不一而足。谁知道一染上学校气，便是失败之母。我可以断定黎锦晖、黎明晖办的中华歌舞团，比他们办的中华歌舞学校效力要大得多。三百六十行虽然不可跟学堂学，但是学堂实在应当跟着三百六十行学才好。我们这艺友制，便是要跟三百六十行学点乖，好去培植些真人才。

那么，艺友制是否要起而代替师范学校？

不是的。师范学校应当根本改造，不应当废除。现在各省归并师范的潮流，是欠深谋远虑的。不过我们主张的艺友制是要和师范学校相辅而行的，不是拿来替代师范学校的。

徒弟制既行之有效，何不爽爽快快的就称他为艺徒制的师范教育？

艺徒制虽是有效力，但也有缺点。徒是步行的意思，倘若师傅引着徒弟一同步行，当然是很好的。但是有许多师傅坐着汽车要徒弟跟着跑，那就不好了。平常工匠待艺徒如奴仆，秘诀心得又不肯轻传，以致事业不能进步，光阴多耗于没有价值之工作。所以艺徒的名词，最好不再沿用。换一个友字，则艺徒的好处一概吸收，坏处一概避免了。

艺友制究竟是使用什么方法？

艺友制的根本方法是教学做合一。事怎样做便怎样学，怎样学便怎样教。教的法子根据学的法子，学的法子根据做的法子。先行先知的在做上教，后行后知的在做上学。大家共教共学共做才是真正的艺友制，惟独艺友制才是彻底的教学做合一。

什么地方能行艺友制？

凡学校有一艺之长的教师便可招收艺友。从幼稚园以及到研究所，只要这个条件符合，都可试行艺友制。假使中国现有之二十万学校个个有把握，便个个可收艺友，个个可做训练教师之中心。每年训练一位，只要五年便可解决普及四年小学教育所要之师资问题。但是一百个学校当中至少有九十个是没有把握的，我们的责任是要使没有把握的学校变为有把握的学校，使有把握的学校个个都变做训练教师的一个小小的中心。

艺友制的理论，看来似乎是站得住，但是有没有地方实行过，结果好不好？

我们考察乡村学校后，觉得燕子矶小学、尧化门小学、开原小学的办法很可为他校取法，便于前年与这几个学校约设铺位，使远道来校参观的人可以留校作较长时期之研究。这便是艺友制之发端。后来江问渔[②]先生要在板浦创办小学，便派了他的侄儿江君希彭到燕子矶小学过了三个月的生活，很得实益，这是第一个具体的例子。去年秋季燕子矶幼稚园成立，丁夫人[③]和两位女毕业生随着张、徐[④]二指导学办乡村幼稚园，进步也很快。至此我们对于这种办法发生了极大的希望。我们深信这种办法不但是最有效力之教师培植法，并且是解除乡村教师寂寞和推广普及教育师资之重要途径。这时我们还找不到一个更适当的名词，只好迁就称他为徒弟制。但是总觉得徒弟制这个名词不能完全表出我们的真意，所以迟迟的不愿发表，今年一月五日早晨，忽然想出艺友制三字来代表这种办法，大家都欢喜得很。现在南京六校已经联合开始招收艺友。市教育局陈鹤琴[5]课长并拟在市立实验小学及幼稚园中试行。就以往结果观察，我们敢说只要有人负责指导，艺友制是值得一试的。

原载《民国日报》，1928年1月9日、11日。

【注释】

①六校，指晓庄试验乡村师范、市立实验小学、鼓楼幼稚园、燕子矶小学、尧化门小学和燕子矶幼稚园。

②江问渔，即江恒源，字问渔，当时任江苏省教育厅长。

③丁夫人，燕子矶小学校长丁超的夫人。

④张、徐，指晓庄师范幼稚教育指导员张宗麟、徐世璧。

⑤陈鹤琴（1892—1982），著名幼儿教育家，早年留学美国，获硕士学位。回国后历任南京高师、东南大学教授，并担任教育行政职务。创办南京鼓楼幼稚园。致力于普及乡村幼稚教育。

晓庄师范三年发展步骤

晓庄师范之三年发展步骤，业已拟定：每期所招新生，不得超过旧生之数，以谋精神之同化。

故十六年春季招十五名，秋季招十五名，共有三十名。十七年春季，招三十名；秋季招四十五名。至年底，除去毕业者，共有九十名。

十八年春季，招九十名；秋季招一百三十五名。至年底，除去毕业生，共有二百七十名。

本年春季所招之三十名，分为小学师范院二十名，幼稚师范院十名。统于阳历二月十日在南京神策门外本校招考。

此项学生之外，该校又招艺友十余名，随同指导员学习。

急于服务者，可做艺友服务；稍可展缓者，可做学生。两种制度同时试行，较为便利。

原载《申报》，1928年1月17日。

【注释】

本篇发表时无署名，笔者推定为陶行知所手订。因其时任该校校长，且负责制订该校的发展计划。原发表时，题为《晓庄试验师范之发展步骤》，今题系编者所拟。

“伪知识”阶级①

自从俄国革命以来，“知识阶级”（Intelligentsia）这个名词忽然引起了世人之注意。在打倒知识阶级呼声之下，我们不得不问一问：什么是知识阶级？知识阶级是怎样造成的？应当不应当把他打倒？这些问题曾经盘旋于我们心中，继续不断的要求我们解答。近来的方向又转过来了，打倒知识阶级的呼声一变而为拥护知识阶级的呼声。我们又不得不问一问：什么是知识阶级？知识阶级是怎样造成的？应当不应当将他拥护？在这两种相反的呼声里面，我都曾平心静气的把这些问题研究了一番，我所得的答案是一致的。我现在要把我一年来对于这些问题考虑的结果写出来，与有同样兴趣的朋友们交换意见。

我们要想把知识阶级研究得明白，首先便须分别“知识”与“智慧”。智慧是生成的，知识是学来的。孟子说：“由射于百步之外也，其至，尔力也；其中，非尔力也。”会射箭的人能百步穿杨。射到一百步的力量是生成的限度。到了一百步还能穿过杨树的一片叶子，那便是学来的技巧了。这就是智慧与知识的分别。又比如言语：说话的能力是生成的，属于智慧；说中国话、日本话、柏林话、拉萨话，便是学成的，属于知识。人的禀赋各不相同，生成的智慧至为不齐。有的是最聪明的，有的是最愚笨的。但从最愚笨的人到最聪明的人，种种差别都是渐渐的推上去的。假使我们把一千个人按着聪明的大小排列成行，我们就晓得最聪明的是少数，最愚笨的也是少数，而各人和靠近的人比起来都差不了几多。我们只觉得各个不同，并找不出聪明人和愚笨人中间有什么鸿沟。我们可以用一个最浅近的比方把这个道理说出来。人的长矮也是生成的。我们可以把一千个人依着他们的长矮顺序排列：从长子看到矮子，只见各人渐渐的一个比一个矮；从矮子看到长子，只见各人也是渐渐的一个比一个长。在寻常状态之下，我们找不出一大群的长子，叫做长子阶级；也找不出一大群的矮子，叫做矮子阶级。我们在上海的大马路上或是在燕子矶关帝庙会里仔细一望，就可以明白这个道理。从人之长矮推论到人之智愚，我们更可明白生成之智慧只有渐渐的差别，没有对垒的阶级。智慧既无阶级，自然谈不到打倒、拥护的问题。

其次，我们要考察知识的本身。知识有真有伪。思想与行为结合而产生的知识是真知识，真知识的根是安在经验里的。从经验里发芽抽条开花结果的是真知灼见，真知灼见是跟着智慧走的。同处一个环境，同等的智慧可得同等的真知灼见。智慧是渐渐的相差，所以真知灼见也是渐渐的相差。智慧既无阶级，真知识也就没有阶级。俗语说“三百六十行，行行出状元。”真知识只有直行的类别，没有横截的阶级。各行的人有绝顶聪明的，也有绝不中用的。但在他们中间的人，智力上的差别和运用智力取得之真知识的差别都是渐渐的，都是没有阶级可言。倘使要把三百六十行的“上智”联合起来，称为知识阶级，再把三百六十行的“下愚”联合起来，称为无知识阶级，那就是一件很勉强很不自然的事了。

照这样说来，世界上不是没有知识阶级了吗？不，伪知识能成阶级！什么是伪知识？不是从经验里发生出来的知识便是伪知识。比如知道冰是冷的，火是热的是知识。小孩儿用手摸着冰便觉得冷，从摸着冰而得到“冰是冷的”的知识是真知识。小孩儿单用耳听见妈妈说冰是冷的而得到“冰是冷的”的知识是伪知识。小孩儿用身靠近火便觉得热，从靠近火而得到“火是热的”的知识是真知识。小孩子单用耳听妈妈说火是热的而得到“火是热的”的知识是伪知识。有人在这里便起疑问：“如果样样知识都要从自己经验里得来，岂不是麻烦得很？人生经验有限，若以经验范围知识，那么所谓知识岂不是也很有限了吗？没有到过热带的人，就不能了解热带是热的吗？没有到过北冰洋的人，就不能了解北冰洋是冷的吗？”这些疑问是很重要的，我们必须把他们解答清楚，方能明了真知识与伪知识的分别。我只说真知识的根是要安在经验里，没有说样样知识都要从自己的经验上得来。假使我们抹煞别人经验里所发生的知识而不去运用，那真可算是世界第一个大呆子。我们的问题是要如何运用别人经验里所发生的知识使他成为我们的真知识，而不要成为我们的伪知识。比如接树：一种树枝可以接到别一种树枝上去使它格外发荣滋长，开更美丽之花，结更好吃之果。如果把别人从经验发生之知识接到我们从自己经验发生之知识之上去，那末，我们的知识必可格外扩充，生活必可格外丰富。我们要有自己的经验做根，以这经验所发生的知识做枝，然后别人的知识方才可以接得上去，别人的知识方才成为我们知识的一个有机体部分。这样一来，别人的知识在我们的经验里活着，我们的经验也就生长到别人知识里去开花结果。至此，别人的知识便成了我们的真知识。其实，他已经不是别人的知识而是自己的知识了。倘若对于某种知识，自己的经验上无根可找，那么无论如何勉强，也是接不活的。比如在厨房里烧过火的人，或是在火炉边烤过火的人，或是把手给火烫过的人，便可以懂得热带是热的；在冰房里呆过的人，或是在冰窖里呆过的人，或是做过雪罗汉的人，便可以懂得北冰洋是冷的。对于这些人，“热带是热的，北冰洋是冷的”虽从书本上看来，或别人演讲时听来，也是真知识。倘自己对于冷热的经验丝毫没有，那么，这些知识虽是学而时习之，背得熟透了，也是于他无关的伪知识。

知识的一部分是藏在文字里，我们的问题又成为：“什么文字是真知识？什么文字是伪知识？”经验比如准备金，文字比如钞票。钞票是准备金的代表，好一比文字是经验的代表。银行要想正经生意必须根据准备金去发行钞票，钞票是不可滥发的。学者不愿自欺欺人，必须根据经验去发表文字。文字是不可滥写的。滥发钞票，钞票便不值钱；滥写文字，文字也不值钱。欧战后，德国马克[2]一落千丈，当时有句笑话，说是：“请得一席客，汽车载马克。”这句话的意思是马克纸币价格跌的太低，寻常请一席酒要用汽车装马克去付账。这是德国不根据准备金而滥发纸币之过。滥发钞票，则虽名为钞票，几是假钞票。吾国文人写出了汗牛充栋的文字，青年学子把他们在脑袋子里都装满了，拿出来，换不得一肚饱。这些文字和德国纸马克是一样的不值钱，因为他们是在经验以外滥发的文字，是不值钱的伪知识。

我国先秦诸子如老子、孔子、孟子、庄子、墨子、杨子、荀子等都能凭着自己的经验发表文字，故有独到的议论。他们好比是根据自己的准备金发可靠的钞票。孔子很谦虚，只说“述而不作，信而好古”，自居为根据古人的准备金为古人清理钞票，他只承认删诗书，定礼乐，为取缔滥发钞票的工作。孟子虽是孔家的忠实行员，但心眼稍窄，只许孔家一家银行存在，拼命的要打倒杨家、墨家的钞票。汉朝以后，学者多数靠着孔子的信用，继续不断的滥发钞票，甚至于又以所滥发的钞票做准备库，滥上加滥的发个不已，以至于汗牛充栋。韩文公[3]的脾气有些像孟子，他眼看佛家银行渐渐的兴旺，气愤不过，恨不得要拼命将他封闭，把佛家银行的行员杀得干干净净。他至今享了“文起八代之衰”的盛名。但据我看来，所谓“文起八代之衰”只是把孔家银行历代经理所滥发的钞票换些新票而已，他又乘换印新票的时候顺带滥发了些新钞票。程、朱、陆、王[4]纵有许多贡献及不同的地方，但是他们四个人大部分的工作还是根据孔、孟合办银行的招牌，和从前滥发的钞票去滥发钞票。他们此时正与佛家银行做点汇兑，所以又根据佛家银行的钞票，去滥发了些钞票。颜习斋[5]看不过眼，谨慎的守着孔家银行的准备库，一方面大声疾呼的要严格按着准备金额发行钞票，一方面要感化佛家银行行员使他无形解体。他是孔家银行里一位最忠实的行员，可是他所谨守的金库里面有许多金子已经上锈了。等到八股[6]发达到极点，朱注的“四书”[7]被拥护上天的时候，全国的人乃是以朱子所发的钞票当为准备金而大滥特滥的去发钞票了。至此，中国的知识真正濒于破产了。吴稚晖先生劝胡适之先生不要迷信整理国故，自有道理。但我觉得整理国故如同清理银行账目一样，是有他的位置的。我们希望整理国故的先生们经过很缜密的工作之后，能够给我们一本报告，使我们知道国故银行究有几多准备金，究能发行多少钞票，那些钞票是滥发的。不过他们要谨慎些，千万不可一踏进银行门，也去滥发钞票。如果这样，那这笔账更要糊涂了。总括一句：只有从经验里发生出来的文字才是真的文字知识，凡不是从经验里发生出来的文字都是伪的文字知识。伪的文字知识比没有准备金的钞票还要害人，还要不值钱。

伪的知识，伪的文字知识既是害人又不值钱，那么，他如何能够存在呢？产生伪知识的人，应当连饭都弄不到吃，他们又如何能成阶级呢？伪知识和伪钞票一样，必须得到特殊势力之保障拥护才能存在。“伪知识”阶级是特殊势力造成的，这特殊势力在中国便是皇帝。

创业的皇帝大都是天才。天才忌天才是很自然的一件事。天下最厉害的无过于天才得了真知识。如果政治的天才从经验上得了关于政治的真知灼见，谁的江山也坐不稳。做皇帝的人，特别是创业之主，是十分明了此中关系的，并且是一百分的不愿意把江山给人夺去。他要把江山当作子孙万世之业，必得要收拾这些天才。收拾的法子是使天才离开真知识去取伪知识。天才如何就他的范围，进他的圈套呢？说来倒很简单。皇帝引诱天才进伪知识的圈套有几个法子。一，照他的意旨在伪知识上用功，便有吃好饭的希望。俗话说：“只有穷秀才，没有穷举人。”伪知识的工夫做得愈高愈深，便愈能解决吃饭问题。二，照他的意旨在伪知识上用功，便有做大官的希望。世上之安富尊荣，尽他享受。中了状元还可以做驸马爷，娶皇帝的女儿为妻。穿破布烂棉花去赴朝考的人，个个都有衣锦回乡的可能。三，照他的意旨在伪知识上用功，便有荣宗耀祖的希望。这样一来，全家全族的人都在那儿拿着鞭子代皇帝使劲赶他进圈套了。倘使他没有旅费，亲族必定要为他凑个会，或是借钱给他去应试。倘使他不去，又必定要用“不长进”一类的话来羞辱他，使他觉得不去应试是可耻的。全家全族的力量都做皇帝的后盾，把天才的儿孙像赶驴子样一个个的赶进皇帝的圈套，天下的天才乃没有能幸免的了。

“伪知识”阶级不是少数人可以组织成功的。有了皇帝做大批的收买，全社会做这大批生意的买办，个人为名利权位所诱而不能抵抗出卖，“伪知识”阶级乃完全告成。依皇帝的目光看来，这便是“天下英雄，尽入我彀中”。雄才大略的帝王个个有此野心，不过唐太宗口快，无意中把他说破罢了。最可叹的是皇帝手段太辣。一方面是积极的推重伪知识，所谓“满朝朱紫贵，尽是读书人”一类的话，连小孩都背熟了；一方面是消极的贱视伪知识以外的人，所谓“万般皆下品，惟有读书高”，又是从娘胎里就受迷的。所以不但政治天才入了彀，七十二行，行行的天才都入了他的圈套了。天才是遗传的，有其父必有其子。老子进了圈套，儿子、孙子都不得不进圈套。只要“书香之家”四个大字，便可把全家世世代代的天才圈入“伪知识”阶级。等到八股取士的制度开始，“伪知识”阶级的形成乃更进一步。以前帝王所收买的知识还夹了几分真，等到八股发明以后，全国士人三更灯火五更鸡去钻取的知识乃是彻底不值钱的伪知识了。这种知识除了帝王别有用意之外，再也没有一人肯用钱买的了；就是帝王买去也是丝毫无用，也是一堆一堆的烧去不要的。帝王是醉翁之意不在酒，他那里是收买伪知识，他只是用名利、权位的手段引诱全国天才进入“伪知识”的圈套，成为废人，不能与他的儿孙争雄罢了。

这些废人只是为“惜字炉”继续不断的制造燃料，他们对于知识的全体是毫无贡献的。从大的方面看，他们是居于必败之地。但从他们个人方面看，却也有幸而成的与不幸而败的之分别。他们成则为达官贵人，败则为土豪、劣绅、讼棍、刀笔吏、教书先生。最可痛心的，就是这些废人应考不中，只有做土豪、劣绅、讼棍、刀笔吏、教书先生的几条出路。他们没有真本领赚饭吃，只得拿假知识去抢饭吃，骗饭吃。土豪、劣绅、讼棍、刀笔吏之害人，我们是容易知道的；教书先生之害人更广、更深、更切。我们是不知道的。教书先生直接为父兄教子弟，间接就是代帝王训练

“伪知识”阶级。他们的知识，出卖给别人吧，嫌他太假；出卖给皇帝吧，又嫌他假得不彻底。不得已，只好拿来哄骗小孩子。这样一来，非同小可，大书呆子教小书呆子，几乎把全国中才以上的人都变成书呆子了，都勾引进伪知识阶级了。伪知识阶级的势力于是乎雄厚，于是乎牢不可破，于是乎继长增高，层出无穷。

皇帝与民争，用伪知识来消磨民间的天才，确是一个很妙的计策。等到民间的天才消磨已尽，忽然发生了国与国争，以伪知识的国与真知识的国抗衡，好一比是拿鸡蛋碰石头，那有不破碎的道理！鸦片之战、英法联军之战、甲午之战，没有一次幸免，皇帝及大臣才明白伪知识靠不住。于是废八股，兴学堂。这未始不是一个转机。但是政权都操在“伪知识”阶级手中，他们那会培养真知识？他们走不得几步路，就把狐狸尾巴拖出来了。他们自作聪明的把外国的教育制度整个的抄了一个来。他们曾用眼睛、耳朵、笔从外国贩来了些与国情接不上的伪知识。他们把书院变成学堂，把山长改为堂长⑧。“四书”用不着了，一律换为各种科学的教科书。标本、仪器很好看，姑且拣那最好看的买他一套，在玻璃柜里陈列着，可以给客人参观参观。射箭很不时髦，要讲尚武精神，自须学习兵操。好，他们很信他们的木头枪真能捍国卫民咧！这就算是变法！这就算是维新！这就算是自强！一般社会对于这些换汤不换药的学堂却是大惊小怪，称他们为洋学堂，又称学堂里的学生为洋学生。办学的苦于得不到学生，于是除供饭食发零用外，还是依旧的按着学堂等级给功名：小学堂毕业给秀才；中学堂毕业给贡生；高等学堂毕业给举人；大学堂学生给进士；外国留学回来的，赴朝考及第给翰林点状元。社会就称他们为洋秀才、洋贡生、洋举人、洋进士、洋翰林、洋状元。后来废除功名，改称学士、硕士、博士等名目，社会莫名其妙了。得到这些头衔的人还是仍旧用旧功名翻译新功名，说是学士等于秀才，硕士等于举人，博士等于翰林，第一名的博士便是从前的状元。说的人自以为得意，听的人由羡慕而称道不止，其实这还不是穿洋装的老八股吗？穿洋装的老八股就是洋八股。老八股好比是根据本国钞票发行的钞票；洋八股好比是根据外国钞票去发行的钞票。他们都是没有准备金的假钞票。洋八股和老八股虽有新旧之不同，但同不是从经验里发生的真知识，同是不值钱的伪知识。从中国现在的情形看来，科学与玄学⑨之争，只可说是洋八股与老八股之争。书本的科学，陈列的实验，岂能当科学实验之名？他和老八股是同样无用的东西。请看三十年来的科学，发明在那里？制造在那里？科学客倒遇见不少，真正的科学家在那里？青年的学子：书本的科学是洋版的八股，在讲堂上高谈阔论的科学客，与蒙童馆里的冬烘先生[10]是同胞兄弟，别给他们骗走了啊！

所以中国是有“伪知识”阶级。构成中国之伪知识阶级有两种成分：一是老八股派，二是洋八股派。这个阶级既靠伪知识骗饭吃，不靠真本领赚饭吃，便没有存在的理由。

这个阶级在中国现状之下已经是山穷水尽了。收买伪知识的帝王已经消灭，再也找不出第二个特殊势力能养这许多无聊的人。但因为惰性关系，青年们还是整千整万的向着这条死路出发，他们的亲友仍旧是拿着鞭儿在后面使劲的赶。可怜得很，这些青年个个弄得焦头烂额，等到觉悟回来，不能抢饭的便须讨饭。伪知识阶级的末路已经是很明显了，还用得着打倒吗？又值得拥护吗？

但是一班狡猾的“伪知识”者找着一个护身符，这护身符便是“读书”两个字。他们向我们反驳说：“书也不应当读了吗？”社会不明白他们葫芦里卖的是什么药，也就随声附和的说：“是啊！书何能不读呢！”于是“读书不忘救国，救国不忘读书”，便成了保障伪知识阶级的盾牌。所以不把读书这两个字说破，伪知识阶级的微生物便能在里面苟延残喘。我们应当明白，书只是一种工具，和锯子、锄头是一样的性质，都是给人用的。我们与其说“读书”，不如说“用书”。书里有真知识和伪知识，读他一辈子，不能辨别他的真伪；可是用他一下，书的本来面目便显了出来，真的便用得出去，伪的便用不出去。也如同真的锯子才能锯木头，真的锄头才能锄泥土，假的锯子、锄头一用到木头、泥土上去就知道他不行了。所以提到书便应说“用书”，不应说“读书”，那“伪知识”阶级便没得地方躲了。与“读书”联成一气的有“读书人”一个名词。这个名词，更要不得。假使书是应当读的，便应使人人有书读。决不能单使一部分的人有书读，叫做读书人；又一部分的人无书读，叫做不读书人。比如饭是应当吃的，应使人人有饭吃；决不能使一部分的人有饭吃，叫做吃饭的人；又一部分的人无饭吃，叫做不吃饭的人。从另一方面看，只知道吃饭，不成饭桶了吗？只知道读书，不成为有脚可以走路的活书架子了吗？我们为避免堕入伪知识阶级的诡计起见，主张用书不主张读书。农人要用书，工人要用书，商人要用书，兵士要用书，医生要用书，律师要用书，画家要用书，教师要用书，音乐家要用书，戏剧家要用书，三百六十行，行行都要用书。行行都成了用书的人，真知识才愈益普及，愈能发现了。书是三百六十行的公物，不是读书人所能据为私有的。等到三百六十行都是用书人，读书的专利营业便完全打破，读书人除非改行，便不能混饭吃了。这个日子已经来到，大家还不觉悟，只有死路一条。凡受过中国新旧教育的人，都免不了有些“伪知识”的成分和倾向。为今之计，我们应当痛下四个决心：

一、从今以后，我们应当放弃一切固有的伪知识；

二、从今以后，我们应当拒绝承受一切新来的伪知识；

三、从今以后，我们应当制止自己不要再把伪知识传与后辈；

四、从今以后，我们应当陪着后起的青年共同努力去探真知识的泉源。

最后，我要郑重的说：二十世纪以后的世界，属于努力探获真知识的民族。凡是崇拜伪知识的民族，都要渐就衰弱以至于灭亡。三百六十行中决没有教书匠、读书人的地位，东西两半球上面也没有中华书呆国的立足点。我们个人与民族的生存都要以真知识为基础。伪知识是流沙，千万不可在他上面流连忘返。早一点觉悟，便是早一点离开死路，也就是早一点走向生路。这种生死关头，十分显明，绝无徘徊迟疑之余地。起个取真去伪的念头，是走向生路的第一步。明白伪知识的买主已经死了永不复生并且绝了种，是走向生路的第二步。以做“读书”人或“读书”先生为最可耻，是走向生路的第三步。凡事手到心到——在劳力上劳心，便是骑着千里驹在生路上飞跑了。

出自1928年4月上海亚东图书馆版《中国教育改造》。

【注释】

①本篇全文曾以《“伪知识”阶级》为题，刊载于1928年2月6、8、9日《民国日报》，内容上略有差异。本篇最后两段曾以《读书人》为题，刊载于1928年1月31日《乡教丛讯》第2卷第2期。

②马克，德国货币名称，德文Mark的音译。

③韩文公，即韩愈（768—824），字退之，河阳（今河南孟县西）人。唐代文学家、哲学家。卒谥文，世称韩文公。

④程朱陆王，程即程颐（1033—1107），字正叔，学者称伊川先生，洛阳（今属河南）人，北宋哲学家、教育家，与其兄程颢（1032—1085）

同为北宋理学的奠基者，世称“二程”。朱，即朱熹。陆，即陆九渊(1139—1193)，字子静，自号存斋，学者称象山先生，抚州金溪（今属江西）人。南宋哲学家、教育家。王，即王守仁。

⑤颜习斋，即颜元（1635—1704)，字易直，又字浑然，号习斋，博野（今属河北）人，清初思想家、教育家。提倡恢复“周孔正学”，批判程朱理学。

⑥八股，通指八股文，也称“时文”“制艺”或“八比”。这种文体规定每篇文字应由破题、承题、起讲、入手、起股、中股、后股、束股八部分组成。这种形式死板的文体是束缚人们思想、维护封建统治的工具。八股文盛行于明清科举考试。

⑦“四书”，指朱熹所注的《四书章句集注》。“四书”是《大学》《中庸》《论语》《孟子》的合称。朱熹撰《四书章句集注》后，“四书”之名始立。八股文的题目主要摘自“四书”，而且内容要根据《四书章句集注》。

⑧山长，元代书院设山长，并总理院务。清乾隆时改名院长，清末仍名山长。堂长，清末创设各级各类学堂后，设堂长总理校务、教务。

⑨玄学，原指魏晋时期的一种哲学思想。

⑩冬烘先生，懵懂、浅陋教师的代名词。

恋爱问题

人生两件最平常而最重要的事，一是事业，一是恋爱。人常说人生有四件事，两件能自己控制，两件不能自己控制。两件不由自己控制的是生与死；两件能由自己控制的即事业与恋爱。恋爱的事，人多忌讳而不言，其实是一件极光明正大的事。古人说过："食色性也"，"男女居室，人之大伦"。可见古人已重视这件事。我今天讲这个题目，假设是自己坐在飞行机上，在空中观察人类，将人类恋爱的现象报告一下。恋爱发生后有几种显著的现象：（一）恋爱的人忘记了一切，忘记了自己，只知爱他所爱的人。（二）恋爱的人，愿将整个的自己，整个的灵魂，献与他所爱的人。（三）恋爱不是一帆风顺、水到渠成的事，必须经过许多波折。它的进行是以波浪式前进的。照心理学讲来，恋爱进程的变化，女性低而男性高，这是说恋爱未受阻力时的情形。恋爱受过了阻力又要发生什么情形呢？恋爱倘若受了舆论的压迫，父母的监视，旁人的捣乱，爱情就要戴上假面具，在暗里进行。如果爱情不能受阻，那就要走第二条路，就是革命。所以压迫恋爱的人是天下最愚笨的人，他不是受骗，就要给人家革他的命。恋爱还有一种阻力，是三角恋爱。在三角恋爱中，免不了妒忌。不过人类有一特点，是能将爱的情感引申出去。譬如一个男子爱着一个女子，爱到极点就能引申自己爱情，爱那女子的所爱。恋爱不是人人都能成功的。古语说："成败乃兵家之常事。"我亦可说："成败乃恋爱之常事。"恋爱既有成败，善处成败，是一件紧要的事。怎样处置恋爱的成败，我有一个好例子可以说一说。三年前我到浙江观潮，同行者有徐志摩先生、任鸿隽先生及其夫人。当时有人同徐志摩先生开玩笑，向志摩先生贺喜，以为志摩先生得了公子。志摩先生自己解释说："生子不如成婚，成婚不如定婚，定婚不如求婚，求婚不如求不成。"这是诗人的态度，将失恋的情感，在诗中（或艺术中）表示出来，使他的诗更能动人。

在中古时代，西洋人还有一极好的气概，就是 chuatnig sdilif（原文如此——编者）。他们尊重女性，在三角恋爱的情形中，男子（假如是两男恋一女）必让女子自己选择，女子爱谁就是谁，失败的人决不应多言。倘如女子自己也决不定要爱谁，他们也有痛快的办法，以决斗解决之。决斗的事，我虽不希望发现于现代，但他们这种态度是很高尚的。

在历史方面看来，对于恋爱的观念，有两个不同的时期：（一）以恋爱求为社会之继续生存，即恋爱是为传种而有的。（二）恋爱是为个人的，传种不传种，没有多大关系。第二种观念盛于今日，第一种观念盛于古昔。

恋爱又有一显明的趋势，就是有专一或独占。此种趋势，可用事实来说明：我们看到一夫多妻的家庭，总没有和睦的。纵或一夫多妻不组织家庭，这种办法中外也都有人试验过，起初的时候尚可，久之仍趋于专一或独占的路途。在科学方面也告诉我们，家庭式一夫多妻是不能存在的。以上所说，即我假设自己坐在飞行机中观察人类恋爱行动的结果。

恋爱本是一件极平庸而极重要的事，我们应该公开的诚实的讨论，才不致走入歧途。中国习俗，家庭间、学校都不敢谈到这个问题。全国学校中，师生坐在一堂来谈论它，晓庄恐怕是数一不能数二的。上面所说都是恋爱的现象。我想要在这些现象中抽出一个定义来，但觉得那是一件很不容易的事。有人说恋爱是男女专一的相爱，其实也不尽然。有的人单恋比恋爱更要专一。世界的事物，很难寻出一样恰当的东西比喻恋爱，只有电力略略相近。电力不限在有线电，无线电更有力。平常的无线电，两面距离愈远，其力愈弱，但恋爱的力，两方相距愈远，则其力反愈大。恋爱既然像电一样，倘若有站在这两电中间的人，就应特别注意，谨防碰了电力。我个人对于恋爱的主张，也可对大家说一说。我的主张：（一）愿天下有情人都成眷属；（二）恋爱是属于个人成分的大，对于社会的关系小；（三）认清自己的目的。事业与恋爱，各人的选择不同，重事业的人以恋爱为轻，置恋爱于事业之后；重恋爱的人以事业为轻，置恋爱于事业之前。天下最幸福的人，当然是事业与恋爱兼成者。两者失一，都能令人流泪。但我们从事乡村教育的人，如果二者不可得兼，孰舍孰取？要请大家细细考虑一下，自己决定。

还有一个问题与恋爱相关的，便是离婚问题。我放眼看看社会中人，对于这个问题有两种态度：一种是夫妇相得的，听得离婚两个字，掩耳而走，认为大逆不道；一种是夫妇不和的，自己天天想离婚，听得人家说离婚，总是举双手赞成。我的朋友间这两种人都有的。冯焕章先生骂他的高等法院院长在革命未成功前谈离婚，也是这两种态度中的一种。同时，我们也看到相反的态度。究竟人家的态度如此，我们的态度应当怎样呢？在我看来，夫妻而至于离婚的地步，是世界上最伤心的事。夫妇不能相爱，也应平心静气研究不能相爱的原因的所在，尽力设法以挽救之。倘真正无法可设，我也赞成离婚。这是我对于离婚问题的态度。

一、人说名誉为人生第二生命。这句话我觉得很重要。有恋爱的人，爱护情人，一定要爱护她（或他）的名誉，否则没有恋爱的资格。旁观人也应如此。人们做事一举一动，都不能过分。恋爱者固应当爱被爱者的名誉如生命，旁观者亦应爱他们的名誉如生命。中国人不尊重人家的名誉，已成了通病，我们应当切切实实锻炼这种态度。

二、谈恋爱的有两种人：一种人是主张无条件恋爱的，以恋爱为盲目的。这大约是偏于感情的人，如艺术家、诗人所主张的。一种是主张有条件恋爱的，他们主张先有理想恋爱者的条件在胸中，遇到合乎条件才发生恋爱。这大约是偏重理智的人，如科学家所主张的。这两种态度，都是对的。因为人是免不了感情，也灭不了理智的。人的性质总有所偏重。本着自己的性质去自然恋爱，人家不能批评他的。如果这两种人，都想宣传自己的主张，要人服从，那就不对了。重感情的人固然随感情转移，有时难免时此时彼，爱情不能持久。但重理智的要想抱定自己条件，逢着可爱者要用分析的工夫，去分析他是否合于自己的条件，事实上恐怕难做得到。

十七年二月十六日

出自《方与严教育文集》中《真假恋爱》一文。

如何使幼稚教育普及①

教人要从小教起。幼儿比如幼苗，必须培养得宜，方能发荣滋长，否则幼年受了损伤，即不夭折，也难成材。所以小学教育是建国之根本，幼稚教育尤为根本之根本。小学教育应当普及，幼稚教育也应当普及。如何使幼稚教育普及，是我们最关心的一个问题。依我看来，进行幼稚教育之普及要有三个步骤。

（一）改变我们的态度 一般人的态度总以小孩子的教育不关重要，早学一两年，或迟学一两年，没有多大关系。我们很漠视小孩子的需要、能力、兴味、情感。因此，便不知不觉的漠视了他们的教育，把他们付托给老妈子，付托给街上的伙伴。在这种心理之下，幼稚园是不会发达的。我们要想提倡幼稚园，必须根本化除这种漠视小孩子的态度。我们必须唤醒国人明白幼年的生活是最重要的生活，幼年的教育是最重要的教育。

关心幼儿的父母，明白幼稚教育之重要，并且愿意送子女进幼稚园。但是他们有一种牢不可破的成见也是要不得的。这成见就是不愿他们的子女与贫苦人家的子女为伍。他们以为自己的子女是好的，贫苦人家的子女是不好的。他们以为贫苦人家的子女进了幼稚园便要把他们的子女带坏了。因此，幼稚园便成了富贵人家和伪知识阶级的专利品。我们应当知道民国只有人中人，没有人上人，也就没有人下人。人中人是要从孩中孩造就出来的。教育者的使命是要运用好孩子化坏孩子，不应当把好孩子和坏孩子分开，更不应当以为富贵人家的孩子是好孩子，贫苦人家的孩子是坏孩子；尤其不可迁就富贵人家的意见排斥贫苦人家的儿女。富贵人家及伪知识阶级的父母倘不愿把亲生子女做新中国被打倒之候补者，就应当把自己的子女和不幸的人家的子女放在一个幼稚园里去受陶冶。办理幼稚园的先生倘若不愿把幼稚园当作富贵太太们打麻将时用之临时托儿所，便应当把整个的幼稚园献给全社会的儿童。可是这样一来，幼稚园教师便须明白他们的使命：不是随随便便的放任，乃是要运用好孩子化坏孩子，运用坏孩子的好处化好孩子的坏处。

承认幼年生活教育之重要，是普及幼稚园之出发点；承认幼稚园为全社会幼儿的教育场所，是普及正当幼稚园的出发点。我们必须得到这两种态度，幼稚园才有普及的希望。

（二）改变幼稚园的办法 幼稚园的办法是费钱的，不想法节省，必不容易普及。最需要幼稚园的地方是乡村与女工区。女工区的幼稚园，还可由工厂担负经费，纵使用费太多，尚易筹措。乡间是民穷财尽，费钱较少之小学尚且不易普及，何况费钱加倍的幼稚园呢？所以在乡间推行幼稚园好比是牵只骆驼穿针眼。我们必须向着省钱的方针去谋根本改造，幼稚园才有下乡的希望，才有普及的希望。

（三）改变训练教师的制度 普及教育的最大难关是教师的训练。我们要想普及幼稚教育至少需要教师一百五十万人，这是一个最难的问题。因为不但是经费浩大，并且训练不得其法，受了办理幼稚园的训练，不一定去办幼稚园，或者是去办出一个不合国情的幼稚园，那就糟了。幼稚师范是要办的，但幼稚师范必须根本改造，才能培养新幼稚园之师资。纵然如此，我们也不能专靠正式幼稚师范去培养全部的师资。我们现在探得一条新途径，很能使我们乐观。试验乡村师范学校的幼稚师范院在燕子矶设了一所乡村幼稚园，叫做第二中心幼稚园。开办之初便收了三位徒弟，跟着幼稚教师徐先生[②]学办幼稚园，张宗麟先生任指导。前天他和我谈起，幼稚园的徒弟制似可推行到小学里去，并且可以解除乡村小学教员的一个大问题——生活寂寞。我说："这是的的确确的。徒弟制不但能解除生活寂寞，并且能促进普及教育之进行。"普及小学教育及幼稚教育非行徒弟制不可。倘以优良幼稚园为中心，每所每年训练两三位徒弟，那么，多办一所幼稚园，即是多加一所训练师资的地方，这是再好没有的办法。我看三百六十行，行行有徒弟，行行都普及。木匠到处都有，他是怎样办到这个地步的？徒弟制。裁缝匠、泥水匠、石匠、铁匠和三万万四千万种田匠，哪一行不是这样普及的呢？老实说，教学做合一主义便是沥清过的徒弟制。徒弟制的流弊是：劳力而不劳心，师傅不肯完全传授，对于徒弟之虐待。假使我们能采徒弟制之精华而除去他的流弊，必定是很有成效的。若把这种办法应用到幼稚园里来，我是深信他能帮助幼稚教育普及的。我和陈鹤琴先生近来有一次很畅快的谈话。他主张拿鼓楼幼稚园来试一试。鼓楼幼稚园是最富研究性的，现在发了宏愿，要招收徒弟来做推广幼稚师资之试验，是再好没有的了。

以上所说的普及幼稚教育的三个步骤，不过是我个人所见到的，一定有许多遗漏的地方。关心幼儿幸福的同志，倘以别的好方法见教，那就感激不尽了。

出自1928年4月上海亚东图书馆版《中国教育改造》。

【注释】

①本篇原载1928年2月29日《乡教丛讯》第2卷第4期。

②徐先生，指晓庄师范幼稚教育指导员徐世璧。

晓庄试验乡村师范的第一年

“南洋有个财主，带了五十万银子来，要在晓庄开洋学堂咧。”“学生也肯打赤脚种田，这倒奇怪!”“他们自己扫地，抹桌，烧饭，洗碗，还不是和我们一样的苦吃苦做。”“晓庄的先生们就要到我们那里去办学堂了，刮刮叫，我们要用锣鼓炮竹去欢迎他们咧。”这些话是我在这一年当中亲耳听来的。晓庄学校在农民心目中曾经过这几度的变化。

但是山左的松树营，山后的三元庵，到现在还是怀疑我们。不能怪他们深闭固拒，只怪我们没有充分努力。我们应当用爱与诚来感化他们。我们今后要以这两处地方的反应来测量我们的爱与诚。

去年今日我们在这里开学，房子一无所有。本来只要有先生和学生便是一个学校，学校是不限定要有房子的。那些有四十二套桌椅一个大讲台的场所，未必是真学校。但是有房子总比较要便利些。从没有房子的去年到有五六座房子的今年，物质上的进步总算是可以自慰的。但是我们必须自问：“我们对于无房可住的同胞的同情心，还有去年那样的热度吗?”我们能保持去年那样的同情心，才算不辜负这些房子。我们切不可给安乐把我们软化掉。倘使因为有了这些房子而减少了我们奋斗的精神，那么有房子还是不如没有房子好。这样说来，进步倒可成为退步。倘是我们不留意，这是可能的。

我们这个学校是师生共创共有的学校，不是一个人所创所有的学校。因为有了这个条件，所以军阀压不坏，炮火轰不散，土豪劣绅推不倒。没有校长、院长，也可以渡过存亡关头。倘若不是同志的结合，那么，不毁于枪炮也要毁于陷告，早已夭折了。我们今日之所以能有一周纪念固靠这一点，将来是否能有百周纪念、千周纪念、万周纪念，也都要靠着这一点。

共同生活在安徽公学[①]已经实行了几年，再经晓庄这一年的试验，我们对于这个原则的信念便益加坚固了。本校不但是师生共生活，连校工也是和大家共生活的。在不实行共同生活的学校里，教师自教师，学生自学生，校工自校工，一校之内分成三个阶级。既有阶级，便免不了风潮。不但坏教员能引起风潮，教员虽好，不与学生共生活，也就不知道学生的问题，不知道随时帮助他们解决，积久成多，一旦爆裂起来，也是不可收拾。我们大家共生活，自无阶级之可言，那因阶级隔阂而发生的问题也就消灭于无形了。校内一发生问题便立刻知道，立刻解决，那么，积久爆裂的危险也就可以预防掉了。积极方面，与学生共生活，日久便成为学生的朋友；与校工共生活，日久便成为校工的朋友。大家由相亲而达到相知相爱，自然可以造成和乐的境界。但是有形式的共同生活，有真正的共同生活。形式的共同生活难免同床异梦。真正的共同生活必须大家把人格拿出来互相磨擦。各人肯以灵魂相见才算是真正的共生活。否则虽是日出共作，日入共息，中间却是隔了一个太平洋。我们共同生活之有无价值，全看这种意义之存在与否以为断。

教学做合一是我们的根本主张。经过这一年的试验，我们知道他是一个最有效力的方法。从冯玉祥练兵以及到绑票匪教徒弟都是不知不觉的采用教学做合一的办法，所以最有效力。中国一般学校教育为善不足，为恶也不足，都是因为教学做分家的缘故。所以用一般学校的形式来训练人才，决不会发生很大的效力，也决不能彻底的采用教学做合一的办法。一面要实现教学做合一，一面又要顾到一般学校的形式，实属绝对不可能。数月前我们得了一个方法叫做艺友制，简括说来，他是用朋友之道来训练同志学做教师或别种艺术。这才是真正的教学做合一。

中心小学也是我们的一种主张。但是挂了一个中心小学的牌子，未必就是真正的中心小学。真正的中心小学是师范学校训练小学教师的中心，同时以实际生活为他自己的中心。建设中心小学是本校一年来最困难的问题。我们试验的成败全在这一个问题上。全国乡村里的学校以单级为最多，这问题又可缩小为单级中心小学问题。倘使我们不能建设一个活的单级中心小学去培养乡村单级小学教师，我们便不会成功。一年来我们改变了好多办法，都没有满意的结果。最近似乎找到了一条光明之路。指导会议[②]议决：请五位指导员各人指导一位学生单身匹马、因地制宜，用最少的经费去创办一个单级小学。现已成立二所，其余三所[③]定于本月内完全成立。这件事我认为是乡村师范教育最有关系的一着。一，师范学校指导员既负责去指导创办小学，他的兴趣方法必定是要受小学同化。师范学校指导员受了小学同化才能与小学打成一片，否则师范自师范，小学自小学，真正的中心小学是跑不出来的。二，师范生既是单独去负责创办单级小学，那么单级小学活动教学做便是真的去干了。真的去干才能得到真本领，这是一定不移的道理。

我们的院务教学做，简单说来便是用学生学做职员。教务、文牍、会计、庶务等等都由学生担任。我们起初纯粹采取轮流办法，又因时局关系，指导员不能一贯指导，所以缺少衔接。本学期改为个人继续负责，大家轮流学习，推行以来，很是有效。本校现在事务方面之进步，多由于这个改革。只要有指导员指导，个人继续负责，学生分任事务是可以行的。

乡村幼稚园在这一年中已由理想而成为事实。燕子矶幼稚园由十数人加至三十余人。晓庄幼稚园虽在散村之中开办，亦即有十余人，可见乡村对于幼稚园有一种自然的需要。我们所最引为憾事的就是：幼稚师范院招考而应者寥寥。我现在要奉告从事妇女运动的太太小姐说："乡村妇女占全国妇女百分之八十五。世界上最需要你们的帮助的便是这些人。你们最能帮助他们的方法便是做幼稚园教师，代他们教小孩子。代他们教小孩子便可进一步去做他们朋友和导师。二千六百万乡村幼儿在那儿呼喊，可听见了没有？八千五百万乡村妇女在那儿用手相招，可看见了没有？我们这里并不像你们心里想的那样苦。为何不来试他一试？"

我们虽是注重儿童教育，但从来没有忘记了成人。我们开始就立了一个信念：要想化农民，须受农民化。我们大家都抱着一个跟农民学的态度。起初有一种功课，叫做到民间去。后来大家觉悟到这个名词不妥当，便改为会朋友去。恰巧创办了一个中心茶园，我们便可以随时约几位农友来喝喝茶谈谈心。这才是结交朋友最自然的方法。中心茶园开幕之后，邻村未染嗜好之青年农友都到这里听书下棋了。老太太们以为这是防避儿孙赌博豪饮的好法子，个个都为中心茶园捧场。这是出于我们意料之外的成功。

最近我感觉到以上所述都是属于次要的。乡村教育之能否改造，最要紧的是要问我们肯不肯把整个的心献给乡村儿童。《毛毛雨》歌词依我们听来，不是情人的要求，乃是乡村儿童对着小学教师的呼喊。倘使我们肯把整个的心捧出来献给乡村儿童，那么，无论如何困难，必有达到目的之一日。否则天天背诵教学做合一，也是空的。我今天要代表乡村儿童向全国乡村小学教师及师范生上一个总请愿："不要你的金，不要你的银，只要你的心。"

【附录】

本校三年内之进行计划

中心小学

十六年春　三所

十六年秋　三所

十七年春　八所

十七年秋　九所

十八年春　十所

十八年秋　十所

中心幼稚园

十六年春　一所

十六年秋　二所

十七年春　三所

十七年秋　四所

十八年春　八所

十八年秋　十所

学生

十六年春　十五人

十六年秋　三十人

十七年春　六十人

十七年秋　九十人

十八年春　一三〇人

十八年秋　一六〇人

建筑

十六年春　借用校舍

十六年秋　晓庄小校一所，犁宫一所

十七年春　樱花村一所，桃花村一所

宿舍一所

燕子矶幼稚园　一所

乡村澡堂　一所

食力厅　一所
问江亭　一所
十七年秋　农艺馆　一所
工场　一所
宿舍　三所
艺术馆　一所
畜牧场　一所
十八年春　科学馆　一所
宿舍　二所
图书馆　一所
晓庄医院　一所

田地

十六年春　一〇〇亩
十六年秋　一二〇亩
十七年春　一五〇亩
十七年秋　一八〇亩
十八年春　二五〇亩
十八年秋　二五〇亩

教育设施

十六年春　注重培养创办中心小学之人才
十七年春　创办单级中心小学多所，以试验各种情形下之乡村小学教育
实行艺友制
十七年秋　举办循环指导毕业生办学
注重培养创办乡村师范之人才
十八年春　开办乡村教育研究所

事业

十六年春　红十字会
乡村医院
乡村教育先锋团
《乡教丛讯》
十六年秋　民众夜校
到民间去

提倡乡村公共卫生

扩广农业新知识

十七年春　修路　自修从学校到大路之路，参加、提倡

修理从神策门修到观音门之路

中心木匠店

中心茶园

民众运动场

民众戏台

乡村医药卫生

石印厂

织袜厂

晓庄救火会

联合农人研究村自治

十七年秋　修路　从学校通到五里路以内之四周村庄、织布厂

十八年春　设立苗圃，提倡造林

十八年秋　开办合作社

1928年3月15日讲

原载《教育研究》第4期，1928年5月。

【注释】

①安徽公学，创办于1924年夏，校址在南京。校长陶行知，副校长姚文采。该校主要招收安徽籍子弟就读。

②指导会议，晓庄师范的教师称为指导员，全体指导员参加的会议称为指导会议。晓庄师范的校务教务等问题，皆由指导会议决定。

③已成立的二所是吉祥庵和万寿庵小学。其余三所是三元庵、神策门和黑墨营小学。

开办各中心小学的原因[1]

我们预定在这一个月内开办五个小学，现在居然能够一一实现了：一个是吉祥庵小学，一个是万寿庵小学，一个是三元庵小学，第四就是此地神策门小学[2]；再等四五个钟头，老五也要产生了，这老五就是黑墨营小学。

我们所以要开办小学的原因：

一、我们的国家是中华民国，但是现在却没有中华国民，所以实在有些名不符实。中华民国至今已十七年了，但是国民能够知道中华民国，能够写中华民国四个字的实在很少。我们现在所以要开办中心小学，就是要使国民能认识中华民国，能够为中华民国努力。

二、一个人有手、有足、有口、有鼻……我们现在要开办小学的第二目的，就是要使儿童们的手、足、口、鼻……得其所用。

三、我们在这小学里还要办成人教育，使成人也能懂得道理，这是我们办小学的第三目的。

1928 年 3 月 26 日讲

原载《乡教丛讯》第 2 卷第 7 期，1928 年 4 月 15 日。

【注释】

①本篇系演讲记录。记录者：葛尚德。摘自《创办神策门中心小学经过》，题目为编者所拟。

②神策门小学，即南京和平门中心小学。神策门后改名为和平门。

《中国教育改造》自序①

这部书代表我在中国教育里摸黑路所见着的几线光明。从“教授”写到“教学”，从“教学”写到“教学做”，人家怕要疑我前后思想矛盾。其实我的矛盾处，便是我的长进处。当选择旧稿时，我曾下了一个决心，凡是为外国教育制度拉东洋车的文字一概删除不留，所留的都是我所体验出来的。所以我所写的便是我所信的，也就是我所行的。

当吾母六十寿辰，我立志要将吾父母传给我最好的精神在中国教育上充分表现出来，作为我献与她的寿礼。她所最欢喜的是她的四个孙儿，她常呼他们为她的蟠桃。因此我便想到最好的寿礼，无过于把她爱蟠桃的心推广出去，使全国的蟠桃都得到他们所应得的爱护。自从这天以后，我便深刻的注意到小朋友们所受的教育。我踏进蟠桃园去看了一看，知道这蟠桃园已由玉皇大帝交给专好“升赏”的猴王看管了。玉皇大帝所以叫他看管的意思，只是怕他“后来闲中生事，不若与他一件事管了，庶免别生事端”。谁知他不当一件事做，往往在园里“耍了一会，吃了几个桃子，变做二寸长的一个人儿，在大树梢头浓叶之下睡着了”。再抬头看看，只有小桃、中桃，后树上的大桃“止有几个毛蒂青皮的，原来熟的都是猴王吃了”。这不是中国儿童教育的缩影吗！我们要想彻底改造蟠桃园，不但要请出如来法掌去收服猴王，还要“瑶池王母自栽培”，才能使他“夭夭灼灼花盈树，颗颗株株果压枝”咧。纸上的教育改造能有多大效力！大家愿把整个的心捧出来献给小孩子，才能实现真正的改造。这部书最多不过是画了几条路线罢了。倘使遇不着有心改造的人，便与废纸何异？

陶知行　一七年清明日

出自《中国教育改造》，1928 年 4 月。

【附录】

《中国教育改造》目录

生活工具主义之教育

如何教农民出头?

平等与自由

教学做合一

在劳力上劳心

以教人者教己

答操震球之问

如何使幼稚教育普及?

“伪知识”阶级

艺友制师范教育答客问

——关于南京六校招收艺友之解释

【注释】

①《中国教育改造》系陶行知自编第一部教育论文集，收入1918—1928年所撰教育论著32篇，约9万字，由上海亚东图书馆于1928年出版。序文原题为《自序》，编者在序文原题前面酌加“《中国教育改造》”。

答操震球[1]之问

问：小孩子在“做”上，我只见他学，却不见他教。此处怕只有学做合一，没有教学做合一，对不对？

答：这孩子如果是鲁滨孙枯路梭[2]，那便只有学做合一。没有教学做合一。实际上却没有这样的孩子。他是个孩中孩，他的一举一动都免不了要影响别的小孩子。关心儿童教育的父母往往对子女说：“你不要和那个孩子玩。别给他带坏了。”这就是小孩教小孩。小孩是怎样教别的小孩呢？他在做上教。他一面做，一面学，一面教。他的教育力量有时比教师大得多。所以好父母、好教师都要为儿童择友，运用小孩教小孩。不但如此，小孩也能教成人。小孩的一举一动也影响到成人。成人无论“石化”到如何程度，除非是进了棺材，都是免不了要受儿童的影响的。最能感受儿童影响的是老年人。老年人常与小孩接近，便要成为“老有童心”。六十岁的小孩，便是这样造成的。小孩不但教小孩，并且可以教成人。不愿拜小孩子做先生的人，不配做小孩子的先生。所以小孩子也是教学做合一。教学做合一是全人类教育历程之真相，无论男女老幼，丝毫没有例外。只有漂流荒岛的鲁滨孙可以跳出教学做合一的法掌。

出自上海亚东图书馆版《中国教育改造》，1928 年 4 月。

【注释】

①操震球，晓庄师范第一期学生。

②鲁滨孙·枯路梭（Robinson Crusoe），英国作家笛福所著《鲁滨孙漂流记》中的主人公。

共同为中国乡村教育立一基础起来①

我们这里②开会是时常举行的，但是没有这一次格外快乐，因为宝山师范诸位同志给我们很好的印象。虽然只能在短时间和我们过共同生活，但是我知道他们早在那里实行这种主张了。……我记得两年前，这个学校还没有开办时，我曾到宝山师范去演讲过，就把“教学做合一”的理论，早在他们那里播下种子了，如今也在发芽抽枝的时期。我很希望我们两校像兄弟一般，携着手共同为中国乡村教育立一基础起来……

1928 年 4 月 22 日讲

出自程本海《在晓庄》，中华书局 1930 年 1 月版。

【注释】

①本篇系演讲记录，记录者：程本海。

1928 年初，江苏省宝山县县立师范学校管校长带领学生 40 余人来晓庄参观学习，共同生活，相处多日，感情至为融洽。临别前，晓庄师范举行欢送会暨同乐会，陶行知即席演讲。

②指晓庄试验乡村师范。

晓庄联村运动会

我们这个运动会，和普通所说的运动会不同。我们除这里师范、小学、幼稚园三部师生每人至少要加入两种比赛或表演外，还邀请晓庄四周十八个村庄的农民加入。所以定名叫联村运动会。运动会的种类，大多是农民的本地风光。竞技比赛，有弄刀枪，有举石弹，有举石锁。舞蹈有蓑衣舞，有锄头舞，还有挑柴比赛。先把柴散置地上，闻得口令，各人就赶快捆柴，挑上肩上而行，谁先到指定地点，谁就算胜利。更有爬山比赛，自下而上，本很难奔跑。是日以党国南针的吴稚晖、蔡孑民两先生适来参观。吴先生老兴勃发，参加比赛。所以与赛的几个人因为得和这位先觉一角胜负，益觉欢欣鼓舞，勇往直前。结果，年富力强的师范生得第一第二，第三名为一农民所得，吴老先生为压阵大将军，独居最后。先生一笔在手，万言立就。其文思犹如骏马奔腾，不可抑止。惟此气力比赛，老年人究不能不让后生小子专美于前也。

原载《申报》，1928 年 4 月 29 日。

欢迎全国教育会议代表案①

（一）地址在晓庄大会堂；

（二）各中心小学附近农友，须推一位列席；

（三）客人吃饭在晓庄；

（四）太平门小学、迈皋桥小学是否要通知加入？

（黄志成：留交各小学校长复议决定。通过。）

1928 年 5 月上旬提

原载《乡教丛讯》第 2 卷第 12 期，1928 年 7 月 1 日。

【注释】

①本篇系发言记录，摘自《第十一次小学活动设计会记录》。题目为编者所拟。

出席会议者为晓庄全校师生。主席：葛尚德。记录：曹信。地点：神策门小学。此案由陶行知提出。记录中有“五・七、五・九将要过了”等语，编者推定，提案或开会的时间应为 5 月上旬。

全国教育会议于 1928 年 5 月 15 日至 28 日在南京召开。会议期间，代表们参观了晓庄学校和燕子矶小学。

乡村小学师范学校标准案①

理由

（一）乡村需要教师，多于都市五六倍，故都市所养成教师之数，不足以应付乡村之需要。

（二）都市里所造就之师资，不愿下乡服务。即使下乡服务，也过不惯乡下生活，并无助于乡下人。一到乡下，便觉得有苦无乐，故不能久于其职。

（三）在乡村里所设的师范学校，天天所过的是乡村生活，所得的是解决乡村生活的本领，在乡下很有用武之地，自能忍耐乡下之苦而欣赏乡下之乐。

（四）学校设在乡村里，挂了乡村师范的招牌，不限定就能造就适合乡村生活的教师，所以必须树立标准，以责成效。达到标准的，才能名符其实。

办法

乡村小学师范学校应合下列之标准：

（一）乡村小学师范之宗旨，在培养乡村儿童和人民所敬爱之导师，其目标如下：

1. 农人的身手；
2. 科学的头脑；
3. 艺术的兴趣；
4. 改造社会的精神。

（二）方法须采取“教学做合一”。

（三）师生须共同生活。

（四）训练应以小学为中心。此种小学为师范之主体，应称为中心小学，不得仍用附属小学之名。

（五）中心小学：应用完全小学至少一所；复式小学②至少二所；单级

小学[3]，每师范生八人应有一所。

（六）师范指导员必须小学化，每人应负责指导师范生，办理一所中心小学。

（七）师范学校所在地五里路周围之学校，应划归师范生做教学之用。一切办法，应由师范学校主持。

（八）学生男女兼收。

（九）农场，每学生至少须有六分地，为自己耕种之用。

（十）“每学生和乡村儿童、人民数人，结交为朋友”，应作为毕业重要条件之一。

（十一）师范学校应选定中心村庄，为学生练习村自治之根据。

（十二）师范学校应设中心茶园、民众学校或其他机关，使师范生练习实施成人教育。

（十三）乡村师范应用最少之经费，办最有效率之教育。

（十四）乡村师范应引导师范生，将整个的心，献给乡村儿童和人民。

出自上海商务印书馆《全国教育会议报告》，1928年8月。

【注释】

①本案系陶行知在全国教育会议教育行政组提出，经与其他七案合并整理后，以《整顿师范教育制度案》交大会通过。

②复式小学，采用复式班编制进行教学的小学。复式班，即在同一班内，容纳有两种或两种以上年级程度的学生，由一个教师分别讲授或辅导的一种教学组织形式。

③单级小学，全校只有一个年级（往往只有一个班，由一个教师任教）的小学。

调查全国幼稚教育案①

理由

我国从前幼稚园，多为外人代办，全国并无统计。为自办幼稚园计，为考查幼稚教育现状计，急需有调查办法。

办法

大学院②派遣全国教育调查员时，增加幼稚教育调查员一人。

1928年5月15—28日全国教育会议期间提案

出自上海商务印书馆《全国教育会议报告》，1928年8月。

【注释】

①本案系陶行知在全国教育会议普通教育组提出，后连同以下四个提案与陈鹤琴所提二案合并整理为《注重幼稚教育案》。大会照提案审查委员会报告通过。

②大学院，1927年国民党政府成立的教育行政机关，用以取代教育部。

各省、各县、各市实验小学设立幼稚园案

理由

（一）幼稚园之重要与需要，已有极显明之事实。

（二）各省、各县、各市，因经费关系，不能各小学皆设幼稚园。然而在实验小学，幼稚园为必需之事业，必须创办。

办法

（一）通令全国，十七年度起实行。

（二）每所幼稚园开办费约二百元，经常费年约三百六十元，令各县列入田税附捐用途预算。

推广乡村幼稚园案

理由

（一）乡村幼稚园，是乡村社会普遍的、永久的需求。农忙时，农妇忙得天昏地黑，那里有空来管小孩子？如果有了乡村幼稚园，便能节省农妇好些精力。与其开幼稚园帮助城里的太太抛下孩子去打麻将，倒不如帮助采桑娘子照应儿女，使得她可以多养些蚕，多生点利。

（二）农忙时，幼儿无人照应，父母往往令稍长儿女辍学回家陪小弟弟、小妹妹玩。如果有了乡村幼稚园，便可以减少小学儿童之缺课。

（三）乡村小学教师办小学，夫人办幼稚园，便可造成夫妻学校，减少乡村教师之寂寞，树立乡村家庭之模范。

（四）乡村幼稚园倘能推广，便可为乡村受过教育的妇女，开一职业上之出路。

（五）乡村幼稚园是乡村妇女运动之惟一的中心，要想彻底去干乡村妇女运动，非从乡村幼稚园入手便不能成功。

办法

（一）教育研究所应研究创造平民的、省钱的、适合国情的幼稚园，使幼稚园在乡间易于设立。

（二）每省区应先试办一乡村幼稚师范。依据中心幼稚园办法，训练乡村幼稚园教师。

（三）乡村幼稚园不易单独设立。故最初办法，应多招现任乡村教师之夫人、未婚妻、近亲训练之，方能造就一人，便得一人之用。

（四）乡村幼稚园不限定要房屋。倘使无校舍，便可在露天里办起来。天晴开，雨来散，有何不可？

1928 年 5 月 15—28 日全国教育会议期间提出

出自上海商务印书馆版《全国教育会议报告》，1928 年 8 月。

各省开办试验幼稚师范案

理由

（一）幼稚教育为国民教育之基础，又为农工社会的家庭所急需。近年来幼稚园数日增，将来必极发达，政府必须有相当机关培植师资。

（二）全国若能令各县区创办幼稚师范，实为最善之事。然而国家财力有限，一时恐难完全办到，所以不如每省创办试验幼稚师范一所。一方面培植幼稚园师资，又一方面可以供给全省幼稚园各种材料与方法，使全省幼稚教育改进。

办法

（一）财力较裕之省，如江苏、浙江等省，可以独立创办。

（二）财力较难之省，可以附设在女子中学师范部内。

（三）从十七年度开始实行。

（四）学校内部详细办法，如学生应否男女兼收及课程等等另订。

【附录】

试验乡村师范学校
幼稚师范院简章

第一条 本院宗旨，在根据中心学校办法，造就乡村幼稚园及幼稚师范学校教师。俾能与乡村儿童妇女共甘苦，以谋乡村儿童妇女幸福之增进。

第二条 本院培养人才，以下列四事为目标：

（一）看护的身手；

（二）科学的头脑；

（三）儿童的伴侣；

（四）乡村妇女运动之导师。

第三条 本院教育以中心学校生活为训练中心。本院中心学校分三种：一为乡村蒙养园，二为乡村幼稚园，三为乡村小学幼稚园。于二年内次第设立，以为训练之根据。

第四条 本院现设课程如下：

（一）中心蒙养园活动教学做；

（二）中心幼稚园活动教学做；

（三）中心小学幼稚园活动教学做；

（四）分任院务教学做；

（五）儿童文学教学做；

（六）园艺教学做；

（七）自然科学教学做；

（八）美术教学做；

（九）音乐教学做；

（十）家庭教学做；

（十一）医药卫生教学做；

（十二）乡村妇女运动教学做；

第五条 本院设院长一人，商承校长，总理本院一切事宜。

第六条 本院设指导员数人，指导学生依照课程实地工作。

第七条 本院只用校工一名，担任挑水烧锅事务。其余一切操作，皆列为正课，由学生躬亲办理。

第八条 本院学生名额，依中心学校学习容量而定。暂以十四名为限。招收高级小学修业完毕，新制初级中学修业完毕，大学二年修业完毕之学生，及在职教师之有相当程度者培养之。

第九条 本院入学考试，项目如下：

（一）园艺操作二小时；

（二）做儿童点心一件；

（三）智慧测验①；

（四）常识测验；

（五）作国语文一篇；

（六）说儿童故事一则。

第十条 第八条所列各级学生，应缴学业证明书。在职教师，应缴学业证明书及服务证明书。

第十一条 本院修业期限，暂定为二年。但得依据各人学力，酌量伸缩。

第十二条 本院修业期满，如学业成绩合格，先给予修业证书。俟服务半年，经过考查，确能根据中心学校精神办学者，得给予毕业证书如下：

（一）初级中学程度学生，给予蒙养园，幼稚园及小学幼稚园教师证书。

（二）高级中学程度学生，给予蒙养园、幼稚园及小学幼稚园主任教师证书。

（三）大学程度学生，给予幼稚师范学校教师证书。

第十三条 本院高级程度学生，有辅导低级程度学生之义务。

第十四条 本院不收学费，每学期只收膳费三十二元，杂费十元。

第十五条 本院不放暑假，星期六放半天，寒假放半月。其余例假，均应作有教育价值之活动。

1928年5月15—28日全国教育会议期间提

出自上海商务印书馆版《全国教育会议报告》，1928年8月。

【注释】

①智慧测验，即智力测验。用以测量人的智力水平的一种心理学方法。

审查编辑幼稚园课程及教材案

理由

（一）十六年来[①]幼稚园课程及教材，迄无标准。

（二）全国所有幼稚园课程与教材，多半是从外国来的，不很适合国情。

办法

（一）大学院聘请专门人才，搜集国内已有之幼稚园课程与教材并严格审查。

（二）大学院特约试验幼稚园，从事试验编辑幼稚园教材方法与课程。

（三）在京都创办试验幼稚园，聘请专门人才从事编辑试验。

1928年5月15—28日全国教育会议期间提

出自上海商务印书馆版《全国教育会议报告》，1928年8月。

【注释】

①指1912年成立南京临时政府以来。

小学目标案①

理由

中国学生，愈学愈弱，愈教愈懒。陷在迷信的环境而不能觉悟，遇了丑陋的事情而惯于苟安。在人中做人，又不会团结，以至造成“一个和尚挑水吃，两个和尚抬水吃，三个和尚没水吃”的怪现象！要想纠正这些堕落的趋向，必须明定小学教育目标，以为小学教育方法之指导，并树立一切教育的基础。

办法

（一）小学教育应培养手脑双全、志愿自立立人的儿童。其目标如下：

1. 康健的体力；
2. 劳动的身手；
3. 科学的头脑；
4. 艺术的兴趣；
5. 团体自治的精神。

（二）由中华民国大学院通令全国小学校，以资遵守。

1928 年 5 月 15—28 日全国教育会议期间提

出自上海商务印书馆版《全国教育会议报告》，1928 年 8 月。

【注释】

①本案系陶行知在全国教育会议普通教育组会议中所提。提案审查委员会结合郑沧海的提案，修正为《请定初等教育目标公布全国案》交大会，获通过。

编制小学生活历案[①]

理由

生活历是一种生活日程，亦即实施生活教育之切要工具。人有定期生活与无定期生活。无定期者，暂置弗论。其有定期者，自宜按期序列，组成系统，以为因时施教之依据。故生活历系有定期生活之系统，亦即有定期教学之系统。依生活历以办教育，则此历谓之教育历亦可，谓之生活教育历亦无不可。定期生活，复可区为定季、定日、定时数种。观日出，赏夕阳，定时之生活也；五月一日纪念劳工[②]，十月十日纪念国庆[③]，定日之生活也；栽树，养蚕，割稻，种麦，定季之生活也。生活历皆为之序列，使一切教学做，有所遵循。古人为政，贵在不违农时，故颁历书。教人亦然——教当其时，则事半功倍；失其时，则事倍功半，或竟全失其效。故办学贵在不违人时。生活历，实为建设生活教育最重要之引导。无生活历，则顾此失彼，茫无所从；有生活历，则一切课程、教材、教法、工具，皆可纳入轨范之中，而与生活发生有机体之关系。

办法

（一）由大学院，将关于人类及全国进化之切要生活，依照时令，编为全国儿童生活历，颁布全国。

（二）由各省、各区、各县教育行政机关，将各该省、区、县特殊生活，依照时令，编为省、区、县儿童生活历，颁布全省、全区、全县。

（三）最后由本校教师，依据本地实际生活，并参合上述生活历，编一本校应用之儿童生活历，并活用之，以充分培养本校儿童之生机。

1928 年 5 月 15—28 日全国教育会议期间提

出自上海商务印书馆版《全国教育会议报告》，1928 年 8 月。

【注释】

①本案系陶行知在全国教育会议普通教育组所提。经提案审查委员会和大会通过。

②五月一日纪念劳工，指五一国际劳动节。

③十月十日国庆纪念，亦称“双十节”，辛亥革命武昌首义纪念日，后定为中华民国的国庆。

设立教育研究所案①

理由

中小学教育，为国家根本大计。必须运用科学方法，分析研究，实地试验，方能免入歧路。吾国办教育的人，多半是为外国教育制度拉东洋车，一国拉厌了，又换一国，到底是拉来干吗？我们应当觉悟，惟独用科学的方法，才能建设适合国情的教育。

办法

由大学院设立教育研究所，聘请专门人才，分工研究。所中一大部分的工作，是要研究试验中小学教育的。

1928年5月15—28日全国教育会议期间提

出自上海商务印书馆版《全国教育会议报告》，1928年8月。

【注释】

①本案系陶行知在全国教育会议普通教育组所提，提案审查委员会主张保留。大会议决成立。

减少校工以实现劳动教育案[①]

理由

（一）劳动教育的目的，在谋手脑相长，以增进自立之能力，获得事物之真知及了解劳动者之甘苦。要想达到这个目的，非师生共同用手做事不可。

（二）现在一般学校里用的听差、斋夫[②]、老妈子太多，把我们自己动手做事的机会剥削已尽，天天教我们受人服侍而不高兴服侍自己。他们教我们越学越懒，他们把我们化成双料少爷和双料小姐。

（三）斋夫、听差、老妈子多数都是年富力强可以生产的人，在学校里服侍少爷小姐惯了，渐渐的受了同化，成为游手好闲的懒人。我们应当解除他们这种无聊的职务，使他们可以从事生产的工作。

（四）减少用人，便是节省经费，便可移耗费的钱，作有用的事。

办法

（一）凡是服侍教员、学生而妨碍师生自己动手做事的听差、斋夫、老妈子，一律于最短期间内解除职务，另谋生计。

（二）各级教育行政长官，对于各级学校关于此项之预算，应注意其有无减少。

（三）视学员到各校视察时，应注意此项校工是否已经减除。

我们深信上拟办法，为实现劳动教育必经之路，倘不认真做去，则劳动教育均要等于空谈。

1928 年 5 月 15—28 日全国教育会议期间提

出自上海商务印书馆版《全国教育会议报告》，1928 年 8 月。

【注释】

①本案经全国教育会议大会议决参考。

②斋夫，指管理校产、校务的杂工，即校工。

改革乡村教育案①

理由

（一）中国农民约有三万万四千万，占人口百分之八十五。我们要想建设新中国，必须用教育的力量，来唤醒老农民，培养新农民，共同担负这个伟大的责任。

（二）现在中国的乡村教育，不合于乡村实际生活。中国的乡村教师，多是书呆子；中国的乡村学校，多是书呆子制造厂——把好好的农民子女，继续不断的变为不事生产的废人。这种教育，倘不彻底改革，则旧的力量不能维持，新的力量不能产生，我们的民族，恐怕要日益贫弱，以至于灭亡。

办法

（一）大学校乡村教育系应：1. 指定乡村数处，以为研究乡村教育问题之中心；2. 开办或特约乡村师范一处，以为训练乡村师范教师之中心；3. 指定县教育局一处，以为训练乡村教育行政人员之中心。

（二）乡村师范学校应设在乡间。并应：1. 依据中心乡村小学办法，以训练乡村小学校教师；2. 依据中心乡村幼稚园办法，以训练乡村幼稚园教师。

（三）乡村小学教师应按照下列目标训练之：1. 农人的身手；2. 科学的头脑；3. 艺术的兴趣；4. 改造社会的精神。

（四）乡村幼稚园教师应按照下列目标训练之：1. 看护的身手；2. 科学的头脑；3. 艺术的兴趣；4. 儿童的伴侣；5. 乡村妇女的朋友和导师。

（五）乡村小学应以乡村实际生活为中心；应有校园，使学生得有“在劳力上劳心”的机会。

（六）乡村幼稚园应为平民的、省钱的、适合国情及乡村生活的。

（七）乡村成人教育应注重农暇工艺、改良茶馆及民众学校三种办法，不可专靠学校形式之教育。

（八）改良私塾，应由附近中心小学负责邀集优良塾师，依据“教学做”办法，切实训练引导改良，专靠演讲讨论，是无补实际的。

1928年5月15—28日全国教育会议期间提

出自上海商务印书馆版《全国教育会议报告》，1928年8月。

【注释】

①本案全国教育大会未议。大学院认为可供参考。

请大学院呈请国民政府，划出地方数处献与人类，俾抱有改造社会理想之学者，得以运用科学方法，实现极乐世界，俟试有结果，再行从事推广，以收大同之效案[1]

理由

（一）现今科学昌明，一草一木、一虫一菌之微，我们都知道要运用试验，以求真知。独把笼罩渗透人生一切之政治经济活动，竟摔于实验范围之外，诚属最大之憾事！

（二）柏拉图[2]、马克斯[3]、克鲁泡特金[4]一类的人所提倡的学说，虽各有超越之见解；但其中难免有书呆子的幻想。假使这些人各能得到一个小的地盘，供他实验，则他们的思想，必定可以格外正确；他们的贡献，也必定可以格外丰富。马克斯虽以科学的社会主义名家，但他所谓之科学，多半是书本的科学，而不是实验的科学[5]。吴稚晖先生说中国行“共产主义”还要二百年。行“无政府主义”还要二千年。中国政治是不是这样演进，他老人家这话是否正确，也非实验不可。

（三）无论在什么社会里面，总有几种主张同时要求实现。与其任他秘密进行，防不胜防，不如让他在一定范围之内，公开实验。

（四）现在政治家，大则以世界为试验品，小则以一国为试验品，不但人民牺牲太大，而且主持的人能发不能收，倒不如先行小试，较有把握。

（五）我们既可划出东交民巷为各国公使行使他国主权之所，何不可以划出几个小小的试验社会，给社会科学家去实地试验人类进化的现象，增进人类生活的幸福？

（六）政治社会活动，不是标举几个主张便算了事。理想能否实验，全靠方法。方法是一面实验，一面发现的东西，决不是凭空可以造得出来的。

办法

（一）每个实验社会，最小须有一百方里的地方，但最好不超过一县的范围。

（二）每个实验社会，对内对外，应有完全无上的主权。

（三）每个实验社会，应严守中立。

（四）每个实验社会实验期暂定为一百年，但不得延长。在实验期内，非本身解散或失去中立性质，中华民国不得收回。

（五）每个实验社会之发起人，应将实验计划书，征得本社会内大多数成年人民之同意，送请中华民国大学院转呈国民政府核准成立，但一经成立，即享有完全无上之主权，以处理境内之政事及办理境外之交涉。

1928年5月15—28日全国教育会议期间提

出自上海商务印书馆版《全国教育会议报告》，1928年8月。

【注释】

①本案系陶行知在第一次全国教育会议上提出。大会议决保留此案。其保留意见为："不在教育会议范围之内，留供内政部推行自治之参考。"

②柏拉图（Plato，约前428—前347），古希腊著名哲学家。创立客观唯心主义哲学体系，提出"哲学王"的理想，并把"哲学王"视为天生的统治者、立法者，宣扬理念论和灵魂不灭论。

③马克斯，通译马克思（Marx，1818—1883），科学社会主义学说的创始人。创立"剩余价值"的理论，提示资本主义社会经济运动的规律和深刻的内部矛盾，指出资本主义必然灭亡和共产主义必定胜利的社会发展规律。

④克鲁泡特金（Kponomkult，1842—1921），俄国无政府主义者。主张消灭私有制，废除一切形式的国家，反对专政和压迫，试图建立一种"无政府"的社会。

⑤此说实属误解。

在燕子矶幼稚园落成典礼上的讲话①

今天是燕子矶幼稚园举行落成典礼日子。这个房子是晓庄师范开办的，献给燕子矶的小朋友们。这是我们中国第一个乡村幼稚院。不但献给燕子矶的小朋友们，应当把它献给全国的小朋友们。我们今天有一个好机会就是我们的副董事长王云五先生也来参加这盛会，是很难得的。现在请王云五先生演说。

最近全国教育会议议决：初级中学以上增加军事训练一项。初中以下为童子军的训练。我看童子军的办法，就是教学做合一的办法。我们要想改进，学校有进步，都要有童子军训练才好。

童子军是练习团体生活的，不能上阵去打仗，和军事训练是不同的。童子军的功课在中国有修改之必要，但比较外国其他功课在中国的，是适合些。有一点尤觉重要，就是童子军很适合儿童团体生活的训练。我们晓庄生活，差不多是整个的童子军训练。

参合会场上的意见，可用一个起草委员会的名义。或推举总教练一人，付表决。

1928 年 5 月 27 日讲

出自程本海著《在晓庄》，1930 年 1 月中华书局版。

【注释】

①本篇是 1928 年 5 月 27 日陶行知在燕子矶幼稚园落成典礼上的四段讲话。记录者：程本海。题目为编者所拟。第一段是开场白，二段是答丁兆麟提的“小学生不能骤然练习军事训练”问题；三段是回答潘一尘问“童子军和军事训练有何分别”；四段是会议结束时，就张宗麟提议成立“童子军研究委员会”，潘一尘表示反对，提议“当场推举总教练去实行”而讲的；表决结果，马绍季当选为总教练。摘自《燕子矶幼稚园落成典礼——小学活动设计会第十三次会议记录》，又载 1928 年 7 月 15 日《乡教丛讯》第 2 卷第 13 期。

道德问题

“世风不古，人心浇薄。”我们耳闻目见已经不少，直到今日，还有恢复旧道德的声浪，也可见得五千年的旧道德势力确是不小。

旧道德三字，当然是新道德的反响。但是道德两字，只有是与不是的问题，不能有新与旧的问题。道德是人在社会上最适当的行为，所以适当的是道德，不适当的不是道德。人的本质，原有为人为己两种趋向。但是为己的行为，未必全是不道德行为；反之，为人的行为，也未必全是道德行为。因为社会、个人，是相辅相成，不是各自生存的。所以为己之极，反是为人；为人之极，亦可为己。至于如何可称道德，即在权衡这为人为己两方面，定夺最适宜之一点的所在。大概道德的原则，是在个人有充分的发展，但不致损坏在社会全体之安全；社会有支配的势力，而又不致侵害个人生存的目的。因此一来，道德两字就极难讲，因为社会状态何等复杂，个人差别何等显著，社会有流动性，个人亦有流动性，这最适宜的一点便时时发生疑问和争执。从古到今，社会不断的变化，道德也不断的迁移，没有一时，没有一地，道德性质不在那里更变。今日称为最适宜的行为，明日也未必适宜；昨日称为最适宜的，今日又未必适宜。换句话说，可以维持此一时代之社会，未必能维持彼一时代之社会。道德固是造成社会的要素，但时刻显露其裂痕，补救方法，就在时时有适用的道德，来代替不适宜的地位。如此，社会可以常有进化，个人方面不受压迫。

欧美有欧美的道德，代表欧美社会最适宜的行为。宋、元、明、清有宋、元、明、清的道德，代表宋、元、明、清社会最适宜的行为。在欧美或宋、元、明、清的社会内，我们不能指出他道德的不是。但是社会不是只有欧美式同宋元明清式两种，以为除了欧美式只有宋元明清式的道德的心理，恐怕对于道德两字的观念有些弄错吧。总之，道德本来是习惯的制度，自然发生，不是有人可以勉强的，与法律不同。法律是行动上的，道德是见解上的。这是道德教育家应该研究的。

原载《申报本埠增刊》，1928年6月8日。

学生缺席原因及解决办法①

缺席原因，提出三点：一、功课不能引起儿童兴味，不能适合儿童需要。二、农忙时要在家中领带小弟妹。三、阴雨天不准儿童赤脚到学校。

解决意见：一、学校与社会应打成一片，如家庭要儿童在家帮助生产时，学校应当许可。二、学生在家庭工作时，事前应有相当指导，事后亦应加以整理。三、以暑假代农忙，是最好的办法。四、在中国现在之情形，以教师指导农人者尚少，故最后还是倾向在变更为三学期之办法。

摘自《申报》《大中区县督委讨论乡村视察难题》，1928 年 8 月 5 日第 11 版。

【注释】

①本篇系陶行知在 1928 年 8 月 2 日上午召开的中央大学区县督学教育委员会讲习会上发表的意见。记录者李西侯、孟毓洪。

改造乡村的小学几个建议①

——在江宁县教育局“暑期学校”的讲演

我在乡村小学教育上，是一个走黑路的人，正在那里翻跟头。不过，不怕跌跟头罢了。

近来不大喜欢演讲，却喜欢和乡村小学教师谈谈。因为乡村小学教师，是我最佩服的。

第一个建议：乡村小学教育，是一件大事。

我们不应该看乡村小学是不重要。实在乡村小学教育是国家大事，我们皆是大事的一分子。中国是村庄国家，不是都会国家。全国村庄，估计起来，有一百万左右。像南京这样大的都会，不满十个。人民有百分之八十，是居住在村庄的。所以，要中国国家强盛，非这百分之八十的人民能够团结不可。

我们拿一个小村看，普通小村，只有五十人家或一百人家。这些人家，这些人家的子弟，送到我们学校里来读书，假若我们把他们造成书呆子，从前本是能做事的，后来渐渐的看轻农作，而懒于做事。那么，教育就是耗费了。这种小孩子，就是败家子。所以，如果小学教员干的不好，可使成家立业的，变成败家子；如果小学真能办的好，那么，村庄必能团结，国家亦必好。

这虽是数百人家的关系，大而民族存亡、中华民族的命运，操于小学教师的手里。我曾经到过一个庙，庙里设一个小学。有一副对联，上联是“庙小乾坤大”。真是不错！我们应当看乡村小学是一件大事。事在人为，然后干起来！

第二个建议：“在劳力上劳心。”

关于乡村教育，我们有一个观念，就是将技术预备好了，然后在社会上用。王阳明有“知是行之始”一句话，实足代表全中国教育思想；也就是一般人“知识乃行为之起点”的观念。实在在教堂上所得，不由行为得来，乃是无用的。譬如骑马之技，必自马上得来；必手近火，然后晓得热是什么；必手近冰，然后晓得冷是什么。所以，我们非要造成“行是知之始”的观念不可。

孙中山先生的革命，并非在课堂中得来；乃是一面革，一面得。一切科学，亦皆由此而得。瓦德[②]发明蒸汽机，亦由实验蒸汽有水力而得来。所以，我们在乡村办小学，不要禁止学生动手。因为从行可以得知识。我有一个小孩子，喜欢拆东西。家里人不喜欢，我很赞成。因为这是科学的兴趣，决非教堂所能得来。这是一个根本的观念。

从前有“劳心者治人，劳力者治于人”一句话。这就是说，一种人是管人的，一种人是被人管的。其流弊所及，把社会分成两阶级，于是发生阶级斗争。此时就无科学。因为劳心者乃是空想，劳力者奴隶般的工作，所以不能发生科学。中国三十年前，发现科举应当废除，所以开学校。结果因为劳心原故，于是变成“洋八股”。这种叫劳心的不劳力、叫劳力的不劳心的观念，甚是错误。

乡村小学，应当叫劳心、劳力并行。我们的心思及手，不可分开；能够合用，就很利害。中国人本有许多发明，如火药、磁针，乃是中国人在心手合用时所做。现在西洋人很利害，也是劳心兼劳力的原故。

所以第二建议，就是在劳力上劳心，可以使两阶级成一阶级，而发生知识。

第三个建议：乡村小学教师应如何负责担任国家大事？

我以为，有三件东西就可以了。这三件东西，只要自己努力，自然得到。

（1）农人的身手。乡小教师，自己应当能够动手。没有农人的身手，就不知道农人的苦处，更不能与农人合作，所以不能和农人接近。要化农人，必要自己农人化。

（2）科学的头脑。会干农事还不够，必须有科学的头脑，就是用手化脑。有科学的头脑，然后才可以使农人社会进步。

（3）改造社会的精神。农人皆是无政府主义，所谓“日出而作，日入而息，凿井而饮，耕田而食，帝力何有于我哉”[③]，就是表示农人对政治淡漠的思想。如果农人任其有这种思想，那么国家必受外力侵略。所以，农人应当团结起来，成一个大力量。团结，乃是民族生存的条件。但是，决非无政府主义的农人所能干，非我们乡小教师领导他们不可。

我们要农人化，不要农人无政府主义化！要农人有改造社会的精神，不是一下子成功，乃是一件事一件事做的。譬如建筑道路，大家先就一条道路合作起来，农人是五分钟的热心。所以，我们办五分钟的教育，就是办五分钟可成的事。拿农人五分钟热心成一件事，比较各人“自扫门前雪”要好一点。乡村小学教育的敌人，并非土豪劣绅；我以为，是农人无政府主义的脾气。

乡小教师要以身作则，无上列三条件，就是没有本领教儿童。

第四个建议：就是课程要以生活为中心。

教育的范围，就是生活的范围。譬如双十节课程，可以双十节生活做中心，以读、写、算为目的。在养蚕时候，可以算成本，读养蚕书，习养蚕字，唱养蚕歌。学生一定格外有趣，教育也就不枯燥了。

关于课程上，我有一个关于生物学方面的建议，也就是乡村小学要改革一点。现在学校自然的研究，限于书本，这是不对的。应当以活的生物做教材，因为：

（1）乡村的环境，是一个生物的环境。生物的设备很容易。

（2）可以培养儿童科学的头脑。

（3）儿童就是一生物。生物的生长，就是儿童的生长。生长有生长的道理；

（4）儿童喜欢活的东西，自然引起动机。

现任小学校长，有所谓引起动机的道理，我很反对。儿童的动机，要自己起，不能要有人引起。有一次，我们学校里有一个学生，带来一个乌龟，于是许多同学都来参观。若是在别的学校里，有时甚至于一顿打。那么，这一般达尔文、牛顿等科学家，一定是一齐被打掉！

生物在课程里吸收，可注意的有几点：

（1）材料极经济。我们不要抄袭从前博物学④的文章，要买什么日本博物标本。花钱事小，而所得的标本，皆是不可用的。生物，应当从乡村里做起来。

（2）生物不要放毒瓶中毒死，应当注意活的东西，非生物死时，不把它弄死。因为儿童不喜欢死东西。等待生物已死，可制标本。

学校园应当由教师带学生去做。但每每种的植物，教师多不认得。这也是不晓得学校园在教育上价值的原故。教师带学生东跑西跑，必定为社会批评。但有方法解决。譬如蛙，可以蛙为中心，读的是蛙，教的是蛙，唱的是蛙。最好，能使农人皆到学校里来参观，村上领袖来更好。务必使得他们懂得这种教学的功用，然后使他们宣传，进行必定不甚困难。

第五个建议：就是运用生活工具。

杜威主张“生活教育”。但生活需要生活工具，故我主张生活工具教育。乡村小学除教科书外，无生活工具。不过，可应用社会工具。学生家里有农具。如最近神策门学校无水缸，而学生能供给，就是一例。大概生活工具，要求简单，要求经济。单级小学，三百元已经够办。

第六个建议：就是把整个的心献给乡村人民和儿童。

如若没有第六个建议，则前五个皆成废话。

我们在村上，不独要培养儿童，应当安心为乡村人民谋幸福。天下最苦的事，是身在此、心在彼。世界能成大事者，即一小事而能成大事。譬如福禄培尔，以一个幼稚园而著名世界。一个乡小教师，能献心与学校和社会，那么，乡村教育的成效一定很大！

1928年8月讲

原载《江宁县教育行政月刊》第14期，1928年9月16日。

【注释】

①本篇系在江宁县教育局“暑期学校”的演讲记录。记录者：冯震。副标题系编者加拟。

文前写有“记者附志”，全文如下：“陶先生是中国一位教育专家。近来从事乡村教育，建立晓庄乡村师范，专门研究，不遗余力。今年暑天，江宁县教育局开办暑期学校。蒙陶先生不弃，能莅校演讲，讲题为《改造乡村小学的几个建议》，却是乡村教育上极有价值的言论。我以为，这种言论不应当埋没，所以把它整理发表出来。一方面，在暑期听过的诸位教师，可以再翻阅参考；未在暑校听过的教师，也可以读到。再一方面，也可以供一般研究乡村教育的同志们的参考。不过，记者笔记技能有限，而又以急于要发表的关系，不能得陶先生的改正。这是要陶先生和读者原谅的。”

②瓦德，即瓦特。

③出自先秦时期《击壤歌》：“日出而作，日入而息。凿井而饮，耕田而食。帝力于我何有哉?”

④博物学，也称博物志、自然志，指对动物、植物、矿物、生态系统等所做的宏观层面的观察、描述、分类等。

训育与教育应合为一体，不可分列①

今日讨论训练问题。原案第一第八两题包括在内。先讨论关于训育方面，有消极、积极两层。积极的训练，不易有具体的办法，所以每易入于消极的制止。诸位如有意见，请各发表。

（一）积极办法，重在儿童自治。如巡察团、图书馆、园艺、音乐等，皆可指导儿童逐一组织。即以园艺一项而论，儿童自身经历之后，于以知爱护物力、重视劳动。

（二）原案中有“指导无效”等语，究竟指导至何种程度，请原提案人说明其原有办法。

原提案人报告：甲、盐城人民只知令儿童在校读书，无他种种活动，而教员于训练方面，消极的多，积极的少。教育局顾虑及此，故有好学生标准实施步骤之规定，半年以来，无甚效果。其根本原因，教师本身对于训练原则，不彻底明了，故未能按照行政方面所规定的一一实施救济方法。根本上应改造师资。治标上重在视察指导者，依据实施方法，切实指导。乙、敝县训育方法，有社会化的组织，大概偏向在都市方面，至乡村小学儿童年龄不大，在指导者虽竭其全力，但限于经济及儿童自动能力，皆归失效。

主席谓：在未讨论之前，关于训育之共同问题，应先谈谈教师是什么？训育是什么？教育与训育是否为两件事？前中等学校联合会有训育组织，我曾提出训育与教育应合为一体，不可分列。考其所以分开的原因，即误认课堂内的功课是教育，教室外的作业为训育，为此分开，实不合理。盖何谓教育训育，要皆以兴趣为依归，学生在教室内要有兴趣，在教室外也要有兴趣，即思想的判断，学习的勤劳，亦皆要有兴趣。故教师对于教育应负整个的责任。还有课内课外的分别，如园艺在课室内讨论方法，课室外即须实行。所以课内课外之观念应须打破，不要把学生生活，切为两段。我在义务教育期成会袁观澜先生起草乡村教育标准时，即有取消训育另列一项之主张。故此时讨论训育问题，是整个的知识与道德不能分开。

（三）训育之讨论，已有办法，惟实行时，有困难耳。其原因有二：一、教师精力不足；二、教师之观念，重在知识，致预有精力，竟要偷懒而不做，还有不知分配的方法，如清洁团、储蓄会、纠察队等，只要定一办法，由年长之学生指导，实行教师随时考察即可。

（四）原提议人已有办法，不必再费精神多加讨论，只须在救济办法上着想。其方法：一、可在视察后开全区教师谈话会时，将训育原则及实施步骤，一一指导责其实行；二、暑期讲习会着重在训育方面。

（五）训育问题很大，不过现在讨论的，都就事实方面，请根据原则加以讨论。鄙意以为训育第一须有目的，其目的可由大学行政院令知各县征集各校训育标准，然后由行政院统一标准，令行各县教育局转知各校。至其实施之步骤：第一由学生组织自治会，第二学生自治会总不能离开标准，要达到此目的，教师即须加入儿童团体共同生活。

（六）乡村小学的训育，难在人材。如有人材，各问题都易解决，如图书馆、学艺会、清洁会等，皆易做到之事。顾现在的乡村教师程度，相差尚远。可由教育局拟定大纲，分期执行，一学期不能做到，乃至两学期，总以做到为止。

（七）教师本身如能明了儿童心理生理之状况，训育问题实不难解决。

（八）训育问题，各校有普遍的弊病，即不明训育之意义和目的是也。教师在课外，必忙于改卷子而忽于儿童的训育。补救方法：一、要教师明了训育的意义和目的。二、不重形式，须根据儿童心理生理方面切实规定一个目标。

主席谓：讨论已久，现在可归纳一下。

摘自《申报》1928年8月7日第11版《中央县督委续论乡村视察难题（一）》。

【注释】

①本篇系陶行知在1928年8月3日续开的中央大学区县督学教育委员会讲习会上的讲话。记录者李西侯、季倜凡。

祭赵院长叔愚兄文

叔愚[①]兄……叔愚兄……

我此刻站在你面前和你谈心，你可知道吗？怎会不知道呢？你是千真万真的活在我心里，你一定知道我在这里要和你谈心。

最后一次见面，你在病床上对我说，你病好了，要搬到培克夫人[②]家里去住几天，因为你顶喜欢吃她弄的西餐。这句话我是牢牢的记在心里的。我今天亲自拜托培克夫人弄了几样西菜来请你尝尝。不要客气，请凑热吃，这的确是培克夫人亲手弄的。你可知道吗？怎会不知道呢？你是千真万确的活在她心里，你一定知道这菜是她亲手弄的。你在病院里和我谈起你的新人生观，说是以后你要立志做一个康健快乐、肯做事的人。你连上去便说："晓庄要注意卫生啊！"我第二天便把你的新人生观说给全校同志听，要他们保重身体。你可知道吗？怎会不知道呢？你是千真万真的活在晓庄每个同志的心里，你一定知道他们谁是谨守你的规劝，不敢稍有疏忽的。你近一年来思想的结晶是："做工，求知，管政治。"我要把你这个理想介绍给全国农民，使他们都成为你的信徒。你可知道吗？怎会不知道呢？你是千真万真的活在三万万四千万农民的心里，你一定知道谁已经接受了你的指导。嫂夫人念念不忘桃花村[③]艺术化，她唯一的希望是要我们把桃花村做成一个可敬可爱的地方。她病危时，我去看她，她对我说："叔愚因我生病，不能专心助你办学，我心里很不安。但是我活时虽不能为晓庄努力，死了做鬼也是要保护晓庄的。"她说这话时，你正在她身边流着泪，该还记得。我们现在要把整个的晓庄付托给你和嫂夫人照应，望你们接受我们这番恳切的付托。叔愚兄！我怎么听不见你回音呢？你可是真的死了吗？不然。你决不会死。死之一字是不可思议的。我深信你和嫂夫人在我心里活着，在晓庄同志心里活着，倘使不在我心里活着，怎能使我心头悲酸酸的要说出你所要我说的话呢？叔愚兄！你没有死，你永远不会死，你还是我的一位活朋友。不期而至，清风故人。你和嫂夫人常来谈谈心，好吗？一定来啊！叔愚兄……保重……

十七年十月

原载《乡教丛讯》第2卷第18期，1928年10月1日。

【注释】

①叔愚，原名赵崇鼎，早年留学美国，攻读乡村教育，获硕士学位。归国后，任东南大学教育科教授、乡村教育系主任兼中华教育改进社乡村教育研究部主任。后与陶行知共同筹创晓庄师范，任该校第一院院长。1928年9月12日病故。

②培克夫人，金陵大学农业经济系主任卜凯（Peare Buck）的夫人。善用中国菜蔬烹饪西餐，赵叔愚与卜凯交往甚密，对卜凯（培克）夫人制作的西餐颇多称道。

③桃花村，晓庄师范的女生宿舍。

打破书本和教师的联盟

——对光华大学教育学会参观团的谈话

我们现在所行的政策便是：

(1)“亲民”。在我们当中，也找不出谁是先生，谁是学生、校工，谁是农民，彼此共同生活。校内的同学与该校附近的农民共同起居。我们认为，这样做就是社会科学的出发点。

(2)“亲物”。就是自然科的出发点。亲物的意义，便是亲近万事万物，认识物之理，而与之接近。这样，才能知道物之性质、形状等。

达尔文的《物种原始》，大家都知道，是影响各种科学的一部书。这本书的来源，便是达尔文六年在外，坐着一只小船，到处游览的结果。在我们从前，离间我们与“民”“物”的两大阻碍物，便是书本和高谈阔论、纸上谈兵的教师。

我们起先，将书本和教师，摆在我们与“民”“物”的中间，彼此不能接近；现在，我们要实际的考察“民”“物”，我们便不能不把书本和教师摆在两旁边，先去考察事物，与事物接近。有所不明了的，再去和书本、教师商量，以求解答。

总结一句，我们若要真正的教育，便是打破书本和教师的联盟，阻碍我们和“民”“物”的大本营。

我们学校的校训，便是“教学做合一”(还有蔡元培先生的题字)。这种教学做合一的方法，便是生活法。人事万物，就是实行教学做合一的好资料。教法是根据学法，学法是根据做法。我们所谓做的解释，就是“在劳力上劳心”。因为专门的劳力是盲干，专门劳心是空想或理论。“教学相长”，我们可以换一句“手脑相长”去代替它。我们以为，自然活动的手、灵敏多用的脑，可以征服世界的一切。

我们还有一样事，便是“先行后知”。知的来由，便是行；不行，不会知。比方喝一杯茶，在我们未知以前，必定要将茶杯放在口边，呷一口，尝一尝茶的滋味，才知道这种举动是喝茶。不然，专门对小孩说喝茶，而不把茶给他，使他实行。但认识喝茶的举动，一定不能使儿童明了喝茶的观念。

现在，我们可以报告本校的实际情形。本校是去年三月十一日招考。因为那时候，三面交通断绝，投考学生寥寥。十五日开学，学生十六人。没有课堂、宿舍，一切用帐篷代替。那时初步的目标，是培养乡村人民、儿童所敬爱的导师。我们现在的目标是：(1) 培养改造社会的精神；(2) 引起艺术的兴趣；(3) 造成康健的体魄；(4) 培养农民的身手；(5) 养成科学的头脑。

我们已经有了三个特约小学、九个自办学校、四个幼稚园、八个小学。我们用小学作中心，去改造社会。

大概的组织是，行政部、生活部（包含教学做）、小学指导部、幼稚园指导部、社会改造部。包含的事业为，联村救火会、联村自卫团、联村禁烟会、联村医学会、联村运动会、联村自治会（现时未成立）、联村筑道会等。

值得报告的一桩事，就是附近的烟馆，十分之九已禁绝。禁烟会限定，十五天内一律禁绝。

经费情形：(1) 教育改进社，每年捐八千元；(2) 江苏省政府，四千元；(3) 特别市市政府，一千元；(4) 大学院，每月五百元。学校的建筑费，是朋友捐助。生物设备有十大柜。其余理化等设备，现在进行中。

教员及学生：教员有二十三人，专任十三人，兼课十人。学生大九十人，小五百余人。

原载《教育与职业》第 103 期“农村教育专号”。

【注释】

本篇系谈话记录。记录者：鲍国梁。谈话时间为 1928 年 10 月 20 日。1929 年 4 月 1 日发表，原题《参观晓庄师范记》，今题系编者所拟。

在记录这次谈话前，作者在文中言及：“该校校长陶知行先生，办教育很有经验，可说是中国不可多得的教育家。他自己和学生共同作事，一样的辛苦。看他们吃的饭，一碗鱼、一碗青菜，一碗豆干。他们还说，今天是特别佳宴。因为他们今天淘井。男女同学围着桌子站着吃饭，好像营盘内的情形。我们未参观以先，陶校长对我们报告该校一切情形。下面，便是他所报告的。”

教育力量在改造社会

——在中央大学区“扩充教育机关会议”上的演讲

教育力量在改造社会。中大区设立扩充教育处，其目的在用教育力量，改造江苏各地一个个小的社会，诸位负责甚大。本届自集会、研会，鄙人参与。今日之会，甚愉快。

鄙意：施行社会教育，第一要应用能力，以应社会民众需要，并帮助解决民众困难问题。要解决此问题，贡献二点意见：

（1）作民众当中一分子（即在城市者，与工、商为友；在乡者，与农为友），然后始能深切了解民众心理及需要，得有同情，为之解决一切。

（2）要将自己赤裸裸的献与民众，时时为民众着想。否则，心不在焉，视而不见，听而不闻，难言之矣。

1928 年 10 月 24 日下午讲

原载《申报》，1928 年 10 月 26 日。

【注释】

本篇系演讲记录。记录者为《申报》记者。原题为《中大区扩充教育机关会议》，今题系由编者所拟。

是日上午 8 时 30 分，中央大学区扩充教育机关主任会议在南京中央大学召开。与会者 90 人，由俞庆棠主席。上午讨论所提交的议案，下午从 1 时 30 分起，举行演讲会。在工商部劳动司长朱懋澄、中央大学教育学院院长郑晓沧演讲后，陶行知登台发表了演讲。记者所录，显然系演讲大要。

今后中华民族的使命①

我有一种脾气，要回想以往的事，是很痛苦的，想未来的事，是非常快乐的。所以，我很喜欢谈未来的事。

今年的国庆纪念和去年的国庆纪念不同之点，就在去年的国庆纪念的时候，北伐还没有完成，今年的国庆纪念的时候，北伐已经完成了。但是现在在形式上北伐虽则已经成功了，而我们真正的国民革命还没有成功呢。刚才我们在唱《国民革命歌》的时候，我们只唱了第二首，没有唱第一首歌。我以为第一首歌现在还是应当要唱的。我们现在仍是要“努力国民革命”，仍是要“齐奋斗”哩！

我们站在教育的立场上，我们应当把教育的力量来建设新中国，我们的使命是要唤醒民众，使民众团结起来！

教育的力量与别种力量不同之点，就在教育的力量是能够达到个个民众的内心里头去的；他能够使民众自己从“心里”发出一种力量来自己团结的。别的力量不能达到内里而只是外面的。他像绳一样，只能把东西捆起来，绳子一断就散了。所以我们可以说，现在国民革命还没有成功，因为中华的民众还不能自己团结起来。现在我们只有努力教育，用教育的力量来建设新中华！这是我今天所要讲的第一点。

还有第二点要说的。譬如我们现在南京要到北平或天津去，是不能一直去的，一定要绕道而到北平或天津。这是什么道理？因为我们的济南，现在还是给日本人占据住。

现在我们要叫日本人回日本去，只有我们自己先团结起来，才能够叫他回去。

听说，日本有很多架飞机。他们只要十分之一的飞机飞到南京来，我们的中华民国就会根本动摇。这是我们应当注意的。我们要下一个决心，用教育的力量使民众团结起来，叫日本人回到日本去。

我们晓庄学校的理想，是要用教育的力量来叫日本人自己回到日本去，是要用教育的力量来建设新中华民国！所以现在日本方面很注意我们。最近我有一位朋友新从日本回来。他说，日本人已在注意晓庄学校的理想和办法，文字方面如《支那之理想学校》等，已有几篇发表。

假使我们晓庄学校不能叫日本人停止横蛮的行动，不能叫日本人回到日本去，那么晓庄学校便算失败的。

我们要叫日本人回到日本去，并不是帝国主义的思想。因为我们只是叫日本人回到日本去，不是要压迫日本民族，打倒日本人。只叫日本人回到日本去含有两层意义：一、叫日本的坏人回到日本去重受本国的教训，不敢再到中国来害中国人；二、叫日本的好人带了民主思想和大同理论回到日本去从事日本人的心理改造，使得他们把日本民国建设好了，可以做我们的同志，通力合作的去建设大同世界。

今天我所讲的归纳起来，可以分为两点：

（一）我们要用教育的力量建设新中华；

（二）我们要用教育的力量，叫日本人回到日本去改造日本。

十七年双十节

原载《乡教丛讯》第2卷第22期，1928年11月30日。

【注释】

①本篇系演讲记录。记录者：季雪云。

中国教育的改造①

今天到贵校参观，有两目的：第一，杨斯盛先生把家产捐办学校，是十几年前所闻名，今天是要来看它的情形，看看杨先生的德业；第二，听说老友程湘帆先生来办此校，他对于教育，很有研究，所以特地来看他怎么办，要来领教。

今天来此，马上就发生一问题，即要请我演讲。我从前很喜欢演讲，现在却不喜欢了，所以很怕演讲。但是享权利，必尽义务。今天既有权利领教程先生，必有义务的交换。交换的东西，不过是一篇文章——似通不通的文章，来与诸位研究研究。

今天要说的，是中国现在的教育，应当根本改革一下。此系我个人之意，对不对，请程先生及诸位教正。

现在中国教育最大毛病，就是教育与生活分开。教育自教育，生活自生活。教育与生活丝毫不发生关系。

说到这点，我们应先知道什么叫生活。生活的意义，有两方面：一是人民方面；一是自然方面。现在的教育，和人不接近，不发生关系。古书上说："大学之道，在明明德，在新民。"现在我们要把"新"字改为"亲"字，要亲民。此"亲"字有两个意义：前者我们现在不要；后者就是亲近人民之意。就是教育要和人民有亲近的机会。办教育者，要深入民众里去办，要和民众做朋友。所以办商人教育的，要进商人当中去办；办农人教育的，要进农人当中去办；办工人教育的，要进工人当中去办。换句话说：办商人教育的，要亲近商人，要和商人做朋友；办农人教育的，要亲近农人，要和农人做朋友；办工人教育的，要亲近工人，要和工人做朋友。这样才能知道他们自身的问题，他们自身的困难。假如不和人民做朋友，就不能知道他们的问题，和他们的困难。教育是解决问题和困难的东西。教育是要了解人民的问题和困难，去帮助他们解决，扶助他们进步的。现在教育，把学校内分成教员、学生、校工三种人，形成三个阶级。教员自教员，学生自学生，校工自校工，完全不发生亲切的关系。学生平时不与校工接近；接近时是叫他买面来，扫地板。教员平时不与学生接近；接近时在上讲堂的时候。那时教员与学生的关系，是眼对眼，嘴对耳。学生有时内心有闷恼，经济，或恋爱的问题，教员也不明了他的问题、他的困难，这就是没有做朋友的缘故。所以在学校内，教员、学生、校工应当互相亲近；学校以外，更要和商人、农人、工人亲近。这样教育才能解决问题，解决困难。我们看杨斯盛先生，他生前是个泥水匠，泥水匠的唯一拿手好技，就是拆墙壁。任你有几何高的墙壁，泥水匠都能拆去。现在我们要应用泥水匠的拆墙手段，把教员、学生、校工三阶级间的墙壁拆去，打成一片。尤其是学校大门口的“学校重地，闲人莫入”的墙，更要拆去。然后才可以谈教育，谈亲民。

人民之外，尚有万物。宇宙间的花草、禽兽，以及种种有机物、无机物，都通称为万物。我们除了亲民以外，还要亲物。贵校注重物理化学实习，就是亲物之意。普通学校讲物理化学，只注重书本上，可算是亲物吗？咳。那是亲书。还要一般人读点物理化学，便以为够了，所亲者仅是些笔墨而已。你问他：花园里有些什么？花！这是什么花？那是什么花？不知道！这就是没有亲物的缘故。我有一个笑话。有一次，我引一个中央大学学生到我山里去参观，他问我道：“陶先生，你这里怎么种这样多的韭菜？”我很惊讶地回答：“这里并没韭菜。”诸位试想想看，他把什么误认作韭菜？原来是麦子！像这样把麦子认作韭菜，实在是学生太没和万物亲近，所以对于万物不明，也就是现在教育与万物分开的缘故。

以上所说，是要亲民。现在进一步讲如何亲法。

（1）改变书本的位置。上面说过，现教育和人民分开，和万物分开，谁是小人，离间我们与人民的关系？谁是小人，离间我们与万物的关系？书本呀！因为它现在的位置，占在我们与人民万物的中间。此为人，彼为书；此为书，彼为物。两者不发生关系，所以就被它离间了！宋朝赵普对人说：“半部论语治天下”。果能如是，那么，我们现在读一部论语，不是能把天下治得更好吗？现在有许多人，面前摆着政治学、经济学、社会学……以及种种东洋书、西洋书，研究这种主义，那种学说，这是对的，那是不对的，然而把实际的人事都忘记了！面前摆着物理学、化学、生物学……以及种种中国书、外国书，这是什么，那是什么，然而把实际的东西都忘记了！这都是把书本摆在面前作祟的缘故。现在我们既不可把它摆在面前，那么，擦在后面罢！然而又不成！因为把它擦在后面不照，几千年的文明，就不能传下，外洋的学术，就不能输入。那么究竟如何处置呢？我想摆在面前撩在后面都不行，那么，放在两边罢！我们把它放在两边，做事分析，观察，试验，不过把它当做参考和解决问题的工具。不要把它放在中间，不要把它代替人民生活和实在的物质吧！

（2）改变读书的态度。我们若把书当做人们解决问题的一种工具，那么，可用它，不可读它。我们知道，工具是用的，不是读的。譬如说现在有人把斧头来读，我们一定笑他是斧头呆子。今有人把书来读，那又是什么呆子？书呆子！所以我们要用书，不要读书；拿一本书来用，乃是用书，不能说是读书。用书可以包括读书，读书却不包括用书。至于“读书人”的名称，更不能存在。有人就说：“你现在说不赞成读书人，又不赞成读书，那么，书就不应该读了！”不然，读书是要的，但是要用书。不能因为书要读，而有“读书人”的名称。因为若有所谓“读书人”者存在，另一方面，当然有种“不读书人”存在。譬如吃饭，人人要吃。我们不能因为饭要吃，而有所谓“吃饭人”者存在，另一方面，又有所谓“不吃饭人”者存在。古人有“三百六十行，行行出状元”的话，我们现在不叫读书人，就是希望三百六十行，人人都要读书，人人都有书读。所以现在“读书人”的名称，已成过去，假设现在有人叫我们是“读书人”，我们应当引为侮辱，像有人叫我们是“吃饭人”（即饭桶）一般地应当不高兴发怒。至于“万般皆下品，惟有读书高”的观念，更应当根本推翻。

上面所说，都是消极的方法。我们把书本的位置放两边，又把读书的态度变为用书，教育就可以完全办好吗？那当然办不到。所以除了消极的方法外，还要有积极的方法。

积极的方法是什么？就是“教学做合一”；就是把教育与生活打成一片。生活的教育，即教学做合一，不是生活的教育，也不是教学做合一。教学做合一，是一件事，不是三件事。我们要在做上教，在做上学，才是教学做合一，在做上教的是先生，在做上学的是学生。从先生对学生的关系说，做便是教；从学生对先生的关系说，做便是学。先生拿做来教，乃是真教；学生拿做来学，方是实学。因为一个活动，对事说是做，对己说是学，对人说是教。今举例来看，写字是教学做合一。我们买本颜鲁公字帖来临写是做，也是学；别人看来我们做的好也来学，我们便是教了！又如有位同学在那里讲恋爱写情书，也是教学做合一；有朋友教他应如何如何，即是教；他去做，也就是学。所以说教学做是合一的。天下事非最好，非最不好；不如此，即无效率。再看上海的绑票匪，也是教学做合一，才会有用。假如大绑匪教徒弟，只是教他今天怎样去做，明天又怎样去干，结果一出去就被人擒着。必定要今天带他到这里去做，明天带他到那边去干，这样做法，才能成功。所以真的教学，是要在“做上去教，做上去学”，才有效力。又如冯玉祥治军，也是教学做合一的。他们是从打战上教打战，学打战。现在许多陆军学校里，都是在教打战学打战，那只是口头教打战，耳目学打战，不是全身的做打战。此边做，那边学，是教学做分开，不是教学做合一。所以无论什么事情，都要整个的，才是合一；如果口教耳学手做，即是教学做合一。否则口教耳学，而手不做，那就不是做，不是学，也不是教了！

上面所说，注重的在做。现在对于做应加以特别的解释。我们必须明白做是什么，才能彻底明白教学做合一。今有人盲行盲动是做吗？不是，此虽心到而手不到，效力也不高。只有手到心到，才是真正的做。所以做的解释，就是劳力上再要劳心。要运用别人的经验，在做上思想。否则做学分开。从前的人，把劳心与劳力分开，劳心者想，劳力者做，形成两个阶级。一方面专门闭起眼睛理想，一方面闷着头蛮干，以致劳心者治人，劳力者治于人。于是劳心者与劳力者，不懂彼此的问题，两者中间隔着一层太平洋，所以科学上遂没有发明。现在我们要发明科学，化除阶级；就要劳心者劳力化，劳力者劳心化；要在劳力上劳心，劳心上劳力。这样彼此才能亲近互助，这样教育才有真正的价值。

中国人有一个几千年的传统观念，就是“先知而后行”。王阳明虽然主张知行合一，但是不久他说：“知是行之始，行是知之成”，便无形中把原来的尾巴露出来了！所以大家都是学好了再干；结果，学不做，做不学。现在我们改革这“先知而后行”的态度，切实地说：“行是知之始，知是行之成”。行然后能产知识。一方面行，一方面知。这种证明，有几千几万，随处可找到。譬如小儿怕火，知道火是热的，是不可接触的。是妈妈告诉他才知道的呢？还是爸爸告诉他才知道的呢？也许妈妈爸爸曾经先告诉过他。但是顶早顶早的一次，恐怕还是他自己的手指碰到火，被烫痛了，然后才知道火是热的罢！又如瓦特发明蒸汽作用，是从烧开水泡茶吃，见水汽上升冲动壶盖发现的。烧开水泡茶吃是劳力，就是行。见沸水化汽上升，把壶盖冲动；他于是想到一壶水尽化成汽，不是可把盖冲上天吗？又如大壶大缸，或比壶大千倍万倍的水尽化成汽，不是可把盖冲上三十三层天上去吗？他又想壶水化汽能把壶盖冲上天，若是锅里的水化汽，通到机轮，不是可以把轮推动旋转吗？水汽愈多，不是能把轮推动旋转加快吗？他这样越想越得智识，才把机器发明。这都是从烧开水泡茶吃得来。假如他不烧开水泡茶吃，就不能观察，不能得到知识，他那能凭空发明哩！所以说：行然后知；不行就不知。所以我们可以肯定地说，行是知之始，知是行之成。

我们要科学昌明，首先就要打破“先知而后行”的传统观念，从行上去求知。现在普通的学校都是做知的工夫，不是做行的工夫。人类所以和禽兽不同的有两点：第一，人类有一个很活泼的头脑；第二，人类有一双可以自由活动的手。手是人类的活宝贝，要和脑并用，人类才可以充分活动。现在的教育，都是教人用脑不用手，也就是现教育的最大毛病。我们知道，用手不用脑，手不能敏捷；用脑不用手，脑不能活泼。脑非手不成功，手非脑不进步。现在学生在校，很看手不起，这也有几个原因：第一，学校校工太多，大学生做事的机会都夺尽，这种现象，清华甚多，贵校恐怕很少。第二，用脑看书的时间太多，耳目均占了手的机会，所以用手的机会失掉，不能与脑并用。学生如不用手，则行是知之始做不到；不动手，则不能和万物亲近，不能和人民亲近。何也？例如动手做事，才会知其事，明其事；所以要动手，才能亲物，才能亲民。亲民的意思，不是两个人——学生与工人或商人——合在一处，距离不过一寸，握握手就算完事。还要深入其中，切实地知道他们的问题，明了他们的困难，帮助他们去解决，才算是真正的亲民。今后的学生，应当手脑并用，在行上去求知；要在做上思，思上做。这样用手且用心，才行得通，教育才能成功。

今天来此参观，使我很佩服，很不负今天冒雨而来。现在我有一个具体的建议，向程先生及诸位要求一下。这一件事，即乡村和上海不同，希望大家种点地，动动手，以适应生活上、思想上的需要，实现杨斯盛先生勤朴的精神。我希望贵校同学，能每人种一块地，这在贵校环境中，想来很容易实现。各人种一块小地的花草蔬菜，看它如何发芽，如何长叶，如何开花，可以得到生物学上许多的知识。人类是生物的一种，由此可知生长的道理。并且蔬菜可以做菜，可以尝尝自己辛苦得来的滋味。在南京敝校，每人种地六分：五分种稻麦，一分种花草蔬菜等。在贵校每人只种一分地也够了。只要能这样做，天天这样做，这样常与自然界接触，可知生物生活的道理，增进知识，得着很好的益处，并且可以发扬贵校主勤朴的精神。今天报上所载美国新总统胡佛，他小时候也种过菜。贵校主杨先生也是用手的人。所以诸位如要发扬杨先生的精神，就要个个都要动手，手脑并用，才可以纪念杨先生于千万年哩！

今天说的，乃是我个人对于中国现教育的感想。这种办法，已经试行了一年。所以要试行，也就是尊重行是知之始的缘故。试行一年以来，并没使人失望。事实告诉我们，只要努力前进，前面自有光明的大路在。

1928 年 11 月 8 日讲

原载《浦东中学期刊》，1929 年第 2 期。

【注释】

①本篇系在浦东中学的演讲记录。记录者：张书方。

文末附有如下文字："这篇是去年十一月八日陶先生讲时，大略记下来的，直到现在，才把它整理好。因为时间过去很久，遗忘的地方也很多，遗漏错误，在所不免，希望读者原谅。在本篇整理时，曾参考陶先生所著《中国教育改造》一书，和张愔君的记录，特志于此，借表谢忱。方附识　一月十日。"

《破晓》序[①]

《破晓》是楚材在晓庄摸黑路之自述。他编著成功后，要我替他做篇序，我从头到尾读了一遍，觉得好像是看活动影片，有趣得很！最有趣的，是我自己也是这套活动影片中的一个角色。看自己和朋友所演的活动影片，当然是一桩最有趣味的事。是的，《破晓》是楚材和他的伙伴在晓庄所过生活之写真——晓庄化之楚材写真，也是楚材化之晓庄写真。

说得确切些，《破晓》不是写真而是传神。我读的时候，感觉到楚材的心灵和晓庄的精神在纸上活跃。

《破晓》虽有三十多篇小品文字，但在这里面你可以看出一个一贯的人生观。这个人生观是什么？不是别的，是诗。充满晓庄的只是诗——诗的神、诗的人、诗的事、诗的物。晓庄是一部永远不会完稿的诗集。他不是个学校，若拿个学校的名目来找晓庄，一定要迷路、失望。如果硬要派他算个学校，他最多只能承认是个诗的学校。可是要拿五言、七言、古诗、律诗、白话诗这些名目去找晓庄，又要迷路、失望了。他所有的是“诗生活”“生活诗”。除了这种诗以外，他别无长物。只有诗能说明晓庄生活的一切。

楚材写入学垦荒考试说：

> 白粉线一方方的划好，各人手里都拿着山锄，号笛一响，大家向荒芜的山上垦去。汗从额角上背上渐渐渗出，于是把棉衣脱去，依旧不息地垦掘，流着热汗。汗发出水蒸汽，像白雾般在眼前。喘着气，呼呼地在喉间作响。不一会，锄柄上有红色黏着，心里非常害怕。这是什么咧？原来，是从薄脆的手皮里所浸出的鲜血呀！血！不管。要做一件事，要使一件事做得好，总要流汗，总要流血。

这是我们对于流血的态度。“血！不管。”没有诗的人生观，能说得这样有力吗？

在陆家避难的时候。遇了大雨，楚材写屋漏说：

晚上，冷冰冰的水点，从茅草的破坏处滴到脸上，往往惊醒。喔！有趣！

只这“喔！有趣！”三字，已把寻常被人讨厌的屋漏通身诗化了。

一次将要绝粮，全校只剩一元钱，大家处之泰然，他说：

不！我们倘然饿死，也是为乡村教育而死。我们预备着牺牲，即使这时不饿死，别的时候也会饿死，时时会使我们饿死，处处会使我们饿死。以前从事乡村教育的死者很多了，我们虽然死，我们的事业和精神是不会死的，永久的遗留在世上。

同学们这次所受的困苦，比我十八岁流落在苏州的时候，我和我的表兄把衣服当得三百文过一日还要难些。但他们会拿一个不朽论去自慰慰人，立时便把“饿死”这件事彻骨的诗化了。他们甚至于深信他们饿死了之后不是变为饿鬼，必定是无疑的变成饿神。

楚材写养羊的故事说：

在一个冬天，小羊从母羊肚里诞生，一共是两个，软绵绵的非常可爱，引动了同学的好奇，聚着围观。但是这个可喜的消息，却造成了悲哀的结局：不知怎的引动了豺狼的胃口，在另一个晚上，只听得惨痛的号叫，把两个白嫩的小羊劫去了；第二个晚上，连母羊也夺了去。只剩那可怜的公羊，在夕阳西坠的时候，号着鼓盆之歌，动那西河之痛，非常凄惨的。

这是人对物的同情，也只有诗意可以说明。我们觉得自己煮的生饭是有特别香味的。我们以为土匪来了便是土匪自动上学。晓庄的粪也似乎失了本来的真味而许人亲近。这些除了诗的态度以外，又有什么可以说明呢？

楚材写高大哥最有精彩，在诗人的目光里，高大哥混身都是诗。倘我们用佛眼来看他，他何尝不是位弥陀佛呢？毕竟佛眼不常开，诗神也大意了些。高大哥乃不能容于晓庄，于今不知流落到何方去了！也许他已投到比晓庄更有诗意的地方而被引为上宾；也许到处遇着俗人，终身被人侮弄。总之，高大哥之去，非但是高大哥之不幸，也是晓庄的大不幸啊！诗的晓庄而不能给诗的高大哥一回旋之地，实为我们终身之大遗憾。

虽然缺了一大块，但晓庄毕竟还是个诗境，不是个别的东西。在晓庄一切诗化：困难诗化，所以有趣；痛苦诗化，所以可乐；危险诗化，所以心安；生死关头诗化，所以无畏。这是建设的达观主义，也可以说是创造的乐天主义。我很愿意介绍楚材的《破晓》，因为在这里面，大家可以看见这主义已经起身，正在梳妆台前照着镜子，欣赏他自己的美丽咧。

达尔文《物种起源》出版六十九周年纪念日早二时

原载《乡教丛讯》第 3 卷第 2 期，1929 年 1 月 30 日。

【注释】

①本篇系陶行知为李楚材自述著作《破晓》所作的序，写作时间由文末注释可推算为 1928 年 11 月 24 日早 2 时。《破晓》于 1932 年 9 月由上海儿童书局印行，1933 年 4 月再版。

勇敢地把你们的夫人带来①

我早就认定乡村教育的不普及，就是没有好的乡村教师。并不是干乡村教育的人，没有一个好的；只因从事乡村教育的人，没有好的伴侣。没有好的伴侣，就不能发生力量去干！乡村教师的待遇方面，是很薄很薄。既是精神上、物质上都得不着安慰，所以好的教师都不愿意在乡村干了，宁可离开乡村，朝向城里政界或军界去乱混。剩下来的人，多半不能干乡村教育，或竟不肯干乡村教育。这样，中国乡村教育能普及吗？即使普及了，亦非国家之幸、民众之福。

你们既有这种意思，那很好！我要奉劝你们，认定了这个问题就不要怀疑，勇敢的进行；勇敢的把你们的夫人带来，一同向乡村教育瞄准。勇敢，不要怀疑，中国的乡村社会，正在恳求你们了，希望你们了，欢迎你们了。——我愿意尽我的力量帮助你们实现。

1928 年 12 月 17 日讲

原载《乡教丛讯》第 3 卷第 20 期，1929 年 11 月 30 日。

【注释】

①本篇系谈话记录。摘自黄公弼、朱泽甫所撰《陶校长勉励我们努力》一文。今题为编者所拟。

黄公弼、朱泽甫，晓庄学校学生。他们执意实践陶行知“夫妻学校”的主张，并把自己的想法向陶校长作了汇报。陶行知鼓励他们干下去。

一同向乡村教育瞄准[①]

昨天晚上，我在农艺馆和黄君公弼、朱君泽普谈起一个问题[②]，很重要，很重要！我觉得有提出和诸位同志研究的必要。

诸位同志的婚姻问题，新式解决的固属不少，而旧式的恐怕还是很多。不管是新式的旧式的，是已婚的是未婚的，都可以带来，同向乡村教育瞄准。新式的当然是受过教育，可以在师范部训练；旧式的可以办妇女班，专教她们读书。已婚的可以在农家住，过“村魂”生活[③]，一点困难都没有。诸位同志认清了这个问题，就不要怀疑，希望勇敢的带来。办乡村教育的，如果能实现夫妻学校[④]，则乡村妇女运动也容易着手了。我很愿意筹划一笔经费，盖许多小房子，使带来一个“魂”，就可以实现他们的村魂生活。朱君、黄君就预备组织村魂生活了。只要大家肯带来，经济、居住，毫不成问题。

不要以为旧式妇女不识字，就难办到。不识字是很容易解决的事，不识字和没有知识更是不成问题。因为没有读过书，当然是不识字。知识虽不能遗传，而智慧是能遗传的。不识字与师范毕业生有什么分别呢？假如是有智慧的有天才的，读一本书胜过读三年书，进步一定是很快的。知识是学来的，只要有智慧，一定能学得许多知识，包你不要三五年，便可以与师范生相比。若果说不识字、没有知识、不懂道理，就读不成书，这种观念就错误了。正因为不识字，所以要教她识字；正因为没有知识，所以教她学得知识；正因为不懂道理，所以教她懂道理[⑤]。

希望大家革除这种错误的观念。凡是新式旧式、已婚未婚的夫人，都勇敢的带来吧！一同向乡村教育瞄准！希望同志努力进行，我愿尽我的力量解除诸位的困难问题，帮助诸位实现。

1928 年 12 月 18 日讲

原载《乡教丛讯》第 3 卷第 20 期，1920 年 11 月 30 日。

【附录】

乡村夫妻学校⑥

中国约有一百万个农村，每个农村的规模不甚大，有的聚族而居，村庄不大，因此学龄儿童不会太多。从现状来看，乡村小学大都是单级的初级小学，即一、二、三、四年级在一个教室上课。一个县能办十个完全小学的，实在少之又少。

如能照着我的理想去实行，一百万个农村，即要办一百万个乡村小学。没有建校舍的经费，可以利用乡村的祠堂或庙宇为校舍；没有设备，可以要小朋友自带桌凳。我们只要能和农民交成朋友，为他们的孩子服务，他们自会帮助你解决困难问题。教师能和农民真诚相处，学校就能成为社会的中心，教育就能发挥改造农村的作用。这样的学校，没有工友，也没有职员，校长每天处理校务、课务以及其他社会活动。校长的工作是很繁重的，最好是夫妇俩合作办学。这样，在工作上，可以互相帮助；在生活上，可以彼此照顾。

因此，我提倡办乡村夫妻学校。

出自安徽省陶研会编《陶行知一生》，湖南教育出版社1984年10月版。

【注释】

①本篇系陶行知在晓庄学校“寅会”上的演讲记录。摘自黄公弼、朱泽甫撰写的《陶校长勉励我们努力》一文。今题为篇者所拟。

②参见上篇《勇敢地把你们的夫人带来》一文注①。

③“村魂”生活，参见陶行知所作《村魂歌》：“同去改旧村，同去造新村。……一对夫妻一个魂。”

④夫妻学校，只有夫妇二人办理的学校，初小性质。多设于乡村，采用单级或复式教学模式。夫妻学校有利于教师安心办学，免除了后顾之忧。为陶行知所大力提倡、推行。

⑤原发表件所用句式为：“因为……正所以”，编者改为：“正因为……所以”。

⑥本篇系演讲记录。摘自陈鸿韬《忆晓庄，念陶师》一文。今题为编者所拟。

想一想，死不得①

想一想——人生为一大事来，做一大事去，你年富力强，有国当救，有民当爱，岂可轻生？

死不得——死有重于泰山，死有轻于鸿毛。与其投江而死，何如从事乡村教育，为中国三万万四千万农民努力而死。

1927～1928年之间写

出自戴伯韬《陶行知生平及其学说》，香港新中国书局1949年版。

【注释】

①本篇系题词，题目为编者所拟。

晓庄师范附近的燕子矶濒临长江，常有失业或失恋的青年在此投水自尽。陶行知便在燕子矶头竖起一块木牌，一面写上“想一想……”等字，另一面写上“死不得……”等字，以劝诫轻生者。另据夏孟文的回忆（见《回忆晓庄》一文），是“竖立两块大木牌”，分别书写“想一想……”和“死不得……”。

一九二九年

联村禁烟委员会规程

一、宗旨　本委员会之宗旨，在运用官民合作之力量，肃清本区域内之吸烟嗜好，以裕民生而维治安。

二、会务　本委员会应办事务列下：

（1）严禁栽种、制造、运输、贩卖、吸食鸦片及其他相类之毒物；

（2）严格取消烟馆；

（3）设立戒烟局；

（4）宣传烟毒之害。

三、组织

（1）本委员会，由晓庄附近村庄之村长、领袖、公安局长官、驻防军官、联村自卫团职员及校长组织之；

（2）本会设右列各科：总务科、宣传科、侦察科、戒烟科、搜查科、救济科；

（3）本会委员，互推委员长一人、副委员长二人，总理本委员会一切事务；各科设主任一人、科员若干人，由委员分任之。

四、经费　本会办公费，由各村筹措之。

五、俸给　本会委员，均系名誉职。

六、劝导　各校校长及教员，应负劝导之责。

七、惩罚

（1）各村村长、闾长、邻长、家长，负完全禁绝本村、本闾、本邻、本家吸烟之责。如逾期尚有吸烟情事，该村长、闾长、邻长、家长应连带处罚。

（2）本会委员如被告发舞弊、袒护属实者，应予以相当之处罚。

（3）染有嗜好，不肯立即戒除者，严加惩罚，或者移县法办。

（4）如犯第二条（1）项所列各款之一者，除没收违禁物外，严加惩罚，或移县法办。

八、销毁　本会搜获烟土，须当众悉数销毁；烟具须陈列，以供众观。

九、会所　本会会所，暂设……

十、附则 本规程如有未妥处，得由委员三人以上提议修改之。

【附录】

拒毒运动计划大纲

（1）查封烟窝日——由禁烟委员会负责。

（2）成立戒烟局日——由联村自卫团负责。

（3）调查吸烟者日——由各村长负责。

（4）学校宣传日——前一周，各中心小学活动，定为“拒毒运动周”；各科教材，另有说明。

（5）家庭宣传日——由教师和学生负责。

（6）社会宣传日——由师范部同学和地方热心人民负责。

（7）组织肃清队日——由公安局、航空处和自卫团负责。

原载《福建教育周刊》第51期，1929年10月14日。

【注释】

本篇撰写时间为1929年1月3日，原发表时无署名。编者推定，系由陶行知手订。

1929年1月3日，陶行知邀集江宁县公安局长、北固乡保卫团总、晓庄各村新村长、燕子矶小学校长、驻防军官和晓庄民众代表开会，讨论禁烟问题。议决组成“联村禁烟委员会”，草拟《联村禁烟委员会规程》，被推举为“委员长”。又共同拟订《拒毒运动计划大纲》。当晚，即分赴各村查禁烟馆。所查烟土，6日在晓庄公开焚毁。

希望个个为用书的主人①

——在中华图书馆协会②年会上的演讲

图书馆进化分三时期：（1）藏书时期；（2）看书时期；（3）用书时期。

鄙意，书是人生工具，做甚事即用甚书，各适其用为宜。

世界上有两大弊：即生活之意义缺乏，读书而不做事，做事而不读书：中国人的分析出来做甚事、用甚书的人很少。

敝校（乡村师范）造一小规模图书馆，名曰“书呆子莫来馆”。

迷于酒或色或赌者，固然不好；迷于书者，亦不好。盖书呆子为书所用，而不能用书。此其大弊。希望个个为用书的主人。

1929 年 1 月 28 日讲

原载《申报》，1929 年 1 月 30 日。

【注释】

①本篇系演讲记录。记录者为《申报》记者。演讲地点为南京金陵大学科学馆。原题《中华图书馆协会年会开幕详记》，今题系编者所拟。

在湘版《陶行知全集》第 8 卷中，曾收入本演讲记录，题为《在中华图书馆协会第一次年会上的演说》，载于《中华图书馆协会第一次年会报告》。由于记录者和所载报刊不同，因而该篇与本篇有所不同，故本篇乃有载录之必要。

1929 年 1 月 28 日下午 2 时，中华图书馆协会第一次年会，在金陵大学大礼堂开幕，到会会员 150 余人。主席戴志骞致开会词后，杨杏佛、戴季陶、蒋梦麟、钮惕生、张君谋顺序致词。其后，陶行知便发表了如下演讲。

②中华图书馆协会，全国性专业学术团体，由各省图书馆协会合组。1925 年 4 月 25 日在上海宣布成立，首任董事部部长为梁启超。陶行知代表中华教育改进社图书馆加入该会。

对孙中山最有意义的纪念①

总理陵园已成为中外人士观瞻所在。当前首要任务是创设几所中心小学，从普及教育入手，借以促进经济发展，这是真正美化环境。我们纪念孙中山先生，这是最重要、最有现实意义的一环。

1929 年春讲

出自晓庄师范编《回首当年话晓庄》

晓庄师范 1987 年 3 月 15 日自刊本。

【注释】

①本篇系发言记录。摘自丁葆冈《陶老师指派我去办乡村小学》一文，今题为编者所拟。

1929 年春，中山陵落成。当局邀请有关专家和知名人士，座谈有关中山陵的环境美化问题。陶行知与会并发表了自己的看法（见正文）。此建议得到国民政府主席林森的支持。不久，中山门、太平门、马群、岔路口等 6 所中心小学相继建立。

晓庄欢迎南国社下乡

今天南国社居然到乡下来和我们见面，实在万分地荣幸！我想，我们晓庄欢迎南国社下乡有个很大的意义，就是革命的教育和革命的艺术携手。

因为南国社和我们晓庄的同志有许多相似的精神：第一，南国社的艺术是为民众的，我们的教育也是为民众的。第二，南国社的同志是以教就学、以学就做、以做就教地在努力戏剧，我们也是以教学做合一地在努力教育。第三，南国社的师生同志是同睏稻草、同吃白饭，做事共同甘苦的！我们也是一样。第四，南国社同志是在贫困中奋斗的，我们也是在贫困中想找条出路。所以南国与晓庄，在精神上是不谋而合的，我们怎能不欢迎我们的同志呢？所以今天我们欢迎南国社下乡，实在是革命的艺术和革命的教育携手。那末，我要代表晓庄的人们致谢南国社！

摘自《南国的戏剧》中《南国在晓庄》一文，上海萌芽书店1929年版。

农村教育①

前几日接到贵所的信，要知行来演讲；知行当时想到中国的建设工作，自有区长制度以后，就可能彻底。今天到贵所看见有两个标语，一是“区长是训政时期革命的干部人才”，一是“区长要领导人民从事于革命的建设”，兄弟想到的区长的使命，就是如此。今天所要讲的，也就是讲这个使命，心中一时顿觉有光明的希望在前途。因为有此区长的制度，中国的建设就有希望了。

今天讲的题目是农村教育，可说是站在区长的地位来讲，也可说是站在农人的地位向区长请愿，也可说是站在小学教员的地位向区长陈述。这三种地位，都是今天所要讲的出发点。

区长对农村教育所负的使命有多大？江苏省约有三千万人民，有的说有三千二百万，有的说有三千三百万，简略点说有三千万罢！今天听顾主任说，全省共有六百多区，可知平均每区担负了训练五万人的担子，就是要用教育的力量来造就他们。五万人中，有多少学龄儿童呢？照教育部的规定，六岁至十二岁为学龄儿童，要受四年国民教育。这些学龄儿童到底有多少呢？真正的数目，要待调查方知。拿各国的比例来推测，约有五千学龄儿童。假设教育普及，有百分之九五，即四千七百五十个小孩，要变成学生，这是每区所负教育学龄儿童的责任。现在一般的小学校，每校平均有四十学生，就每校以五十个学生而算，五千学龄儿童应有一百个小学校在区长管辖的区域以内，教育方能普及。不仅小孩子要受教育；照教育部通过的议案，十二岁至五十岁的失学者，须受成人补习教育；除去生病的，十二岁以下的，五十岁以上的以及识字的；还有多少人要受补习教育呢？全中国约有二万万，江苏省约有一千五百万，每区约有二万五千人。所以在一区范围内的农村教育，分开来说，有五千小孩，有二万五千成人要受教育。这五千小孩，怎样才能个个受教育？二万五千成人，怎样才能个个受教育呢？这是每个同志均应当想一想的。

这是从数量方面看，有这样大的一个问题，有关于区长这样大的一个问题。我们必须要拿心灵来感觉这个问题的伟大，方有办法，不可以过大而搁住不想办法。中国必须要每个区长担负三万人的教育工作，训政方能完成。一区担负一部分，就可发生一部分的力量；六百余区长一齐能担负这个责任，好像一所房子，有六百多铁柱子。倘若有一为棉絮，或为芦材做的；风雨来了，这所房子就会靠不住；倘若六百多柱子个个站得住，伟大的房子，方不畏风雨，方能居之而安。

第二是农村教育的内容应当包含些什么？现在五万人需要些什么教育？在解答这个问题以前，先要问现在的小孩子受的是什么教育？可说他们是受的书呆子教育，读死书的教育。农人子弟未入学校以前，肯烧饭煮茶种菜放牛；入学校以后，自以为是念书的人，扫地抹桌不耐烦了，放牛种菜，好像失了学生的体面，都不愿做了。久而久之，先生——大的书呆子——将活泼的小孩子，变成小书呆子了；再久而久之，连作农事的父母也瞧不起了，哥哥也瞧不起了，嫂嫂也瞧不起了。小学毕业，要进初中，初中毕业，要进高中；老子如老牛般耕田，赚钱给儿子用，在小学念书，费钱尚少，到进中学，学费杂费等算来很多，就负担不起了。并且进中学是和有钱的人在一块同念书，所以跑进中学几分钟内，看见同学穿有丝罗绸缎，有洋装，有大衣，有金丝眼镜，脚上有皮鞋，就觉得很难过：立刻想有皮鞋有西装，倘不能有金丝眼镜，普通眼镜也要有一副，于是不数小时，就学会繁华了。钱从那里出呢？于是逼得父亲如老牛一般的苦。父亲因为希望儿子有造化，居然卖去衣服，卖去房子，由自耕农变为佃农，由佃农而变为流氓，于是没有饭吃了。及到儿子在高级中学毕业，这是快发达了哟！快要红了哟：但另是一种的红。因为学生未进学校时，身体还好，到小学毕业进中学以后，学校里面不讲究体育，即重体育也不一定是于身体有益的；兄弟曾有首歌咏学校学生是：“穿双洋皮鞋，踢个洋皮球，洋人发大财，老子叹气卖黄牛。”可见得普通一般学校的体育，都是表面上的体育。并且每天上课写字都不注意姿态，使学生背也驼了，腰也弯了，所以学生每每黄皮刮瘦；久而肺也坏了，渐至吐血，而是吐血的红，不是其他的红，以致人财两空，这是读书的一种。不愿读书的怎样呢？上课看情书，下课拜访小姐。北京从前的大学生——现在的不知道——上课看性史，下课打茶园。兄弟曾有一首歌，描写这种情形，这首歌是为一军官子弟学校而作的，军人子弟家中格外富足，是双料少爷。农人子弟虽非双料少爷，可称为单料少爷，情形或许稍微不同点。这首歌是：“自从家父作老爷，人人呼我阔少爷；谁知我还是自倒洗脸水，倒不如进个学校儿，听差为我铺床又叠被；上课看情书，下课访小姐；不高兴闹个风潮儿，直要教员怕我如同儿子怕爹爹。请看今日卖国贼，那一个不是当年的双料少爷。”由此可知父亲所希望于儿子者如彼，儿子所报答于父亲者如此。我们现在还是要二万五千成人，五千学龄儿童受这种教育么？如受这种教育，可以亡国。既不能受此种教育，那末，区长所应提倡的是什么教育呢？可分几项来说：

一是要使生活教育。这就是要教学生作活人，就是说要使他们进学校以后，比进学校以前，生活力更大；分析来说有五点要注意：（一）要养成康健的体魄，使其进学校后身体一天好一天，即是黄皮刮瘦的人进去，要使其有充分的血气而出来。（二）要养成劳动的双手，使手肯作事；因为人比别的动物多两个宝贝，一是大脑比别的动物要大，二是有自由活动的手。你看一匹马一匹牛一只猪有无两只手？有的！不过他们的手是用来走路，不能自由。人则有自由活动的两只手。中国人对这两双手是用了，但是没有用好，手与脑未能联络。从前的教育是使手脑分家，用脑者不用手，用手者不用脑。可说有三万四千人用手不用脑，其余的人有几百万用脑而不用手。现在的教育，应当使脑手互助，用手者要用脑，用脑者要用手。手要用才能得真学问，真学问的得来一部分用眼看，一部分用耳听，一部分用手做。所以现在要提醒大家的是我们都是读书人，素来看轻用手，怕动手，好像觉得手很重，伸出了，还是要缩回来，这是不对的。你看，外国人的利害，可说就是由于手脑同盟，三百年来一切物质文明的进步莫非由手脑同盟得来的结果。试问火车的发明是怎样来的，火车是靠蒸汽而发明的；蒸汽的冲动机器，是瓦特发明的。是当他自己烧水泡茶喝的时候发明的。中国的先生们常常叫老妈子烧水泡茶，不自己动手；他不如此，他自己动手，当他看见蒸汽冲动壶盖的时候，他觉到蒸汽很有力量；在他想倘若一壶的水都变成了蒸汽一次放出，壶盖不要冲到屋顶上去么？倘若是一桶水，不要冲到九霄天上去么？于是想到利用蒸汽冲动机器，于是火车轮船都有了发动力，这是用水烧茶而得来的。但是平常的老太婆烧茶的，不知几千几万，没有发明这个道理，这是手脑站在一条战线上与否的关系。自从蒸汽机发明以后，近三百年来，各种机器的发明，都可证明是由用手而得来的；所以中国此后应当提倡用手。（三）是要养成科学的头脑。农村为迷信最盛的社会，不用科学的头脑，一定要碰钉子。科学好比太阳光，无太阳光而对黑暗蛮干，对黑暗奋斗，终究赶不走黑暗，终究无办法；倘放射一点太阳光，黑暗自然走了。在乡村中毁掉神佛，以破除迷信，正同凭空与黑暗奋斗一样。倘若用科学的头脑去教人民，使人民也有科学知识，人民自然不迷信了。（四）是要养成艺术的兴趣。乡村人民现得很污秽，是多半因为缺乏美的观念，衣服不新、器具不完备不要紧，但整齐清洁，可以做到，几条凳几张桌子，换个放法，往往即可使其美观。（五）是最紧要的一桩，即为养成改造社会的精神。教育即为改革，即为革命；教育是教人变的，今日变成与昨日不同；明日变成与今日不同；教育的方法即是教人变的方法。但是能教人变好，能教人变坏；所以教育应有革命的精神，应有改造社会的精神。有这种精神，则社会可以变成什么社会呢？可以变成三民主义的社会，可以从经济落后、政治落后、文化落后的封建社会变为现代工商等业出头的社会；将不动的社会，变成向上向前动的社会；要合社会需要而能改变生活，使穷的变成富的，消费的变成生产的，分利的变成生利的，由弱变强，由强变更强，由穷变富，由富变更富。非仅要使个人变富，要使社会变富。这是要注意的五点，即是生活即教育的意义。

二是要使学校即社会。平常的学校有四十二个桌凳，一个讲堂，就算是一个学校，学校与社会，彼此中有一道围墙隔开，好像漠不相关。所以第二应当使学校即社会，社会即学校；由学校的力量，可以改造社会，由社会的力量，可以改造学校，学校方有用处。现在的学校好比是道士观、和尚庙，女学校好比尼姑庵，是不与社会发生关系的，所以今后的学校与社会应打成一片才有力量。至于怎样使学校即社会的话，等到后面再讲。

三是要根本变更教育的方法使教学做合一。以前的教授法是教员拿东西授予学生，拿知识放在荷包里，从荷包里拿给学生，先生授，学生接，这是最初的方法。到第二个时期变为教学法，就是说学生应负学的责任，先生是教学生学的，这一个道理，可说比教授的说法进一步。到第三个时期，有许多人觉得教学的理由，还是不能满意，兄弟就是其中的一个。因为我们要问：“学生学些什么？先生教学，教学生学些什么？”这样一问，其答复当然是：“不仅学而已！教而已！学者学做人做事，先生教学生是教学生学做人做事。”由此可知不要忘记了“做”字，先生学生都不要忘记了“做”字。“做”即做人做事的道理，所以我们要使教学做合一，不忘记“做”字，就是不要忘记最重要的第三个字。中国俗语有“忘八”一语，就是说不要忘了第八个字，那个字是所指的第八个字呢？就是“孝悌忠信，礼义廉耻”一语中的耻字，这就是说不要脸的叫做忘八，忘八的儿子是忘八蛋。教学做三字相联，做字居第三，教员学生忘做，都是忘三，可说是忘八的哥哥，忘八蛋的老伯。

四是要过什么生活用什么书。这就是说要用书如用筷子调羹一样，但不能死读，如同筷子调羹一样，假设读筷子：“筷子！筷子！子曰，筷子可用来吃菜吃饭！”读调羹：“调羹！调羹！子曰调羹可用以饮汤！”这样就无意义了。书是要拿来用，如同用筷子调羹一样，不可死读。但是不能用错；如果用筷子饮汤，用调羹吃面，那就不行了，用书亦如此，不能误用。我常以为读书人不可做，有人听了这话，将说：“读书人不能做，则是天翻地覆了；中国数千年来，满朝朱紫贵，尽是读书人，说读书人不可做，则是谁也不能相信。”但是要知道读书人怎样不能做呢？——我从前也是读死书的人，书呆子气还未脱，至今为残废的人，不过时常想脱去书呆子气。——读书人不能做是怎样呢？读书要不忘革命！革命要不忘读书呀！有人将要说读书人不可做的话，是共产党的话呀！不过我有我的道理！我以为书当读，如同饭当吃，总算是一样重要罢，假使有人每天只吃饭不做事，即为饭桶；专读书不做事，当然是读书人呀！但是这是有两只腿可以走动的书架子，或者是吃书虫，由此可知读书人之可耻如同专吃饭的饭桶一样。并且书是要用的，如果七十二行的人都变为用书的人，那就无读书人的地位了，没有专以读书为职业的了。我们要求个个人用做人的书，用做国民的书，用做职业的书，如此则读书人非打倒不可；打则消灭快，不打则消灭缓，缓则国家精力，将被其消蚀无余：因为他们不仅自己吃书，还要教别人吃书，叫别人做活书架子，训练小孩子做小书呆子；试问训政时期是要训练小书呆子的么？我们是训练中华民国的国民呢？还是由大书呆子训练小书呆子，使中华民国变为书呆国坐视不救呢？我们一定要从他们手里救出来，不能让国民变为小书呆子！我们要使工人用工人的书，商人用商人的书，农人用农人的书，以书作工具，才是正当的办法。

新教育所应包含者，不尽于此；但其荦荦大者是上面说的几点。

在区长的范围内要树立革命的基础，要使教育有大改革才行；就是说要有革命的国民，就须有革命的教育去训练国民才行。前面所说的两项，一为量的方面，每区所担负训练国民的数量，有二万五千的成人，五千的小孩子。一为质的方面，要使三万人受革命的教育即：（一）要使生活即教育；

（二）是使学校即社会；（三）要教学做合一；（四）要用作事的书。生活即教育一项又分为五点：一是要有康健的生活；二是要有劳动的双手；三是要有科学的头脑；四是要有艺术的兴趣；五是要有改造社会的精神。可说关于量与质两方面都说过了。但是假设是在诸位的地位，知道了量的大，及质的方针；在五个月后，要回去做实际的工作，怎样下手呢？当然行政方面，要选定乡镇长，选定闾邻长，并加以训练；但是关于这些地方，有专家来告诉诸位怎样办，怎样训练，这也是教育的一种，但在此地不谈。

怎样下手呢？我们知道一区中一定有少数学校，在江北每区一个学校两个学校总有罢！江南有的有十个，有的有二十个，不过很少；三十个的也间有之。就北固村来说，我可以数出八个来。有了学校怎样下手呢？第一是联络教师，认识那一个是好，那一个是不好。须知乡村教员有几种人，一种是没饭吃，暂时混混饭吃，等到有好事干就走了的，这种做教师的人很烦恼。有一种是抱了为乡村教育的使命而来的，如郑板桥有首诗："咬定青山不放松，立根原在破岩中，千磨万击还坚劲，任尔东西南北风。"恰好能形容这种人。倘若能遇到这种人，那就好了；倘然遇不到，也要想法子寻一个来，所以第一步要看有无此种精神的人，万一没有，则求其次。不十分好的教员，设法鼓励他，使之变好；原来人是奇怪的东西，有时受了鼓励，可以变成两种人。所以要对不好的教员用人格去感化，能够受扶的将其扶上，不受扶的，扶而要塌下去的则商由学务委员会淘汰之。在乡村中不比城市，小学教员均为人民领袖，领袖好则全乡村好，领袖坏则全乡村坏，所以应当承认乡村中教师为改革农村的领袖。又乡村中的学校，都是永久在那里的，可以为改造社会的中心机关。可就地方形势以某校为某地中心；倘能联络得法，影响甚大。因为区长非单身匹马做光棍区长就行的；必须与教员联起来，使教员作训政中心的机关。有一二个学校，即从一二个学校做起。

第二为正在实验中的乡村茶馆，最好在学校附近设一茶馆，可不花多的钱。在乡村中，有五六个茶馆的，有七八个茶馆的，但这些茶馆，多聚赌抽头[②]，以得进款。学校旁的茶馆，可除去一切恶习用为教育机关，效力很大。学校教师晚间可去讲讲书，开开留声机。有时候要农人自己出来讲讲书也好，不过他们有时笑话讲得太粗，故事讲得太淫，要从旁加以纠正。孔子谓"十室之邑必有忠信"，就是讲笑话讲故事的，也十室中间，可觅得一个。每所只筹开办费，开办后晚开卖茶，早上卖点杂货，可以经费独立，津贴开办费最多每所一百元，少则二十元亦可。农人不能整日牺牲在茶馆里，所以要在晚间。或者晚间就学校地点卖茶亦可。五枚铜板一壶茶，以一枚与泡茶者外，可得四枚，亦不无小补。

再其次为农民戏剧。戏剧引动人的力量最大。有戏剧时，鸦片赌博，均可抛弃。纵令鸦片有时必得过瘾，赌博无论如何是可以牺牲的。老太婆平常拖也不出来的，倘是有戏看，都也来了。至于剧本，我们正在拼命的创作。普通所谓文明戏不成功，须要真的剧，哭的要真哭，笑的要真笑。在哭的时候，不仅要台上的人滴眼泪，即台下儿也要滴眼泪，要完全是为生活写真的。前一日我们演了许多剧，农人觉得很快活，他们不仅喜欢看戏，还喜欢批评。我们第一步是演戏给他们看，到第二步，就想要训练他们自己干了。但是农人脸薄，很害羞；所以区长应先从学校开风气，再从农人中男子及小孩着手训练。到第三步，可将农妇拿几个来，成为男女合演。总之务须将农人男女捧上舞台，有男无女，是不行的；如果台上哭台下笑，也是不行的。至于男女合演的问题不成为问题，成问题的是剧本的问题。如果演男女吊膀子，当然不成功；若是演农民的痛苦就好了。男女合演在南京第一次的举行，要算晓庄师范，第二才是中大等校。所以戏剧的效力甚大。今日兄弟特介绍诸位一件事，这件事的机会不可失，就是江苏民众剧社在镇江第一次公开表演，今日诸君如果不能去看，明日一定要去一次。我趁今日来镇江，一为来贵所演讲，一为来镇江看戏，左明先生是我熟人，我知道南国社的剧是真的剧；乡村中的剧，可用此种方法；所以各位应当去看一看。

现在时间不早了，最后特别提出二点同诸位谈谈：一是区长应当用大部的力量，发展教育，多拨点公款公产开办学校，或津贴学校。庙宇等房屋，须设法利用作为教育机关。二是教育部有新近通过的二个案子，很有关于农村教育，一为义务教育方案，一为成人补习教育方案。义务教育方案规定五年内训练师资的机关要普遍全国，义务学校实验区要普遍全国。江苏有特殊情形，或许要在三年内做到亦未可知。每县至少须有二个实验区，一在城市，一在乡村，即五年或三年中，有一百二十区要遇到这个问题。成人补习教育要在二年内办好，这是六百多区，区区要影响到的。即是全中国的人，都要教别人读书，国民的义务，除当兵纳税之外，还要有教人的义务，要纳智识的税。识字的人不尽这种义务的，就要罚钱，这种办法，候国民政府通过，即可公布施行，公布以后，我很乐意遵行。如果不遵行，可罚洋，并可在神策门大书特书“不爱国的陶知行罚洋一角”。

再一种办法是设国民识字警察，每县至少应有十个，站在城门口、三岔路，或渡船口等处，每个警察手拿国民千字课文一本。在半年以前先下命令，要人民识字。半年以后不识字者罚铜元一枚，再过半年还不识字的罚二枚，再过半年罚三枚。假如有一个人要进城，国民识字警察站在城门口手拿国民千字课本指“五权宪法”四字或其他的字，问认得不？不认得的罚铜元一枚才准进城，并说明再过半年不认得的要罚两枚，这个叫做愚民捐。这种办法的宣传效力甚大，受罚的人回去一定彼此相告，并将自动的组织，开班请识字的人来教授：可免平常开办民众学校，拖他们也不来的现象。各城门普通检查行李的，是要检查行李内有不有违禁物。我们现在要检查脑袋，看脑袋中有不有违禁物：脑袋中的违禁物，就是一个愚字。至于这种办法，将来能否行得通，还要请大家将来告诉我。我们要共同研究，一鼓作气来干。

末了要奉告诸位的是诸位责任重大，应当努力。贵所标语有“区长不是人民的官吏，而是人民的保姆”一语。各县县长之下即为区长，官气当然是一步一步的减少了，县长如果不是为做官而做县长，当然很好；区长不为做官而做区长是为人民谋福利而做区长，那就不错了。作一区的事业，算是作大事；一县范围太大，从一县来做各种的事业，难有好的结果，所以分区来做。如果各区不努力，即全国的建设，办不起来；如果努力，就可建设起来。这种使命，是何等的重大，我记得土地庙有一副对联是“地小乾坤大，天高日月长”。这首对联，恰可用之于区公所；因为社会的兴衰，和五千万儿童教育，二万五千万成人补习教育的责任，及中华民族的命运均在诸位身上。小而言之关系一区，大而言之，关及民族与世界；如果能奋斗到底甚有希望。所以今日特来恭贺大家负了这个使命，并提出些意见请求指教，将来那几点行得通，那几点行不通，可以告诉兄弟，以便转告别人。

原载《区政导报》，1929 年第 3 期。

【注释】

①本篇系演讲内容。正文前有如下文字：“十八年十一月二十三日在区长训练所演讲”。

②抽头，赌博时从赢家所得中抽取一定数额归赌场主人或供役使的人。

在中华图书馆协会第一次年会上的演说①

今日各省皆有代表，知行以会员资格出席，极为愉快。

图书馆事业之进步，可分为三时期：一为藏书时期，即收罗与庋藏；二为看书时期；三则为用书时期，即书为人所用，而非人为书所役，此时期实为图书馆之新纪元。

治外交者，不可不用外交书籍；从事政治者，不可不用政治书籍；做工者，不可不用做工之书籍；做农者，不可不用做农之书籍。世上有两种人生活极无意义：一为读书而不做事；一为做事而不读书。此两种人之生活，各有所偏，均属毫无意义。

敝校②现在造一小规模之图书馆。其名似嫌太长，名为“书呆子莫来馆”。盖专为用书而设，非为书呆子而设也。余常谓，酒迷、色迷、财迷与书迷实同一意义。酒迷为酒所迷，色迷为色所迷，财迷为财所迷，而书迷亦同样为书所迷。换言之，即为书所役。图书馆之设置，对此点须特别注意，不然即失去图书馆之真意义矣。

1929年1月28日讲

原载《中华图书馆协会第一次年会报告》，1929年。

【注释】

①本篇系演讲记录。题目为编者所拟。演讲地点在南京金陵大学科学馆。原发表件由江苏省人大周晓平提供。

中华图书馆协会是全国性的学术团体，由各地图书馆协会所合组；该会于1925年4月25日在上海召开成立大会，同年6月2日在北京举行正式成立仪式。该会的宗旨为“研究图书馆学术，发展图书馆事业，并谋图书馆之协助”（《中华图书馆协会组织大纲》）。该协会第一任董事部部长为梁启超，书记为袁同礼，执行部部长为戴南骞，副部长为杜定友、何日章，董事有蔡元培、胡适等。该协会下设分类、编目、索引、出版、图书馆教育五个委员会，对图书馆事业的改进和专业人才的培养贡献较大。

②敝校，指晓庄学校。

地方教育与乡村改造

教育就是生活的改造。我们一提及教育便含了改造的意义。教育好比是火，火到的地方，必使这地方感受他的热，热到极点，便要起火。“一星之火，可以燎原”，教育有这样的力量。教育又好比是冰，冰到的地方，必使这地方感受他的冷，冷到极点，便要结冰。教育有力量可以使人“冷到心头冰到魂”。或是变热，或是变冷，都是变化。变化到极点，不是起火便是结冰。所以教育是教人化人，化人者也为人所化。教育总是互相感化的。互相感化，便是互相改造。

社会是个人结合所成的。改造了个人便改造了社会，改造了社会便也改造了个人。寻常人以为办学是一事，改造社会又是一事，他们说：“办学已经够忙了，还有余力去改造社会吗?”他们不知道学校办的得法便是改造社会。没有功夫改造社会便是没有功夫办学。办学和改造社会是一件事，不是两件事。改造社会而不从办学入手，便不能改造人的内心；不能改造人的内心，便不是彻骨的改造社会。反过来说，办学而不包含社会改造的使命，便是没有目的，没有意义，没有生气。所以教育就是社会改造，教师就是社会改造的领导者。在教师的手里操着幼年人的命运，便操着民族和人类的命运。

寻常人又以为改造社会是要多数人干，决不是少数教师所能胜任的。尤其在穷乡僻壤中的小学有时只有一位教师，更觉得单身匹马不能有所作为。他们说：“教师岂能独脚戏?”说这句的人忘记了他的四周都可以找着同志。孔子说：“十室之邑，必有忠信。”又说：“德不孤，必有邻。”这是孔子的经验谈。乡村虽小，必定可以找得着几位黄泥腿的领袖和我们合作。只须找着一两位，进行起来，便能事半功倍。不但如此，同志便在眼前，一个个学生都可以成为活龙活虎的小同志。只要教师们放下孤高的架子，改造乡村的忠实同志正多着咧。

寻常人又以为改造社会是劝人家干或替人家干。这两种方式都是表面的工作。劝人戒烟、戒赌，或是劝人爱人、爱国，都是自己用嘴说说，便要人家负实行的责任，当然是没有多大效验的。有些人见他没有多大效验，便改变方针，替人家干。这样一来，受替代的人便难免发生惭愧，如不惭愧，便要发生依赖。自己居于高尚的地位，而令人惭愧；或自己处于赈济的地位，而令人依赖，都不是好法子。替人家干还含有一个不稳固的因子，就是到了终局，难免人存政举，人亡政息。那么，社会改造究竟要采取什么方式？依我看来只有团结同志，共同去干，方能发生宏大久远的效力。真团体是要从扫除公敌、图谋公益、发挥公意上创造出来的。

寻常人最后还有一个误解，就是误认读书为教育。只要提到教育，便联想到读书认字。他们以为一切教育都从读书认字出发。他们只管劝人家识字读书，不顾到别的生活需要。识字读书是人生教育的一部份，谁也不能否认。但是样样教育都硬要从教书入手，走不得几步便走不通了。乡村里面十岁以上大多数的儿童教育，大多数的成人教育，都要从经济及娱乐两方面下工夫，读书认字只好附带在这里面去干。倘使一定要从读书认字出发，怕是多数人不能接受，那么，对于改造社会的影响，便是很有限了。

上面所说的几点，都证明地方教育及乡村改造的成败，是靠着人才为转移。所以培养乡村师资是地方教育之先决问题，也就是改造乡村的先决问题。不在培养人才上做工夫，一切都是空谈。现今各县对于乡村教育及乡村改造已有浓厚的兴趣，但是对于一县的乡村师范，每年只肯花数千元。固然也有多花的，但是寥若晨星。我们要想达到运用教育改造乡村的目的，必须出代价去培养教师，去培养教师的教师。江苏加征亩捐是个最好的机会，我以为在这义务教育萌芽时期，这笔钱应当多用于培养教师，少用在开办新校。教师得人，则学校活，学校活，则社会活。倘使有活的教师，各办一所活的小学，作为改造各个乡村的中心，再以师范学校总其成，继续不断的领导各校各村前进，不出十年，必著成效。依我的愚见看来，这是地方教育根本之谋，也是改造乡村根本之谋。

原载《地方教育》第1期，1929年2月。

第二年的晓庄[1]

晓庄学校头一年摸黑路的经过，已经在一周纪念刊[2]上发表过。现在我要从同志们在第二年所探获的结果里，拣那含有普遍性的，报告出来，以供大家参考，并求指教！

（一）二亲原则 我们自从跳进实际生活中去工作，便觉得真正的教育，必须使学者和人民万物亲近。与人民亲近是“做人”的第一步。与万物亲近是“格物”[3]的大门口。专在书本上学“做人”“格物”的道理，究嫌隔膜。所以我们要把汗牛充栋的书本移在两旁，做我们生活的助手，不可使他们立在中央，把我们和人民、万物的关系离间掉。

（二）教学做合一 我们时常听见这样的批评：“教学做合一，好是很好，怕初级中学以下的学生不容易行。”我们现在可以答复：“教学做合一不但初级中学能行，小学也能行，就是幼稚园也无不可行。”本来，教学做合一只是生活法。既是生活法，那么，凡是活人都是能行的。只须看看晓庄幼稚园小朋友所种的菜，这种问题是不必辩论了。教学做合一的制度最须要考核。在这一年之终，我们已经找到了具体办法去考核成绩，以后进行自可比从前更有把握。

（三）集团的中心 我们开始便主张以乡村小学做改造乡村社会的中心。倘使单凭一个光棍的小学去改造社会，力量当然薄弱，收效也是很慢。不过倘使小学教师转个念头，把好村民以及小学生都当为合力作战的同志，力量也就不孤了。如果进一步，把一县或一区的中心小学团结联络起来，而以一乡村师范总其成，那么，力量既然集中，收效自可加速。这种集团的中心，本校正在试验着。

（四）乡村幼稚园 幼稚园为乡村最需要的一种教育，已由理论而得到实际的证明。这一年中，晓庄幼稚园、尧化门幼稚园、万寿庵幼稚园、和平门幼稚园继燕子矶幼稚园而起，不久便可以普及到中心小学所在之村庄。这是乡村儿童教育的基础，乡村妇女教育的大关键，应当切实推广的。

（五）生活教育的五目标 生活教育的目标，分析开来，在乡村小学里，应当包含五种：一、康健的体魄；二、农人的身手；三、科学的头脑；四、艺术的兴趣；五、改造社会的精神。我主张以国术④来培养康健的体魄，以园艺来培养农人的身手，以生物学来培养科学的头脑，以戏剧来培养艺术的兴趣，以团体自治来培养改造社会的精神。园艺、生物、团体自治已稍有成效可睹。国术与戏剧，尚待试行。

（六）大家一同干 民众活动有三种方式：一是劝民众干，二是替民众干，三是和民众一同干。晓庄取第三种方式，和民众一同干。我们觉得劝民众干是自己处于旁观地位，替民众干是令民众处于旁观地位，更有人存政举、人亡政息之弊。惟独加入民众当中做一份子和他们一同起劲的干，才是最有效的民众活动。

（七）经济中心的乡村妇女教育 乡村妇女教育若从文字入手，往往失败。晓庄开办乡村妇女教育失败过三次，引起不少人的灰心。但是抱着屡败屡战的精神，我们便决定改变方法，以生利训练为中心，而以文字和别种训练为副。现在试验期短，尚不能有具体成效，但似乎是一条比较可以走得通的路。

（八）民众的武力 从前晓庄五里以内有烟馆二十六所。新年赌博遍地皆是，匪警也是常有的。但是自从联村自卫团组织以来，民众的武力造成，公安局及驻军联盟缔结，四十里周围之烟赌匪患便一扫而空。试以赌博为例，茶馆一有赌博，小学生便潜去参观。学校一年教不好的孩子，赌场一天可以把他教坏。那末，造成民众武力以扫除那毁坏教育工作之恶势力，怕也是我们应当注意的一件事罢。

（九）戏剧力量的伟大 南国社⑤同志第一次到晓庄来的那一天是最可纪念的。那天晚上我们看见革命的艺术初次下乡与革命的教育携手。不久，我们便成立了晓庄剧社，把农民生活捧上舞台。阴历正月从元旦起演了五天。连赌博烟馆的民众，都被我们吸收来了，这是多么痛快的事啊！而且受着公演的压迫，演员对于音乐、文学、国语、应对以及种种人生艺术，都可借以一日千里的前进。我们深信戏剧有唤醒农民的力量。从心头滴下来的眼泪是能感动人的。

（十）想到而没有做到的 我们还有几件想到而没有做到的事情，写出来请乡村教育同志注意。一是县长训练的重要。县长为亲民之官，在历史上享有特别重要地位。现在以县为自治单位，这个位置是要格外显得重要了。有了好的县长，乡村教育同志一年可以干出十年的成绩，没有好的县长，十年做不出一年的事业。培养两千位好县长，中国乡村教育，不，中国的建设，可算是干成一大半了。二是农暇副业的重要。中国农人全年约有五个月空闲没得事做，假使能乘这个机会训练他们些副业，那末，他们的生计立刻可以好些。三是如何训练农民享受工业文明的利益而不致被他淘汰。中国虽是以农立国，但趋势是向着工业文明前进的。如何叫机器为农人做工而不致把农民吞掉，是乡村教育一个顶大的问题。

最后，我还要说去年所说过的一句话。要想完成乡村教育的使命，属于什么计划方法都是次要的，那超过一切的条件是同志们肯不肯把整个的心献给乡村人民和儿童。真教育是心心相印的活动。唯独从心里发出来的，才能打到心的深处。

成人和孩子个个有丰富的生活力，思想力，使个个乡村能富足起来。换言之，便要使人能尽其材，物能尽其用，地能尽其利罢了。现在这件工作，做到了几分之几了？在晓庄的同志们和从事乡村教育的同志们曾经想过么？现在应当向什么地方去努力呢？

晓庄不过二年的历史，我们回想到第一次的开学是在荒山里坟墓中举行的；第二次的纪念礼，便有许多农友来送礼，男男女女到会的竟有两三千人，这种突飞猛进，与农民亲近的程度，实在值得人异样的感觉的。现在是举行两周念的庆祝礼了，我们便可卜得我们的成绩，在农友对我们的感情上。

如其我们联想到十年，二十年，——百年，千年的庆祝礼，全国的农友，应当对我们怎样的热望和恭贺呀！那末，我们的努力，应当跟着庆祝同时提起来呢。

原载《乡教丛讯》第3卷第3期，1929年3月15日。

【注释】

①本文在《乡教丛讯》发表时，题为《这一年》。后在《地方教育》发表时，易题为《第二年的晓庄》。

②一周纪念刊，指《乡教丛讯》的纪念晓庄师范成立一周年专刊。

③格物，推究事物的道理。出自《礼记·大学》：“致知在格物，格物而后知致。”

④国术，即武术。

⑤南国社，戏剧家田汉所组织的进步的话剧团体，时称“南国剧社”。

对于乡村教育及本校[①]赞助人之总致谢

全国乡村教育运动开始进行之时，本校开始筹备之时，也就是东南战事紧急之时。中华教育改进社原有事业之经费来源，至此几乎完全断绝。四处凑合起来，可以为新事业发动之用的不满一千元。但是我们深信乡村教育是立国之大本，本这主张，走乡村教育一条生路。国内抱有相同之信念的必不止我们少数几个人，只要我们忠实的向前干去，必定有许多人起来和我们共同努力。这信念的确没有令人失望。首先壮我们的胆子，继续作本校雄厚的后盾的便是程霖生[②]先生。他认识我们是由于江彤侯[③]先生之介绍。允许改进社变更补助费用途，使本校经常费得立最低限度之基础的，就是中华教育文化基金董事会[④]干事长范静生先生。会中本身经费困难万分，而肯在本校产生之始极力济急的，是江苏义务教育期成会同志及会长袁观澜先生。特别设法发放江苏国库补助费，俾改进社得以进行开创事业[⑤]的，是江苏教育经费管理处钟叔进、卢绍刘、刘北禾三先生。国民政府首先以行政财力鼓励本校，俾本校经常费增进来源的，是第四中山大学行政院程伯庐院长、南京特别市教育局陈剑修局长、陈鹤琴课长。拨给公债实现本校乡村计划，为本校今后开一新纪元的，是中华民国大学院蔡孑民院长。冯焕章先生、浙江大学、安徽教育厅为发展乡村教育起见，特对本校捐建浙江、安徽、甘肃、陕西、河南五馆，以备学生留校学习。霍守华先生为便利乡村教育研究起见，特对本校捐建乡村图书馆一所，以便同志参考。吴蝶卿先生为提倡乡村艺术起见，特对本校捐建艺术馆一所，以便同志研究。潘哲人先生为提倡乡村卫生起见，特捐建乡村疗养院一所，以便乡民及同志休养。中华职业教育社为改造乡村教育起见，特与本校合设农艺馆、中心茶园、中心木作以资试验。王儒望、刘鸿生、高君珊、俞庆棠、毕云程诸先生和他的朋友，皆曾予本校以经济的助力。此外缪云台先生允许改进社在富滇银行立透支办法，颇能应济本校缓急之需；陈陶遗先生省长前拨款五百元与改进社开办之乡村幼稚园，亦归本校主持办理，作训练之中心。张莼鸥先生捐助改进社一百元推广乡科教育费，也加了不少力量，使本校早日实现。中华教育改进社、商务印书馆、中华书局和安徽教育厅，都捐给本校好些图书，很是合用。中华科学仪器公司丁佐盛先生借无线电话一架在本校展览。王云五先生捐测量仪、缝纫机各一架，都增加我们对于科学的兴味。朱葆初先生头半年尽义务为本校规划建筑；秉农山、吴研因、许士骐、广石巷、徐仲迪、乔启明诸先生尽义务在本校任课，都应当受我们的感谢。南国社田汉、田洪、左明诸先生及来宁同志对于晓庄剧社极有贡献，我们是应当感谢的。顾季高、牛徐亦蓁、赵仲则、刘绍裘、洪范五、朱蓁庐、施凤笙、黄警顽、马崇淦、潘竞民、杨味余诸先生在规划、事务或提倡上都给了我们很多的帮助；农友董云龙、陈金禄二先生，驻军刘文起，姜国瑞二连附也给了我们很有价值的助力。此外精神上还有许多朋友帮助了我们。我们在这里一齐道谢。还望大家继续帮助，使本校可以继续发展。

原载《乡教丛讯》第3卷第3期，1929年3月15日。

【注释】

①本校，指晓庄试验乡村师范学校。

②程霖生，安徽徽州人，上海商界知名人士。

③江彤侯，即江暐，曾任安徽省教育厅厅长。

④中华教育文化基金董事会，负责保管、分配和监督使用美国退还的庚子赔款的机关。1924年成立于北京，由中美两方代表组成理事会，陶行知曾在该会任过干事。

⑤开创事业，指筹创晓庄试验乡村师范学校。

晓庄学校完成初步计划预算书①

晓庄学校初步计划中最扼要的事业，为招收大学毕业程度学生，加以相当训练，俾有创办乡村师范学校或担任县教育行政的能力，以应各省区推广乡村教育之需要。依全国计算，此种人才，至少需二万人。本校拟先招大学年级生及毕业生一百人从事试验，俟有结果，再行逐渐推广。

本校现有经费、设备、人才，只可勉敷造就中心小学师资之用，如欲进而造就乡村师范导师及县教育行政人员，自非裕筹经费，增加设备，添聘专家，决难收效。

后列预算，一小部分为现有事业之用，一大部分为训练大学生之用。所填数目，虽经审慎核定，但未始不可依照需要、缓急与供给限度而略加伸缩。

一、临时门

（一）理化馆建筑费（生物馆已建筑）	10 000 元
（二）理化仪器及其它工具（生物学仪器有大学院补助）	38 000 元
（三）图书	16 000 元
（四）发电机及抽水机等	3 000 元
（五）电话（自和平门装至本校及燕子矶等处）	1 800 元
（六）环庄马路及支路	3 000 元
（七）活动影片机	500 元
（八）田地及农事建设	1 000 元
（九）创设农暇工艺所	5 000 元
（十）扩充中心小学八所	2 000 元
（十一）扩充中心幼稚园八所	2 000 元
（十二）扩充民众学校八所	600 元
（十三）扩充中心茶园八所	2 000 元
（十四）扩充乡村医院	1 000 元

（十五）扩充金木工		5 000 元
	共计	104 900 元

二、经常门

（一）加聘各科指导员		24 000 元
（二）每年研究费		6 000 元
	共计	30 000 元

原载《乡教丛讯》第 3 卷第 3 期，1929 年 3 月 15 日。

【注释】

①本篇原发表时无署名。经编者考定，系陶行知主持拟订。陶行知时任晓庄学校校长，负责规划学校发展等各项工作。

定于一①

今天是中山先生逝世四周年纪念。中山先生一生最大的发明就是三民主义，最大的组织就是国民党。中山先生说：三民主义就是救国主义。我个人觉得三民主义的确是救国主义，在现在的中国的确只有三民主义才能挽救。但是这个三民主义要怎样才能挽救中国呢？从前孟子说："天下恶乎定？定于一。"② 大家能够信仰一个主义，大家的思想由一个主义来统一，然后这个主义才能发生力量，才能挽救中国。现在我们要救中国，只有信仰三民主义，只有服从中山先生遗留的能奉行三民主义的国民党。而且只有真的三民主义才可以救中国，只有三民主义的真正信徒，才能发生力量去救中国。

我们从前看戏看过一幕包公案，当着审案的时候，忽然有了两个包公，一个是真的，一个是假的，那个假的便是妖怪。主义也同样有真有假，党员也同样有真有假，只有真的三民主义才能救中国；只有真正的党员，才能救中国。什么是真的三民主义呢？什么是真的党员呢？真的三民主义只有一本，只有中山先生所遗留的一本，其余什么人解释的都是假的，都是靠不住的。什么党员才是三民主义的真正信徒呢？中山先生说：主义是一种思想，一种信仰，一种力量。我们要辨别他是不是一个真正的三民主义信徒，我们只消看他是不是由内心的思想发生出来的信仰去产生力量。要是不是由内心的思想发生出来的信仰，那么他根本连思想都没有了，还能发生什么力量？所谓"有诸内形诸外"。内部有了信仰，才能发生力量，有了力量才可以救中国。要由内心的思想，去信仰三民主义所发生出来的力量，才可以救中国。吴稚晖先生说："中国人从前是忘八，现在是忘九。从前有孝、悌、忠、信、礼、义、廉、耻八个字，一般无耻的人，就叫做忘八；现在有九个字是：你不好，打倒你，我来做。但是一般人只知道你不好、打倒你、我来做，来做什么，他就不知道了，这叫做忘九。"

真正的三民主义信徒，是“你不好，打倒你，我来做”。所以我们要辨别他是不是真正的三民主义的信徒，我们就是考察他是不是在认真为民众做。要是有信仰去发生力量来为民众做实地工作的，才是真正的三民主义的信徒，才可以救中国。国民党是要为农民解除痛苦的，党员是要到民间去的，我们在乡村里看到这些到乡下来的党员，是不是真正的在为民众做，是不是真正的在为民众解除痛苦？若果他到乡下来住了三个月或五个月，你问他为民众做了几件有益的事，为农民解除了些什么痛苦，他能一一答复的，那就是能够做，那就是能够信仰三民主义去发出力量来为民众做，那就是三民主义的真正信徒。若果你问他来干什么，他说来参观；你问他为农民兴办了几件有利的事，解除了些什么痛苦，他说正在计划。那么，他就是个假党员，就是个妖怪，就是来揩国民党的油，就是挂羊头卖狗肉。我们用这个标准去辨别谁是不是三民主义的信徒，是很容易的。

我今天再借这个机会，来同大家谈谈办乡村教育的教师。这里不是主张教学做合一的吗？要怎样做便怎样学，怎样学便怎样教。教师、学生、工人大家都是一样的，教学做并不是单刀匹马的独自学、独自做或者独自教，并不是一味的呆学，并不是一味的死教，也不是一味的蛮做，是要在劳力上劳心。在劳力上劳心，就是教学做合一的注脚。中山先生在几十年前就开始革命，他也是教学做合一的。他革命就是做，他因为革命要有高深的学问，便努力学，他越革命越努力学，因此学问也越长进；同时他又引导许多青年革命，便是教。有一个小学教员，曾经问过我说：“我们到乡村去做教员，单独一个人去做，岂不是孤陋寡闻吗？”我告诉他：“只要你是真心实意的去办乡村教育，那么同志多得很。许许多多的农人，他可以做你的同志；许许多多的小朋友，他可以做你的很好的同志。假使你不与农人合作，不与许多小朋友合作，那才是单枪匹马，才是孤陋寡闻，才不会收一毫的成效。”我想：假使中山先生来做乡村教师，他也是一定这样办。把许多农人集合起来做同志，把许多小朋友集合起来做同志，大家合作，那一定能够办成一个很好很好的乡村学校。我们要以乡村学校做改造乡村社会的中心，我们要与农人、小朋友做同志，要这样才可以发生很大很大的力量。这种力量，才可以改造中国、改造社会、改造世界人类以入于大同。假使你是以整个的心，献给乡村教育，努力与农人、小朋友合作，就无论在国家、在社会、在世界都可以发生这种力量。我们要改造中国、改造社会、改造世界，要实现大同之治，我们唯一的希望就是这种三民主义的真正信徒，能够以整个的心贡献给乡村教育的这种教师。

1929年4月12日讲

原载《乡教丛讯》第3卷第6期，1929年4月30日。

【注释】

①本篇系陶行知在晓庄师范举行的孙中山逝世四周年纪念会上的演讲记录。记录者：戴自俺、孙铭勋。

②定于一，见《孟子·梁惠王章句上》：孟子见梁襄王，出，语人曰："望之不似人君，就之而不见所畏焉。卒然问曰：'天下恶乎定?'吾对曰：'定于一。'"

《在晓庄》序①

晓庄以十三位同志开校，本海②是最先来和我商议加入乡村教育战线的。他和我本来是好朋友，我到上海，时常与他会面。十五年之末，试验乡村师范的计划草成，我带到上海来筹备，于是我们有长期间的接谈。因此他对于乡村教育之改革运动，有最深切之了解与信仰。他的家累，他的经济压迫，朋友的冷淡态度，都阻止他前进；但他深信乡村教育为救亡大计，所以毅然决然排除一切困难，加入我们的战线。他给陆费伯鸿③先生的信说：

> 近有一重大发展，方放射其光芒于吾国教育界中，足以使吾国奄奄垂毙之教育，立获一勃勃之生机。以晚之浅识测之，吾国此后之教育方针，行将依此潮流而一变其历来之趋向。

这是何等坚强之信念！引他参加乡村教育运动便是这种信念，将来能使他对于乡村教育有所贡献的也靠着这信念之发扬光辉。

十六年八月在全国学生会中，他提出了一个议案。“要完成国民革命，须厉行乡村教育。”霹雳一声，把“你不好，打倒你，我来做”而忘了第九字④的朋友们的注意，都吸收到乡村教育上来了。他主张扩大乡村教育革命联合战线。他说：

“乡村教育问题至为繁剧，且与土豪劣绅处处短兵相接，非有农人身手、菩萨心肠、科学头脑、哲人目光及大无畏精神之青年男女踊跃加入，万难成功。所以希望全国学生界忠实同志们，依据才能兴趣正式或随时加入乡村教育革命战线，齐心奋斗，以竟全功。”

他在晓庄头一年的精神完全献与这件事。他唤醒了不少的青年，增加了不少的生力军。

著者为人和蔼，不但同志爱他，农人也爱他，最爱他的是小朋友。他在农人和小孩子当中结交的朋友特多，这是他在晓庄最有精采的生活，也是他最有意义的生活。我们在这本书中所得到的最大的安慰，便是他和农友、小朋友的谈心。

他是一位勇于任事的人，在出发前，他有一首自勉的诗：

战鼓响了！
血钟鸣了！
振作你的精神，
准备你的身手，
充实你的子弹，
奋勇的，
忠实的，
出发前方去干！
干！干！干!!!

他拼命的干。现在病了，还是要干。我很希望他此后恢复康健之后，要把一生的事，匀在三十年里从容的干，不要把一生的事，挤在三年当中急急的干。有时，不干的干比干的干还要重要的多啦。

陶知行　十八、四、二十八，西湖

出自程本海著《在晓庄》，1930 年 1 月中华书局版。

【注释】

①今题系编者所拟，原题为《陶序》。

②本海，即程本海，晓庄师范第一期学生，《在晓庄》一书的作者。

③陆费伯鸿，即陆费逵，伯鸿为其字，中华书局创始人。

④指忘了“你不好，打倒你，我来做”这句话中的第九个字——“做”。

筹划开办新安小学的谈话

若果你要在南方请教师到江北去办学校吗？则每月的薪水，至少至少，没有三十元，人家是不愿意去的！而一个学校，至少也要三个教师才够用！那么，教师的薪水，一年就要花去一千多元！你还有多少经费可以作别的用途呢？这都不说，若果教师是好的，那也不要紧。不过，你倘若请了一个传统的教师去，办一个传统的学校，仍然在那里去培植一般双料少爷和双料小姐，对于地方不惟无益，而且有害！那么，你把这一千多元的租息和房屋来开办学校，本来是件好事，但结果不是反而弄成坏事了吗？我这里的学校，是以培植一般乡村农人和儿童所敬爱的教师为目的。我这里所培植出来的教师，能努力办事，能吃苦耐劳，能和农人和儿童做成好朋友。而且，所办的学校是新学校，不是旧学校。他们是为劳苦大众谋幸福；不是为资产阶级做奴隶。他们是把学生培植成为能够生产的劳动者；不是把学生培植成为只知消费而且加倍消费的双料小姐与双料少爷。他们一定能够把这件事办得合你的意；不会把这件事弄坏了来贻害地方的。我就在我的学校里征求三个人去帮你的忙吧。他们去的时候，对于待遇方面，每月只拿八元钱的伙食费，此外没有什么薪水，你老先生以为如何？

你们此次到淮安去，是一支远征的军队。你们是到那里去创造，不是到那里去享受。你们是去为农人和儿童谋幸福，你们三人要能够和衷共济，凡事都以农人和儿童的利益为前提。这是我所希望于你们的第一点。

我们是树起新教育的旗帜，和旧的传统教育奋斗。我们是要在教育上革命，进而办一种革命的教育。你们若果到那里去仍然办一种传统的学校，那你们就不必多此一举，而晓庄也就不必需要这种远征的军力。你们要抱着我们的主张到那里去开疆拓土，到那里去作一种新教育的试验。将来，我们的主张能够在那荒凉的江北去发芽，抽条，开花，那你们三人便是第一次最荣幸的使者。这是我所希望于你们的第二点。

你们到那里去，是为那里的农人和儿童办学校，这个学校开办起来，马上就是那里的全体农人和儿童的共有物，不要把它看成你们三人或者此外的任何一人的私有品。你们要和当地的农人联合起来，共同设法，以谋学校之进展。你们要训练当地的农人能够起来自己保护自己的学校，又要培植你们的学生能够起来办理他们自己的学校，然后这种新教育的力量才能永远推动，永远产生新的效力。这是我所希望于你们的第三点。

1929 年春讲

出自孙铭勋《古庙活菩萨》，上海儿童书局 1934 年 1 月版。

做好侨胞的生活和动态的调查工作①

要做好侨胞的生活、动态等调查工作，要深入了解：

（1）华侨教育情况。有多少华侨学校？华侨学生入学情况？学生家长对学校的态度？（2）当地有多少华文报社？华侨报纸的舆论怎样？哪些报社是进步的？哪些是保守的甚至是反动的？（3）华侨劳动群众的生活怎样？华侨办的工厂以哪些为主？工人的生活怎样？劳资关系怎样？工人的文化程度和觉悟程度怎样？（4）华侨有帮派，他们的团结情况怎样？广东籍与外省籍的侨胞关系怎样？

这些问题，到曼谷后要认真调查好。还要办好夜校，推广普通话。

1929 年春讲

出自安徽省陶研会编《陶行知一生》，湖南教育出版社 1984 年 10 月版。

【注释】

①本篇系谈话记录。记录者：晓庄学校学生夏孟文。摘自《回忆晓庄》一文，今题为编者所拟。

1929 年春，泰国曼谷华侨慕名前来晓庄学校为泰国的华侨学校聘请教师。陶行知指派夏孟文（梦雯）和郭美璋一同前往，并在他们临行前讲了这番话。

哥伦布探得新大陆[①]

哥伦布[②]是一个探险家。他当时要想去探东印度，领了几百个人，乘着大船，渡过大西洋，结果探得现在的美洲。我今天来把哥伦布船中同去的人，来说一说。船中的人可分为四种：第一种人是没有见过海和船的，要想乘着海船去玩玩风景；第二种人是要想法捞些鱼，取些珍珠宝贝，好回去养老；第三种人是海盗，看你们船上有干粮银钱，想来干一下；第四种人是真正想去探新大陆的。

我们在这里干乡村教育，所说“摸黑路”三字，就是探险的意思。这个“摸黑路”，并不是一点没有路径，乱撞乱跑，一味蛮干的。我们摸黑路，都抱了一种目的、一种新道理和新路径在。

譬如哥伦布船上的四种人：专去看风景的，有风景看，觉得很舒服；没有风景看，就不高兴；如遇了大风浪，反要埋怨同船的人，叫人家连累了他。想去捞鱼的人，一来船走得很快，捞不到鱼；就是捞到的鱼，随时吃掉，不能带回去；况且那个海船，天天向前进，不看见回头，越离越远，就不耐烦了。海盗是看见你船上有什么，他就要抢什么，是想不劳而获的。第四种是意志坚决、不避艰苦的忠实同志！遇到那三种人，应当竭力劝告，使得他们也能明了，这不是耗费光阴、徒劳无功的，到了相当的时期，一定有很好的结果。

哥伦布的探险，他有两种目的：一、他承认地球是圆的；二、向西面走，一定可以还原。他知道爱斯兰[③]的地方，有人回来过的。

我们在这里干乡村教育，也是很大的目的。目的是什么？就是居在乡下的农民，他的数目有三万万五千万之多，把他们弄好，非懂得他们种种情况不可。要想懂得他们种种情况，非亲他们不可。要亲他们，非跑到乡下和他们在一起过生活不可。在这里的同志，我相信都是很忠实的，好比哥伦布海船上第四种的人，一、二、三种的人是完全没有的。所以我们要有团体，要结实，要大家联合起来协力去干。最近湘湖乡师[④]发生的风潮，叫“摸黑路”三字，是耗费青年的光阴。这个可说是乡教中的几个海盗玩出来的把戏，他们都是想不劳而获的。

总之事业的成功，有迟有速，不能固定的。譬如那种事业不是短时间可以成功的，那么寿命短的，虽然耗了一生的精力，恐怕自己还不能亲眼看到；寿命长的呢？或许可以亲眼目睹。

我恐怕诸同志看了湘湖乡师寄来的信，对于“摸黑路”三字要发生怀疑。所以今天特为提出来，加以说明，希望诸同志慎重考虑！

原载《乡教丛讯》第3卷第7期，1929年5月15日。

【注释】

①本篇系演讲记录。记录者：庞雄。

②哥伦布，即克里斯托弗·哥伦布（Christopher Columbus，1451—1506），意大利航海家。

③爱斯兰，英语island的译音，意为岛屿。

④湘湖乡师，浙江省立湘湖乡村师范学校的简称。

《做学教 ABC》序

做学教合一是一个新方法。这个方法便是教育法，也名为生活法。大家说“教育即生活”，究竟教育的范围能不能占领到生活的全部？用什么方法去涵蕴全部的生活于教育里？这是值得我们研究和注意的。

讲起教育，便联想到学校；讲起学校，便联想起书本；讲起书本，便联想到教授的方法。这是一般人、甚至于一般教育者的一套的旧观念。最近便有人扯破了这个旧观念，以为教育不单在这狭隘的学校里授受，书本不能包括全部的知识，方法应当注意到教者和学者，于是教育转入了新生的路径里。而有些聪明的教育家，已经更进一步而发掘到更深一层，把教育扩大到生活的全部，把知识运用于疑难问题的解释，把方法融于做学教合一中，在此，我们不能不注意新的时代的到临——在中国的教育界里。

做学教合一是建设在二元哲学的二亲原则上的。大家生活在社会环境和自然环境里，要应付两重环境，真切的得到知识，那么“亲事”和“亲物”是应该的了。怎样去“亲事”和“亲物”呢？便是要去做。一件事或一个物不经过做的阶段，是得不到真经验，也得不到真学问的。一位教师立在讲台上讲水是氢二氧化合而成的，学生会抵死不信，非做个实验，把水分解开来是不行的。文学家是最会造谎，最会信口开河的，可是他若不经验人生，是做不出好著作来的：托尔斯泰为经验人生而做小说，莫泊桑为做小说而去经验人生，这是很好的例子。

在做上学（Learning by doing）：学的才有用，才能透；在做上教（Teaching by doing）：教的才能明白，才能详尽。所以做什么，应当教什么，也应当学什么。怎样做，便怎样教，也便怎样学。

自从做学教合一的教育法出现后，许多人很怀疑，也有的感到不能使用这个方法为憾。以前在报章杂志里，不过有些断片零简，还没有一部整个的著作，使读者得到整个的了解。现在徐德春同志，本其平日经验所得，并搜集了许多材料，著成此书。加入世界书局“ABC 丛书”发行，贡献给大家当作研究“做学教”的阶梯，凡我觉悟的教育家，想必都怀着热望而欢迎的吧?!

安徽　陶知行
常熟　李楚材　同序

十八，五卅纪念。于浙江　湘湖师范之湘云村

摘自徐德春《做学教ABC》，世界书局1929年版。

“做”字是教和学的中心

做学教合一，是怎样做，就怎样学；怎样学才怎样教的。所以，教的法子，要根据学的法子；学的法子，要根据做的法子。“做”字是教和学的中心，也便是教育的中心。我们处处均应以“做”为立足点，以“做”来解决人生。任何人不可忘去了有意义的“做”字。否则，便是忘三——做学教。忘三，是忘去做学教的“做”字而来的。

谁都知道一个人忘去了孝悌忠信礼义廉耻的“耻”字，他便是无“耻”之徒，无耻之徒，便是“忘八蛋”。现在我们可仿过来说：忘去了“做学教合一”的“做”字，就是盲目蛮干；盲目蛮干，就是“蛮人”；“蛮人”便是“忘三蛋”。“忘三蛋”便是“忘八蛋”的哥哥，忘三哥哥比忘八弟弟更坏，更不行！

原载《湘湖生活》第6期，1929年6月1日。

文渼[①]指导之遗志

文渼指导是我的亲妹，我的益友，我的导师。她与我不是平常的兄妹可比。她知我最深，我知道她最切。我现时不忍回顾她的生平。她的传，除我以外没有第二人能写，但我一念到她的既往，心都要碎了，如何能写？此愿只好等到将来再还罢。最后一次我去看她，她已不省人事。她没有遗嘱，但是她有很坚决显明的志愿可以叙述：

一、她到晓庄后，最心爱的便是那些勤俭活泼的“香姑”[②]。她一见她们，心中便有说不出的快乐。为了她们，她曾创设了晓庄农暇妇女工学处。她主张农村妇女教育应以生利活动为中心。试行虽不久，但是她与我都深信这条路是走得通的。她病中时常挂念着她们，恨不得立刻病愈，起来领导她们进行，把晓庄农暇妇女工学处办好，再把这种制度推行出去，使个个“香姑”都得到生活的教育，是她遗给我们的第一个志愿。

二、她深信进行乡村教育最有效力的办法是夫妻学校。因此，她对于乡村教育同志的夫人或未婚夫人抱有莫大的希望。她主张受过学校教育的，应在师范学校里训练；未曾受过学校教育的，应在工学处先立基础再图上进。她对于已经投来的几位同志夫人或未婚夫人都表示十分敬意，深望她们学成之后都能回去实现夫妻学校。她第二个遗志是使个个乡村教育同志的夫人或未婚夫人都能得到活的教育。倘使有一位没有活的教育，都是我们后死者的责任。

三、她心中的乐国便是晓庄。她以为天下再没有比晓庄再好的地方。她欣赏晓庄的一切。她知道晓庄的短处，但她以为这些短处只是时间的问题。她听见朋友的批评，非常的心痛，因为他们所见到的短处，都是她所见到的，只因身体生病不能有贡献，所以心痛。她深深的自信，只要病好了，一个月内，便能补充我和同志们未能补充的缺陷，和大家共同造成一个美的晓庄。假使有志愿的有她的本领，有本领的有她的志愿，我们晓庄何至有这样大的缺陷？现在炼石补天的人已经去了，我们能不合起来做一个女娲氏吗？

四、五柳村[3]是她的实验家庭。她治家是有目的、有计划的。她要创造一个卫生的、科学的、经济的、艺术的，和爱的家庭献给乡村教育同志参考。她是五柳村的灵魂。她在我们个个人心中活着，指导我们，督促我们完成她的计划。我们十分忠实的接受她的遗志，努力继续她未完成的工作。

五、自从她的丈夫[4]去世以后，她的惟一志愿是帮助我做个有益人类的人。我所以能够专心为社会做事，全靠她治家得宜，免去我内顾之忧。这或者是多数朋友所知道的。但是有许多重要事业是由她鼓励我发动的，除我以外，便没有人知道了。我十年来的事业，她没有一件不曾给我很大的影响和帮助。我成功，她为我欢呼；我失败，她给我安慰；我走错了路，她拉我回头；我走向生活，她勉我前进。没有她便没有我。从此，我的生命已经残废了一部分。但是瞎子可以专精音乐，聋子可以专精图画。我只希望因为一部分的残废可以完成另一部分的使命。我愿她在我心里活着，仍旧帮我做个有益人类的人。活的时候少，死的时候多。那么，有益人类的意义，不就是使一切人有生之乐无生之苦吗？倘使我的见解不错，就请大家对着这个方向努力罢。

十八年六月八号

原载《乡教丛讯》第3卷第9期，1929年6月15日。

【注释】

①文渼，陶行知胞妹，当时任晓庄学校农暇妇女工学处指导员，于1929年6月6日病故。

②香姑，即乡姑——乡村姑娘。“香”与“乡”谐音。

③五柳村，陶行知一家在晓庄的居处，系用他家乡歙县黄潭源“五柳堂”之名。文渼因丈夫早丧，多年来都与陶行知全家同住。

④她的丈夫，即张枝一，安徽歙县人，与陶行知在歙县崇一学堂和南京金陵大学同学，因病早丧。

二年来之晓庄乡村教育运动①

——中华教育改进社主任干事陶知行报告

中国现在还是农业国，住在乡间的人民，约占百分之八十五，估计有三万万四千万之谱。如何运用教育的力量，引导这许多民众在农业上根据从工业上出头，确是建设中华民国的一个大问题。本社看准了这个问题之重要，故忍痛把事业范围缩小，集精力以谋乡村教育之改进。我们所选定工作的地方是晓庄六十里周围的乡村，多承各方面赞助已略有成绩。现在把所发现之理论及实行情形，报告出来。如蒙大家详加指教，俾能免去错误，多收实效，那就感激不尽了。

（甲）理论方面之主张

本社在晓庄进行乡村教育系有一定主张，但有些主张是一面试验一方发现的，我在未述实施之前，先叙我们的根本主张。（一）本社就考察所得，知道中国乡村内最普遍、最永久、最有希望之机关就是乡村学校。故主张以乡村学校为改造乡村社会之中心，以乡村教师为改造乡村社会之指导。（二）生活即教育。一切生活都是教育，过什么生活，就是什么教育。好的生活就是好的教育，不好的生活就是不好的教育。我们定生活的目标有五：健康的体魄，劳动的身手，科学的头脑，艺术的兴趣，改造社会的精神。所以我们健康的生活就是健康的教育，劳动的生活就是劳动的教育，科学的生活就是科学的教育，艺术的生活就是艺术的教育，改造社会的生活就是改进社会儿童生活的不二法门。（三）亲民②。所以我们与农人儿童过共同生活，于此改进农人儿童的生活，又常常与农人儿童同干事，以收亲民的实效。（四）亲物。格物的重要再不有人否定，格物不在书本，而在亲物。我们因主张到自然界里去，与万物为友，以书本做助手，并借此以运用他人之经验。（五）教学合一。从做上学，从做上教，怎样做，便怎样学。又如一件事，对于自己③是做，对别人的影响是教，对自己的进步退步是学。我们更主张一切知识，都要在做上安根的，即使别的知识要接上去也非原有经验做根据不可。好比接枝，没有原枝，如何得上去？

因教学做合一又得行是知之始的理论，有行的勇气才有知的可能。

（乙）事实

一、试验乡村师范。（一）全部学生分两种。一是大学二年以上之学生，一有学毕业生[④]，培养前者为乡村师范导师，后者为乡村小学导师。（二）全部同志组织乡村教育先锋团，以实行师生工友同生活共甘苦。隶属于该团者有纪律部，及打破单方面训育而实行共同立法，共同遵守的原则。（三）本着生活即教育，教学做合一的精神，所以打破一切科目，实际过生活就是教育。除小学教学做外，一切校务教学做，都是学生躬亲办理。（四）一切生活分为两大类。一是共同的。于每月末次生活周会上议定下月工作，然后定每周生活表，又于每日寅会（五时十五分）上议定当天的工作。二是个人的。个人生活每晨有预算表，每晚填当天考核表，每半年又总填一次教学考核簿，送指导会议评定优劣。（五）兼任指导员九人，正式生一五五人，特别生一五人，艺友一二人，长期参观二十七人，共二一〇人[⑤]。除新疆、云南、山西、黑龙江数省外，皆有代表。

二、中心乡村小学。（一）中心乡村小学是乡村师范的中心，又可以做改造乡村社会的中心，所以我们集合师范部，好村民，小学生合力作战的。（二）现在开始试验。小学生的生活就是小学课程，把一切从前小学科都打破，重订小学目标为五，即健康的体魄，劳动的身手，科学的头脑，艺术的兴趣，改造社会的精神。现在小学生活就是依着这五个目标，至于一切材料，也正在一面试验一面编辑中。（三）中心乡村小学自办者六所，二六五人；代办者六所，一八〇人；特约者二所，三五九人，共十四所，有儿童八〇四人。

三、中心乡村幼稚园。（一）乡村幼稚园在中国算是新事业。我们定下三个目标来办的。一中国化，不是贩卖外国货以为炫寄的。二是平民化，乡村幼稚园不是为着贵族办的，是为着平民办的。三是省钱，利用环境以及一切废物，为达到省钱的目的。（二）关于幼稚生生活方面，主张多养成好习惯，略加文字训练，减少黄莺般的唱跳。最近与卫生部合作，极力注重儿童卫生。（三）现在自办者四所，二〇人；代办者（?）所，共一四九人；特约者一所，四〇人；共（?）所，有儿童二〇九人。

四、农暇妇女工学处。农村妇女，因为受着经济的压迫，必须做工度日，不能受教育。因此我们利用农暇，办这件事业，给一般农家妇女，做缝纫、烹饪等工得工资度日，同时又得求学。现在共二所，有学生共一一人。

五、生活区自治。新生所住之农家为生活区，由学生与农家合办间邻村自治，由社会组指导。这是学生农友改造农村的基本集团。

六、民众学校。这是农民暇受教育的一个机会。我们办民众学校注重文字训练、日常生活、农民训练三种活动。现有四所，共一四四人。

七、中心茶园。这是乡村人民谈心处。在夕阳西下、明月初升的时候，大家洗了澡到此谈心。其中主要活动有四：农事或时事报告、通俗演讲、说书、娱乐。最感兴趣的是老太太们，因为他们的儿孙时常到此下棋消遣，可以不赌钱、不游荡了。现在自办的中心茶园有二所，与中华职业教育社合办的一所。

八、晓庄剧社。把农民生活捧上舞台，做农民的娱乐事业，鼓励农民登舞台表演他的实际生活，这是晓庄剧社的目标。现在有社员二一人，自编剧本四种。最近半年以来，公演给各地农民娱乐已二十次。

九、晓庄医院。改进乡村卫生，治疗农民疾病，并且是改造社会的着手处。现在有诊疗所一、疗养院一、卫生检查所一。（与卫生部合办）本年三月至五月，就诊人数六四九人。

十、晓庄乡村自卫团。乡村里土匪是难免的。晓庄本是荒山，土匪出没，农村极不安宁，因此农民组织联村自卫团。现有团员三一八人，枪械六〇支。半年以来，境内没有土匪足迹，公赌亦已禁绝。

——一八，七，一、七，二，华北日报——

介绍晓庄学校学做的考核事项

（自民国　年　月　日至　年　月　日）

……姓名………性别………年岁………籍贯………入校时期

一、结交了几位农友？——为谁写了生活史？

二、结交了几位小朋友？——为谁写了生活史？

三、种了多少地？

——地上种些什么？

——费了多少时间？

——用了多少资本？

——收获数量？

——收获价值？

——用过什么农事书报？

——写过什么农事书报评？

四、做了几套仪器？——什么？

做了多少标本？——什么？

会了几套科学的幻术？——什么？

养过多少动物？——什么？

种过多少花木？——什么？

认识了几多星？——什么？

熟练了几个数学法？——什么？

研究过什么问题？——什么？

用过什么科学书报？

写过什么科学书报评？

五、认识人体几种构造作用？

会治防几种病？——什么？

认识几种药品？——什么？

会玩几种运动？——什么？

会使几套国术？——什么？

自己的病治好了几种？——什么？

自己的体力有什么进步？

用过什么卫生书报？

写过什么卫生书报评？

六、会唱几首歌？——什么？

认识几个调子？——什么？

会弄几种乐器？——什么？

会画了几张画？——什么？

会烧几样菜？——什么？

会煮几样饭食？——什么？

为儿童做了几篇文字？——什么？

为农人做了几篇文字？——什么？

为乡村教师做了几篇文字？——什么？

写了几幅字？——为谁写的？

会了几套游戏？——什么？

公演过几次戏剧？——什么戏？什么脚色？
还会什么艺术？——什么？
用过什么艺术书报？
写过什么艺术书报评？
七、打过几次靶？——十枪中几？
中心茶园去过几次？——有何贡献？
对于村自治有何贡献？
你的村已得整洁旗吗？
你自己已得整洁证吗？
调查过几个乡村社会？——有什么报告？
参加过几次农民娱乐？——有何贡献？
和农民共同谋过什么幸福？
和农民共同除过什么痛苦？
还做过其他改造社会工作？——什么？
每天看几种日报？
向农民报告过几次时事？
向小朋友报告过几次时事？
用过什么改造社会的报？
写过什么改造社会的书报评？
八、到前方去工作了几次？——做些什么？
对前方有些什么贡献？
出发过前方吗？——在那里？多少日子？担任什么工作？
有计划书吗？有报告书吗？自己觉得有什么贡献？
参观过几个小学和幼稚园？
做过那几个学校的报告？
参加过几次小学校做讨论会？
做过几次报告？
参加过几次系统讨论？
提出过多少问题？
用过关于小学与幼稚园的什么书报？
写过什么小学幼稚园书报评？
九、做过什么校务教学做？

做过多少日子？

做了什么报告？

招待过几次客人？

对客人有什么贡献？

从客人那里得到什么批评？

对后方还有过什么贡献？

用过关于校务教学做的什么书？

写过什么校务教学做的书评？

十、写了几天日记？

共计多少字？

听了几次演讲？

写了几篇记录？

做过几次主席？——什么？

参加过几次别处的集会？——什么

向指导员发过多少问题？——什么

有什么记录？

十一、考核股附信

每天生活考核表

月　日　　曜日

（1）写了多少日记？

（2）用了什么书报？

写了多少笔记？

遇见了什么生字？

（3）认识了什么生字？

（4）干了什么农事？

（5）写了信给谁？

（6）修造了什么工具？

（7）画了什么画？

（8）唱了什么唱？

（9）为社会干了什么事？

（10）地方·身体·衣服整洁了没有？

（11）还做了什么事？

（12）发生了什么问题？

出自《辽宁教育月刊》，1929 年第 1 卷第 12 期。

【注释】

①本篇系转载自《华北日报》。

②此处内容疑有缺漏，“（三）亲民。”为编者加。

③此处内容疑有缺漏，“自己”二字为编者加。

④此处疑缺字，原文如此。

⑤此处人数合计疑有误，原文如此。

我对南国戏剧艺术的感想

旅京同志要我代表说几句话，现在我谨以十分的热忱对南国来京的同志表示热烈的欢迎。

知行由乡间来，一面又代表乡下人欢迎诸位。从乡下来的，是田汉，这样，就是田汉欢迎田汉。乡下人是会手艺的。比如这把扇子，就是乡下人的艺术，就是乡下少奶奶的扇子。诸位见洪先生《少奶奶的扇子》，是艺术；可是见这把扇子，可知乡下人的艺术了。

南京有两三个月没下雨，不像上海常常得雨的。在这边的乡下，田间是很荒的，需要雨的。现在下了雨了，他们都快乐极了，高兴极了。南国的同志到南京来，就像南京的乡下人望雨一样，现在诸位来了，我们就像乡下人得了雨一般的高兴快乐。今天欢迎诸位，就是有这种寓意的。

我从前在上海看戏，觉着我是我，戏是戏，中间没有一点融洽，感动。台上是台上，显不出戏的人生的意味。我觉着那些戏，那班演戏的人都是假的。这些戏与他的观众有很大的界限，不能打成一片。这是我的一个很大的感触。

上次在京看南国社公演，感触就完全不同。觉得南国社的戏是感人的，是与观众打成一片的，台上与台下分不清界限。观众与戏中人共同喜乐，观众与演员共同过着艺术的生活。

这就是我对南国社的戏剧艺术的感想。这也就是南国社戏剧艺术的伟大与深厚和与别的戏剧不同的地方。

今天是大家欢迎诸位到首都来，但我尤欢迎诸位到乡间去。我代表乡下人向诸位诚恳的希望着，我希望诸位不要使我们失望，一定要请到乡间给我们一点欣赏的机会。

现在我代表旅京同志来欢迎诸位，一面我再代表晓庄的乡下姑娘们、农妇们、老头子们、少年们……再向诸位致热烈的欢迎的意思。

原载《中央日报》戏剧专号《南国特刊》第1期，1929年7月6日。

晓庄试验[①]

（一）晓庄的起始：晓庄的乡村教育试验，是改进社的同志在那里摸黑路。在五年前，那时我们在南京觅得两所小学，一在燕子矶，一在尧化门，比较合于理想；于是帮他们办理，欢迎人去参观，以便推广普遍。后来觉得永久的办法，要办师范学校，以小学为中心。训练师资，于是于十六年三月十五日在南京附近的小站（后改晓庄，取有朝气的意思），以一千元的本钱，十三个学生，六七个指导员，在四个篷帐中便开了学。晓庄为打破学校与社会的界限，不用围墙。晓庄把附近的农人当作先生，也把他当作学生，草木鸟兽都是晓庄的教材。

（二）晓庄的组织：董事会由改进社聘，再由董事会聘。校长以下分行政部、小学指导部、幼稚园指导部、生活指导部、社会改进部。

（三）晓庄的目标：是培养乡村人民及儿童所敬爱之教师，定目标有五：康健的体魄，劳动的身手，科学的头脑，艺术的兴趣，社会改造的精神。

（四）晓庄的生活：晓庄是过生活的地方，师生工友，完全平等地工作。有时分工，有时合作；校务由学生作，指导员从旁指导。每一学生到晓庄来，是想来贡献给予，不是想来取得，结果是能从给予中取得。晓庄是共同立法，共同遵守。师范部分前方与后方，前方的去办小学，后方的预备教材。现学生二百余，除新黑滇晋四省之外，各项都有。

（五）中心小学：周围六十里内办了十四所，其中有一所四月初开办。因试验打破科目，取名中心小学。有三种意义：一是生活的中心，二是训练师资的中心，三是改造社会的中心。

（六）中心幼稚园：现共办了六所。我们觉得乡村最需要幼稚园，可以省出作母亲的农妇的精力，可以解决村女或小学教师的太太的职业。我们办幼稚园有三个目标：一是中国化，二是省钱，三是平民化。中心茶园，现与农人合办三所，在那里与农人见面，很觉自然，随时为他们讲述故事常识。

（七）农暇妇女工学处：是于暇时给农家妇女做缝烹饪等工作，既可有收入，亦可求学。现有二所。

（八）晓庄乡村自卫团：是因附近土匪猖獗，于三天之内，组织三百农人，买了六十支枪，请西北军官训练的。现在土匪也不敢来了，自卫团取缔了周围四十里内二十六家酒馆和茶馆中的赌博。

（九）晓庄剧社：是为农民娱乐的，农民也加入表演。半年来演过二十回，最后再就原理上加以补充：一是亲民，加入农民当中去，和他们一起干；二是亲物，和天地万物亲近，以获得知识；三是以学校为中心，学校是社会的中心，更是改造社会的中心。

再说晓庄试验，有三种思潮：第一是反抗的，反对劳心者治人，劳力者治于人的旧话，现在要提倡在劳力上劳心共治自治。第二是纠正的，杜威说教育即生活，我们认为生活即教育。第三亦是纠正的，王阳明说，知是行之始，行是知之成，我们认为知行不应分先后，推知之行，便是阳明所谓行，也是中山先生所谓行；但还有一种求知之行，即是要行才可以得知，有求知的勇气去行，才有知的可能。

最后还有一句话告诉大家：望教育界同志勿对中国教育失望，中国教育正有改良发展的地步，惟须赖吾人之努力耳。

原载《民国日报》，1929 年 7 月 7 日第 16 版。

【注释】

①本篇系在北平的演讲记录。记录者：方寄尘。

晓庄全体会议记录

自张宗麟先生提出一个建议："谋注重研究，减轻事务，培养有特长的乡村导师并试验小学中心活动。"铨叙事实，详加规划，至为详尽。而全校同志亦群感现有制度之不善，殊有改革之必要，故于今日召集全体会议讨论办法至六时之久，各有充分理由发表，今已讨论终结，兹将议决择要公布，以明真相。

（一）减轻事务，注重小学，采用集团制出发前方，实地培养小学的人才。

（二）每一指导员，率领兴趣相同的同志组织集团开赴前方。

（三）全校分六集团六路出发。每路分配指导员一人，同学若干人；出发日期，由各集团军自行择定。为便利计，得以某组为主体。

1. 万寿康黑墨营集团军　　指导员邵仲香
   同学二十四人　　主体农艺组
2. 吉祥庵集团军　　指导员唐　毅
   同学十人
3. 和平门集团军　　指导员陶知行、陆静山
   同学二十人　　主体晓庄剧社、社会组
4. 三元庵集团军　　指导员吕镜楼
   同学十人　　主体工艺组
5. 晓小集团军　　指导员张宗麟
   同学二十人　　主体生物组
6. 幼稚园集团军　　指导员王荆璞、徐世璧
   同学□人　　主体女同学

（四）潘一尘为巡回指导员。

（五）丁柱中为后方留守主任指导。后方一切校务教学做分设六部，

仍由同学担任之。

1. 会计　　2. 庶务　　3. 文牍

4. 图书　　5. 考核　　6. 支配

（六）每个同学自今日会毕以后，必须到生活部签名，承认加入某一集团，限至明日止。如不愿加入任何集团而无充分之理由者，得施以相当之处分。

（七）前方指导员，每星期三天回后方，三天在前方。但初出发时，得采取四二制。

（八）每逢日曜可到后方修养各科教学做方法，使均衡发展。遇必要时得每星期有两次的集会。

（九）各集团军暂定半年换防。如认为有继续试验必要，得延长之。

（十）各集团军住宿问题，现暂可借居民房。至少限度之房租或设备，得由学校设法筹措。

（十一）各小学之书籍及实用工具，当尽量购办，以供参考。

（十二）签名后生活部得容纳各指导员之意见，得酌量情形更调营地。

主席陶知行、张宗麟　　　　纪录徐鸿仪

编者按：关于全体会议记录各项有几点要纠正，并予以说明的：

第一，采用集团制出发前方，现将集团制改为学院制。

共分五院：和平学院，院长陶知行；万寿学院，院长邵仲香；晓小学院（晓庄幼稚园在内），院长潘一尘；吉祥学院（燕子矶幼稚园在内）、院长张宗麟；三元学院，院长陆静山。现在五院都已经出发了。

第二，黑墨营小学校舍，原系借用金陵大学，现金大已收回，该小学停办。

第三，自改组后，凡旧有之行政部、生活部组织，现均并为校长办公处。现任校长办公室主任，不是丁柱中先生，是罗良铸先生。罗先生在德国研究乡村教育六年，学识渊博，经验丰富，回国后，历任教育行政要职。罗先生本其素志，毅然决然的下乡。与农民为友，并与陶先生商筹乡村教育研究所计划。

中国乡村教育的途程上又加一生力军，这不但是晓庄的幸福，亦中国乡教前途的幸福。

第四，自罗先生抵校后，对于后方一切校务教学做组织校长办公处，内分考核、支配、出版、文书、编辑、图书、庶务、会计八部；为办事便利起见，每部内得分设各科，而由校长办公处主任罗先生总其成。

《乡教丛讯》编者识

原载《乡教丛讯》第3卷第15期，1929年9月15日。

关于《把各幼稚园集合成一个独立的学院案》的意见

现在五院会议已经结束，我要用校长的权力来召集全体会议。但这些提案有重新审查的必要，请大家散会，出去散步几分钟，呼吸新鲜空气，再来讨论。现在请张宗麟先生在这里审查提案，排定次序，五分钟后，听到钟声，请大家来继续开会。

一个人对于一件事之感觉，分灵与理二种。有时是灵的方面感觉到赞成或反对，有时是理的方面赞成或反对，而灵与理不一定是一致的。灵的方面，只可感不可说，有时是想不通的。理的方面，是凭理智而判断，可以说出理由来，是可以用脑筋想得通的。关于这个议案，他们二位昨夜征求我的意见，他们一直谈到十二点钟过。我对于他们的议案，自从昨夜他们开始对我说了以后，在我的灵的方面，已经是表示赞同。又经提议者一番热忱的话把我触动了，我尤其表示十二分的赞同。但是在理的方面，我是不赞成的。昨夜想了一夜，在我的脑子里没有想通，真想不到一个比较好的解决办法。今晨又同他们二位谈了一个多钟头，我也是想不通，也是想不到一个好的解决办法。在我的脑海中，这灵与理的交战，不知战了若干时间。经散会后的这短时间的回旋，我忽而想通了，忽而得到一个解决的办法了。这个办法，是可以伸缩的，是有充分的自由性的。我们晓庄的事业非常之多，而范围也非常之广。乡村幼稚园是我们要努力而尚没有办法的一件事业。民众学校也是我们要努力而尚没有办法的一件事业。此外，还有中心茶园，还有乡村中学、乡村大学……我们此次改组，产生学院，他的范围固然是很广，他可以包括上面的一切东西。但是，他也可以伸缩自由。一个中心茶园可以成一个学院，一个民众学校也可以成一个学院。若是一个院长对于这些事都有兴趣，都有能力，他就可以完全包办。若是他对于某一部分没有兴趣，没有能力，就可以划分出来单独办理。以我的意见，现在这个议案，可以这样通过："学院是单独成立一个，但地点不一定。"学院没有在的地方的幼稚园，看看那个院长能否包办？如能包办，就划归该地的学院，但指导的责任还是归幼稚学院。如不能包办，那就划归幼稚学院。如我现今在和平门，我是各样都愿意试验一下，所以对于幼稚园我也不放弃。但幼稚学院成立以后，指导的责任，是要由幼稚学院负担。如通过了，这个学校究竟设在什么地方，是要指导会议才能决定。请大家发表意见。

摘自孙铭勋、戴自俺《晓庄幼稚教育》，上海儿童书局 1934 年版。

“做学教合一”的理论和实际

一、“做”字的新定义

“做学教合一”应集中在一个“做”字上面，这是当然的。因为“做学教合一”的理论，也是集中在“做”之一字。所以必先要把“做”字彻底的说明一番，然后其余的问题，便可迎刃而解了。

“做”字有个新而特别的定义，这定义，就是“在劳力上劳心”。单纯的劳力，只是蛮干，不能算“做”；单纯的劳心，只是空想，也不能算“做”。真正的“做”，只是“在劳力上劳心”。

我们“做”一件事，便要想如何可以把这件事做得好？如何运用书本？如何运用别人的经验？如何改造用得着的一切工具？……那末，才使这件事做得好。

同时，还要想到这事和别事的关系，这事和别事的互相影响。我们要从具体想到抽象；从我相想到共相；从片段想到系统。这都是“在劳力上劳心”的功夫，不如此，则既不是“在劳力上劳心”，也便不是真正的“做”了！

二、“做”与各器官的关系

做事必须用器官。做什么事，用什么器官。耳、目、口、鼻、四肢、百体……都是要活用的。所以有的事，要用耳做；有的事，要用眼做；有的事，要用嘴做；有的事，要用脚做；有的事，要用手做；有的事，要用它们——耳、目、口……一起来分工合做。

中国教育普通的误解，以为是：用嘴讲，便是“教”；用耳听，便是“学”；用手干，便是“做”。这般一来，不但是误解了“做”；也便是误解了“学”和“教”了。

我们主张“做学教”是一件事的三方面：对事说是“做”；对自己的进步或退步说是“学”；对别人的影响说是“教”。做要用手，即学要用手，教要用手；做要用耳，即学要用耳，教要用耳；做要用眼，即学要用眼，教要用眼。做要用什么器官，即学要用什么器官，教要用什么器官。

三、“做”与一般工具的功用

“做”不但要用身上的器官，并且要用身外的工具。“做学教合一”的主张是：做什么事，便要用什么工具。望远镜、显微镜、锄头、斧头、笔杆、枪杆、书本子……都是工具，物虽死而要用活的工具。

中国目今教育界，还有一个更凶的误解是：一提到教育，就联想到笔杆和书本，以为教育便是读书和写字。除了读书写字以外便不是教育。我们既以“做”为中心，那末，“做”要用锄头，即学要用锄头，教要用锄头；“做”要用斧头，即学要用斧头，教要用斧头；“做”要用书本，即学要用书本，教要用书本。吃面要用筷子，喝汤要用匙子，这是谁也知道的。倘使有人用筷子喝汤，用匙子吃面，大家定是不约而同的笑他是个大呆子。但是我们教育界现在何尝不是很普遍的犯了这个流行症?!

中国的教员、学生和一般人的见解，实在太迷信于书本了！他们以为书本可以耕田、织布、治国平天下；他们以为要想耕田、织布、治国平天下……等事体，只要读读书，就可以会了！

书本固然是个重要的工具，但书本以外的工具还多着呢！你们试看一般的学校，专重于书本之传授，所以讲书便成为教；读书便成为学；而那用锄头、斧头的……便算是做了。

这是“做学教”分家。他们忘记了书本也是“做”事所用的工具，看不出是和锄头、斧头一样的东西，于是就成了这差之毫厘、谬以千里的误解了！

做一件事，要想干得好，须用锄头的便用锄头；须用斧头的便用斧头；须用书本的便用书本；须合用数样、数十样工具的便合用数样、数十样的工具。我们当然不是排斥书本，但决不许书本做狄克推多；更不许书本与“做”脱离关系，而成为所谓“教学”的神秘物。

四、公共的中心

“做学教合一”，有个公共的中心，这“中心”就是“事”，就是实际生活。怎样是实际生活？说得明白点，就是日常生活。积日为年，积年为终身，实际生活，便是人生的一切。分析开来，战胜实际的困难，解决实际的问题，生实际的利，格实际的物，爱实际的人，求实际的衣食住行，回溯实际的既往，改造实际的现在，探测实际的未来。这些事总结起来，虽不敢说概括全部人生，但人生除了这些事还有什么？在做这些事上去学、去教，虽不敢说有十分收成，但是教成的与学得的，必是真本领。实行这种教育——做学教合一——的学校或社会，虽不敢必其进步一日千里，但是脚踏实地的帮助人类天演历程，向上向前运行，决不至于落空，那是可以断言的。换言之，决不致教育人类和社会没有进化或致退步，这是“做学教合一”可以自慰而慰人的。

五、教育是社会经验之改造者

“教育是传递社会的经验”。这句话不能概括一切教育。假使教育是仅仅把社会的经验传递下去，那就缺少进步的动力。所以与其说“教育是社会经验之传递者”，不如说“教育是社会经验之改造者”。

教育上之所谓经验，原有两种意思：一种是个人的；一种是人类全体的。但是经验无论属于个人或人类全体，决无超越时间和空间的可能。我们至多只可说：有些社会经验，是不限于一时代、一地域的。经验又有直接和间接的分别，这当然是不可否认的。

六、接知如接枝

直接的经验，就是真知识；真知识是要安根在经验里的。但是样样的知识，都要从自己的直接经验上得来，这是大圣大贤也势所不能的。因为我们若抹煞别人经验里所发生的知识而不去运用，那真可算是大呆子了！

例：比方某甲因触电而几至毙命，这是某甲从经验里得来的真知识；假使某乙在旁见了，他不知运用某甲的经验，而自去触电毙命，事前不会用某甲的经验来求避免以致枉死。我相信这样的大呆子，连枉死城中也不易找得出的“凤毛麟角”吧！

我们应该知道，在“做学教合一”的原则下，最重大的问题是要如何运用别人经验里所发生的知识，使它成为我们的真知识，而不要成为我们的伪知识。

例：比如接树：这一种树枝，可以接到别一种树枝上去，使它格外发荣滋长，开更美丽的花，结更好吃之果。

如果把别人从经验里发生出来的真知识，接到我们从自己经验里发生出来的真知识上面去，那么，我们的知识必定格外扩充，生活必可格外丰富。

不过，我们要有自己的经验做根，以这经验所发生的知识做枝，然后别人的知识方才可以接得上去，别人的知识，方才成为我们知识的一个有机部分。

这样一来，别人的知识在我们的经验里活着，我们的经验，也就要生长到别人的知识里去开花结果。至此，别人的知识便成了我们的真知识；其实，它已经不是别人的知识而是自己的知识了。倘若对于某种知识，自己的经验上无根可找，那么，无论如何勉强，也是接不活的。

以上便是“做学教合一”原则之下的所谓“接知如接枝”的道理。简言之，就是说：我们必须有从自己经验里发生出来的知识做根，然后才能把别人的经验接得上手。假使自己对于某事毫无经验，我们相信他决不能运用或了解别人关于此事的经验。

七、举一知万

人类全体的经验，虽和个人有些分别，但是我们必须有个人的经验做基础，然后才能了解或运用人类全体的经验。我们必须以个人的经验做基础，来吸收入类全体的经验。孔子说：“举一隅，不以三隅反，则不复也。”荀子曰：“以一知万。”无论他是“一隅反三”，或是“以一知万”，我们可以知道那个“一”字，必定是安根在自己经验里的。我们更应该知道：自己经验里的“一”，是一切知识的起点，有了这个“一”，才能收“三反”“知万”之效。

墨辩分知识为闻、说、亲三种。说曰：“知，传受之，闻也；方不瘴，说也；身观焉，亲也。”“闻知”，是别人传授进来的；“说知”，是自己推想出来的；“亲知”，是自己经验出来的。依“做学教合一”的理论说来：“亲知”是一切知识的基础；没有“亲知”做基础，“闻知”和“说知”，均系不可能的事体。——因为没有“亲知”作安根。

八、以哥伦布发现新大陆为证

现在可以引哥伦布发现新大陆一事为证：如果我们很正确的知道哥伦布发现新大陆的经过，恐怕要请国民政府效法西班牙王，拨下一只大帆船，横渡大西洋才行。即使这样办，我们也不能得到完全与哥伦布相同的经验，因为现在的情形和我们的同伴，决不能和哥伦布那时候一样。

可是，我们为什么这样正确的知道他发现新大陆的经过？即使是探险家，也不须复演这套老把戏；现在已有更好的海船和工具，决不致发呆气去模仿哥伦布。“做学教合一”的理论，既不曾主张普通人去模仿特殊人物的特殊事业。“做学教合一”的实际，也不曾主张现代人去复演前代人物之过去事业。那末，所要知道的，是哥伦布发现新大陆的大概情形和影响。但是，要使人知道这件事上，便有两种不同的办法：一种是迷信书本的记载，别人的演讲以及所有代表经验的储藏库，以为只要读哥伦布的书本，听哥伦布的故事，便能十分明白，再也用不着任何直接经验了。

一种是确信直接经验为了解一切事实的基础，所以要想大略了解一切事实的基础，要想了解哥伦布之发现新大陆，也必要各个人的直接经验做基础，才能了解别人所写所讲的哥伦布故事，才能推想到哥伦布当年的航海情形，想象出哥伦布发现新大陆以后的影响。

假使只知运用书籍演讲，那是和第一种迷信书本的记载，迷信别人的演讲的人，简直是“半斤八两”。所以他若能进一步审查那用以了解书本演讲中之哥伦布个人直接经验是否充分；如不充分，他便认为他的第一责任是使学生在“做”上补充这种经验，然后再叫学生去看书、听讲、推论。否则，那便是“耳边风”，或是“走马看花”，决定接不上丝毫真知识来。无论你说者说得“天花乱坠”，写的写得“满纸琳琅”，终生不出半点影响来的。

用以了解哥伦布发现新大陆所需的直接经验是什么？这可不能一一数出，只好提要例举数种：坐过帆海船，渡过海，在海里遇过大风暴雨，受过同事阴谋加害，看过野人生活，住过荒凉大陆……诸如此类，都是了解哥伦布故事的直接经验。如果没有渡过海，不得已而求其次，也要渡过湖；再其次，也要渡过江；更其次，也要渡过河；万不得已，也要看过池塘。倘使没有坐过海帆船，不得已而求其次，也要坐过鄱阳湖里的民船；再其次，也要坐过秦淮河里的花船；更其次，也要坐过西湖或湘湖里的小划船；顶顶起码，也要看过下雨时，堂前积水上之竹头木屑，在水面上如何如何的飘泊。倘使这些直接经验，一点也没有，那我不知道他们打从哪里来会懂得哥伦布之探险?!

九、以火星为证

火星里的生活，必须到火星里面去过，才能知道清楚。假使我没有去，但至少也要有人到过火星回来，把火星里的生活告诉我，同时，我又有足以了解这生活之基本经验，才能间接知道清楚。

但是，如今还没有人到过火星，那末，火星里的生活，是决没有知道清楚的。关于火星的事，现在知道最正确的，也不过是用望远镜所能看到，用算术所能推算得出的知识而已。最大的天文学家，也只能承认他对于火星只知道一点皮毛。虽然只知道这点皮毛，但“做学教合一”的天文学家，必定要在天文台上，用望远镜及高等数学，在“做”上去求得关于火星的知识。万一得不到望远镜，也至少要用肉眼对着火星去考究。关于火星的书，他是要看的；关于火星的演讲，他是要听的；但他必定要得到最好的望远镜看一看，才算甘心！不然，他假使一有办法，必定要到火星里去与火星人共同过一次生活，才能满足他的求知欲。

十、以空气为例

分子运动、原子运动、电子运动……都是科学家从研究物质上推想出来的理论以解释种种物质的现象。我们要想真正了解这些理论，必须从研究物质的现象入手。在研究物质的现象上“做学教”，是了解这些现象上的理想中最有效的办法。倘使真要拿分子运动里的生活来说明“做学教合一”，我们便可举空气为例：分子运动速率增加便觉热；速率减少便觉冷。我们要想明白分子运动的速率，这气候的冷热，却是眼面前一个最显明的例子。

十一、以飞机无线电为例证

飞机和无线电的知识，可分为二级：第一级是制造的知识。制造飞机和无线电的知识，都要从制造上得来，方为有效。他要在造上学，在造上教，才能一举而成。若单在书上学，在书上教，等到造的时候，势必重新学过，则以前所学的等于耗费了！

第二级是要了解知识。这级知识，可从别人那里或书本上的经验得来，但学的人，必须有些基本的直接知识才能接得上去。这些基本的直接知识，都是从“做”上得来的。倘使没有从“做”上得来的基本的直接知识，那么，书上所写的飞机，嘴里所讲的无线电话，都与学的人漠不相关。

十二、“做”是学教的基础

有了上面的总解释，我们可以相信“做”是“学”的一切、“教”的一切之基础。那就无往而不应在“做”上学，“做”上教。但是人生几何，至多亦不过百年已耳。事实上那里做得完、学得完、教得完？我们只要遇一事则估量价值，拣那对人生最有贡献的、最合乎自己的才能需要的去做、去学、去教。那不能参加的只好不参加，不必需要的就不要，不能做的也只好不做。除此以外，还有什么办法呢？

不过，人生既为一大事而来，就该做一大事而去！只要在“做学教”的立场上，打定“做”的基础就是了。

十三、以牛顿为证

牛顿看见一个苹果落下地上，便发一问：“为什么这苹果不向天上飞呢？”从苹果下坠推到一切，于是想出万有引力的理论，以解释这些现象。牛顿看见苹果下坠，便是用眼做；他从苹果下坠，就推想到一切，以至想出万有引力的理论，乃是用脑做了。

十四、阳明学说之悖谬

王阳明先生虽倡“知行合一”，但是不知不觉中，仍旧脱不了传统的知识论之影响，又误于良知之说，所以一再发表“知是行之始，行是知之成”的言论。“做学教合一”的人，都知道这种见解，愈研究愈不对。余认为：“行是知之始，知是行之成。”此种议论，恰与阳明先生相反。

谁也都知道：古今中外所发现第一流的真知灼见，实无一不是从“做”中得来。哲学家之发明学说，宗教家之创立教义，何尝有一例外？上面所说的牛顿已是一个铁证。兹更引二三中外哲人，以资说明：

1. 孔子少贱，故多能鄙事。他入太庙，每事问。晨门称他是知其不可而为之者。多能鄙“事”，每“事”问，知其不可而为之，便是孔子发明他的哲学之根源。

2. 达尔文、瓦雷士的天择学说，不是从天上凭空掉下来的，也不是从脑筋里空想出来的；乃是在动植物中，经年累月的一面干，一面想；干透了，想通了。然后才有这样惊人的发见。

3. 耶稣基督、释迦牟尼之创立教义，也不是凭空冥想出来的。试把佛教经典及基督教的《新约全书》，打开一看，便知道他们所阐明的教义，并不是整套同时公布出来；他们是在众生中，随行随明，随明随传的。

由此，我们可以下一结论曰：“‘哲学起于怀疑’‘宗教起于信仰’；怀疑与信仰，都是应生活需要而来的，都是在做学教合一上面发见的。”

十五、不承认精神与身体分家

我们既以“在劳力上劳心”算为“做”的定义，当然不能承认身体与精神分家。自动的涵义，便是同时具有力与心之作用，即同时要求身体与精神之合作。“做学教合一”，既是人生之说明，所以人人都在做，都在学，都在教。但是“做”错了，学与教都跟着错。

怎样会“做”错呢？错用目的，错用器官，错用工具，错用方法，错用力量，错走路线。……这些，都会叫人做错，即会叫人学错、教错。

“做学教合一”的要求是：事怎样做，便怎样学；怎样学，就怎样教。教的法子，根据学的法子；学的法子，根据做的法子。做一件事，就免不了这三方面。所以，“做学教”是有连环性的。

十六、以革命为证

革命这件事，要怎样“做”才能成功？这是我们要首先考察明白的。我们试分析起来，觉得要想革命成功，须有种种条件如下：

1. 适应现代中国需要之主义；
2. 忠勇廉洁爱民的领袖；
3. 纪律严明、器械精良的武力；
4. 特具独立发明之学术；
5. 开源节流的财政；
6. 训练自立爱国民众之教育；
7. 联合世界上以平等待我之民族；
8. 贴标语；
9. 游行等等。

假使革命要满足这些条件才能成功，那末，革命“做学教”就该在这些事上整个的“做”着；在这些事上整个的“学”着；在这些事上整个的“教”着。

倘若把头几样撇开，只以“贴标语”“游行”为能事，做虽是做，却是做错了！因为把以前几样抛开，这是忘本的。所以你在“贴标语”或“游行”时，在这“做”上，至少须把以前的条件“学着”“教着”，那末，方才发生效力，否则，是徒劳而无功的！

十七、做学教原则下的看书

“做学教合一”的学校，看书的时间，是有规定的；所看的书，也有一部分是指定的。但比别的学校，要自由得多。所以对于书籍，有一条方针：做什么事，用什么书。它——做学教——极力反对为读书而读书；它——做学教——极力主张为做事而用书。

但是它——做学教——现在尚是摸黑路，天天向着光明大道上跑。

它——做学教——想依据生活历程，编辑一个最低限度的《用书目录》，将来编成以后，看书和用书，就可以上轨道了。

在“做学教合一”的学校过生活的学生，只要谨守“在劳力上劳心”的原则，自然能从具体归向理论，能从片面走向系统了。

十八、技能与知识

谁也都知道，技能与知识是分不开的。铁匠或木匠司务，只会把徒弟教成一成不变的铁匠或木匠，一式一样的永久不知变化。这是实未足以尽教育之能事。

1. 因为中国的一般铁匠、木匠，实在是有一部分教错了。从粗枝大叶，荦荦大者来说：“他们只知‘劳力’而不会‘劳心’。”以致技能与知识都不能充分发展，形成不进则退的病症，长此以往将焉能与这二十世纪物质文明的时代相角胜？

2. 因为他们除了呆板的职业训练以外，其余关于人生需要的教育都被漠视了；应具的ABC知识，也都被在遗弃之列了！这又是一桩多么危险的事体呀！

假使中国的铁匠、木匠，都“做”的不错，“学”的不错，“教”的不错；能在“劳力上劳心”，各方面生活需要都能顾到；那末，铁匠、木匠所应受的教育，便是人人应受的教育了。

王木匠要有技能和知识，也如同达尔文要有技能和知识一样。达尔文假使没有辨别物种变异的技能，便不能发现天择的学说；王木匠若没有由克雷地的几何知识，便要做出七歪八斜的桌子来。

可是，王木匠和达尔文有个不同之点：王木匠把知识化成技能；达尔文却用技能产生知识。不过，王木匠倘使能用知识所变成的技能，进一步去产生新知识；那么，王木匠亦可成为达尔文一流的人物了！假使达尔文停止在观察生物的技能上，而不能用它去发现天择学说；那末，终达尔文之身，也不过是王木匠的兄弟罢了！

十九、几个总纲领

“做学教合一”的理论和实际：要说到它——做学教——的精微处，就搜罗普天地的万象，集合中外古今的宏哲，实难以究其堂奥；要说到它——做学教——平易呢，即妇人、孺子、村夫、牧童，也能知能行。换言之，只要你用抽象的眼光，旁观的态度，留心去观察，则一举措间，一瞬目中，均无往而非“做学教合一”！现在且将几个总纲领写在下面，俾供参阅：

1.“做学教合一”，是全人类生活进程中的ABC。

2. 要想获得人类全体的经验，必须从“做学教合一”始；从“做学教合一”终；与“做学教合一”共终始，那才最有效力。

3. 生活教育，就是“做学教合一”。

4. 除了“饱食终日，无所用心”的猪仔式的人生观者外，谁也时时刻刻都须有“做学教合一”的心念。

5.“做学教合一”的生活法，是有意义的，是要“在劳力上劳心”的。

6.“做学教合一”，是有连锁性的：怎样做，就怎样学；怎样学，就怎样教。教的法子，根据学的法子；学的法子，根据做的法子。

7.“做学教合一”，不但不忽视精神上的自动，而且又有身体上的自动。——因为有“在劳力上劳心”，脚踏实地的“做”为它的中心，所以精神便随这“做”而愈加奋发有为。

摘自徐德春《做学教ABC》，世界书局1929年版。

复校长职的条件①

（一）此后校长有经济支配权；

（二）此后校长有进退同志权；

（三）此后倘遇有同志侮辱同志而正义不伸者，知行与之同去。

1929年9月15日提

原载《乡教丛讯》第3卷第16期，1929年9月30日。

【注释】

①本篇摘自《开步走》一文。记录者：张宗麟。今题为编者所拟。

1929年9月7日，陶行知在晓庄学校寅会上宣布辞去校长职；后又布告全校：由张宗麟代理。辞职原因是一位师范生不满意罗（良铸）、丁（柱中）两指导，就“揭帖”（大字报）于墙。陶行知认为，这是攻讦，应受纪律部制裁。纪律部没有迅速作出处理，陶行知宣布辞去校长职。后在张宗麟等人的斡旋及全校师生的至诚挽留下，陶才答应复职；并于9月15日提出了三项条件。大家接受了条件后，召开了欢迎陶校长复职大会。事情遂告平息。

筹设各级各种师资训练机关计划①

（一）期限

五年内完成全国师资机关。

（二）各级师资训练机关的程度及年限

一、乡师程度：

1. 收初中毕业生，训练二年，派充乡小副教员，再修满三暑假毕业。

2. 收高小毕业生，在十五以上者，给修业证书，派充乡小助教；服务两年并修满两暑假，再回校肄业一年，重出服务二年，并修两暑假，给毕业证书。

3. 乡小教师有初中毕业同等程度者，训练三年，给毕业证书，准充初小教员，也得在第一年末及第二年末出外充副教员，再入学一年或二年或修六暑假，给毕业证书。

4. 乡师得附设乡村幼稚师范科，程度与乡师同。

二、师范学校、高中师范科都招收初中毕业生，予以三年或与前条修二、三项相仿的训练，给毕业证书。也得附设幼稚师范科，程度与高中同。

三、师范专修科：招收高中毕业生，或高中师范科、师范学校，或村师毕业生，予以二年训练。

四、师范专修科招收高中毕业生，毕业后准充初中教员。

五、乡村师范学院：收大学或师范大学二年修业生，或师范专修科或乡师专修科毕业生，受两期训练，第一期肄业一年，派赴乡师服务两年，再修学一年，授学士学位，准充乡师专修科教员。

六、师范大学、大学教育学院，及其他大学与师资训练有关各学院，均招收高中毕业学生，予以四年或与前条相仿的训练，授学士学位，准充中学教员。

七、国立义务教育学院招收大学毕业生、或师范大学或乡师学院毕业生，训练一年以上派充乡师学院教员。

八、各大学研究院招收大学毕业生，造就大学师资。

九、各级师资训练机关得分组分科设特种训练班，年限一年到三年。

（三）设立师资训练机关办法

一、乡师以每县设立一所为原则，贫县得两县合设一所，暂定全国共设一千五百所。从训政时期第一年起，年设五百所，到第五年一千五百所完全成立。每所开办费暂定四万元，经常费年二万元，中央得酌予补助。

二、高中师范科及师范学校，两制并行，以省立为原则。开办费暂定三万元，经常费年约二万元。

三、幼稚师范科以附设师范学校或高级中学为原则。

四、乡师学院以省立为原则，乡师专修科附设于乡师学院中。两处共开办费二十万元，经常费年十万元，由中央补助。

五、师范大学及大学教育学院以国立为原则。开办费十万元，经常费八万元，由国库支。

六、师范专修科附设于大学教育学院内或师范大学内，各省也可独立设置。独立的每所开办费八万元，经常费年四万元，由省库支，中央得酌予补助。

七、国立义务教育学院一所，开办费一百万元，经常费年二十万元，由国库支。

（四）各级师资训练机关的课程

一、十九年春间，教部应组织专科以上学校课程标准起草委员会，拟订专科以上师资机关课程标准。

二、高中师范科、师范学校课程，标准规定两种。

1. 暂同中小学课程标准起草委员会所拟草案，该试行期满，再由教部修订作为正式标准。

2. 参照乡师科课程办法根据小学需要时拟订标准。

（委员会定必修选修学分表见计划中）

三、乡师课程标准，交由中小学课程标准起草委员会，拟据小学需要拟订。修习必修科目可参照第一种高中师范科课程增减，以资深造之（参看原计划）。

四、幼稚师范科及乡村幼稚师范课程标准，由中小学课程标准起草委员会拟订。

五、各级各种师资训练详细课程，由国立大学、国立义务教育学院，以各省教厅根据试行标准拟订。

六、各级特种师资课程，由教部组委员会拟订标准。详细课程由国立大学或教厅根据标准拟订。

（五）实习办法

一、实习分参观、见习、试教三步骤。

二、师范学校应有专员负责筹划指导。

三、师范生实习不及格者，不得毕业。

四、应有中心学校，作训练中心。

（六）服务及待遇

一、毕业生服务期限，应与其所受训练年限相等，但强迫期间不得过五年。

二、因病不能服务，经医生证明，可以延缓。

三、不服务的，追缴学费。

四、免收学宿费。

五、中途退学，向经济保证人追缴学费。

（七）职业科师资训练办法

一、师范大学及大学教育学院、法政大学农工商各科毕业生，予以一年训练毕业后充高中职业科或职业学校教员。各大学农工商等学院学生如有志职业教育，应从第三年起选修教育科目六学分以上。科目由上海教育学院教育学系规定。

二、师范专修科得招：（1）专科学校毕业生，（2）高中职业科毕业生之有三年以上实地经验者，予以一年训练，使充高中程度职业科目教员。

三、师范学校或高中师范科，得以职业学校或高中农工商科毕业生之有应当经验者，予以一年训练，使充小学程度的职业补习学校或补习班教员。

四、课程由教部组委员会订定标准。详细课程由国立大学及各教厅根据标准拟订。

（八）中小学教职员进修办法

一、开办暑期学校。

1. 每年由各国立大学开办。

2. 各省各特市每年应办一所，应不收学费，课程适合需要。省办的每年地点不必同，不办暑期讲习会的市县应各派二人入学。

二、订定并颁发中小学教员进修书籍。

1. 由教部编订分类书目。

2. 由中央及地方合力筹款分购定教员进修最低限度书籍，分配各校。

3. 各省市县应筹足经费，限期开办巡回图书馆。

三、提倡阅读团。

1. 书目由教育厅特约的指导员或专家选定。教员每学期至少报告阅读心得一次。

2. 阅读团经费由市县教育行政机关担任，受他的监督指导。

四、选拔优良教师继续深造。

1. 每年由各省办选业试验一次，送往国内外相当学校肄业。

2. 选派人数及标准由各教厅订定。

3. 学成后回原派省市服务。

五、各市县开办假期讲习会。

1. 一县或数县联合办理，经费由县负担。

2. 讲习材料注重实际问题，并应征求各会员的意见。

六、明定教育会研究学术办法。

1. 分组研究，每学期开分组会；每年有研究报告和刊物。

2. 经费由会员分担，出版物印刷费得受补助。

七、试办大学推广教育。

1. 委托著名大学办理一科或数科函授学校。

2. 各大学酌开晚班及短期学程班等。

出自1930年上海江东书局《第二次全国教育会议始末记》。

【注释】

①本篇原发表时无署名。陶行知参加了拟订。

1929 年 9 月，陶行知被聘为教育方案编制委员会委员、常委；同年 10 月，受聘为师范教育组委员，参与本计划的起草。师范教育组主任为陶玄，其他委员还有：郑宗海、孟宪承、郑通和、黄敬恩、朱经农。

欢迎克伯屈先生来华考察

克伯屈先生是设计法的发明者。设计法在教育史上占有很重要的地位，现在发明者来了，我们应该怎样的欢迎？杜威先生的教育哲学，是世界上公认的，而根据这个理论找出具体的方法，去实现这个理论，予教育界一个伟大的贡献的，就是克伯屈先生发明的设计法。

克先生到中国来，已经是第二次了。在初次来华时，晓庄学校正在筹备期间，先生对待我们的态度，非常表示诚意。因为那时期，正值国内清党，沪宁路线不通，有许多不安的现象，所以不能来到晓庄。那时先生心里，非常纳闷！这一次来华考察我国的教育，有许多朋友对我说："先生这次因为时间短促，只要看我们晓庄学校。"但在华时间不久，要放洋出席泛太平洋会议，匆促来晓，愈觉难能。我们只有表示十分欢迎的诚意。我们深信，现在世界上能够给我们最有价值的指导的怕只有克先生。这不是平常的开会，倒是一个四代同堂的家庭会：因为先生是我留美时的老师，今天我与师范同学、小朋友，都聚集一堂，这不是四代吗？（大家鼓掌）一家团圆是人生最有意思的生活。

1927年10月15日讲

原载《乡教丛讯》第3卷第20期，1929年11月30日。

今日之幼稚园[1]

我对于幼稚教育是个门外汉，不配谈什么。各位既要我说话，我只有一件事向各位报告。此次我的老先生克伯屈（Kilpatrick）[2]先生来参观各国的教育，当然也来参观中国的教育；参观中国的教育，当然也来参观我们晓庄的教育。他对于我们中国的幼稚园有一个批评，我们晓庄自然不能例外。他的批评是怎样的呢？他说："现在中国的幼稚园，还是在二十五年以前的幼稚园。"我听了他这个批评，当然也就起了两个反应：第一个反应是承认他这个批评有一部分是对的；第二个反应是为我们的幼稚园辩护。我为什么发生出这样的两个反应呢？现在我拿来向大家报告一下：

第一，我反对他这句话。我只承认他的批评有十分之三点三是对的，其余之六点七是不对的。什么叫做十分之三点三是对的？什么叫十分之六点七不对呢？这话怎么讲呢？我在当时，我就问他："中国的幼稚园还是在二十五年以前的幼稚园，当然不是今日的幼稚园，究竟什么叫做二十五年以前的幼稚园，什么叫做今日的幼稚园呢？"他说："二十五年以前的幼稚园，就是一切都是机械的，同是一律的天天在那里拍拍手，走走圆圈，一个教师在那里弹着琴……总之，一切活动，都是机械的，千篇一律、万篇一律、一成不变的。"我当时就对他说："你这个说法，我们这里的幼稚园确实也是这样。但是，这也才是一小部分，还有其他的一大部分你还没有看到，我可以带你去看看。"于是我就带他到晓庄幼稚园的农场上去看小朋友所种的东西。后来，我又带他去看燕子矶幼稚园。他说："啊！这些我在外国倒还没有看见过，这是很好的一种办法。"后来，我又向他说，我们这里所办的幼稚园，要适合下面的三个目标：

"第一是要平民化。现在的幼稚教育，多数是操纵在贵族阶级及智识阶级的手里，我们这里是要把幼稚教育从贵族阶级、智识阶级的手里夺出来，普遍到平民阶级。进一步我们还要把贵族阶级、智识阶级、平民阶级打成一片。我们这里的幼稚园，不是为什么部长、总长的小孩子办的，我们是为农工阶级的小孩子而办的。我们也不是只徒喊口号，而是见诸实行的。你看，我们幼稚园里的小朋友不一个个都是农家的小孩么?

“第二是要经济化。‘我们深信乡村教师要用最少的经费办理最好的教育。’这是我们的信条之一。这个意思就是说，我们要用少的金钱办出好的教育，不是用很多很多的钱把一个幼稚园弄得非常华贵。幼稚园要想在平民阶级里普遍起来，自非省钱不为功!

“第三个目标是要适合于乡村儿童生活的。我们不要搬洋货，也不要鹜时髦，只求适合于乡村儿童的生活。我们的主张是这样，我们的办法是这样。你如果赞成我们的主张，愿意和我们努力的话，我希望你们哥伦比亚大学在放假的一年——他们是六年之后放假一年③——有一个幼稚教师到我们此地来走一遭，那么我们就可以打成一片，共同努力了。”

他说：“我很赞成你们的主张，我愿意努力。”

克伯屈先生给予我们这个批评，是我再三的要求他，要他不辜负此行才说的。假若今天我不将这个批评转达给大家，也就辜负了大家今天要我在这里来说话的厚意!我把这个意思转达出来，就是要使得大家格外的努力。我们一方面在这里干，我们一方面还要吸收别人的经验，我们要把英国的、法国的、日本的、意大利的、美利坚的……一切关于幼稚教育的经验都吸收进来，我们来截长补短冶成一炉，来造成一个“今日之幼稚园”!要造成今日之中国幼稚园，就是从今日起我们就要下功夫!

1929 年 10 月 28 日讲

原载《乡村教师》第 11 期，1930 年 4 月 12 日。

【注释】

①本篇系在晓庄学校幼稚教育研究会上的演讲记录。记录者：戴自俺。摘自《蟠桃学园》一文。题目系编者所拟。

②克伯屈（William Heard Kilpatrick，1871—1965），美国教育家。当时任哥伦比亚大学师范学院教授。陶行知留学美国时曾受业门下。

③当时美国一些大学规定，教师经过六年教学之后，可休假一年。

和平门的村民大会

——解决吃水问题的教学做

罗马帝国军队每到一个地方，一律要做两件事：一是就地立刻开一口井；二是造一条大路通到罗马。这两件事却是我们乡村教育同志所可取法的。所以开办和平学园的时候，第一件事就是开井。西方有句俗语说：文明的高下，可以用水来量。这句话包含了不少的真理。我们站在教育立场说：生活教育也可以用水来量。即以我们的五大目标而论，没有水便不能实现。一九二九年南京大旱，格外觉得水为生活所必需，亦即教育所必需。没有充分的水，那康健的体魄，劳动的身手，科学的头脑，艺术的兴趣，改造社会的精神，都不大好培养。所以我主张乡村学校第一件事是提倡开井，有井的，提倡修井。和平门的井是学校开的，但是献给全村公用。不久发现了两个大问题。

（1）每天出水二百担，不敷全村之用，于是大家都起早取水，明日又比今日起得早，甚至一夜取到天亮。没有取夜水的，到了日里来，井已将干了。群众聚在井边，一杓一杓的取，费尽气力才打出一桶水。

（2）大家围着取水，争先恐后，有时甚至以武力解决。这样过去了几星期，后来连所谓学校的先生也没有水吃了。我们考察缘故，才知道有这么大的困难。有的主张由学校限制各户取水数量，要学校取完了水有余的才许开放。我们要知道这样想法，是与本校的“社会即学校”“生活即教育”的主张冲突的。我们惟一的办法是开一个村民大会，由大家共同来解决这个问题，共同来做一个解决吃水问题教学做。这个村民大会是在民国十八年十月二十九日下午五时开的。每家来一位代表，男子在家男子来；不在家的，女子来；男子不在家，女子在家看门，就派十岁以上的孩子来。有人要问教育没有普及，这个会议是可能的吗？和平门的事实告诉我们，只要有指导，可以办到。那天证明，这是训政最有效力的办法。敲钟五下，全村代表准时入座。会中以老太婆发言最多、最扼要。我和几位师范生组织了一个顾问团，坐在群众中间，帮助贤明的农民做皇帝。主席未推之前，我便建议如何推举，并说明我和教师都没有被推为主席之资格，我们是农民的顾问，主席是要农民做的。结果会众推了一位十二岁的小朋友做主席。这位小朋友便是在做主席的时候学做主席。主席推定后，我又说明如何议事及表决，例如同时不能有两个人发言等等。最有趣的一幕是一位老太太站起来说话的时候，还有一位老太太急急的也要站起来发表意见，旁边另一位老太太扯她的衣服说，让那位说完了您再说吧。我们这天共同议决的事情如下：

（一）水井每天休息十小时，自下午七时至上午五时，不许取水，违者罚银一元充修井之用。

（二）每次取水，先到先取，后到后取，违者罚小洋五角充修井之用。

（三）公推刘君世厚为监察委员，负执行处分之责。

（四）公推雷老先生为开井委员长，筹款加开一井。茶馆、豆腐店应多出款。富户劝其多出。于最短期间内由村民团结的力量将此井开成。

这几个议案由农民会议通过。上项首三案当晚实行，没有一个人违背，可见民众力量的伟大。次日取水秩序井然，也无争先者。这事证明六点：

（一）民众运动，要以对于民众有切身关系的问题为中心。

（二）社会运动教学做，非以社会为学校则不能彻底实行。

（三）乡村民众是容易培养的，不要以为老太婆小孩子不可培养，只要有信仰，有办法，是没有办不成的事。

（四）公众的力量，比学校或任何少数人的团体的力量要大得多。假使单由学校发号施令，则社会了解的人少，而且感情将由此分离。

（五）培养乡村民众必须有指导。和平门的吃水问题，倘无相当指导，可以再过四五十年还没有解决。

（六）做民众运动，是要陪着民众一起干，不要替民众干。我们要想培养中华国民，非如此办理，小则误事，大则误国。

原载《乡教丛讯》第3卷第19期，1929年11月15日。

在湘湖师范教学做讨论会上的答问[①]

问："道尔顿制"[②]与教学做合一之异同如何？——唐文粹

答：按"道尔顿制"，学生有一个时间的预算，依着进程表工作，不过它太看重了书本！它每门功课，都有实验室，其实只是图书室。在里面，学生根据先生做好的问题，各人按照各人程度去找答案。它的好处，便是能够按照各人的程度工作——聪明一点的可以做得快些，愚笨一点的可以做得慢些。所以在这制度下的学生比较旧式学校要自由得多。可惜它太看重了书本，而且须初中以上的程度才能行。

"教学做合一"是以生活为中心——怎样做，就怎样学；怎样学，就怎样教。所有的问题，都是从生活中发生出来的。从生活中发生出来的困难和疑问，才是实际的问题；用这种实际的问题来求解决，才是实际的学问。它的实验室是大自然和大社会，不像"道尔顿制"那样专在书本上做工夫了。虽然书中也有一部分可以解决生活问题，不过书仅能用为生活的工具罢了。

问：什么是"教学做合一"？——叶纶恕

答：教学做合一有两种涵义：一是方法；二是生活的说明。

在方法方面，它主张教的法子根据学的法子；学的法子根据做的法子。不然，便要学非所用，用非所学了。

在又一方面，它是生活的说明，在做上教的是先生；在做上学的是学生。从先生对学生的关系说，做便是教；从学生对先生的关系说，做便是学。先生拿做来教，乃是真教；学生拿做来学，乃是实学。不在做上用工夫，教不成教，学也不成学。一个活动对事说是做，对己说是学，对人说是教。我们不能说种稻是做，看书是学，讲解是教。为种稻而讲解，讲解也是做；为种稻而看书，看书也是做。

例如烧饭是做，烧了一次饭得到一种经验而进步便是学；你的进步影响到别人，使得别人也进步，便是教。

又例如孙中山先生革命，也是教学做合一的。先生领导同志革命是做；愈革命愈进步，像组织兴中会[③]，改组同盟会[④]，民国成立，改组国民党，后又改为中华革命党，以至于十三年改组的中国国民党，这便是学；他一面革命，一面人家受了他的影响，也同起而参加革命，这不是教吗？

西洋教育最好的是“研究所”和小学，其余的中大学都不大好。我有一次在美国参观一所研究所，觉得它的办法的确是教学做合一。一个六七十岁的老先生，带着几位助理，就是徒弟，在那儿共同研究。他自己研究蚊虫——看它是怎样产生，什么方法才能灭它，这便是做。他愈研究愈进步便是学。徒弟在旁边有研究蛇的，也有研究苍蝇的，都受他的影响而进步便是教了。

连上海的绑匪，也是教学做合一。不然，一定利市没有发，包管被人捉了！冯玉祥练兵也是教学做合一的。他的军队之好连张作霖也承认。所以最好的教育，要想它有效，须是教学做合一；最坏的训练，要想它有效，也要教学做合一。教学做合一，是最有效力的法子。不过教学做合一，有死的教学做，有活的教学做。比方从前用嘴舌为教，用耳目为学，用手为做，那便是机械了，把教学做三个字都看死了。我们的耳、目、口、舌，四肢百体，统统是脑筋发号施令的器官。做一事，用得着什么器官，便用什么器官，这才是把做字看活呢！

有意义的做与无意义的做。

人家怎样做，我也怎样做，而不求其所以然，便是无意义的做。在劳力上劳心，手到心到才是有意义的做。比方烧饭，便要用心想：“如何使饭烧得好？”“如何用烧饭的书，用别人烧饭的经验，使自己所烧的饭，既合口味，又合卫生？”这样烧饭才算是有意义的。

做有意义，即学有意义，教有意义。

做什么事，便看什么书，问什么人，用什么工具，那么才做得好，学得好，教得好。不然，“饱食终日，无所用心，难矣哉”！

问：教学做的目的是什么？——翁衍桢

答：教育的目的要先看所教的是什么人。各校有各校特殊的目的。像我们乡村师范学校，总目标是：培养乡村人民儿童所敬爱的导师。从总的目标又析为五个分目标，如下：

培养乡村人民儿童所敬爱的导师：
- 康健的体魄
- 农人的身手
- 科学的头脑
- 艺术的兴味
- 改造社会的精神

问：社会改造教学做宜如何去干？——翁衍桢

答：我们是培养小学教员，便以小学教员对于社会改造来做例子。大凡小学教员，没有改造社会的精神，便是很枯燥无味的。乡村教师与未来的乡村教师，心里都应当有一个“理想的社会”。比方这里定山已是一个社会，我们要把这个原有社会的恶习惯、坏事情统统把它革除，把我们心中理想的新社会实现出来。虽然时间不许我立刻完全成功，但是我们干一段去了，可以把未完工作交给第二届同学，以至于第三届、第四届、第十届……同学去干。不过这里建设好了，对于你们将来出去做教员有什么关系呢？因为“以一知万”或“一隅三反”——定山会改造了，别处也就可以推想了。

教员的天职是变化，自化化人。虽然不容易学孙悟空的七十二变，但是至少要看重变化。普通许多做教员的，都是不得已而为之，这种心思我们应该着实革除！无论什么人，一说到当教员，必得有个理想的社会悬在心中。国民党员做教员的时候自然抱着三民主义的理想社会，去努力做下层建设的工作。假使他是个无政府党员，他便以一种无政府社会理想做根据，想以教育的力量来替代政府。我们对于自然的环境和人为的环境，都该要有理想的安排。教育是实现理想社会的历程，假使理想社会里有不好的东西，我们就要运用教育力量去变化它。至于优良的，虽在这社会之外，也要把它吸进来。

问：小学教员一个人单枪匹马，那里有闲工夫去干社会工作？——项采林

答：小学教员是不是一个人？学校中许多小学生都是我们的小同志；而且来往的成人，个个都能受我们的同化。比方叫孙中山先生来做小学教员，那他一定把许多小学生都变成小革命党了。小学生中大的能教小的，智的能教愚的。成人的朋友们也可一面感化一面协力去干的。穷乡僻壤的小学教师，决不是唱独脚戏。

问：赵叔愚先生对于农民的训练：（一）基本的训练，（二）生产的训练，（三）政治的训练，应否同时并进，或那一步先干？——徐耀士

答：这个问题要看社会的情形而转移。或先干基本训练，或先干政治或生产，或同时并进都可。总之要看地方情形，那一种容易着手，就先干那一种。我们干民众训练，一时不能达到，万不可性急！性急了，非但精神上感觉很大的痛苦，而且事实上要发生障碍。要把我们理想的社会，慢慢一步步地进行。赵叔愚先生的农民训练，是整个的；要想训练整个的国

民，就非整个的训练不可！（方与严在会上补充）

问：照先生的《“伪知识”阶级》一篇看，或许是不要文章了？其于发表理论何？——罗谦

答：要发表理论，便要文章来做工具。你们的日记，便是学做文章的一个最好方法！日记是我们一天心灵的写真。每天不同的生活，要我们写出来；我们要应付这种要求，便自然的产生出活的文章。我们做小学教员的人，将来是要做些儿童文学给儿童看，做些民众文学给民众看，都是要此时练习成功的。所以每天日记，要把亲耳所听，亲目所见，亲手所做的发表出来。每天的生活不同，就能够使每天的文字不同。要有活的日记，就要有活的文字记载。进步一定比以前死的“作文”当然好得多。

问：“书本”是人生工具的一种，我们生在世上，就随时随地要用工具。我们要工作就要有工具的准备。要有好的工作，就要有好的工具，所谓：“工欲善其事，必先利其器。”那么书是准备做的利器，何等重要啦！为什么又有人说读书的人叫“书呆子”？这样势必使人都不读书而后快，到底如何？请陶先生释疑。——徐耀士

答：书呆子就是读书没有目的的人。我平时尽力劝人不要做书呆子。书是一种工具，只能用，不可读。比如筷子是吃饭的工具。假使我们对于筷子，不晓得拿来用，却对着它“筷子，筷子”的念，那不是筷呆子了吗？从前有二句诗说：

“万般皆下品，惟有读书高。”

又说：

“满朝朱紫贵，尽是读书人。”

假使书是应当读的，便应使人人有书读；决不能单使一部分的人有书读，叫做“读书人”，又一部分的人无书读，叫做“不读书人”。比如饭是应当吃的，便应使人人有饭吃；决不能使一部分的人有饭吃叫做吃饭的人，又一部分的人无饭吃叫做不吃饭的人。只知读书不会做别的事，便是书呆子，书呆子和只会吃饭的饭桶一个样子。

问：何谓真知识，何谓伪知识？——黄上青

答：真知识是思想与行为结合而产生的知识，真知识是安根在经验里的。从经验里发芽长叶、开花结实的是真知灼见。

伪知识可分二种：

一、根本上错误的，不符事实。

二、强不知以为知，实在不知。人家告诉他，可是他自己一点经验没有，对于别人所说的话并不了解，这也是虚伪的知识。

可是真知识还有可以同接树枝一样接上的。人家的真知识，接在我们素有的经验上，也可变为自己的真知识。若自己一些经验没有，就是他人有真的知识也接不上去。

书本上的知识有一部分是真的，有一部分是伪的。文字好像是钞票，没有经验而发表的文字，好比是没有准备金的钞票。伪钞票不值一文钱。从前的八股文百分之九十九是伪的。现代的“洋八股”也是伪的！

问：教学做合一与设计教学法[⑤]之异同如何？——毛守诚

答：设计教学法比“道尔顿制”好些。就精神说：它与教学做合一的道理也很相近。但既称为教学，往往把做字忘掉，便与教学做合一不符。行这个方法的学校，往往从先生脑袋里设出计划来，也有时与学生的生活渺不相关。教学做合一乃是生活法。有意义的生活自必有计划。但是，教的计划是根据学的计划，学的计划是根据做的计划。设计是为生活。设计教学做是生活法的一部分。

问：为什么天天要自己干扫地、抹桌、烧饭等工作？——黄上青

答：烧饭是一种美术的生活。做一桩事情，画幅图画，写一张字，如能自慰慰人，就叫做美。一餐饭烧得好，能使自家吃得愉快舒服，也能够使人家愉快舒服，岂不是一种艺术吗？今夏冯玉祥氏，曾来我们晓庄学校参观，他看了我们那校里烧饭都是同学和指导员自己一起烧的，他马上打电报给总司令部：官兵一律自己烧饭，不用伙夫。后来他说：“第二集团军从此每月可省好多万元，而于战斗力也无损失！”

扫地抹桌，是养成扫除肮脏的习惯。我们还可以把扫地抹桌的魄力，推出去扫除全国的、全世界上的一切的肮脏东西！我们要能随时随地，见肮脏就除，见污秽就扫，必使家庭无肮脏，社会无肮脏，国家无肮脏，世界无肮脏而后已。

问：教学做合一是要做什么事，才去看什么书，请教什么人。似此则事实与时间上往往发生因应付不能裕如的困境，而绝端犯了“临渴掘井”“临时抱佛脚”的弊病！未稔何以教之？——徐德春

答：“临时抱佛脚”是可耻的，临渴而能掘井，才算那人还不致去讨水或偷水喝，尚不无创造的精神！但是我们凡做一事，须要立定先后缓急的计划，准备充分可用的工具，才能应付裕如；倘使我们按照需要的生活

历程去预定计划，自然没有“临渴掘井”的弊病了。

1929 年 11 月 10—11 日讲

出自陶行知著《教学做合一讨论集》，1932 年 10 月上海儿童书店版。

【注释】

①本篇系答问记录。记录者：罗谦。

②道尔顿制，一种教学制度。1920 年，由美国著名教育家柏克赫司特（Helen Parkhurst）创立于马萨诸塞州道尔顿中学。该教学制度强调发展儿童个性，注重自由研究。不采用传统的班级授课制，代之以作业室制。作业时间由学生按计划各自分配，以利于养成儿童独立自重的习惯。

③兴中会，孙中山早期创建的中国资产阶级革命团体。1894 年成立于檀香山。

④同盟会，全称“中国革命同盟会”。孙中山创立的中国资产阶级革命政党。1905 年 8 月在日本东京成立。

⑤设计教学法，美国教育家克伯屈等人所创。主张打破班级授课制和学科界限，由学生自己决定学习目的，自己设计方案和自己实行，在单元活动中获得有关的知识和解决问题的能力。

在湘湖师范教学做讨论会上的答问补遗①

（节录）

先知后行呢，抑先知而后知？——何孝在、徐德春

答：“行是知之始”：比方这个灯火是要烫手的，真知这个烫字一定是自己碰过火烫了知道的，这是从“行”而后“知”的证据。

瓦特发明蒸汽机，也是从“行”中发生真“知”的，他因烧开水见壶盖自开而知道蒸汽有力，可以推动东西，所以发明蒸汽机。世界上第一流的知识都是从“行”中得来的，学校是“行”的地方，是“行”以求“知”的地方，所以说：“知是行之成。”

中山先生的“知难行易”，是鼓励人去“行”的；照上面学说看起来，“知难行亦难”，因为“行”要分“求知之行”和“推知之行”。“求知之行”难，“推知之行”易。至于阳明先生的“知行合一”是“即知即行”，那么“知行”就一样地困难，或是一样地容易。实在“知”和“行”不能分开，不过是一件事的两面而已。

“于出头处求自由”作何解，请指示。——徐德春

答：倘使能够出头，便得自由。自由可分公共的出头，个人的出头。譬如中国如果能够在国际上地位平等，不受外国人欺侮、压迫，便是公共出头；个人的出头是言论自由，出版自由，信仰自由，居住自由，这不是出头了吗？中山先生有“在立脚点谋平等”一句名言，可是出头处，却一定要自由，比如要长七尺高的树，你要压它只许高五尺；或要把它拔到十尺，那无论如何是不可能的。

现在的学校，为什么要轰轰烈烈干那消费工作呢？我们干乡村教育者，是否一定要有足球、篮球等运动？——毛守诚

答：这个问题，是要普遍到生利农工阶级去，不像从前做皇帝的，要保障他自己的江山，用愚民政策来教育一般聪明才智之士，钻研些八股文章、诗词歌赋……诱以高官显爵，笼络其心意，束缚其思想，桎梏其行动，而用种种方法来施行他的分利教育。近来科举虽废，而种种教育，或

贩卖式的教育……换汤不换药，旧的八股变为“洋八股”了。

“教学做合一”，是希望从“做”上“教”出生利的方法让人去“学”。现在的小学教员，差不多把儿童的双手束缚起来，教他们不做事，不训练其生产本领。这是乡村教育应从大处着眼，小处着手改进的地方。

乡村教育者，应该做生利的运动：像挑水砍柴、种田地、做菜园等等都是。不过经济宽裕的时候，却不妨添设些篮球等运动——因为他有团体的组织，可以从运动中养成团体生活习惯，至于网球、高尔夫球等就嫌有些贵族化了。

为什么天天要自己干扫地、抹桌、烧饭等工作？——黄上青

答：烧饭：非但是一种义务，并且是一种美术生活。中山先生说过：“烹调者，美术之一也。”做一桩事情，画幅图画，写一张字，如能自慰慰人，就叫做美。必使一餐饭烧好，能使自己吃得愉快舒服，也能够使人家愉快舒服。何况吃饭，是人生一件大事。一天到晚，无论做什么事，都要看吃饭做标准。今夏西北军总司令冯玉祥氏，曾来我们晓庄学校参观，他看了我们校里的饭菜都是同学和指导员自己烧的，他马上打电报给军部，要官兵一律自己烧饭，不再用伙夫烧。后来他说：“第二集团军从此每月可省好多万元，而对军事训练，仍无丝毫影响。”

扫地抹桌：是养成扫除肮脏，保持清洁卫生的习惯。不但我们应该做，而且可以推广到以扫地抹桌的魄力去扫除社会上的污泥浊水。全国家的、全世界的、一切的肮脏东西不让它存在。我们要能随时随地，见肮脏就除，见污秽就扫！必使家庭无肮脏，社会无肮脏，国家无肮脏，世界无肮脏而后已。

孙中山先生对士兵说：“你们当兵的人，都须爱护老百姓；因为你们当兵的时候少，做老百姓的时候多！”所以，我们正可推此言以及于“扫地”“烧饭”……，因为我们住房子和吃饭的时候多，“扫地”“烧饭”……的时候少！

1929年11月10—11日讲

原载《湘湖生活》（复刊）第1期，1981年。

【注释】

①本篇系答问记录。由罗谦依据沈麟、徐德春等人的原始记录整理而成。整理稿经陶行知过目，认为“精神实质无大出入，文字再润饰一下，

就可在《湘湖生活》创刊号发表”。后发表于该刊第1、2两期，定题为《湘湖教学做讨论会记》。其后，陶行知将此篇收入自编论文集《教学做合一讨论集》，并对原发表件进行了删削修改。本篇所节录的4节均据原发表件；前3节在收入论文集时，被全部删除；最后一节的改动甚大，因而有必要整理发表以供参考。本篇题目为编者所拟。

教学做合一测验

(甲) 是非法

您以为对的就在括弧内画个（+）；不对的就画个（－）。

（一）教学做合一是王阳明先生发明的。（ ）

（二）教学做合一是以学为中心。（ ）

（三）做的法子根据学的法子，学的法子根据教的法子。（ ）

（四）事怎样做就怎样学，怎样学就怎样教。（ ）

（五）教学做合一是把一切活动分成教的方面，学的方面，做的方面。（ ）

（六）农事教学做是我们的课外作业。（ ）

（七）教学做合一的理论赞成劳心者治人，劳力者治于人。（ ）

（八）小孩子只是学做合一，不是教学做合一。（ ）

（九）用嘴讲演便是教；用耳听讲便是学；用手干事便是做。

（十）孙中山先生带着党员实行革命就是革命教学做。（ ）

（十一）上海绑票匪带着徒弟绑活财神不是绑票教学做。（ ）

（十二）知是行之始，行是知之成。（ ）

（十三）教学做合一是从具体归向原理，从片段走向系统。（ ）

（十四）教学做合一注意身体的操劳，忽视精神的创造。（ ）

（十五）亲知不是了解闻知之必要条件。（ ）

（十六）设计教学做是生活法之一部分。但是设计教学法不一定是生活法。（ ）

（十七）用筷子吃面，用匙羹喝汤，都是生活的好法子。（ ）

（十八）道尔顿制也都是教学做合一。（ ）

（十九）艺友制就是徒弟制。（ ）

（二十）艺友制是彻底的教学做合一。（ ）

（乙）选择法

将对的一项前的数目字写在括弧里。

（一）教学做的两种写法，哪种是对的：

1.（教学做）　2.（教）（学）（做）　（　）

（二）教学做合一是：

1. 道尔顿制　2. 设计教学法　3. 生活法　（　）

（三）教学做合一理论第一次有系统之叙述是在：

1. 民国八年　2. 民国十五年　（　）

（四）真正的做是：

1. 劳力　2. 劳心　3. 在劳力上劳心　4. 在劳心上劳力　5. 劳心与劳力并重　（　）

（五）在劳力上劳心是：

1. 发明之母　2. 老八股之友　3. 洋八股之父　（　）

（六）可以跳出教学做合一的法掌的只有：

1. 孙悟空　2. 鲁滨逊　3. 小孩子　4. 隐士　（　）

（七）先生的责任是：

1. 教学生　2. 教学生学　3. 教学生做人　4. 教学生做把戏　（　）

（八）教学做合一是：

1. 最值钱的教育　2. 最有效的教育　3. 最好的教育　（　）

（九）知识：

1. 是安根在经验里的　2. 是安根在书本里的　3 是安根在专家演讲里的　4. 是安根在玄想里的　5. 是安根在自然里的　（　）

（十）为着要了解哥伦布的探险，下列数种经验要算那一种最重要？

1. 航海遇过大风暴雨　2. 在大河里坐过顺风船　3. 在泰山上玩过　4. 妈妈告诉过我坐船是有趣的事　5. 书上看见过一只船　（　）

（十一）书是为着：

1. 给人读的　2. 给人看的　3. 给人听的　4. 给人用的　（　）

（十二）帮助白鼻福尔摩斯破的血手印的杀人案要算下列那种力量最大？

1. 侦探教科书　2. 徒弟　3. 警察　4. 消息灵通　5. 平日留意手套铺的招牌　（　）

（十三）要了解三八主义，下列数种办法要算那种最为扼要？

1. 听大学教授演讲 2. 看社会学中之劳动问题 3. 在中国纱厂里做过一个月工 （ ）

（十四）下列各种方法中要算那种与教学做合一切近：

1. 道尔顿制 2. 五段教授 3. 设计法 （ ）

（十五）晓庄各种生活中以那种为最合教学做合一原则：

1. 烹饪教学做 2. 农事教学做 3. 防匪教学做 4. 国文教学做 5. 小学活动教学做 6. 农民运动教学做 （ ）

（十六）可行艺友制的地方是：

1. 普通中学 2. 普通师范 3. 有一艺之长的教师的学校 （ ）

（丙）填写法

把缺少的字填在圈里。

（一）教育法的演进有三时期：

1. 教○法 2. 教○法 3. 教学○

（二）把教授法改为教学法的主张在○○○○○○○○校务会议中不能通过。

（三）首先赞成教学法是○○○○○○

（四）教学做合一的理论是民国○○年成立的

（五）教学做合一是○件事不是○件事

（六）在做上教的是○○；在做上学的是○○

（七）种田这件事是要在田里○的，便须在田里○，在田里○

（八）一个活动对事说是○，对己说是○，对人说是○

（九）为种稻而讲解，讲解也是○，为种稻而看书，看书也是○

（十）○○县立师范把教学做改为做学教

（十一）会的○人，不会的○○○是天天有的现象

（十二）在劳力上劳心的主张是要把○○○○○一切化除

（十三）征服天然势力创造大同世界是立○○○○上的

（十四）为学而学不如为○而学之亲切

（十五）不愿拜小孩子做○○的人不配做小孩子的先生

（十六）墨辩分知识为○知、○知、○知三种

（十七）亲知是○○○○出来的

（十八）我们必须有个人经验做基础才能○○或○○人类全体的经验

（十九）以一知万的○是安根在自己经验里，有了这个○才能收知○之效

（二十）错用○○，错用○○，错用○○，错用○○，错用○○，错用○○，都会叫人做错，即会教人学○，教○

（二一）过什么○○用什么书

（二二）王木匠与达尔文有个不同之点，王木匠把○○化成○○，达尔文用○○产生○○

（二三）接知如接○

（二四）才烫了手又冰了脸，那么，○与○更能知道明白了

教学做合一参考材料

《中国教育改造》：

甲、《教学合一》

乙、《教学做合一》

丙、《在劳力上劳心》

丁、《以教人者教己》

戊、《答操震球之问》

己、《艺友制的师范教育》

《乡教丛讯》：

甲、《答朱端琰先生》（第三卷第一期）

乙、《行是知之始》（第三卷第十二期）

《湘湖生活》：

《教学做讨论会记》（第二期第三期）

《教学做合一讨论集》（印刷中）

上列材料除末一项外，应运用测验作引导，尽本星期日看完，于下星期一上午十时齐集大会堂实行测验。

原载《乡教丛讯》第 3 卷第 19 期，1929 年 11 月 15 日。

【注释】

①艺友制，凡以朋友之道教人艺术或手艺的形式，陶行知将其定名为

艺友制。

②五段教授，德国赫尔巴特学派所主张的一种关于课堂教学阶段的理论。该理论将课堂教学分为：预备、提示、联想、总结、应用五个阶段，通称“五段教学法”。

《谈心集》序

《谈心集》是什么？是白君启祥[①]的情书。现在写情书的多着咧，有什么稀奇？沉醉的一个钟头写一封；清醒的每天写一封是再也不会少的了。比着白君四五天写一封岂不更加来得热情？悲哀的用眼泪写，激昂的用指血写，比着白之淡墨白描岂不更有声有色？我写序文倘得在那些热闹场中占一地位，岂不倍觉风流？现在偏要与白集作伴，还是自甘寂寞，还是别有境界，令人依依不舍呢？既是情书，则必有爱人。白君之爱人是谁？这是大家所急要知道的。白君的爱已经给小孩子夺去了，小孩子是他现在唯一的爱人。《谈心集》是从他的心灵里呕出来献给小孩子的。他离开了他的小学生，便悬念着他们，便想到他们一定悬念着他，便要把自己所想说的话一起写给他们，不写出来便觉得难过——这都是由于一点精诚的爱心。平常的教师一下了课，便你是你，我是我，与学生漠不关心。白君乃抛弃了教师的尊严，先生的架子，以哥自居，看小学生如弟妹，发挥他的爱的教育。《谈心集》是他的爱的教育所留下的痕迹，也是他们师生间所留下的可宝贵的纪念。

原载《乡教丛讯》第3卷第19期，1929年11月15日。

【注释】

①白君启祥，即白动生，晓庄师范第三期学生，当时兼任燕子矶中心小学的教师。

一九三〇年晓庄学校幼稚教育进行计划

（一）现任指导员一律不得辞职。

（二）增设迈皋桥幼稚园一所。

（三）购置世界幼年教育书籍及工具并陈列之。

（四）翻译 *Pre-school Education*（1929）。

（五）出版《幼稚教育论文》第二集。

（六）编辑儿歌一百首。

（七）编辑儿童故事一百首。

（八）编辑儿童游戏五十种。

（九）创造儿童玩具十种。

（十）编辑儿童口算一册。

（十一）编辑《幼稚园课程标准草案批评》一册。

原载《乡村教师》第11期，1930年4月12日。

一九三〇年

我今年的计划[①]

一、时间分配：

（一）六天工作一天玩；

（二）晓庄学校每周十二小时工作；

（三）和平学园[②]每周十二小时工作；

（四）中华教育改进社每周六小时工作；

（五）乡村教育同志会每周六小时工作；

（六）五柳村每周六小时工作；

（七）农暇妇女工学处[③]每周一小时工作；

（八）晓庄剧社每周六小时工作；

（九）饮食每周十二小时；

（十）行路每周十二小时；

（十一）睡觉每周五十六小时；

（十二）自由活动每周三十九小时。

二、生活举要：

（一）和全体同志共同实现晓庄学校今年的计划；

（二）晓庄学校今年的计划中分任的事项；

甲、聘任人员；

乙、筹款五万元；

丙、《乡村教师》周刊投稿四十八篇；

丁、编辑剧本十种；

戊、寅会演讲五十次；

己、与同志讨论人生问题；

庚、亲复乡村教育同志信七百封；

辛、《晓庄战报》投稿九十六篇；

壬、创作儿歌五十首，并编辑《乡村小学》及《乡村师范教学做指导》各一册；

癸、指导“试验村”④之进行，并联络各方面之力量，以实现社会改造之计划。

（三）进行中华教育改进社社务；

（四）进行乡村教育同志会会务；

（五）赞助义务教育方案实现；

（六）赞助成人补习教育方案实现；

（七）指导五柳村家庭教育；

（八）个人之著译工作：

甲、编《知行诗歌集》；

乙、编《知行白话文集》；

丙、编《知行演讲集》；

丁、著《农人传》一篇；

戊、著《大同之路》；

己、译书三十万字。

（九）种园一分；

（十）学烧菜四样；

（十一）学骑马；

（十二）偕同晓庄剧社巡游中国南北中三路大都市和邻近村庄；

（十三）向传统教育最后之遗孽——训育——进攻；

（十四）看书一千八百万字；

（十五）写《锄头歌》一百幅，赠送国内乡村师范或乡村小学每县一幅；

（十六）还债一千元；

（十七）研究：

甲、研究面包问题；

乙、研究恋爱问题；

丙、研究如何引导农业文明而渡到工业文明及大同之治；

丁、研究“生活即教育”“社会即学校”“教学做合一”等的理论如何彻底实现。

1930年初订

出自方与严编《晓庄一年计划》，1933年1月上海儿童书局版。

【注释】

①本篇系陶行知拟定的1930年个人计划。

②和平学园，前身为晓庄师范和平门中心小学。陶行知当时兼任和平学园指导员。

③农暇妇女工学处，晓庄师范将附近的农村妇女组织起来利用农暇施行工读的组织。

④试验村，陶行知当时计划以一村（或一乡）为单位，以作村民自治、普及教育和乡村工作人才培养的试验，并呈文江苏省民政厅，获准将晓庄学校所在之北固乡划为试验之用。

迈皋桥幼稚园筹办意见①

第九次幼稚教育研究会在和平门幼稚园开会，陶先生由城里赶来参加。他提议明年创办迈皋桥幼稚园。经全体同志议决通过。这是一九二九年十二月二十五日的事。

次年（一九三〇年）一月十四日，那是一个大雪之后的下午，陶先生到了燕子矶幼稚园。开首便与自俺商议，要我（自俺）离开燕子矶与铭勋共去创办迈皋桥幼稚园。那时，我到燕子矶还不到半年，正计划春光普照人间以后我将怎样生活、燕幼又将如何生长等，忽然听到陶先生这样的说话，当然，我是不能马上允许的，我有很多理由说出来，我不能去。在我们辩论得最激烈的时候，陶先生说：

> ……你自己定计划，不要只顾到你自己，还要顾到别人，还要顾到晓庄的整个事业；要定出来的不与别人的冲突，更不能与学校的整个计划相冲突。你说你的计划已定了，不可更动了，那么，你的计划与我的计划有了冲突，与学校有了冲突，这怎么办呢？……

辩论的结果，我允许当天下午到晓庄与铭勋商洽后再说。他约我们第二天下午一点钟到迈皋桥张道生家里等他，他将再同我们谈话。

…………

我们从迈皋桥慢慢地走，慢慢地谈，直谈到晓庄，没有结果。陶先生其所以要我们到迈皋桥的理由，尚有下面几点：

第一，当地儿童很多，幼稚园十分需要；第二，现在的幼稚园，全是女子创办的。晓庄要创新记录，而且要打破这种专以女子创办幼稚园的观念，所以要你们两个男子去开办；第三，你们应该得到一个足以充分发展你们的力量的环境，为幼稚园开辟新的路径，创造新材料。所以非要你们去不行。

我的计划是已经决定了，你们好好考虑一下吧。

铭勋与自俺在路旁开紧急会议，决定去。心里起了一刹那的变化，途径便完全改变了。陶先生说：

好！我总尽力供给你们发展。

1930 年 1 月 14、15 日讲

出自孙铭勋、戴自俺编著《晓庄幼稚教育》，上海儿童书局 1934 年 3 月版。

【注释】

①本篇系陶行知与晓庄学生戴自俺、孙铭勋的谈话记录。记录者：戴自俺。

谈话后，孙、戴二位便积极筹办迈皋桥幼稚园，1930 年 3 月 17 日该园正式开学。

生活即教育

今天我要讲的是“生活即教育”。中国从前有一个很流行的名词，我们也用得很多而且很熟的，就是“教育即生活”（Education of life）。教育即生活这句话，是从杜威（John Dewey）先生那里来的，我们在过去是常常用它，但是，从来没有问过这里边有什么用意。现在，我把它翻了半个筋斗，改为“生活即教育”。在这里，我们就要问：“什么是生活?”有生命的东西，在一个环境里生生不已的就是生活。譬如一粒种子一样，它能在不见不闻的地方而发芽开花。从动的方面看起来，好像晓庄剧社在舞台演戏一样。“生活即教育”这个演讲，从前我已经讲了两套，现在重提我们的老套。

第一套就是：

是生活就是教育，不是生活的就不是教育；

是好生活就是好教育，是坏生活就是坏教育；

是认真的生活，就是认真的教育，是马虎的生活，就是马虎的教育；

是合理的生活，就是合理的教育，是不合理的生活，就是不合理的教育；

不是生活，就不是教育；

所谓之生活，未必是生活，就未必是教育。

第二套是第二次讲的时候包括进去的，是按着我们此地的五个目标加进去的，就是：

是康健的生活，就是康健的教育；是不康健的生活，就是不康健的教育；

是劳动的生活，就是劳动的教育；是不劳动的生活，就是不劳动的教育；

是科学的生活，就是科学的教育；是不科学的生活，就是不科学的教育；

是艺术的生活，就是艺术的教育；是不艺术的生活，就是不艺术的教育；

是改造社会的生活，就是改造社会的教育；是不改造社会的生活，就是不改造社会的教育。

近来，我们有一个主张，是每一个机关，每一个人在十九年度里都要有一个计划。这样，在十九年里，我们所过的生活，就是有计划的生活，也就是有计划的教育。于是，又加了这么一套：

是有计划的生活，就是有计划的教育，是没有计划的生活，就是没有计划的教育。

我今天要说的，就是我们此地的教育，是生活教育，是供给人生需要的教育，不是作假的教育。人生需要什么，我们就教什么。人生需要面包，我们就得受面包教育；人生需要恋爱. 我们就得过恋爱生活，也就是受恋爱教育。准此类推，照加上去：是那样的生活，就是那样的教育。

与“生活即教育”有联带关系的就是“学校即社会”。“学校即社会”也就是跟着“教育即生活”而来的，现在我也把它翻了半个筋斗，变成“社会即学校”。整个的社会活动，就是我们的教育范围，不消谈什么联络，而它的血脉是自然流通的。不要说“学校社会化”。譬如现在说要某人革命化，就是某人本来不革命，假使某人本来是革命的，还要他“化”什么呢？讲“学校社会化”，也是犯同样的毛病。“社会即学校”，我们的学校就是社会，还要什么“化”呢？现在我还有一个比方：学校即社会，就好像把一只活泼泼的小鸟从天空里捉来关在笼里一样。他要以一个小的学校去把社会上所有的一切东西都吸收进来，所以容易弄假。社会即学校则不然，它是要把笼中的小鸟放到天空中去，使它能任意翱翔，是要把学校的一切伸张到大自然界里去。要先能做到“社会即学校”，然后才能讲“学校即社会”；要先能做到“生活即教育”，然后才能讲到“教育即生活”。要这样的学校才是学校，这样的教育才是教育。

杜威先生在美国为什么要主张“教育即生活”呢？我最近见着他的著作，他从俄国回来，他的主张又变了，已经不是“教育即生活”了。美国是一个资本主义的国家，他们是零零碎碎的实验，有好多教育家想达到的目的不能达到，想实现的不能实现。然而在俄国已经有人达到了，实现了。假使杜威先生是在晓庄，我想他也必主张“生活即教育”的。

杜威先生是没有到过晓庄来的。克伯屈先生是到过晓庄来的。克伯屈先生离了俄国而来中国，他说：“在离莫斯科不远的地方，有一个人名夏弗斯基的，他在那里办了一所学校，主张有许多与晓庄相同的地方。”我见了杜威先生的书，他说现在俄国的教育很受这个地方的影响，很注重这个地方。他们也主张“生活即教育，社会即学校”。克伯屈先生问我们在文字上通过消息没有？我说没有。我又问他：“夏弗斯基这个人是不是共产党？”他说不是。我又问他：“他不是共产党，又怎么能在共产党政府之下办教育呢？”他说：“因为他是要实现一种教育的理想，要想用教育的力量来解决民生问题，所以俄政府许可他试验，他在俄政府之下也能生存。”我又对他说：“这一点倒又和我相合，我在国民党政府之下办教育，而我也不是一个国民党党员。”这是克伯屈先生参观晓庄后与我所谈的话。

现在我们这里的主张，已经终于到了实现的时期了，问题是在怎样实现。这一点，可以分作三个时期：

第一个时期，是生活是生活，教育是教育，两者是分离而没有关系的。

第二个时期，是教育即生活，两者沟通了，而学校社会化的议论也产生了。

第三个时期，是生活即教育，就是社会即学校了。这一期也可以说得是开倒车，而且一直开到最古时代去。因为太古的时代，社会就是学校，是无所谓社会自社会、学校自学校的。这一期也就是教育进步到最高度的时期。

其次，要讲生活即教育与社会即学校，有几方面是要开仗的，而且，是不痛快，是很烦恼，而与我们有极大的冲突的。

第一，在这个时期，是各种思潮在中国谋实现的时期，中国几千年来的传统教育所支配的许多传统思想都要在此时期谋取得它的地位。第二，是外来的各种文化，如德国的文化中心的教育，英国的绅士的教育，美国的拜金教育。第三，是外国的都在中国倾销，从各国回来的留学生便是推销外国文化的买办。

现在先说中国遗留下来的旧文化与我们的生活即教育是有冲突的。中国从前的旧文化，是上了脚镣手铐的。分析起来，就是天理与人欲，以天理压迫人欲，做的事无论怎样，总要以天理为第一要件。

他是以天理为一件事，人欲为一件事。人欲是不对的，是没有地位的。在生活即教育的原则之下，人欲是有地位的，我们不主张以天理来压迫人欲的。这里，我们还得与戴东原先生的哲学打通一打通：他说，理不是欲外之理，不是高高的挂在天空的；欲并不是很坏的东西，而是要有条有理的。我们这里主张生活即教育，就是要用教育的力量，来达民之情，顺民之意，把天理与人欲打成一片，并且要和戴东原先生的哲学联合起来。

与此有联带关系的就是“礼教”。现在有许多人唱“礼教吃人”的论调，的确，礼教吃的人，骨可以堆成一个泰山，血可以合成一个鄱阳湖。我们晓得，礼是什么？以前有人说，礼是养生的，那是与生活即教育相通的。这种礼，我们不惟不打倒，并且表示欢迎。假若是害生之礼，那就是要把人加上脚镣手铐，那是与我们有冲突的，我们非打倒不可。因为生活即教育是要解放人类的。

再次，中国从前有一个很不好的观念，就是看不起小孩子。把小孩子看成小大人，以为大人能做的事小孩也能做，所以五六岁的小孩，就要他读《大学》《中庸》。换句话说，就是小孩子没有地位。我们主张生活即教育，要是儿童的生活才是儿童的教育，要从成人的残酷里把儿童解放出来。

还有一点要补充进去的就是书本教育。从前的书本教育，就是以书本为教育，学生只是读书，教师只是教书。在生活即教育的原则之下，书是有地位的，过什么生活就用什么书，书不过是一种工具罢了。书是不可以死读的，但是不能不用。从前有许多像这样的东西，是非推翻不可的，否则不能实现“生活即教育”。

现年外面传进来的思潮，也有许多与我们是冲突的。以文化做一个例吧，以文化做中心的教育，它的结果是造成洋八股。文化是人类创造出来的，固然是非常的宝贵，但它也不过是一种工具而已，不能拿作我们教育的中心。人为什么要用文化？是要满足我们人生的欲望，满足我们生活的需要。电灯是文化，我们用了它，可以把一切东西看得更明白。无线电是文化，我们用了它，可以更便利。千里镜是文化，我们用了它，可以钻进土星、木星里去。……所以文化是生活的工具，它是有它的地位的。我们不惟不反对，并且表示欢迎。欢迎它来做什么呢？就是满足我们生活的需要。有些人把它弄错了，认它做一种送人的礼物，这是不对的。文化要以参加做基础，有了这参加的最低限度的基础，才能了解，才能加上去。生活即教育与以文化为中心的教育的不同，就是如此。

还有训育与生活即教育的理论怎么样？生活即教育与训育把训与教分

家的关系怎样？生活即教育与社会即学校如何实现？小学里如何把它实现出来？假使诸位以为是行得通的，最好是每一个人拟一个方案来交给我，那一部分可以实现，我们就拿那个地方当一个社会实现出来。

现在我举一个例说：去年因为天干，和平学园因为急于要水吃，就开了一个井。井是学校开的，但是献给全村公用，不久就发现了两个大问题：

（一）每天出水二百担，不敷全村之用。于是大家都起早取水，后到的取不到水。明天又比别人早，甚至于一夜到天亮，都有取夜水的。到天亮时，井里的水已将干了。群聚在井边候水，一杓一杓的取，费尽了气力，才打出一桶水。

（二）大家围着取水，争先恐后，有时甚至用武力解决。

这种现象，假使是学校即社会，就可以用学校的权力来解决，由学校出个命令，叫大家照着执行。社会即学校的办法就不然，他觉得这是与全校人的生活有关系的，要全村的人来设法解决，于是就开了一个村民大会，一共到了六七十个人，共同来做一个吃水问题的教学做。到会的人，有老太婆，也有十二三岁的小孩子，公推了一位十几岁的小学生做主席。我和许多师范生，就组织了一个诸葛亮团，插在群众当中，保护这位阿斗皇帝。老太婆说的话顶多，但同时有许多人说话，大家听不清楚，而阿斗皇帝又对付不下来。这回，诸葛亮用得着了，他就起来指导。结果，共同议决了几件事：

（一）水井每天休息十小时，自下午七时至上午五时不许取水。违者罚洋一元，充修井之用。

（二）每次取水，先到先取，后到后取。违者罚小洋五角，充修井之用。

（三）公推刘君世厚为监察员，负执行处分之责。

（四）公推雷老先生为开井委员长，筹款加开一井，茶馆、豆腐店应多出款，富户劝其多出，于最短期内，由村民团结的力量，将井开成。

这几个议案是由阿斗会议所通过的。这就是社会即学校的办法。由此，我有几个感触：

（一）民众运动，要以对于民众有切身的问题为中心，否则不能召集。

（二）社会运动，非以社会即学校，则不能彻底实行。而社会即学校，是有实现的可能的。

（三）不要以为老太婆、小孩不可训练，只要有法子，只要能从他们切迫的问题着手。

（四）公众的力量比学校发生的大，假使由学校发命令解决，则社会上了解的人少，而且感情将由此分离。

（五）民众没有指导是不行的，和平门吃水问题，倘无相当指导，可以再过四五千年还没有解决。

（六）做民众运动是要陪着民众干，不要替民众干。训政工作要想训练中华国民，非此不可。

这就是以小学所在地做学校的一个例，其余的例很多，不必多举。社会即学校要如何的实现，请大家一样一样的做个方案，二次开会的时候再谈。

这是证明“生活即教育”与“社会即学校”是相联的，是一个学理。

关于“生活即教育”，我现在再来补充一套。我们是现代的人，要过现代的生活，就是要受现代的教育。不要过从前的生活。也不要过未来的生活。若是过从前的生活，就是落伍；若要过未来的生活，就要与人群隔离。以前有一部书叫做《明日之学校》，大家以为很时髦的，讲得很熟的。我希望乡村教师，要办今日之学校，不要办明日之学校。办今日之学校，使小学生过今日之生活，受今日之教育。

原载《乡村教师》第 9 期，1930 年 3 月 29 日。

《乡村教师》宣言[1]

“生长三家村，苦守五家店。知己遍天下，终身不相见。”这不是我们乡村教师所共感的烦闷吗?《乡村教师》周刊的志愿就是要消灭这种烦闷。他要打破空间，使不能相见的朋友可以谈心。我们的警语“小的村庄愿与大的世界沟通”是永远不可忘记的。周刊便要负起这个使命。世界的沟通，在人的沟通；人的沟通，在心灵的沟通。全世界乡村教师有了谈心的机会，然后小的村庄与大的世界乃有沟通的希望。有人问：“小的村庄为什么要与大的世界沟通?”世界是一个大剧场，人生便是演戏。个人的活动无论如何独立，只是历史剧中之一幕。没有沟通，则布景、化装不能和谐，悲欢歌舞不能中节。我们必定要深刻地知道自己和配角所演的剧情，才能做出好戏来。乡村教育运动只是一出历史剧，全世界的乡村教师都同是这一出戏中的演员。这周刊里有我们的剧本，有我们的导演。这里可以找得出艺术生活的过程。这里可以找得出那愿意我们艺术更进一步的批评。这里可以找得出演员心头滴下来的泪痕，也可以找得出装哭者涂在眼睛上的残唾。总说一句：这个周刊便是我们乡村教育运动的一出永远不会闭幕的历史剧的写真。这出戏是“心的力”的表现。没有“心的力”，不但是演不出好戏，根本就没有这出戏的可能。周刊的使命是要从笔头里透出心头的力量，来完成这部永远不会脱稿的杰作。穆罕默德说：“假使你有两块面包，你得用一块去换一朵水仙花；因为面包是身体的粮食，水仙花是灵魂的粮食。”这是再好也没有的人生观。可是看一看我们这出戏里面的主角——中国的农人和乡村教师——只有一块面包！换了水仙花，肚皮就得挨饿；不换水仙花，精神又要枯萎。倒不知穆罕默德如何指示我们才好？朋友们！眼前摆着水仙花，嘴里有面包吃，这是再好也没有的生活。我们可有这种福气？先要问：我们可有这种力量？力量是有的，藏在每一个人的心里。散开来，如同一点点的小雨，连渴也不能止；合起来，便如耐亚嘎拉瀑布[2]，能产生一千六百万匹马力，推得动世界上所未能发明的伟大的机器。我们再也不要把力量藏到小己的荷包里。《乡村教师》

周刊是我们的耐亚嘎拉，我们应当把各人心灵里的力量流到这里来，构成乡村教育的大瀑布。从这瀑布里所发出来的力量，可以教我们有面包吃又有水仙花看。这力量可以教农人自己从时代的车轮底下爬起来。这力量可以教农人做机器的主人，不做机器的奴隶。这力量可以扫除伪智识，推动教育革命的法轮。这力量可以打破人间的隔阂，创造一个四通八达的大通世界。这力量是一出历史剧的原动力，可以推着历史向前转动。这力量可以变成不可思议的大，也可以变成不可思议的小。假使我们各人仍旧把他收藏在一己的打算上，那末，只有一个雨点的力量，连一粒芥子也推不动。他只好闭着眼睛吃饭，或是饿着肚皮看水仙花罢！

原载《乡村教师》第 1 期，1930 年 2 月 1 日。

【注释】

①本篇是陶行知为《乡村教师》创刊号写的发刊词。原题为《本刊宣言》，今题系编者所拟。

②耐亚嘎拉瀑布，通译尼亚加拉瀑布（Niagara Falls），在北美洲尼亚加拉河上。落差、水量均大。

晓庄学校民国十九年的计划大纲

一、关于学校组织方面：

（一）改学院为学园；[①]

（二）增设乡村初级中学称为劳山学园；

（三）成立乡村教育研究所；

（四）增设民众教育研究的机关，称为蟠龙学园；

（五）重定学校名称——晓庄学校。

二、关于方法改进方面：

（一）扼要指导，严格考核（须用统计的方法）；

（二）新生录收根据长期参观成绩及水平线学科考试；

（三）编拟乡村小学幼稚园、初级中学、师范学校课程标准草案；

（四）凡工具宜集中，多数人可以同时举行之教学做，应召集各学园同志于每星期日到晓庄举行；

（五）实行小学教师职业分析，编订水平线学科标准；

（六）实行试验区社会调查；

（七）试验小厨房办法。

三、关于建筑设备之扩充方面：

（一）完成各学园之建设；

（二）完成生物馆之陈列；

（三）完成卫生馆之陈列；

（四）完成艺术馆之陈列；

（五）完成农艺馆之陈列；

（六）建筑理化馆并设备理化仪器及完成无线电、电灯、电话等，共计三万元；

（七）扩充图书至二万卷并将教育图书另开成教育图书馆；

（八）建筑小剧场及电影院；

（九）修建晓庄范围内之道路；
（十）开辟中心农场；
（十一）布置校景。

四、关于增聘人员方面：

（一）增聘指导员二人；
（二）增聘本校同志五人；
（三）增聘研究员三人。

五、关于工具制造方面：

（一）自制儿童玩具；
（二）自制简单工具；
（三）改良农具。

六、关于编辑方面：

（一）晓庄乡村师范用书出十种；
（二）晓庄乡村幼稚园用书出五种；
（三）晓庄乡村小学用书出二十种；
（四）晓庄乡村初级中学用书出五种；
（五）晓庄民众用书出二十种；
（六）《乡村教师》周刊出四十八期推广到二万份；
（七）《乡村教育研究》丛刊三种；
（八）《晓庄剧社》丛刊出二十种；
（九）《晓庄概况》。

七、关于离校同学之进修方面：

（一）寒暑假回校一个月；
（二）通讯讨论；
（三）指导员访问。

八、关于改进社会方面：

（一）与工程研究所水利局等机关合作，引长江之水以灌溉北固乡之田；

（二）与卫生部合作，提倡开井以裕饮水之源；

（三）与源盛布厂合作，设立织布厂以替代失败之白丝行及没有事做之农暇；

（四）与农学院合作，以谋本乡农林之改进；

（五）与卫生部合作，以谋本乡康健之进步；

（六）与教育部合作，以谋本乡教育之普及；

（七）与省政府合作，以谋本乡村治之试验；

（八）与卫戍司令部合作，以谋本乡秩序之安全；

（九）与省农民银行合作，以谋信用合作社之发展；

（十）与市政府合作，以谋本乡交通之便利；

（十一）与党部合作，提倡减租运动。

九、关于经济方面：

拟筹款十万元。

1930年初拟

原载《乡村教师》第1期，1930年2月1日。

【注释】

①晓庄学校曾将各中心小学扩大、改名为学院。

生活即教育①

——再答操震球之问

问：为什么要主张“生活即教育”，反对“教育即生活”？

答：教育可以是书本的，与生活隔绝的，其力量极小。拿全部生活去做教育的对象，然后教育的力量才能伟大，方不致于偏狭。我们要拿好的生活去改造不好的生活，拿整个的生活去解放偏狭的生活。

“教育即生活”是拿教育做生活，好教育固然是好生活，八股的教育也就造成八股的生活。“生活即教育”，根本上可以免除这种毛病，虽然他的流弊也有拿坏生活作教育的，但就教育立场说，其效力仍是极大的。

“生活即教育”，教育极其广阔自由，如同一个鸟放在林子里面的；“教育即生活”，将教育和生活关在学校大门里，如同一个鸟关在笼子里的。

“生活即教育”，是承认一切非正式的东西都在教育范围以内，这是极有力量的。譬如与农民做朋友，是极好的教育，平常都被摈弃在课程以外。其他有效力的东西，也是如此。当然，生活中一部分是有目的的，就是有目的的教育；一部分是合理的，就是合理的教育。

“生活即教育”，是叫教育从书本的到人生的，从狭隘的到广阔的，从字面的到手脑相长的，从耳目的到身心全顾的。

原载《乡村教师》第1期，1930年2月1日。

【注释】

①原文发表时署名为“操震球问、陶知行答”。

社会即学校①

——三答操震球之问

问：为什么要主张“社会即学校”，反对“学校即社会”？

答：我们主张“社会即学校”，是因为在“学校即社会”的主张下，学校里面的东西太少，不如反过来主张“社会即学校”，教育的材料，教育的方法，教育的工具，教育的环境，都可以大大增加，学生、先生也可以更多起来。因为在这样办法下，不论校内校外的人，都可以做师生的。“学校即社会”，一切都减少，校外有经验的农夫，就没有人愿去领教；校内有价值的活动，外人也不得受益。

问：如上所言，坏的社会也可以做学校吗？

答：坏的社会，我们也要认识，也要有所准备，才能生出抵抗力，否则一入社会，便现出手慌足乱的情状来。

原载《乡村教师》第1期，1930年2月1日。

【注释】

①原文发表时署名为“操震球问、陶知行答”。

实施义务教育初步计划[①]

一　目标

本计划之目标，在使全国学龄儿童得受初级小学四年之教育。但对于农村或城市中贫寒儿童，得酌量变通[一]或缩短[二]其在校期间，而以补习学校[三]或“自修制度”[四]补足其应受之义务教育。

二　期限

拟于五年之内完成全国训练师资之机关；并于同时期内开办城市及乡村义务教育实验区各一千五百处[五]，俾全国各重要县份，对于义务教育皆得开始作小规模之试验。以后逐年推广，至第二十年之末，全国一律实施四年之义务教育。

三　目前亟需解决之问题

第一，如何使全国学龄儿童一律入学？

实施四年之义务教育，依人口十分之一比例计算，应有学龄儿童四千三百万[六]，除去业已入学者不计外[七]，尚有三千七百万人未得受教育之机会。加以二十年内，人口自然增加，学龄儿童至少须增三百万，合计之则为四千万。此四千万学龄儿童，依市乡人口分配，城市约占百分之十五，乡间约占百分之八十五。当前之第一问题，即如何使此四千万儿童全体入学？

第二，所需教师如何养成？

每一教师担任教育学生四十人[八]，则全国须增教师一百万人。然而教师不能人人皆在小学终身服务。假定每五年更换五分之一，则二十年内将换去教师十分之八。在开办之初，教师人数太少，不能不延长服务年限，使更换之数减少一半，即此一百万教师中，二十年内换去四十万人。故二十年内必须造成教师一百四十万人，始能敷用。目前亟须解决之第二问题，即如何于二十年内养成教师一百四十万人？

第三，所需校舍及教室中之设备如何增置？

每一教室容纳四十人[九]，则全国须增教室一百万间，添置教室设备一百万套。有人建议，学校采用葛雷制（Gary System）[2]，每教室容纳学生两班，则教室可以减少。但按诸实际，葛雷制只能于工商发达、人口集中之都市内行之。若在人烟寥落、交通不便之乡市内行之，则每班学生人数减少，不但不能节省教室，且需增加教员，殊不经济。今城市中学童人数，仅占全体百分之十五。即令城市中学校一律采用葛雷制，亦只能减少教室百分之七左右。而葛雷制实行以后，学校教室不复能用以开办成人补习教育，更难希望其成为社会改革之中心（Social Center），故得不偿失。是以本计划仍拟增加教室一百万间。但如何筹集巨款，建筑此多数之教室，并添置其中必需之设备，实为目前急须解答之第三问题。

第四，所需经费如何筹措？

每一儿童入学，公家至少每年担任经费七元[一]，欲使四千万儿童入学，每年须增经费二万万八千万元，而建筑教室、培养师资所需之款尚不在内[二]。此大宗之经费，如何筹措，中央与地方对于义务教育经费之担负如何分配，是为目前应行解答之最重要之问题。

四　培养师资及使儿童分期入学办法

第一，实施义务教育，所需培养之一百四十万教师中，百分之十五在城市小学服务，约须二十万人左右，由都市中现有之师范学校及高中师范科负责训练之。其余百分之八十五，皆须服务于乡村小学，约计一百二十万人左右，由各县所设县立师范负责训练之。

第二，都市师范学校之师资，由现有之师范大学或各大学教育学院，及大学内与训练师资有关系之学院及专修科负责训练之。

第三，县立乡村师范学校之师资，由省立乡村师范学院及乡村师范专修科（以下略称专修科）负责训练之。

第四，省立乡村师范学院及专修科之师资，由国立义务教育学院负责培养之。

第五，县立乡村师范学校，大县单独设立，小县联合设立。全国共设一千五百所，于五年之内完全成立。所需之乡村小学师资一百二十万人，由此一千五百所师范学校分头训练，平均每所必须养成教师八百人。自第六年起，每校每年应有毕业生五十三人。此项师范学校，招收高小毕业生，加以三年训练（此为最低限度，参看第十一条）。此三年之内，中途退学者必多，大约须有学生一百二十人，方能产生毕业生五十三人充当“乡小”教师。目前过渡办法，应招收私塾教师加以训练，以应急需。每年平均须有二百人，由县立乡村师范学校负责办理。

第六，每一县立乡村师范，平时训练学生一百二十人，至少须有教师十人。一千五百所师范学校，共须教师一万五千人。此一万五千人中，每五年更换五分之一，则十五年内须更换十分之六。但最初设校不多，更换之教员亦必减少，故十五年内实际约须换去教员十分之四。故为补充此更换之教员计，须加造师资六千人。两共须有二万一千人，始能使各县立师范之师资不致感觉缺乏。

第七，培养此二万一千人，须在各省特设乡村师范学校及专修科二十七所。每所平均必须培养七百七十七人。内中之一万五千人，须于第四年年底以前培养成功，俾各处县立师范均能于第五年之始，完全成立。从第二年起至第四年止，每年须培养五千人。二十七省，每省每年平均须养成一百八十人，三年共五百四十人。

第八，省立乡村师范学院及专修科所需之教师五百四十人，由国立义务教育学院分两年养成之。每年培养二百七十人。以后每年须继续培养一百人，以补缺额，并提高研究之程度。

第九，国立义务教育学院及实验区，于第一年之始设立。该院专收大学毕业生，予以一年之训练，分发各省充当乡村师范学院及乡村师范专修科教师，亦得充当各省义务教育行政人员。中央义务教育实验区应分两处：一在城市；一在乡间。供该院学生之实地试验，并为推行全国义务教育之基础。

第十，各省特设之乡村师范学院及乡村师范专修科并省立义教实验区，于第二年之始开办之。该学院招收大学二年级已经修了之学生，使受两期之训练。第一期在校求学一年，即派赴各乡村师范学校充当教员。服务二年之后，再回校肄业一年，授予学士学位，准其充当乡师校长、教员及教育行政人员。乡村师范专修科附设于省立乡村师范学院之内，招收高中毕业生，予以一年之训练，给予修学证书，派充各中心小学教职员、各乡教育委员或乡村师范助教。此后每年暑假必须入学研究，修满三暑假后，即可授予乡村师范专修科毕业文凭。

各省义务教育实验区亦应分为城市及乡村两处，以供学生实习并为推行全省之基础。

第十一，县或县联合设立之乡村师范学校，分为三期开办。第三年、第四年、第五年之始，各成立三分之一。即自第三年起至第五年止，全国每年添设县立师范学校五百所，城市及乡村义务教育实验区各五百处。

县立乡村师范招收初中毕业生，修学二年之后，派充乡村小学教员。以后每年暑假必须入学，修满两年之后，给予乡师毕业文凭，准其充当中心学校正教员，及各乡教育行政人员。乡村师范亦得招收高小毕业生之年龄在十五岁以上者，修学三年之后，派赴各乡村小学充当助教。服务两年并修满两暑期学校后，再回校肄业一年，然后重出服务，充当乡小教师；再过二年，并修学两暑假，得授予正式师范学校或高中师范科毕业文凭及中心小学教师执照。

第十二，第五年年底，义务教育师资培养机关及各省市乡义教实验区普遍设立。自第六年起，合现有省立师范学校及新设之县立乡村师范学校，每年造就师资九万人。其中减去退职教师一万五千人，每年净增教师七万五千人。增设小学七万五千班，教育儿童三百万人。至第十八年，全国小学已可普遍设立。至第二十年，全国可以实施四年之义务教育矣。

第十三，于开办各级师资训练机关之外，更须举办下列各事：

甲、登记全省各师范学校及各师范讲习所毕业生，劝其分赴各小学服务。凡未有工作之师范毕业生，一律由教育厅分发各县，充当小学教员。

乙、励〔厉〕行《师范毕业生服务规程》。凡曾受师范教育者，必须在小学校服务三四年。

丙、凡非正式师范学校毕业之教员，一律重加检定。取其学识经验合格者，分别聘用，以补师资之不足。并规定教员暑假修学办法，切实执行，俾其学识时有进步。

丁、凡检定不合格之小学教员，分别送入县立乡村师范学校，使受一年二年之师范教育，俾成合格之教师。

戊、考试私塾塾师。凡及格者准其暂充乡村小学教师，并使于暑假中补受师范教育。其考试不及格之私塾塾师，则劝其入县立乡村师范学校，受二年以上之师范教育。

五 增加教室之办法

实施义务教育，全国须增教室一百万间。全国一千九百十五县，平均每县须增教室五百余间，目前财政困难，地方上恐无力建此多数之教室，故不得不采用下列各种办法：

甲、利用全国人民家庙。中国人富于家属观念，每一家族恒有一家庙

（或称祠堂）。公家可借用家庙之一部分开办学校，同时担负修理该家庙之责任，彼此互有利益，或为人民所乐从。

乙、利用学宫、书院及其他公共场所。此事各地多已实行。以学宫、书院等办学校，应无反对者。

丙、利用一切庙宇寺观。一切庙宇，皆应以其一部分，作为公家办学之用。此与收没庙产不同，且较僧道自办学校流弊为少。

丁、奖励私人捐助房屋或捐资建筑校舍。富人所建别墅往往终年关闭，只供二三看守者之利用。倘能捐助或借出一部分开办学校，于地方极有裨益。公家应劝导提倡，并予以相当之奖励。至于捐资建筑校舍，议奖尤应从优。

戊、由公家筹建一种极经济而能耐久之校舍，并订定一种简单而适用之设备标准，供各地方之采用。凡中央及国库所拨之补助费，应以其一部分，作为建筑校舍之用。

约略估计，用旧式房屋改建一教室，至少需款二百元。每教室内所需各种设备，亦需三百元左右。故每开一班，共需开办费五百元。

六　筹措义务教育经费办法

公家理财，应量出为入。兹特拟就今后二十年内义务教育经费支出预算如下：

二十年全国实现四年义务教育支出预算表

时间	事业	预算		
		开办费	经常费	总计
第一年	国立义务教育学院 中央义务教育试验区	100 万元 5 万元	20 万元 2.8 万元	127.8 万元[③]
第二年	继续第一年事业 省特市乡村师范学院及专修科三十所 省立义务教育试验区六十处	 600 万元 150 万元	22.8 万元 300 万元 89 万元	1 156.8 万元
第三年	继续第一、二年事业 县立乡村师范五百所 县设义务教育试验区一千处 县设私塾教师训练班五百班	 2 000 万元 750 万元 20 万元	406.8 万元 1 000 万元 420 万元 20 万元	4 616.8 万元

续表

时间	事业	预算		
		开办费	经常费	总计
第四年	继续第一、第二、第三年事业 如第三年增设	2 770 万元	1 846.8 万元 1 440 万元	6 056.8 万元
第五年	继续第一至第四年事业 仍如第三年增设 （至此师范培养机关及试验区普及）	2 770 万元	3 286.8 万元 1 440 万元	7 496.8 万元
第六年	继续第一至第五年事业之经常费 养成 75 000 教师，增加 75 000 班学生	3 750 万元	4 726.8 万元 2 100 万元	10 576.8 万元
第七年	继续第一年到第六年事业之经常费 养成 75 000 教师，增加 75 000 班学生	3 750 万元	6 826.8 万元 2 100 万元	12 676.8 万元
第八年	继续第一年至第七年事业之经常费 自本年后每年养成教师 75 000， 增加 75 000 班	3 750 万元	8 926.8 万元 2 100 万元	14 776.8 万元
第二十年	全国四年义务教育实现经费			39 976.8 万元
附注	第一年　中央义务教育试验区以一百教师普及四千儿童为标准，每班开办费五百元，每生费用七元。 第二年　乡村师范学院及专修科每所开办费二十万元，经常费十万元。省市义务教育试验区每班开办费及每生费用与上项同。 第三年　师范每所开办费四万元，经常费二万元，县义务教育试验区每班开办费及每生费用与上项同。私塾教师训练班每班开办费及经常费各二千元。 第六年　义务教育学生每班开办费五百元，经常费二百八十元。			

现在财政困难，欲筹巨额之义务教育经费，殊非易易。为目前计，宜以俄国退还之庚款[④]余额九千七百六十七万余元作为担保，发行公债五千万元。其中以二千万元作为各国立大学之经费，其余三千万元，全数拨作中央补助义务教育经费。此款应先存入国家银行，分三年拨发，第一年二百万元，第二年一千一百万元，第三年一千七百万元。第三年并颁于盐税项下拨助二千万元，关税项下拨助一千万元，以凑足四千六百余万元之数。自第四年起，中央补助义务教育经费应完全由盐税项下拨付；不足之

数，则由省及市、县分筹。

查民国十一年时，我国所收盐税，每年已达一万万元以上。若加整顿，所收尚不止此数。盖全国食盐消耗额，照专家估计，每年至少可达四千五百万担（且有谓可达六千万担者）。按照民国七年所定税率，每担应纳盐税四元。故每年所收盐税，至少应有一万八千万元。现在盐政积弊甚深，食盐每担在内地有征银十元以上者，而私盐漏税者数量亦复不少。将来若能取消引岸⑤，就场征税，根本撤销一切积弊，每担一律纳洋五元，则每年可收盐税二万二千五百万元（若依食盐六千万担计算，则达三万万元）。倘能将新增之一万二千五百万全数拨作义教经费，则中央可任义教经常费全部百分之四十五左右，省与县、市之担负更可减轻矣。食盐为人人必需之品，故盐税之担负实普及于全国人民。教育亦为人人应享之权利，故义务教育之实施，亦必须普及于全国人民。以全国人民普遍担负之盐税，办全国人民享受之义务教育，其理亦当。现在财政当局尚未将省税及市、县地方税划分清楚，故省与县、市分担义教经费之办法，此处难作精密之讨论。兹姑定为自第四年起，义务教育经费由中央担任百分之四十五，省担任百分之十，地方担任百分之四十五。并应竭力鼓励私人兴学，以减轻地方之担负。至地方所任义务经费，可由下列各税源中筹措之：

甲、田赋附税。江苏等省业已举办亩捐，收数亦甚可观；但为防止滥征起见，附税数目应有限制。最好附税之数不致超过正税十分之三；唯以前定案业已多于十分之三者，可仍其旧。

乙、土地税。将来"平均地权"见诸实行，政府本可按照法令增收地税。且土地登记之后，地价若增，所增数目，应归公家，即可全数拨作义务教育经费。

丙、契税附加。河南、江苏等省业已试行，但附加之数不可超过契税百分之四。

丁、房捐。亦应以其一部分作为义务教育经费。

戊、屠宰税。各县所征屠宰税亦应截留百分之四十左右以作义务教育经费。

己、营业税。亦应提出一部分作为义务教育经常费。

庚、遗产税附加。遗产税虽有归中央征收之议，但地方亦可酌量征收附税，以作义教经费。

原载《乡村教师》第3、4期，1930年2月15日、22日。

【原注】

㊀所谓“变通在学期间”乃指放麦假、办半日学校等而言。

㊁当国库空虚，师资缺乏，乡间农民复须儿童帮助工作之时，欲使全国学龄儿童一律入学四年，毫无间断，事实上恐难办到。故拟定一种变通办法，凡应受义务教育之儿童，得依其家庭境况，任择下列五种入学方式之一。

甲、入正式小学四年。

乙、入正式小学三年，以后改入补习学校，每晚修学二小时。俟修满二年，即可认为初小毕业。

丙、入正式小学二年，以后转入补习学校，每晚修学二小时，修满四年，亦得认为初小毕业。

丁、入正式小学一年，以后入补习学校，每晚修学二小时，修满六年，亦得认为初小毕业。

戊、凡入正式小学，一年之内不能毫无间断者，可以每年入学半年。两年之后．再入补习学校，完成其初小教育。

总之正式小学一年，等于补习教育二年；正式小学半年，等于补习教育一年。凡不能继续入正式小学者得入补习学校，补足其应受之教育。但学龄儿童至少须入正式小学一年，或继续在校，或分为两个半年入学，均无不可。

㊂此补习学校，系为不能入正式小学之儿童而设，所授课程之内容与初级小学相同。唯将一年之功课分作两年教授。除每晚上课两小时外，须指定功课令学生在家自修，以补教室作业之不足。

㊃所谓“自修制度”，即将应习课程，令儿童在家自修，由学校加以考试，如能及格则免除其入学义务之一部分。

㊄现在全国共有一九一五县。每县设立城市及乡村义务教育实验区各一处，则全国应有上述两项实验区各一千九百十五处。但贫瘠县份，得联络二县以上合设实验区一二所，故本计划中仅规定于五年之内，全国设立城市及乡村义务教育实验区各一千五百处。

㊅前大学院曾于民国十七年制就调查表格，通令各省、市教育行政机关详查学龄儿童人数。原限于十七年年底呈报。无如北伐初告成功，军事结束未久，各省对于学龄儿童之调查，延未举行。截至十八年九月为止，

只有南京特别市一处，已将学龄儿童确数报部，其余各省、市均无确实报告。故目前欲知全国学龄儿童人数，只能根据全国人口约数，加以估计。在欧美各国，大约每六人中有一学龄儿童，但中国儿童之“学龄年期”，暂定为六岁至十二岁期间，实较欧美为短。而义务教育又暂以“使全国学龄儿童得受初小四年之教育”为目标，故人数更可减少。兹暂假定为每十人中，有应受义务教育之学龄儿童一人。

各省、市调查户口之工作，尚未完成，全国人口，究有几何，未有详确之报告。据民国四年前北京国务院统计局估计，全国人口为三七七 六七三 四二四。民国十四年邮务管理局估计，全国人口为四三六 〇九四 九五三。民国十七年，海关估计全国人口为四四八 二三一 〇〇〇。兹参考各种地志，觉上述邮务管理局所估计之数，较为近似。

若依四万万三千六百余万人口推算，则全国学龄儿童共有四千三百六十万余人，尚有三千七百十九万余人，未得受初等教育之机会。如欲实施义务教育，即须使此三千七百余万学龄儿童入学。

㈦照民国十三年以前统计，全国学龄儿童已入学者，有六百四十余万人。现在入学人数或已增加，但尚未有详确之统计。

㈧兹据调查所得，将民国十三年以前各省小学教员，每名所教学生人数，列表于下：

全国小学教员平均每名所教学生数一览表

省别	初级小学	高级小学	初等职业学校	平均数
北平（旧京兆区）	二五．五〇	三八．四〇	八．六〇	二四．二〇
河北	二八．二〇	二三．〇〇	七．三〇	一九．四〇
辽宁	三四．〇〇	二三．五〇	一三．五〇	二三．七〇
吉林	三六．七〇	二一．五〇		二九．一〇
黑龙江	二九．五〇	一八．五〇	一三．六〇	二〇．五〇
山东	二九．二〇	一九．二〇	一〇．五〇	一九．六〇
河南	二六．〇〇	一八．八〇	九．八〇	一八．一〇
山西	三〇．八〇	二〇．二〇	一〇．一〇	一〇．四〇
江苏	二四．四〇	一二．六〇	七．七〇	一四．九〇

续表

省别	初级小学	高级小学	初等职业学校	平均数
安徽	一八．一〇	一二．九〇	八．六〇	一三．二〇
江西	二二．八〇	一三．五〇	六．〇〇	一四．一〇
福建	一七．九〇	八．四〇	六．二〇	一〇．八〇
浙江	二二．八〇	九．九〇	八．一〇	一三．六〇
湖北	一九．三〇	一五．四〇	六．一〇	一三．六〇
湖南	二一．八〇	一四．七〇	四．九〇	一三．八〇
陕西	二三．一〇	二一．五〇	七．二〇	一七．二〇
甘肃	四二．〇〇	一六．七〇	一一．九〇	二三．五〇
新疆	二六．七〇	一六．七〇		一四．五〇
四川	二六．四〇	一二．三〇	三．五〇	一四．七〇
广东	二二．八〇	一三．九〇	七．二〇	一四．六〇
广西	二三．九〇	一六．一〇		二〇．〇〇
云南	二七．七〇	二一．九〇	六二．〇	一八．六〇
贵州	一八．二〇	一二．五〇	五．〇〇	一一．七〇
热河	二二．五〇	一五．八〇		一八．一〇
绥远	二四．五〇	一八．五〇		二一．五〇
察哈尔	五一．四〇	四四．七〇		四八．五〇
总平均	二六．一〇	一八．五〇	八．一〇	一七．六〇

根据上表则初小教员每人平均可教学生二十六名左右。今就教员管教能力限度计算，每一教师至多可教初小学生四十名。则使四千万儿童入学必须增加教员一百万余人。假定二十年中有教员四十万人退职，则非造就师资一百四十万人不可。据中华教育改进社民国十四年统计，全国共有师范学校一百九十五所，每年毕业生总计不满一万人。又师范讲习所及专修科一百〇六所，总计每年毕业生至多亦不过五千人左右。欲于二十年内养成一百四十余万小学教师，诚非别开门径不可。

㊈根据民国十三年以前各省教育统计，城市小学与乡村小学平均计算，每一初级小学所容学生人数如下表：

各省初级小学校每校学生平均数

省名	人数	省名	人数
北京及旧京兆区	三〇．〇〇	河北	三〇．二〇
辽宁	四〇．二〇	吉林	四八．四〇
黑龙江	一三．六〇	山东	三二．四〇
河南	三〇．三〇	山西	三六．一〇
江苏	五一．一〇	安徽	三四．一〇
江西	四六．三八	福建	五一．八〇
浙江	四二．二〇	湖北	三七．九五
湖南	三〇．九〇	陕西	二八．二〇
甘肃	四六．四〇	新疆	三六．五〇
四川	三一．九〇	广东	四三．〇〇
广西	三四．〇〇	云南	三二．八〇
贵州	三五．二〇	热河	二四．六〇
绥远	二六．七〇	察哈尔	五五．六〇
总平均	三六．五九		

照上所列，每一校舍仅容学生三十六七人。如欲实施义务教育，则每校容纳学生之数，非尽量增加不可。兹姑假定每一教室平均容纳学生四十人，则使三千七百十九万儿童入学，至少须增加教室一百万间。

㈩民国十三年以前，全国小学学生每名每岁公家所担经费一览表：

省别	初级小学	高级小学	初等职业学校	平均数
北平及旧京兆区	五．二四	一三．二七	三五．七九	一八．一〇
河北	三．四三	二三．〇五	三九．五〇	二一．九九
辽宁	三三．五三	一六．〇八	三一．八五	一七．八二
吉林	一一．三八	三一．〇六		二一．二二
黑龙江	六．九七	二一．五七	三七．一六	二五．二三
山东	二．三七	一三．五一	二八．〇一	一四．六三

续表

省别	初级小学	高级小学	初等职业学校	平均数
河南	一．九八	一四．四四	二〇．一三	一二．一八
山西	二．一五	一一．九七	一〇．六二	八．二五
江苏	六．四〇	二六．〇〇	四六．三四	二六．二五
安徽	五．〇九	二〇．四九	一八．二一	一四．六〇
江西	三．四四	一七．五七	四六．三八	二二．四六
福建	六．二九	一九．三七	二三．一九	一六．二八
浙江	三．五八	一六．三七	三八．二〇	一九．二〇
湖北	二．三五	一七．三六	三七．九五	一九．二二
湖南	四．七一	一五．〇六	三七．二八	一九．〇一
陕西	二．二二	一七．二〇	二八．八一	一六．〇八
甘肃	一．四六	九．〇三	二五．一〇	一五．二〇
新疆	二一．一四	三五．六九		二八．四二
四川	二．三二	一六．一七	四八．〇一	二二．一七
广东	五．五九	二〇．三〇	二六．一八	一七．三〇
广西	三．五八	一四．五五		九．七〇
云南	三．一一	一〇．二一	一三．〇一	八．七八
贵州	三．七三	一〇．六九	三三．三三	一五．九一
热河	七．一六	三二．九一		二〇．〇四
绥远	四．八〇	二四．七四		一四．七七
察哈尔	四．三四	二七．八三		一六．〇九
总平均	五．〇二	一九．四八	三一．二五	一八．五八

根据上表，初小学生每名每年须由公家担任经费五元余，高小学生每名每年十九元余，初等职业学校每名每年三十一元余。今义务教育暂定为四年，故经费只须照初小计算。民国十三年以前，初小学生每人每年仅由公家担任经费五元已足。但各省、市自归国民政府统治以后，小学教员之待遇大率提高，小学之设备亦较前改善，故公费需要额因之增加。照目前实况，初小学生每人每年至少须由公家担任经费七元。若使四千万儿童一律得入初等小学，则每年公家非增加义务教育经费二万八千万元不可。此

种巨款如何筹措，实为编制义务教育方案时最重大之一问题。

㊉现时财政困难，新添之教室，恐难自行建筑，只好借用民房，加以修理，使其中光线空气均合于教室之用。大约每增一新班，约须开办费五百元（房屋修理费、校具购置费及其他行政费用，一并包括在内）。倘培养教师一人，公家须担负经费二百元，则养成教师一百万人，须款二万万元。实际上，恐尚不止此数也。其详细预算，文中另行开列。

【附录】

实施义务教育初步计划提要

（一）目标

一、使全国学龄儿童（失学的四千万人）都受四年的义务教育。

二、贫寒儿童得变通或缩短在学期间，以补习教育或自修制度，补足其应受的义务教育（办法详原计划附注）。

（二）期限

一、在五年内完成全国师资训练机关，同时开办城市及乡村义务教育实验区各一千五百处。

二、以后逐渐推广，到二十年末，全国实施四年的义务教育。

（三）目前问题

一、如何使全国四千万失学儿童于二十年内全体入学。

二、如何在二十年内增加一百四十万教员。

三、如何增加教室一百万间，教室设备一百万套。

四、怎样筹措每年二亿八千万元的经费（建筑教室和培养师资的经费还在外）。

（四）培养师资及使儿童分期入学办法

一、城市小学教师约须二十万人左右，由都市里现在的中等师资机关负责训练。乡小教师约一百二十万左右；由全国各县于五年设立乡村师范共一千五百所，负责训练。平均每所养成八百人。第六年起，每校每年平均应有毕业生五十三人。

二、都市师范学校师资由现有师范大学或各大学教育学院等负责训练。

三、全国县立乡村师范学校师资共需二万一千人。由各省设立乡村师范学校及师范专科共二十七所负责训练，从第二年起到第四年止，每省每所须养成一百八十人。

四、省立乡村师范学校及专科师资，需五百四十人。由国立义务教育学院分两年负责养成，每年培养二百七十人；后每年继续培养一百人，以补缺额。

五、国立义教学校及实验区。第一年就开始设立实验区两处，一城、一乡，供学生实验，并作推行全国义教基础。

六、省立乡村师范学校、乡师专科及省义教实验区，应在第二年开始时开办，也应分城乡两实验区。

七、县乡师分三期开办。第三年、第四年、第五年各成立三分之一。从第一年起到第五年止，全国每年添设县师五百所，城市及乡村实验区各五百处。㊀

八、从第六年起，每年净增教师七万五千人，可以增小学七万五千所，教儿童三百万人。到第十八年，全国小学普遍设立，第二十年义教完全实施。

九、除训练师资外，更办下列各事：甲、登记全省师范毕业生，令充小学教员；乙、厉行《师范毕业生服务规程》，必令服务二到五年。丙、检定非正式师范毕业的小学教员；丁、训练不合格的教员一年或二年；戊、考试塾师，及格的准充小学教员，不及格的使入县师补习二年。

（五）增加教室办法

一、利用全国人民家庙。

二、利用学宫、书院及公共场所。

三、利用一切庙宇寺观。

四、奖励私人捐屋或捐款兴筑校舍。

五、由公家筹建极经济而又耐久的校舍。

（六）经费预算

一、二十年总支正额为三 九六六 四三〇 〇〇〇元（细目计划）。

二、中央、省市县分担教育经费。假定第二年中央与各省各半，从第三年起，中央任百分之四十五。

三、鼓励私人兴学，以减轻地方担负。

出自《第二次全国教育会议始末记》，上海江东书局1930年版。

【原注】

㈠上三项师范生程度详《筹设各级各种师资训练机关提要》。

【注释】

①本篇原发表时无署名，刊载于“乡教大事记”栏。陶行知在《普及教育运动小史》中介绍：“民国十九年春天，我曾一度草成一个二十年内完成的普及教育计划。这计划曾由教育部提出，全国教育会议通过。与这计划同时提出的，有一个成人补习教育初步计划。”据此可以判定，此计划由陶行知所手订或主持拟定。此计划后来曾编为《实施义务教育初步计划提要》，收作本文附文。

②葛雷制，一种较为经济的教学组织模式。美国教育家沃特（William Albert Wirt，1874—1938）在葛雷市所创。其办法，将学校教学分为“二部制”，以充分利用学校的设备及师资。

③原表以元作为基本单位，由编者改定为以万元作为基本单位。原表数字为中文，由编者改为阿拉伯数字。

④庚款，即“庚子赔款”。

⑤引岸，亦称“引地”“销岸”。即政府实行划区运销的盐业政策，商人须首先向政府购“引”（许可证），然后才能凭引支盐销往指定地区。

晓庄三岁敬告同志书

今日是何日？
当念三年前。
愿从今日起，
更结万年缘。

三年前的今日[①]，老山下的小庄[②]出了一桩奇事。他们是来扫墓吗？香烛在哪儿！强盗来分赃吗？如何这样客气！他们是开学哟。开学？学堂在哪儿！连燕子都不肯飞来的地方，忽然这样热闹！奇怪得很！

不错，我们是来开学。说得更切些，我们是来开工。还不如说，我们是在这儿来开始生活。“从野人生活出发，向极乐世界探寻”是我们今天所立的宏愿。学堂是有的，不过和别的学堂不同。他头上顶着青天，脚下踏着大地，东南西北是他的围墙，大千世界是他的课室，万物变化是他的教科书，太阳月亮照耀他工作，一切人，老的、壮的、少的、幼的、男的、女的都是他的先生，也都是他的学生。晓庄生来就是这样的一副气骨。

到了今天，已经是三周年了。说到可以看见的成绩，真是微乎其微。他所有的茅草屋，稍微有点财力的人，只要两个月就可以造得成功。一阵野火，半天便可以把他们烧得干干净净。至于每个同志之所有，除了一颗血红的心和一些破布烂棉花的行李之外，还有什么可说？然而晓庄毕竟有那野火烧不尽的东西。这些东西的价值，也许只等于穷人家在天寒地冻时之破布烂棉花，也许就是因为这些破布烂棉花的力量，那血红的心才能继续不断的跳动，那怀抱着这血红的心的生命便能生生不已。我现在所高兴说的就是这些东西。

晓庄是从爱里产生出来的。没有爱便没有晓庄。因为他爱人类，所以他爱人类中最多数而最不幸之中华民族；因为他爱中华民族，所以他爱中华民族中最多数而最不幸之农人。他爱农人只是从农人出发，从最多数最不幸的出发，他的目光，没有一刻不注意到中华民族和人类的全体。在吉祥学园[3]里写了两句话："捧着一颗心来；不带半根草去。"晓庄是从这样的爱心里出来的。晓庄可毁，爱不可灭。晓庄一天有这爱，则晓庄一天不可毁。倘使这爱没有了，则虽称为晓庄，其实不是晓庄。爱之所在即晓庄之所在。一个乡村小学里的教师有了这爱，便是一个晓庄；一百万个乡村小学里的教师有了这爱，便是一百万个晓庄。虽是名字不叫晓庄，实在是真正的晓庄了。

晓庄三年来的历史，就是这颗爱心之历史——这颗爱心要求实现之历史。有了爱便不得不去找路线，寻方法，造工具，使这爱可以流露出去完成他的使命。流露的时候，遇着阻力便不得不奋斗——与土豪劣绅奋斗，与外力压迫奋斗，与传统教育奋斗，与农人封建思想奋斗，与自己带来之伪知识奋斗。这奋斗之历史，也就是这颗爱心之历史。晓庄没有爱便不能奋斗，不能破坏，不能建设，不能创造。个人没有爱，便没有意义，即使在晓庄，也不见得有贡献。所以晓庄和各个同志的总贡献——破坏与创造——如果有的话，都是从爱里流露出来的。晓庄生于爱，亦惟有凭着爱的力量才能生生不已咧。

我们最初拿到晓庄来试验的要算是教学做合一的理论了。当初的方式很简单。它的系统也就是在晓庄一面试验一面建设起来的。这个理论包括三方面：一是事怎样做便怎样学，怎样学便怎样教；二是对事说是做，对己说是学，对人说是教；三是教育不是教人，不是教人学，乃是教人学做事。无论那方面，"做"成了学的中心即成了教的中心。要想教得好，学得好，就须做得好。要想做得好，就须"在劳力上劳心"，以收手脑相长之效。这样一来，我们便与两种传统思想短兵相接了。一是孟子的"劳心者治人，劳力者治于人"的二元论。这种二元论在中国的力量是很大的。他在教育上的影响是：教劳心者不劳力；不教劳力者劳心。结果把中华民族划成两个阶级，并使科学的种子长不出来。二是先知后行的谬论。阳明[4]虽倡知行合一之说，无意中也流露出"知是行之始"之意见。东原[5]更进一步的主张："重行必先重知。"这种主张在中国教育上的影响极深。"知是行之始"一变而为"读书是行之始"，再变而为"听讲是行之始"。"重行必先重知"也有同样的流弊。请看今日学校里的现象，那一处不是这种谬论所形成。不入虎穴，焉得虎子。知识是要自己像开矿样去取来的。取便是行。中国学子被先知后行的学说所麻醉，习惯成了自然，平日不肯行，不敢行，终于不能行，也就一无所知。如果有所知，也不过是知人之所知，不是我之所谓知。教学做合一既以做为中心，便自然而然地把阳明、东原的见解颠倒过来，成为“行是知之始”，“重知必先重行”。我很诚恳的敬告全国的同志：“有行的勇气，才有知的收获。”先知后行学说的土壤里，长不出科学的树，开不出科学的花，结不出科学的果。

教学做合一的理论最初是应用在培养师资上面的。我们主张培养小学教师要在小学里做，小学里学，小学里教。这小学是培养小学教师的中心，也就是师范学校的中心，不是他的附属品，故不称他为附属小学而称他为中心小学。培养幼稚园教师的幼稚园和培养中学教师的中学，都是中心学校而不是附属学校。现在实行的学园制即是艺友制，每学园有导师、艺友及中心学校，更进一步求教学做合一的主张之贯彻。现今师范教育之传统观念是先理论而后实习，把一件事分作两截，好一比早上烧饭晚上请客。除非让客人吃冷饭，便须把饭重新烧过。教学做合一的中心学校就是要把理论与实习合为一炉而冶之。

教学做合一不是别的，是生活法，是实现生活教育之方法。当初，生活教育戴着一顶“教育即生活”的帽子。自从教学做合一的理论试行以后，渐渐的觉得“教育即生活”的理论行不通了。一年前我们便提出一个“生活即教育”的理论来替代。从此生活教育的内容方法便脉脉贯通了。

“生活即教育”怎样讲？是生活即是教育。是好生活即是好教育；是坏生活即是坏教育；有目的的生活即是有目的的教育；无目的的生活即是无目的的教育；有计划的生活即是有计划的教育；无计划的生活即是无计划的教育；合理的生活即是合理的教育；不合理的生活即是不合理的教育；日常的生活即是日常的教育；进步的生活即是进步的教育。依照生活教育的五大目标说来：康健的生活即是康健的教育；劳动的生活即是劳动的教育；科学的生活即是科学的教育；艺术的生活即是艺术的教育；改造社会的生活即是改造社会的教育。反过来说，嘴里念的是劳动教育的书，耳朵听的是劳动教育的演讲，而平日所过的是双料少爷的生活。在传统教育的看法不妨算他是受劳动教育，但在生活教育的看法则断断乎不能算他是受劳动教育。生活教育是运用生活的力量来改造生活，他要运用有目的有计划的生活来改造无目的无计划的生活。

生活教育既以生活做中心，立刻就与几种传统思想冲突。第一种传统思想与生活教育冲突的是文化教育。他以文化为中心。德国战前之教育即是以文化为中心。中国主张此说的也不少。依生活教育的见解，一切文化只是生活的工具。文化既是生活的工具，那能喧宾夺主而做教育的中心？第二种传统思想与生活教育冲突的是教、训分家。在现代中国学校里教、训分家是普遍的现象。教育好像是教人读书，训育好像是训练人做人或是做事；教育好像是培养知识，训育好像是训练品行；教育又好像是指所谓之课内活动，训育则好像是指所谓课外活动。所以普通学校里，有一位教务主任专管教育；又有一位训育主任专管训育。某行政机关拟以智仁勇为训育方针，那末，教育方针又是什么呢？生活教育的要求是：整个的生活要有整个的教育。每个活动都要有目标，有计划，有方法，有工具，有指导，有考核。智识与品行分不开，思想与行为分不开，课内与课外分不开，做人做事与读书分不开，即教育与训育分不开。生活教育之下只有纵的分任，决无横的割裂。某人指导团体自治，某人指导康健是可以的。这是纵的分任。若是团体自治的智识是功课以内归教务主任管，团体自治的行为是功课以外归训育主任管，这就是生活的横的割裂，决说不过去。第三种传统思想与生活教育冲突的是教育等于读书。生活教育指示我们说：过什么生活用什么工具。书只是生活工具之一种，是要拿来活用的，不是拿来死读的。书既是用的，那末，过什么生活便用什么书。第四种传统思想与生活教育冲突的是学校自学校、社会自社会。从前学校门前挂着闲人莫入的虎头牌[⑥]以自绝于社会，不必说了，就是现在高谈学校社会化，或是社会学校化的地方也往往漠不相关。生活即教育的理论一来，他立刻要求拆墙，拆去学校与社会中间之围墙，使我们可以达到亲民亲物的境界。不但如此，它要求把整个的社会或整个的乡村当作学校。与“生活即教育”蝉联而来的就是“社会即学校”。第五种传统思想与生活教育冲突的就是漠视切身的政治经济问题。我们既承认“社会即学校”，那末，社会的中心问题便成了学校的中心问题。这中心问题就是政治经济问题。我们最初定教育目标时对于政治经济即特别重视。赵院长后来又作有力的宣言说：“生活教育是教人做工求知管政治。”江问渔先生近著《富教合一》和《政教合一》两篇文字使生活教育之内容更为明显。我也作《富教合一后论》《政教合一后论》《政富合一论》以尽量发挥三者之关系，终于构成政富教合一理论之系统。晓庄所办之自卫团、妇女工学处。现在向省政府建议设置之试验乡以及十九年度计划中之生产事业，都是想把政治、经济、教育打成一片，做个政富教合一的小试验。政富教合一的根本观念是要将政富教三件事合而为一。如何使他们合起来？要叫他们在“遂民之欲，达民之情”上合起来。现在这三件事的中间有很大的鸿沟。它的根本原因不外三种：一是富人拿政治与教育作工具以遂富人之欲而达富人之情；二是政客拿富人之力与教育作工具以遂政客之欲而达政客之情；三是不肯拿教育给富人和政客做工具的教师们存了超然的态度，不知教人民运用富力和政治力以遂民之欲，达民之情。我们要知道等到富力成为民的富力，政治力成为民的政治力，然后生活才算是民的生活，教育才算是民的教育。在教育的立场上说，我们所负的使命：（一）是教民造富；（二）是教民均富；（三）是教民用富；（四）是教民知富；（五）是教民拿民权以遂民生而保民族。我们要教人知道，不做工的不配吃饭，更不配坐汽车。我们要教人知道“朱门酒肉臭，路有冻死骨”是最大的罪孽。我们要教人知道富力如同肥料，堆得太多了要把花草的生命烧死。我们要教人民造富的社会，不造富的个人。从农业文明进到工业文明，我们要教农民做机器的主人，不做机器的奴隶。这种主张，不消说，不但和“先富后教”、教育不管政治一类的传统思想冲突，凡是凭着特殊势力以压迫人民，致使民之欲不得遂、民之情不得达的，都是我们的公敌。

最后，晓庄是同志的结合，我不要忘记了叙述。晓庄的茅草屋一把野火可以烧得掉。晓庄的同志饿不散，冻不散，枪炮惊不散。我们是为着一个共同的使命来的。这使命便是教导乡下阿斗做中华民国的主人。要想负得起这个使命，便不能没有特殊的修养。这是我们自己勉励的几条方针：

（一）自立与互助

“滴自己的汗。吃自己的饭。自己的事自己干。靠人靠天靠祖上，不算是好汉。”这首《自立歌》，晓庄的人是没有不会唱的了。我们所求的自立，便是这首歌所指示的。但是自立不是孤高，不是自扫门前雪。我们不但是一个人，并且是一个人中人。人与人的关系是建筑在互助的友谊上。凡是同志，都是朋友，便当互助。倘不互助，就不是朋友，便不是同志。我们唱一首互助歌罢：“小小的村庄，小小的学堂，小小的学生，个个是好汉。好汉！好汉！帮人家的忙。”

（二）平等与责任

在晓庄，凡是同志一律平等。共同立法的时候，师生工友都只有一权。违法时处分也不因人而异。我们以为，在同一的团体里要人共同守法，必须共同立法。但同志的法律地位虽平等，而责任则因职务而不同。

职务按行政系统分配，各有各的职务，即各有各的责任。责任在指挥，当行指挥之权；责任在受指挥，应负受指挥之义务。

（三）自由与纪律

晓庄团体行动有一致遵守的纪律，五十岁以上及对本校学术有特殊贡献的人，得由本校赠与晓庄自由章，不受共同纪律之限制。但这些纪律的目的，无非也是增进团体生活的幸福，防止个人自由之冲突。晓庄毕竟不但是个“平等之乡”，而且是个“自由之园”。晓庄以同志的志愿为志愿，以同志的计划为计划，以同志的贡献为贡献。晓庄虽然希望每个同志对于共同的志愿、计划是要有些贡献，但是乡村教育的范围广漠无边，除非是身在乡下心在城里的人，总可以找出一两样符合自己的才能兴味。大部分的生活都是供大家自由的选择。学园的成立是由于园长选同志，同志选园长，格外合乎自由的意义。试验自由是各学园的础石。晓庄所要求于个人的只是每个人都要有计划，要按着自己的计划进行。至于什么计划，如何实现，都是个人的自由。在理想的社会里，凡是人的问题都可以自由的想，自由的谈，自由的试验。晓庄虽然没有达到这种境界，但愿意努力创造这样的一个社会。这里含蓄着进步的泉源，这里蕴藏着人生的乐趣。乡下人的面包已经给人家夺去一半了，剩下这点不自由的自由是多么的尊贵哟！

（四）大同与大不同

这又是一对似乎矛盾而实相成的名词。我们试到一个花园里面去看一看：万紫千红，各有它的美丽；那构成花园的伟观的成分正是各种花草的大不同处。将这些大不同的花草分别栽种，使他们各得其所，及时发荣滋长，现出一种和谐的气象，令人一进门便感觉到生命的节奏：这便是大同之效。晓庄不是别的，只是一个“人园”，和花园有相类的意义。我们愿意在这里面的人都能各得其所，现出各人本来之美，以构成晓庄之美。如果要找一个人中模范，教一切人都学成和他一样，无异于教桃花、榴花拜荷花做模范。我们当教师的实在需要园丁的智慧。晓庄不但是不要把个个学生造成一模一样，并且也不愿他们出去照样画葫芦。晓庄同志无论到什么地方去，如果只能办成晓庄一样的学校，便算本领没有学到家，便算失败。没有两个环境是相同的，怎能同样的办？晓庄同志要创造和晓庄大不同的学校才算是和晓庄同，才算是第一流的贡献，才算是有些成功。

同志们！记牢了我们的使命是教导乡下阿斗做中华民国的主人。乡下阿斗没有出头之先，我们休想出头。乡下阿斗没有享福之先，我们休想享福。我们若是赶在农人前面去出头享福，只此一念便是变相的土豪劣绅。与农人同甘苦，共休戚，才能得到光明，探出生路。我们大家唱首《劳山歌》，为中华民国的主人努力吧！

老山劳；
小庄晓：
咱锄头，
起来了。
老山劳；
小庄晓：
新时代，
推动了。

原载《乡村教师》第7期，1930年3月15日。

【注释】

①指1927年3月15日。

②试验乡村师范校址。该校创办时，陶行知将老山改名劳山，小庄改名晓庄。

③吉祥学园，原名晓庄师范吉祥庵中心小学，曾短期更名为吉祥学院，创办于1928年春，校址在吉祥庵。

④阳明，即王阳明（守仁）。

⑤东原，即戴震，东原为其字。安徽休宁人。清思想家、学者。

⑥虎头牌，清末民初的学校，曾仿效衙门悬挂画着虎头的牌子，上书“学校重地，闲人莫入”八字。

为组织试验乡推行村治呈民政厅文[①]

呈为呈请准予组织试验乡，以谋村治研究之精深，并图乡村工作人才训练之切实事。查村治推行之初，首重研究，我们不但要把它当做一件事业去做，并且要把它当作一个学问去探讨。但是村治的学问，不是凭空可以谈得出来的，必定要运用科学的方法，在一个适合的环境里，去一面干一面研究，才可以发现新的途径。所以，要想对于村治有精深的研究，必须有一个或数个乡村做它试验的根据。这是设立试验乡的第一个理由。在教育没有普及的社会里，乡村教师对于村治之进行，负有特殊之重要使命。假使有甲、乙、丙三个乡村，一同出发，别事如一，只有教师不同：甲乡没有教师；乙乡有教师，但是只会教死书；丙乡不但是有教师，而且是个彻底明了村治，又有热心、能力和乡村人民共同推动村治的教师，只要十年工夫，就可以看见很大的不同。甲乡十年如一日，仍旧是没有什么变化；乙乡多了许多不事生产的书呆子；丙乡已经成为二十世纪中华民国之健全份子，一个自有、自治、自享的乐园。所以，村治推行之初，乡村师范必须将村治列入正课，使未来之乡村之教师，都知道如何实现村治。但村治决不是单凭书本可以学来的，我们必须有参加村治的机会，然后可以得到引导村治的本领。我们干了村治的事，才算是求了村治的学。我们要想对于村治有切实引导的人才，也必须有若干乡村做训练乡村工作人才之中心。这是设立试验乡的第二个理由。敝校系研究乡村教育及训练乡村教师的机关，对于研究村治及训练乡村教师，做推动村治的工作，抱有宏愿。所在地之北固乡人民，与敝校师生相处三年，深知无民权即无以遂民生而保民族。早思自选乡长，以副自治精神。如无格于手续，不能达到目的。如设试验乡，则应兴应革，宜缓宜急，皆不致过受拘束，而进步自可更快了。这是设立试验乡的第三个理由。有此三种理由，故恳请贵厅长指令江宁县长，将第一区之北固乡，完全划作试验乡，予以试验自由，归敝校指导进行。凡村民及乡镇邻闾长工作人员，皆归敝校负责训练，以期早日实现民有、民治、民享之乡村。上述意见，是否可行，尚希察核。详细

计划当俟准予设立后续陈。敬呈

江苏省政府民政厅厅长缪。

晓庄学校校长陶行知

中华民国十九年三月□日

原载《乡村教师》第 9 期，1930 年 3 月 29 日。

【附录】

江苏省民政厅批文

江苏省民政厅批　字第三百四十三号

原具呈人晓庄试验乡村师范学校校长陶知行

呈请组织试验乡以谋村治研究之精深，并图乡村工作人才训练之切实由。

呈悉。该校长热心乡村自治，殊深嘉许。所请令行江宁县长将该县第一区之北固乡完全划作试验乡，归该校指导进行一节，应即照准。除令行江宁县县长遵照办理外，仰即拟具详细计划，克日筹备进行，并将计划报核。以后一切进行情形，仍随时呈报，并分呈该第一区公所转报县政府查考。此批。

中华民国十九年三月□日

江苏省民政厅厅长缪

监印秦恩培　校对王震阳

（出处同前）

【注释】

①原载《乡村教师》第 9 期，1930 年 3 月 29 日。本篇摘自《乡教大事记》，编纂者：箇农。

实施成年补习教育初步计划①

本计划的目标，在使全国青年及成年失学的民众，得受一种补习性质的短期学校教育。这种补习教育很为重要，但在我国学制系统上没有占一定的地位。为便利起见，简称为“成年补习教育”。成年补习教育，本兼含公民识字训练及职业训练两种。本计划系初步计划，拟在训政的六年内②，尽先完成公民识字训练的重大工作。至于职业训练，可以参照《全国教育方案》中《中等教育及社会教育方案》内关于职业教育部分。今将计划拟具如次：

一　原　　则

（甲）公民识字训练，应用最少金钱、最短时间，使一般民众有识字、读书及运用四权③的能力。

（乙）公民识字训练，先从集团人民办起，逐渐推广到散居人民；先从富庶地方办起，逐渐推广到贫瘠地方；除天灾及有特别情形、区域外，不得延缓。

（丙）受公民识字训练者之年龄，应自满十二岁起至五十岁止。

（丁）公民识字训练，不但不识字者，须负学习义务，即识字者，也须负教人的义务。

（戊）公民识字训练之施行，应行最严密之考核。

（己）公民识字训练，既立基础之后，应予以继续长进的机会。

二　目前急切问题

（甲）应如何使全国失学民众入学？全国不识字的民众约占全人口百分之八十，㊀全国人口假定估计为四三六 〇九四 九五三人，那么根据种种关系，加以特殊原因，㊁可以把既识字、不识字与应受补习教育者数目，分栎〔析〕如下表：

（子）既识字者约百分之二十，共计八七 二一八 九九〇人。

（丑）不识字者约百分之八十，共计三四八 八七五 九六二人。

（1）五十岁以上者约百分之十三．三三，共计五八 一三一 四五七人。

（2）学龄儿童约百分之十，共计四三 六〇九 四九五人。

（3）六岁以下之孩童约百分之十，共计四三 六〇九 四九五人。

（4）盲聋哑等残废及有精神病或神经病者，约百分之〇．二五，共计一 〇九〇 二三七人。

（5）应受补习教育者约百分之四八．四二，共计二〇二 四三五 二七七人。

根据此表，将识字与〔不〕识字民众分栎〔析〕如图（略）。

观上表及图，晓得应受成年补习教育的人类〔数〕，为二万万零二百余万人，几占我国民众全数之半。这是我们成年补习教育的对象之总数。应该怎样使此种不识字的民众，能识字、能读书、能看报、能算数，那便是首先应该筹议的。

（乙）所需师资应如何养成？办理成年补习教育，应该与实施义务教育同时并进，才有种种利用的机会，就是师资能借助的也不少。不过在义务教育没有完全普及以前，每年有〔不〕少失学的学龄儿童，因年龄增长而暗中加入青年失学数量以内。所以在推行义务教育的进行中，即使凡是小学都兼作成年补习教育的机关，凡是小学教员都兼作成年补习的教员，也至多只能抵销每年增加的数量。这二万万零二百四十多万的失学者，要另找师资，才能有解决办法。假定二万万零二百四十多万失学者，分作六年完成公民识字训练，平均每年须训练三千三百七十四万人。每人受训练四个月，一年内可分三期训练，每次平均约一千一百二十四万人。每一教员轮教二班，每班平均以五十人计，即每一教员平均教一百人，约需教员十一万二千四百七十人。六年之内，教员须更换百分之十二（按照《义务教育计划》中估计，每年更换百分之二），共需教员约十三万五千人。此项巨额教师，应该怎样选择和怎样培植呢？

（丙）所需校舍及教室中设备如何？应受补习教育者为二〇二 四三五 二七七人，照乙项估计，小学内所办成年补习教育，作为抵销每年增加的失学青年论，那么小学校舍、教室，已日夜人满，不能再容。假定每教室容五十，两班轮流使用，即每一百人需要一教室，教室数量恰与教员数十一万二千四百七十相等。大概单级民众补习学校，应用两间空气、光线适度，高低、小大适宜的房子，以一大间为教室，一小间为办事地点，这是无论如何不可少的。况且本部曾颁布《农业推广规程》，[三]前大学院也曾通令各省、市，利用固有机关、团体，与民众教育。㊃将来势必把成年补习教育的校舍，成为社会改革的中心，那么校舍一项自然也是一个问题。

（丁）所需经费如何筹措？据调查所得，养成一个民众学校毕业生，至少需费一元四角㊄，依此，则二万〔万〕零二百余万人所需之成年补习教育经费，应为二万〔万〕八千三百四十余万元。师资养成的经费，尚不在内。如此巨额数目，自属筹措不易，这是不能不另行设计的。

三　失学成年人入学补习及培养师资办法

（甲）全国不识字而应受补习教育的人数，估计为二〇二 四三五 二七七人，识字者为八七 二一八 九九〇人，已如上述。只须每人教二人半，即可使之普及。所以对不识字者，应下强迫令，使之学习；对于识字者，应下动员令，使之教人识字。他们教人识字的义务，和当兵、纳税的义务同样重要。但是要把这二万〔万〕零二百余万个不识字人，都责成八千七百余万个识字人来平均分配去教导，事实上是不可能的。所以本计划是用班级制的公民识字学校，和非班级制的公民识字处来互相救济。

（乙）公民识字学校和公民识字处，是怎样的区别呢？家庭、小店铺及其他小规模组织的集团内之分子，如有不识字者，可由家内、铺内或本集团中之识字分子指导，不取班级上课形式，称为“公民识字处”，由附近小学校考核之。每处设处长一人，教员若干人，就附近小学校校长加聘。公民识字学校，设在军队、工厂、监狱及一切大机关，或有数十以上不识字者之地。其余不识字者，不入公民识字学校，则必须组织公民识字处。

（丙）公民识字学校的师资，由县立高级小学、县立师范、省立师范、高中师范科、军官学校及中等以上各校，附设班级，招收各本校全体学生，至少加以三星期之训练。并招收私塾教师，加以二个月之训练，勉可适用。此项师资来源，约计如下㊅：

（子）中等以上学校学生	二十二万
（丑）私塾教师至少	二十万
（寅）高级小学生	五十八万

上项小学教员不在内，理由见前第二节之（乙）。其中（子）（寅）两项，每年有二分之一或三分之一毕业出校，故虽有八十万人，实际每年只有五十万人可当成年补习的教员。私塾教师不能全用，择优秀者四分之一，约可得五万人。两共五十五万人，约当前面估计的教员需要数十三万

五千的四倍，尽够轮替。更有下项公民识字的办法调剂补救，所以无论如何，总可敷用。

（丁）公民识字处教师，由自己家里、店里、机关里之识字分子充任，可分两种：

（子）小学生　　七〇〇〇 〇〇〇

（丑）识字成人　　七三〇〇〇 〇〇〇㊆

上数的合计是八千万人。假定由这八千万个教师，各教二人，四个月计，可教成一万〔万〕六千万人。识字处教师，由小学及私塾之改良者训练之，以二个月为期。如此办法，识字者怎么样教，应补习者便怎么样学，实不啻与不识字者同受公民训练。

（戊）教育部设中央公民识字指导员训练所，以首都公民识字运动为试验及训练中心，招收高中程度以上学生。每年分两期招生，每次招收八十至一百名，每半年毕业一次。毕业后陆续派赴各省长期指导，并负考核成绩的责任。如此，每半年每省得平均增加专任成年补习教育之责者三人，六年以后，每省可得三十余人。将来第二步计划进行时，非常便利。

四　增加校舍设备的办法

实施公民识字训练所要的校舍，除公民识字处人数不多，较易筹划外，其公民识字学校，依上所述，每校至少需用房屋二间。除小学校兼用者以外，全国一千九百十五县，平均每县要五十八九所。在城市当然可以利用公共机关、慈善机关、中等以上学校。在乡村及小镇却不易设法。凉亭面积虽小，亦可利用。茶店虽有营业关系，亦可商借一二小时。万不得已，庙场的空地，在春秋晴天亦可设法利用。这是暂时的。一方面尽先在乡僻地方建筑小学校舍，把原来借作校舍的家庙、寺庙等让出，做为成年补习教育的场所。设备亦借原有的，若是空房，学生应自带坐具。此外，并可奖励私人捐助房屋、或捐〔款〕建筑校舍、或由公〔家〕筹款建筑单简之民众教育馆或农民教育馆，兼办民众识字教育。

五　经费预算及其筹措方法

（甲）经费的预算。上述实施成年补习教育，其所需经费约为二万〔万〕八千三百四十余万元。此项数字，系从比例上预算得到的，究竟实需若干，不可不切实估计。兹根据本计划制定计算表如下：

实施公民识字训练经费预算表④

科目	经费数	说明
第一款　实施公民识字训练经费	56 587 440	上列数目，是每年需要数。
第一项印刷费	3 706 100	
第一目《千字课本》	168 700	假定每二人合用一本，每本三期轮用，二万二百四十余万人约共需三千三百七十四万本。每本印费三分，共需一百另一万二千二百元。分六年，每年约需如上数。
第二目《民众周刊》	2 700 000	假定每三十人合用一份，约共需六百七十五万份，每份每期印费一分，每年四十期，计四角。共需如上数。
第三目《识字国民证书》	337 400	每年训练三千三百七十四万人，每人一份，每份一分，合计如上数。
第四目《爱国奖状》	500 000	根据三节丁项，公民识字处教师有八千万人，假定内中每期有五分之一给奖，应预备奖状一千六百万张。每年三期，计四千八百万张。兹以五千万张计，每张印费一分，共需如上数。
第二项文具费	2 250 000	假定每份三班轮用，每年约需一千一百二十五万份，每份二角计，共约需上数。
第三项教师薪水	33 741 000	依第二节乙项，公民识字学校教员数系十一万二千四百七十人，平均每人每年俸额三百元，共需如上数。
第四项　中央公民识字指导员训练费	15 000	
第一目经常费	10 000	按三节戊项计划办理，每年每生平均训练费一百元，共需如上数。
第二目开办费	5 000	开办费共需三万元，六年内每年平均需如上数。

续表

科目	经费数	说明
第五项 中央公民识字指导员薪水旅费	660 000	第一半年无。自第一年下半年起一百人，第二年起二百人，第二年下半年起三百人。照此递加，每人每月一百元，共计三百九十六万元。六年，每年平均如上数。
第六项 各县市训练识字教师经费	1 149 000	全国共有一千九百十五县，以每县每年六百元计，合需如上数。
第七项 校舍经费	5 623 500	借用不必开支，唯照《义务教育计划》修理及开办设备费，约每所五百元。桌椅借用或由学生自备，需减少二百元，以三百元计，则十一万二千四百七十所共需洋三三七四一 〇〇〇元。以六年平均分筹，每年需如上数。
第八项 维持费杂费	6 748 200	粉笔、灯火、茶水、办公用文具等，每校每月五元，每年需如上数。
第九项 预备费	2 694 640	预备费照上列第一项至第八项总数百分之五计算，需如上数。

（乙）经费的筹措。上项预算是比较确实的数目（每年每生约需一元六角五分，连师资训练也在内，与前面估计之一元四角只出入百分之十六），但究应如何筹措呢？就性质说，既系充办理地方公民识字训练之用，似应由地方负担。但按照现在地方财力情形，欲完全担负此费，事实上绝对不可能，自以由中央及地方分担为适宜。兹比照《义务教育》例[⑤]，拟定分担标准如下：

中　央　　担负全额百分之四十五。

省地方　　担负全额百分之十。

县地方　　担负全额百分之四十五。

依上述标准，得中央及地方所担负总额各如下：

中　央　　每年应担负二五 四六四 三四八元。

省地方　　每年应担负五 六五八 七四四元。

县地方　　每年应担负二五 四六四 三四八元。

合　计　　五六 五八七 四四〇元。

上项省地方应筹数，除蒙、藏暨绥远、热河、察哈尔、宁夏、西康、青海等六省，具有特别情形应另设计外，若由其余之江苏等二十二省分摊计算，每省每年平均约担负二十五万余元。又，上项县地方应筹数，姑按全国现有县市数二千[八]分摊，则每县每年平均应各筹一万二千五百余元。但各县人口、财力、环境等，俱各不同，那里能够一律呢？所以各县担负数目，又可假定如下表：

一等县　一万五千元—二万五千元。

二等县　五千元——万五千元。

三等县　五千元以下。

现在要问此款来源怎样呢？兹再将上述各级政府经费之来源，草拟如次：

（子）属于中央政府的：我国今日不欲举办公民识字训练，那就罢了。倘欲办这伟大的事业，以完成训政的工作，那么对于所需经费，就不可不抱最大之决心和毅力以筹措之。其来源如下：

（1）庚款。查庚子赔款，除已付数不计外，现欠数本利合计共为五亿多。依原定之三十九年分年摊还，从一九二二年起，到一九四〇年止（即民国十一年—民国二十九年），计十八年，每年应退还三千六百九十五万七千余两，[九]就中拨出一部自能敷用。[十]

（2）关税。据说关税增加后，每年收入数已由一万二千万增至二万万元，这笔增收数，除提一部分抵充裁厘收入外，当可提出半数供教育费。在教育费中，除提一部分办理义务教育外，其余一部分当可敷政府按年补助地方办理公民识字训练所需经费。若此项亦难照行，则可举办下列之“卷烟民教特税”。

（3）卷烟民教特税。比年卷烟销数，增加无已，实属一种无聊销耗。但是，能够吸食它的多属中人之家，多取不算为虐，并且符“寓禁于征”本旨。若政府严厉举办（指未办省区言）或加征（指已办各省区言），此区区每年二千五百余万元，不难筹到。

（丑）属于各省政府的：前述之每省每年负担二十五万元，系指平均数言，实则各省区大小贫富的〔不〕同。若分别计算，则每年六〔大〕省约需三十至四十万元，中省约需二十至三十万元，小省约需十万至二十万元。其来源如下：

（1）田赋附税。

（2）省公债以土地增价税收入作抵。

（3）其他。

因为数目不巨，故取给于上述三种，当易筹足。

（寅）属于县地方的：县政府在今后六年内，每年暂担负公民识字训练费五千元至二万五千元，已如上述。这项经费，可取给于下列各种：

（1）所得税。

（2）遗产税。

（3）孔庙财产之利息。

（4）逆产变价收入。

（5）已充公之庙产（限于淫祀）。

（6）土地增价税。

（7）境内官田、官地、官山变价招领费。

（8）县公债。

（9）其他。

以上各种，若能切实举办，则县地方应负之费，亦可有着。

（卯）其他：照上面所述的，系指交通便利、环境较良的江苏等省言。他若蒙、藏及绥、热等省情形特殊得很，财力尤虞不及，故所需的经费，以由政府完全负担为宜。其来源，似可就“卷烟民教特税”项下，量予拨发。至此等地方之普及年限，亦宜量予延长，这是要附带声明的。

六　编辑公民识字教材办法

（甲）教育部尽于短期内编成《三民主义千字课》一部，俾常人能于四个月内，每天一小时修毕。

（乙）前条所编课本，用混合编制法。附注音字母，借以推行国语；其教材除注重三民主义外，兼及常识。

（丙）教育部根据《三民主义千字课》第一本之字汇，及十分之二生字，编辑《民众周报》，俾修毕第一本千字课者，即能披阅。

（丁）教育部根据《三民主义千字课》之字汇，及十分之二生字，编辑民众用丛书。

（戊）以上出版物，准全国书坊翻印，俾易以廉价购买。

七　实施普及的手续

（甲）组织专门负责的机关。各县、市于实行强迫前，应先组织公民识字训练委员会及分、支会并办事处等，为专门负责机关。其系统如下：

- ○○省○○县公民识字训练委员会
  - ○○区第一分会
    - ○○乡或镇第一支会
      - ○○闾办事处
      - ○○闾办事处
      - ○○…………
      - ……………
      - ……………
    - …………第二支会
    - ……………
    - ……………
    - ……………
  - ○○区第二分会
  - …………
  - …………
  - …………

其系统即县设委员会，区设分会，乡镇各设支会，闾设办事处。每闾以最少一处为原则。至于各会、处组织，其委员人选如下表：

县委员会	区分会	乡或镇支会	闾办事处
县教育局长	区长	乡长或镇长	闾长
县长代表一人	本区教育会代表一人	本区教育会代表一人	由闾长延聘之本闾内识字公民二人
县党部代表一人	本区内党部代表一人	本区内各区分部合推之代表一人	
县教育局代表一人	由区长延聘之热心公民识字训练者二人	由乡长或镇长延聘之热心公民识字训练者二人	
由教育局延聘之热心公民识字训练者一人至三人			
合计五人至七人	合计五人	合计五人	合计三人

以上各会、处，除有特殊情形者外，均限于各该地方预定之实行强迫期前一律成立，并呈报省教育厅备案。其尚未实行区、乡、镇制者，暂以市乡董及村长负责。

（乙）分期调查。上项各机关成立后，即实施调查，调查之目标有二：

（子）本区内教师人数及姓名。

（丑）本区内不识字人姓名、住所及总数。

调查之实施暂按次列顺序：

（1）上项调查，从闾着手。由闾长尽该地方实行强迫期前两个半月，查明造册二份，一呈报本乡或镇支会，一存本闾。

（2）乡或镇支会，须尽该地方实行强迫期前两个月，汇齐各闾呈报状况，造具简明总册二份，一呈报本区分会，一存本乡或镇。

（3）区分会须尽该地方实行强迫期前一个半月，汇齐所属各乡、镇呈报状况，造具简明总册二份，一呈报县委员会，一存本区。

（4）县委员会须尽县实行强迫期前一个月，汇齐所属各区呈报状况，造具简明总册二份，一呈报省教育厅，一存本会。

（丙）支配教者及被教者，并分别通知。

（子）届实行强迫期前一个月，各闾同时总动员。除被教者人数满五十人地方、堪以设校者应即设校外；其不便设校者，应即按教者一人、被教者三人之标准，将教者及被教者姓名逐一支配，发出通知，并于本闾公告之。

（丑）教者不敷用时，得报请上级分会，请求调派合格之教师协助。

（寅）负有教人之义务者，倘确有特殊情形，经该机关主任或闾长之证明，得免除其义务。但须纳教人识字捐三元，[1]存闾办事处，为请人代教之费，否则绝不通融。

（卯）设本闾内教者过剩时，闾办事处应将多余之教师姓名及住所，造册呈报乡镇支会，以备调往教师不敷之他闾服务。

（辰）承领应用品分别支配。

八　预定的强迫时期及强迫后之考核

（甲）民国十九年七月一日下令，预告全国民众限二十五年十二月底以前，读毕《三民主义千字课》。九月一日下第二次预告令。

（乙）民国二十年一月一日起，首都市、镇、乡实行强迫。

（丙）民国二十一年一月一日起，各省省会、市、镇实行强迫。

（丁）民国二十三年一月一日起，一等县、二等县市、镇、乡实行强迫。

（戊）民国二十五年一月一日起，三等县市、镇、乡实行强迫。

（己）民国二十五年十二月底，初步计划告一段落。

上项强迫期虽经分别规定，但各地方经费充裕、筹备容易者，得提前办理。其有特别情形（如灾匪区域）必须展期者，非经该省教育厅呈奉教育部核准，不得逾限。否则该主管长官，以渎职论。至实施强迫后，仍须严密考核，方能收效。其方法如次：

（子）自民国二十六年一月一日起，各机关、学校、团体、工厂、商店，一律不得雇用年在十八岁以上而不识字之人。

（丑）强迫令下后，应受公民识字训练者，如果确有特别事故，可向本闾办事处声请延期。经核准后，可发给延期证，交令收执。但有效期间，至多不得过四个月。

（寅）四个月学习期满后，须由教者报告闾办事处，呈报上级支分会，会同县教育局所派人员，实行考验。经及格后，给予被教者以识字国民证书；并给予教者以爱国奖状，同时解除其义务。

（卯）经过上项考验后，如被教者尚未及格，仍须由原教者负责补行教授，至考验及格为止。

（辰）在强迫期内，各地方进行状况，由县教育局派员随时抽查，并指导之。

（巳）强迫令下后一年，应由中央派员到省，省派员到县，县派员到区，区派员到乡镇、到闾、到邻抽验。达到百分之九十者，其负责及连带负责人，均记大功一次；达到百分之八十者，记功一次；不到百分之七十者，记过一次；不到百分之六十者，记大过一次；不到百分之五十者，免职。

原载《乡村教师》第10期，1930年4月5日。

【原注】

㈠据中华平民教育促进会前数年的调查报告，笼统计算，全国民众至少有百分之八十是不识字的；识字的不过百分之二十。

㈡百分之八十不识字的，是指青年及成年民众。那么，其中有六岁以下的孩童，应受幼稚园教育，及六岁以上十二岁以下的学龄儿童，应受义务教育，可不划在〔成〕年补习教育范围之内。又，五十岁以上的老人，因智力、体力的关系，不愿也不必再受定式的教育；其余患盲、哑、聋等残疾及有神经病或精神病者，应受特殊教育的，也一概可以除外。所以，应受成年补习教育的，只有十二岁以上五十岁以下的普通青年及民众，这是可以断定的。但是，五十岁以上的老人、十二岁以下学龄儿童、六岁以下孩童和患盲哑聋等残疾，及有神经病或精神病的人，所占民众的成数，各有多少？又共有多少呢？因为我国没有确实的统计，不能确定其数目，只好凭比较可靠的估计去推测。大概五十岁以上的老年人数，约占百分之十三又三三强（查普通统计结果，大多数数目趋于中间，小数目散于两极端。今假定我国人寿，平均最高之数为六十岁，则一岁至十岁，及五十岁至六十岁，叫做上下阈，即两极端，为不可靠之数。自十岁以至五十岁为寻常状态，其极中点为总数，多数数目都集中于此。以我国人之不讲卫生及不明医学情形论起来，〔可〕以说三分之二的健康人，为十岁以上五十岁以下的人；三分之一的健康人，为十岁以下和五十岁以上的人。所以百分之六十六强的健康人，应在十岁以上、五十岁以下的四十年内。此外百分之三十三强，归入十岁以下及五十岁以上之二十年内。但学龄儿童及孩童，照本计划估定，既共占百分之二十。故五十岁以上的老人数目之百分比，为十三又三三强。又，此数比孩童及一部分学龄儿童所占百分比为小，系因根据近年来外国人调查报告。我国儿童死亡率，比五十岁以上的老年人为低，所以如此推算）。学龄儿童占百分之十（照本部普通教育司所拟《义务教育计划》之估计）。六岁以下的孩童占百分之十（照六岁以上、十二岁以下学龄儿童数比例而得，因学龄儿童期间为六年，六岁以下的孩童，自生以后，亦为六年，故比照估计）。此外，患盲、聋、哑等残疾及有神经病、精神病者，约占百分之〇点二五（此项人数在我国尚没有统计，姑依某君陈请本部于教育方案编制委员会设立盲、哑、聋等教育组呈文内所举数目及日本统计，至少有一百万以上之言，比照推算）。把上项百分数和合起来，实占民众总数百分之三十三又五八。准此而谈，我国全体民众认识字的，有百分之二十；再加上五十岁以上的老人、学龄儿童、六岁以下的孩童及盲聋哑等有残疾和有精神病或神经病者百分数之和三十三又五八，共计占了百分数之五十三又五八，均不在补习教育范围内。还有百分之四六又四二民众，是应受补习教育的人数之百分比了。

㊂《规程》共二十条，十八年六月由本部会同内政、农矿两部公布施行。

㊃十六年十月，前大学院以第七五〇号训令公布。

㊄依调查所得，计养成一个民众学校毕业生，在江西省费二元一角六分（见《江西教育》第三卷第一期），在江苏省费二元五角（见《江苏省平民教育促进会报告》），其他尚有费三元以上的。将来大规模的推行，所费当然可以较省。照《义务教育计划》中估计，每一小学生每年需公家经费七元。在小学有两个月的假期，二年只做十个月算。即是一切经费除教职员薪水外，都是用十个月支配。成年补习教育每年十二个月，所需的办公杂费等为数应较多，酌加十分之二，作八元四角。这八元四角，可以教三期学生，每期平均为二元八角。但一期内两班同时交替，故实际每人共需一元四角。

㊅此项数目，系根据《支那年鉴》内所调查者为标准。

㊆我国识字人数，据本计划估计，约为八千七百万有零。除去（1）识字学校教师五十五万人；（2）小学生七百万人；（3）小学教师一百四十万人；（4）确为事实所限不能尽义务者约二百万人；（5）六十岁以上老人及残废者外，其余之识字成人，可约计为七千三百万人。

㊇现在全国有一千九百十五县，连同普通市合计；可依成数，假定为二千县，以便计算。

㊈详见朱松林著《庚子赔款办学计划的原则》。

㊉据第三届二中全会议决："就庚款全部拨用三分之二为铁道建筑经费，三分之一为水利及电气事业等建设经费案"，是庚款已另有用途，不能再作指望。但尚有可研究的："庚子赔款当完全划作教育经费"之规定，具载本党政纲对外政策第五款；若以之办理公民识字训练，自与政纲不悖，暂行移拨，或属可能。如谓铁道、水利等事业，亦属急需，则可遵总理"借助外资，发展交通运输事业"之遗教（《民生主义》第二讲），在今后六年内，将办理上项建设事业等所需的经费，暂借外资，或募侨胞资本应用；自民国二十六年起，再行拨用庚款，似可双方兼顾。不过将二中全会议决原案，延期六年实行，但须呈请中央执行委员会，先行核准，再于下届中央全会开会时，提请追认就是了。

㊀一教师不服务，即应有三人失学。照预算，每教一人，约需教员俸一元，三人合计三元。纳捐，可以延人代理。

【注释】

①本计划拟定后，也曾缩略为“提要”，提交给第二次全国教育会议，并收入《第二次全国教育会议始末记》一书（1930 年上海江东书局出版）。

②所谓“训政”，是孙中山关于民国国体演进的主张。他将民国的国体演进分为军政、训政和宪政三阶段。1928 年 10 月 3 日，国民党中央常务会议通过《训政纲领》，初步确定 1929—1935 年为训政期。

③四权，孙中山提倡的人民管理国家的权力，包括选举权、罢免权、创制权和复决权。

④本表“经费数”栏，原为中文数字，由编者改为阿拉伯数字。

⑤指依照《实施义务教育初步计划》中关于经费筹措的成例。

护校宣言[①]

晓庄学校，被当局勒令停办了。被当局越过教育部而直接勒令停办了。被当局以秘密开会莫须有之罪名而勒令停办了。乡村教育之发祥地停办在乡村教育没有普及之前，是何等的痛心啊！中华民国的忠仆能以自己的生命换取中华民国之生命，又是何等的光荣啊！革命的教育摧残于所谓“革命政府”之手，是何等的令人难解，而又是何等的令人失望啊！但是晓庄的忧患的命运是自己造成的，无悔于心，更无怨于人。假使他所办的是假的教育，死的教育，残废的教育，奴隶的教育，我们可以担保他永远不会停办。就是中华民族亡了，他还是可以存在。无奈他要办真的教育，活的教育，健全的教育，主人的教育，那么随时随地都免不了要遭忌。三年三个月以来，我们孤军直入与张宗昌、褚玉璞[②]奋斗，与土豪劣绅、贪官污吏奋斗，与乡下人之封建思想奋斗，与教育界之传统理论奋斗，与投机分子奋斗，与自己带来之伪知识奋斗，好多次都有全军覆没的危险。现在大难当头，朋友们很为我们忧虑，但在我们看来，这只是我们奋斗史剧中之一幕，而还不是最后的。这次当局断然以迅雷不及掩耳的手段停办晓庄学校，远因近因虽多，归总起来只是因为我们不肯拿人民的公器，做少数人的工具，不肯做文刽子手，去摧残现代青年之革命性。我们认清了教师之职务是教人学做主人。怎样才是教人学做主人呢？过主人的生活，就是主人的教育。倘若嘴里读的是主人的书，耳朵听的是做主人的话，而所过的是奴隶的生活，在传统的目光看来，或可算是主人的教育，但依生活教育的观点看来，则断断乎要称它为奴隶的教育，或是假的主人教育。因为我们要教人学做主人，所以对于侵犯这主人地位的势力，都要问一个明白，和它一决胜负。

同是中华民国的主人，而在铁路上的反映，说得好听些，是有超等主人、头等主人、二等主人、三等主人、四等主人的分别；说得不好听些，中华民国的铁路仍旧是满清的遗制，坐花车的主人，坐头等车的奴隶，坐二等车的是奴隶的奴隶，还有奴隶的奴隶的奴隶，只好如同牲口一样，拥挤在三、四等车里。这种人为的等级在革命政府之下，应当不应当存在？我们在三月三十一日曾经这样问过[③]。和记洋行[④]是英帝国主义在首都施行经济侵略的机关，最近以高压手段打伤失业工人，并且两人因此失踪。这种惨无人道的情形，在革命政府之下，应当不应当纠正？中山先生遗嘱，是要我们废除不平等条约，但当局是一面喊着革命外交的口号，一面交换礼炮，允许日本舰队登岸，让侮辱中华民国的敌人去敬礼中山先生的陵墓。并且还让他们驶入长江上游，如入无主人之国。中山先生有灵，该是如何痛心啊？这种侮辱主权的行为，在革命政府之下，应该不应该忍受？我们在四月五日曾经这样问过，可是我们立刻被人反问了："你们晓庄的人，为什么不安心在乡下办教育，而要跑几十里路来干这种运动？"他们好像是说我们是有所为而来的，是有色彩的。那些不跑路，不说话，才是真正中华民国的主人咧。这个反问，便结果了晓庄。七日纪念周[⑤]，闻当局很严厉的说，国家的事有政府管，学生好管闲事，便是捣乱后方，便是反革命。教员不能制止，也是反革命。这样学校，非封不可。封闭几个学校不算什么事。晓庄便是这个态度之下第一个牺牲者。不过晓庄这个学校能不能封掉，确是一个疑问：

（一）晓庄是同志的结合，不是少数几个人的私有品。拘捕几个人，不能叫他根本摇动。

（二）晓庄的门可封，他的嘴不可封，他的笔不可封，他的爱人类和中华民族的心不可封。

（三）晓庄以社会为学校，小而言之，他是和平门外四十里周围的乡村；大而言之，便是整个的世界。他本来没有门，封条贴在那里？倘使社会可封，则晓庄可封。

（四）封闭晓庄的可能时期，怕是已经过了。在褚玉璞时代，晓庄是可以消灭的。过此以后，种子已遍撒全社会，在人所不到的地方，已经有了晓庄的生命。我们想不到人间有什么势力，可以把他们连根拔掉。

（五）我们要用和平奋斗的精神来创造自由平等的世界，捣乱后方、反动暴动种种恶名加到我们身上来，是不伦不类的。我们尊重人类的理性，我们承认凡是人类都是可以教的，就是以武力来压迫我们，我们还是一样的教他们去济弱扶倾。我们奋斗的工具是爱力不是武力，爱力如同镭之第三种射线，不是任何射线，不是刀剑所能阻碍住的。照这样说来，那末就没有方法可以克服晓庄吗？有，有，有。晓庄所干的是顺着时代革命的革命教育，真自由可以消灭我们不自由之呼声，真平等可以化除我们不平等之要求，更大的爱可以包含我们的爱，站在时代革命更前线的是我们的导师。

晓庄的同志，晓庄的朋友，大家一致起来爱护晓庄，爱护人权，爱护百折不回的和平奋斗，爱护教人做主人的革命教育，爱护向前向上进之时代革命，爱护自由平等的中华民国之创造，爱护人人有工做，人人有饭吃，人人有水仙花看的理想社会之实现。

1930 年 4 月 9 日写

原载《京报》1930 年 5 月 17 日。

【注释】

①1930 年 4 月 7 日，国民政府强行封闭晓庄学校。陶行知立即拟就《护校宣言》，印成传单散发，北京《京报》于 5 月 17 日发表。

②张宗昌、褚玉璞，北洋军阀。1927 年晓庄师范创办时，他们盘踞南京，妄图阻挡北伐军北上。

③指晓庄的小朋友不买火车票旅游栖霞山并沿途散发《小朋友坐火车不打票宣言》这件事。

④和记洋行，英商在南京下关开设的蛋厂。

⑤七日纪念周，南京国民政府规定：各机关、团体、学校每周举行一次仪式，背诵孙中山遗嘱，以示不忘。这种形式称为纪念周。

被通缉避走前与学生的谈话[①]

我是来向你们告别的！

他们下令通缉我了，这是蒋的密令，大约明天早晨就要执行。我得乘今晚十一点半的快车，赶到上海去！

你们，留在这儿，得当心呀，他们已经下决心来干我们了，我建议你们下乡。……必要时，你们得向上海跑，不要硬拼！

我们还要干！

1930年4月上旬

出自戴伯韬《陶行知的生平及其学说》，香港新中国书局1949年5月初版。

【附录】

国民政府通缉令

为晓庄师范学校校长陶知行勾结叛逆，阴谋不轨，查有密布党羽，冀图暴动情事，仰京内外各军警、各机关，一律严缉，务获究办。此令。

民国十九年四月十二日

【注释】

①本篇系谈话记录。

在晓庄校友座谈会上的答问[①]

晓庄进行的是一场革命。这个革命实际上是反封建（中国传统的老教育、老文化）、反帝国主义（洋文化、洋教育）的伟大革命，不过用教育的形式出现罢了。既然要进行这种革命的新教育，又要和中国的实际革命离开，不是很可笑么？——一位校友如是发问。

这话对呀！我们是实际的革命者，我们已经打了一回仗，但还没有来得及回敬人家一拳，就溃败下来了[②]。我们今后不能再静坐在书房里计划或理想什么，也不能再一点一滴的从一个村、一个乡来做试验工作了。我们要联合更多的人来做这件工作。我们的基本队伍就是农民，中国革命要得到成功，非三万万四千万农民起来不可！现在工人已经有了红色的政党——共产党，我想农民也应该有一个绿色政党（意思是农村到处是青枝绿叶的世界）。

你的意思是：我们不再办学校用教育来救国了？——一位校友又问。

也不再做实验新教育的美梦了！你是说，我们得组织农民党来领导农民革命？——另一位校友发问。

我的意思，真是这样，教育不过是达到农民解放的一个工具，这个工具是主要的，但最重要的还是武器。你知道么，列宁革命之所以成功，就靠他有一支劲旅，可以打败敌人。

1930 年夏讲

出自戴伯韬《陶行知的生平及其学说》，香港新中国书局 1949 年 5 月初版。

【注释】

①本篇系谈话记录。记录者：戴伯韬。题目为编者所拟。

1930 年夏，晓庄学校被封后，遭通缉的陶行知隐居上海。他邀集来沪的晓庄师友在孟渊旅馆开了一次座谈会。会上，他认真倾听大家的发言，大部分时间缄默不语；只是当某些不可回避的问题提出时，他才相应作答。所摘便是问题和答语。

②指晓庄学校被国民党军警封闭、共产党学生遭逮捕和杀害、陶行知本人遭通缉一事。

教育改进

吾人不但须教育，而且须好教育。改进之意即在使坏者变好，好者变为更好。社会是动的，教育亦要动。吾人须使之继续不断的改，继续不断的进。

教育改进包含两方面：有关于教育方针之改进，亦有关于教育方法之改进。教育方针随思潮为转移：有因个人兴致而偶然变更者，亦有因社会大势所趋而不得不变更者。教育方法受方针之指挥约束，必须与方针联为一气。方针未定得准，方法不与方针一致，均与吾人以改进之机会。比如航海，必须先定准方向。方向不定准，无论方法如何敏捷，如何洽意，只是行错路，究不能达目的地。但空悬一方针，船身能否抵制风浪，水手是否干练勇敢，食料与燃料敷用几时，均未打算清楚，则虽有方针，亦难达到目的地。故方针不准，应当改进；方法不与方针一致，亦应改进。航海如此，办学亦应如此。

论到中国教育方针，自办新学以来已经改变五六次。最初要吸收科学而又不忍置所谓国粹者于不顾，所以有“中学为体，西学为用”之主张，此种主张即是当时一种教育方针。光绪二十七年明定教育宗旨为忠君、尊孔、尚公、尚实、尚武。此种教育宗旨即表明其时之教育方针。民国元年，国体变更，教育方针因改为重在道德而以实利教育、军国民教育辅之，更以美感教育完成其道德。民国四年，申明教育宗旨，又改进为“注重道德，实利，尚武，并运之以实用”。民国八年，教育部组织教育调查会，该会建议“以养成健全人格，发展共和精神为教育宗旨”。所谓健全人格须包含：“一、私德为立身之本，公德为服务社会国家之本。二、人生所必需之知识技能。三、强健活泼之体格。四、优美和乐之感情”。共和精神包含：“一、发挥平民主义，俾人人知民治为立国之根本。二、养成公民自治习惯，俾人人能负国家社会之责任。”民国十一年第八届全国教育会联合会建议学制系统标准，即是关于教育方针之修正。嗣经教育部公布标准七条：“一、适应社会进化之需要。二、发挥平民教育精神。三、谋个性之发展。四、注意国民经济力。五、注意生活教育。六、使教育易于普及。七、多留地方伸缩余地。”此二十余年中，吾国教育方针每隔四五年即修改一次，颇不稳定，论者辄讥为无方针之教育。其实中国方在过渡时代，又当各种思潮同时交流而至，方针不易固定。即以现在而论，吾人尚在歧路上考虑。吾意不出数年，中国教育方针必须再经一次变更，此次变更后或可较为稳定。中国教育方针已经走过几层歧路，以吾观之，尚有两层最重要之歧路，第一层，国家主义与国际主义。第二层，物质文明、精神文明与吸收物质文明而保存精神自由，并免去机械的人生观。改革固须改革，究竟如何改革方能进步，实属根本问题。

至于教育方法之改进，所包括之方面更多。学制、组织、行政、教师之训练、教材之选择与编辑、教学法之研究、校舍教具之设备、经费之筹措等种种问题，悉包括在内。如须一一详述其近年改进之途径，非本文篇幅所许。就教育方法论，却有极显著之进步。如由主观的逐渐移至客观的，由盲从的移至批评的，由少数人参与的移至多数人参与的，由一时兴会所致的移至慎重考虑的，由普通人议论出来的移至专门家屡试屡验的，不由人要喜形于色。但此种趋势只属起点而已。盖今日中国之教育方法亦有两个缺点：一是方法不与方针一致，造就一人不能得一人之用；二是从外国贩来整套之理想与制度不能适合国情，不能消化，不能在人民生活上发现健全之效力。此均为吾人应绞脑筋、运身手、谋改进之急务。

以上论教育方针与方法均须改进，兹进论如何改进之道。

一、办教育者必须承认所办教育尚未尽善尽美，确有改进之可能。彼应持虚心的态度，彼应破一切成见、武断、知足。脑中积有痞块，决无改进希望。彼又应承认有问题必有解决，有困难必可胜过，只须自己努力，无一不可以改进。若听天由命，不了了之之人，决不能望其改进。彼或是被人改进，但如无人乐意为之改进，则彼之存在只属幸运而已。

二、改进教育者必须明白自己之问题，又必须明白他人解决同类问题之方法。于是调查，参观，实为改进教育之入手办法。国内调查参观之发生效力者可以择要述之：民国三年黄炎培之本国教育考察，民国十年孟禄等六人之实际教育调查，民国十二年中华教育改进社之全国教育统计调查，均为多区域、多问题之调查，影响亦甚普遍。又地方教育之调查，如民国七年南京高等师范学校之南京教育调查，民国十二年中华教育改进社之北京学校调查，只是地方教育调查之初步工作。一级教育之调查，如民国十二年中华教育改进社之小学教育调查，十四年俞子夷之调查儿童对于各科好恶，于小学教育均有相当贡献。一门教育之调查，如民国八年九年中华职业教育社调查甲乙种实业学校之得失，十一至十三年中华教育改进社之调查十省科学教育及十四年之中国图书馆调查，十三年江苏义务教育期成会及改进社之乡村小学考察，十五年江苏教育厅之乡村小学视察，均于教育改进影响甚大。国外教育考察，最早者为光绪二十八年吴汝纶之日本教育考察。其《东游丛录》呈上管学大臣后，对于《钦定学堂章程》自有相当影响。嗣后派遣提学使赴日考察教育，使我国教育之日本化更进一步。美国教育考察，始于民国三年。是时黄炎培为江苏教育司长，派郭秉文、陈容、俞子夷三人考察欧美教育，归国后乃有南京高等师范之产生。四年黄炎培游美，其所带之感想，可于彼所著《东西两大陆教育不同之根本谈》中见其大略。六年考察菲律宾教育，南北各三人，直接即产生中国之职业教育。其后袁希涛组织欧美教育考察团，回国后极力介绍欧美教育方法与理想。新学制之成立直接间接受此种调查参观之影响不少。调查、参观确已表现“改”之能力，但究竟属改进属改退，则一时颇不易定。

三、教育界共同之问题应同心协力共谋解决与改进。故教育会议乃必不可少之事。吾人要求精神之一致、经验之沟通，非有会议不可。前清之中央教育会，民国元年之临时教育会议，民国四年以来之全国省教育联合会以及中华职业教育社、中华教育改进社、中华平民教育促进会等之年会，以及去年大学院之全国教育会议，均与形成全国教育思潮、方针及进行方案有密切之关系。现在国内省有省教育会，县有县教育会，市乡之组织完备者有市教育会及乡区教育会。学校与学校合组之各会议，影响较大者有中等教育协会，附属小学联合会。彼等于各自范围内所经营之事业，各有善良之效验。一门教育之会议，如民国十三年五月之乡村小学组织及课程讨论会，颇能引起乡村教育之兴味。一校之中，各科教员倘有讨论之组织，亦于改进各该科教学有所裨益。不但国内教育同志应有讨论之机会，国际教育同志亦应有交换意见之机会。十二年世界教育会议在旧金山举行，我国派代表出席，即思运用教育方法，以培养国际之谅解，增进国际之同情，并提倡国际之公道。吾人相信如依此慎重作去，此种会议于改进全世界之教育当有裨益。

四、调查参观仅为取别人之所知以益己之所不知，会议仅为会合各人之所知以成公众之所共知，吾人决不能借此种方法以发现新理。不能发现新知，决不是在源头上谋改进。改进教育之原动力及发现新理之泉源，乃属试验学校之功能。我国现在足以当试验学校之名者甚少。以前东南大学附属小学及附属中学曾作道尔顿制及设计教学法之试验工作。最近北京艺文中学亦正在试验道尔顿制，鼓楼幼稚园之设乃欲试验幼稚教育者。中华教育改进社以试验学校为一切教育改进之大本，特于十四年十二月定一进行方针："本社今后对于教育之努力，应向适合本国国情及生活需要之方向进行。其入手方法为选择宗旨相同，并著有成绩之中学、小学、幼稚园，与之特约试验。合研究者之学术与实行者之经验为一体，务使用费少而收效宏；并将试验结果，随时介绍全国，俾多数学校，可以共向此途进展。"依此方针进行，该社已与燕子矶小学、尧化门小学、鼓楼幼稚园、南京安徽公学、北京艺文中学特约进行试验。该社于特约学校外尚须特设一试验乡村幼稚园及一试验乡村师范，不久可以实现。改进教育最有效力之方法无过于以学校化学校。

五、调查必须有工具，方能明白问题之所在；试验亦必须有工具，方能考核方法为实效。此种工具名曰测验。比如医病，教育心理测验仿佛是听肺机、寒暑表、爱克斯光线，较之通常之听闻为可靠。民国十一年至十二年中华教育改进社聘麦柯博士来华，偕同北京师大、东南大学教育科及其他大学教授二十余人编造测验二十余种，可算是第一次之尝试。此种测验当然未能谓为已十分完备，十分可靠。但吾人亦不能因此谓为无用。吾人应精益求精，使之渐达尽善尽美之境地。而教育事业之改进，亦可以由此而获得相当之助力。

六、教育之学术，非可独立存在。彼立于哲学、心理学、生物学、生理学、社会学、经济学、各种学术之基础之上。故谋此种种学术之进步即所以谋教育学术之改进。教育之事业亦非可独立存在者。彼与一国政制、风俗、职业以及天然环境均有息息相关之道。故谋政制、风俗、农、工、商、交通、水利等等之进步亦即所以谋教育之改进。吾人不能专在教育上谋改进，即以为可以完全达到吾人之目的。吾人当改进教育之时，务须注意教育以外尚有许多别种事情须同时改进也。

出自《教育大辞书》，商务印书馆1930年7月版。

生　活　历

［释义］　生活历是一种生活日程，亦即实施生活教育之切要工具。人有定期生活与无定期生活。无定期者暂置勿论，其有定期者，自宜按期序别，组成系统，以为因时施教之依据。故生活历系有定期生活之系统，亦即有定期教育之系统。依生活历以办教育，则此历谓之教育历亦可，谓之生活教育历亦无不可。

定期生活复可区为定季、定日、定时数种。观日出，赏夕阳，定时之生活也。五月一日纪念劳工，十月十日纪念国庆，定日之生活也。栽树、养蚕、割稻、种麦，定季之生活也。生活历皆为之序列，使一切教、学、做有所遵循。

［功用］　古人为政，贵在不违农时，故颁历书。教人亦然。教当其时，则事半功倍；失其时，则事倍功半，或全失其效。故办学贵在不违人时。《泰山观日出》诗，宜于黎明时诵之；“夕阳无限好，只是近黄昏”之句，宜于黄昏前诵之。海宁学生讲求潮水，宜于阴历八月十八日行之。五月一日与其放假，不如师生共做一日苦工，以明了工人之生活。十月十日与其放假，不如实行训练公民。欲使儿童明了电之性质作用，倘在一月十七日佛兰克林生日，或其他电气发明家生日，或在放纸鸢时节，或在雷电交作之日，或在此数日各教一部分，皆比在他日为更有效。他如栽树、养蚕、割稻、种麦，皆宜依节气办理，不可稍有疏忽，方能望其成功。现在一般学校所通用之学校历，只是何时招考，何时开学，何时考试，何时毕业，何时放假，为办学者一种备忘录而已，不足以当生活历之名。学校历之出发点，是学校行政，而非学生生活。惟其非由学生生活出发，故亦不能为学生生活之指针，甚而至于与学生生活渺无关系。此种学校之课程、教材、方法、设备，皆与生活疏隔，有时竟与生活矛盾。遇有定期生活，不是照样画葫芦而流于重复，即是茫无准备而将就过去；或一意孤行，宁牺牲生活，以谋办法之一致。某农校校章定星期二、四、六下午实习

农事。割稻后久旱，一夜忽大雨，农人群相庆贺，以天降黄金喻之。次日，农人皆耕地，以为种麦之用。该校则以适值星期例假，师生皆不工作。明日为星期一，无农事实习课，又不工作。又明日为星期二，上午有他课，不能工作。俟下午下田时，地已干硬，不便耕种矣。候至多日，又无雨下，只得用车引水入田以耕，费尽九牛二虎之力。次年所获，不及农人之半。此乃违农时又违人时之教育，皆坐有学校历而无生活历以为指针之弊也。

史略与推测 自杜威来华讲学，生活教育之名，已成中国教育界之口头禅。但只有生活教育之哲理，而于实现此哲学之具体方法，未加注意，故生活自生活，教育自教育，渺不相关。去年晓庄开办中心小学，其主旨在以乡村实际生活为小学之中心，同时又以小学为师范学校之中心。设立半年，依然费力多而成功少。当事人渐觉具体方法之需要，于是生活历即因此感觉而起。其法将学生生活分为社会的、自然的、农艺的、健康的、欣赏的五方面，再依据此五方面考订其定期事项，编为生活历，再依据生活历搜集教材，规定方法，制造工具，力谋学生生活之充分实现。适萧山县东乡教育会派校长王兆年等来晓庄研究乡村教育，晓庄同人即以编订生活历为其留校主要工作之一。王君乃就萧山东乡实际生活编一《小学儿童生活历》携归，作为办学之具体方案。吾人不办生活教育则已，如欲办生活教育，非每校有如此一生活历不可。生活历有世界所同者，如印刷机发明、汽机发明、电气发明、微生物发明、解放黑人、劳动纪念等是；有一国所同者，其在中国，如南京政府成立、黄花冈革命、植树节、马关条约、五九国耻、五卅惨案、马厂起义、南京条约、辛丑国耻、孔子生日、国庆纪念、孙文生日、云南起义等是。但一大部之生活，随省而异，随县而异，随市乡而异，必须予各校以编订之自由。但各校得此自由，必须负责编订，不可认自由为放弃，置此项重要工作于不顾。故将来应由世界教育会联合会将有关人类进化之大事，编订世界儿童生活历，建议于全世界之学校。各国教育行政最高机关将有关本国进化之大事，编为全国儿童生活历，颁布全国学校。推之一省、一县、一校皆宜仿办。而最重要之工作，即为各本校教师依据本地实际生活，编一适于此种生活之生活历，并活用之，以充分培养本校儿童之生机。盖生活历为建设生活教育最重要之引导，无生活历，则顾此失彼，茫无所从。有生活历，则一切课程、教材、教法、工具，皆可纳于轨范之中，而与生活发生有机体之关系。故生活历一出，则一切传统沿袭之课程、教材、教法、工具，皆将受根本之动摇，而不得不受其支配。未来之学校，未来之教科书，未来之教学，必须建立在生活历上，始可谓为活的学校，活的教科书，活的教学。

出自《教育大辞书》，商务印书馆 1930 年 7 月版。

艺友制的教育

［释义］ 何谓艺友制？艺者艺术之谓，亦可作手艺解。友为朋友。凡以朋友之道教人艺术或手艺者，谓之艺友制教育。

［方法］ 艺友制之根本方法为教学做合一。事如何做便如何学，如何学便如何教。教法根据学法，学法根据做法。先行先知者在做上教，后行后知者在做上学。共教、共学、共做方为真正之艺友制，亦惟艺友制始能澈底实现教学做合一之原则。

［史略］ 中华教育改进社考察乡村学校后，深觉改造乡村教育非另辟途径不为功，故于民国十五年与燕子矶小学、尧化门小学、开原小学特约设置铺位，以便远道同志可以留校作较长时间之观摩。此为艺友制之发端。江恒源适为江苏教育厅长，深以此法为然，即派其侄希彭至燕子矶小学共同生活，以为回乡创办板浦小学之准备。江希彭留燕子矶数月，颇得互助之益。十六年秋，燕子矶幼稚园成立，丁夫人偕同女毕业生二人随张宗麟指导及徐教员学办乡村幼稚园，进步异常迅速。至此，同人益信此制不但为培养人材最有效力之方法，而且为解除乡村教师寂寞与推广普及教育师资之重要途径。此时虽有事实，却无名称，群戏称为徒弟制。但徒弟制实不足以充分表示此制之精神。直至十七年一月五日始定名为艺友制。

［艺友制在师范教育上之应用］ 艺友制之发现既以小学幼稚园为发祥地，则其应用于师范教育，自较他门教育为速。教师生活是艺术生活，其职务是一种手艺，应当手到心到躬亲实行者。彼惟高谈阔论，妄自尊大，不屑与三百六十行为伍者，岂能当二十世纪教师之名？学做教师之途径有二：一是从师；二是访友。随友学较从师为更自然而有效。故欲为优良教师，莫便于与优良教师为友。现行师范教育将学理与实习分为二事，所出人才与普通中学不相上下，国内少数优良小学全凭天才护持，至于师范教育之人为的贡献，尚属甚微。大多数曾受师范训练之人才至今办不出一所令人仰慕之学校，不亦深可叹息乎？艺友制以教学做合一为原则，自能纠正今日师范教育

之流弊。民国十七年一月八日南京试验乡村师范学校，燕子矶小学、尧化门小学、晓庄小学、鼓楼幼稚园、燕子矶幼稚园已开始联合招收艺友。此是用艺友制的旗帜正式招集同志之起点。一月九日作者曾在《申报》及《民国日报》上发表一文，题为《艺友制师范教育答客问》，略述艺友制师范教育之原理。南京特别市教育局学校教育课陈鹤琴课长同时向南京女子中学及南京中学师资科征求同意，派遣将毕业学生至市立实验小学充艺友。南京特别市教育局亦拟招收艺友十余人，以培植教育行政人才。现此制推行至为迅速，影响所及，约有五端：一、凡有优良教师之学校皆可招收艺友，成为训练教师之中心；二、附属学校将失去惟一实习场所之资格，倘附属学校欲负训练教师之责，便非根本改造不可；三、推行义务教育之师资可以增加一伟大之来源；四、优良乡村小学教师既可招收艺友，自能解除生活上一部分寂寞；五、根本推翻师范教育之传统观念。

[艺友制与艺徒制之比较] 艺友制与艺徒制之关系甚为密切。由源头上观察，艺友制亦可谓是从艺徒制中脱胎而来者。艺友制与艺徒制之所同者为教学做合一，艺徒制是在做上教，在做上学，艺友制亦然。但艺徒制有三种流弊系艺友制所革除者：一、艺徒制下之工匠待艺徒几如奴仆，至不平等。二、工匠所有秘诀、心得对艺徒不愿轻传，故使艺徒自摸黑路，精神、时间，皆不经济。三、一切动作，偏重劳力而少用心，太无进步。艺友制则不然：教者、学者既是朋友，便须以平等相待，以至诚相见，尤须共同在劳力上劳心，以谋事业之进步。

[艺友制之推行] 艺友制之成功在乎指导之得人。故凡有指导能力者，皆可以招收艺友，初不问其事业之粗细也。图画家、音乐家、雕刻家、戏剧家、电影家、著作家、新闻家、行政家、军事家、科学家、民众运动家、医生、教师、律师、技师、拳师、农夫、木匠、裁缝、商人，皆可以招收艺友。民国十七年一月十五日，中华职业教育社为推广艺友制起见，决定拟订介绍方法，使有志青年得以依据兴趣才能，充当一种事业专家之艺友，以谋上进。该社并拟筹集艺友贷金，俾贫寒天才不致因经济压迫而失学。凡此皆推行艺友制之重要步骤也。

出自《教育大辞书》，商务印书馆 1930 年 7 月版。

一九三一年

生活教育论发凡①

在杭州西湖边的某个凉亭里，写着几个歪歪斜斜的字，并不是名人的题字，也不是墨客所留的诗迹，却是四句堪以玩味的劝世箴言，想去不出和尚与道士或尼姑的手笔，最多不过是信人之类的迹象吧。那四句话呢？便是："做到老，学到老，学到老，学不了。"我看了这话，不知为什么像刻板样的老是印在脑海里，没法儿把它忘去。同时，使我结成了"生活教育"论。

近来时常听到人讲"中心教育""整个教育""生活教育"，真是可喜的消息。大家能以社会的环境做纬，以学生生活为经，不断的实验，继续的改造，一定会有成绩得到。教育事业是要捺着心儿，按着步骤，准对计划，研究利弊，从一点一滴上做着功夫，以收一点一滴之效果。我们用"迎头赶上去"的方法固是不错，可是不该以新奇的目光来处理非用刻苦耐劳的精神不能见效的教育事业。在理论的鼓吹者既要审察现实的环境，妥慎发言；在教育的实验者更要慎重将事，具体的观察和分析环境，拟就切实的计划，按步去施行。中国自行了新教育来，变革不能谓不多，试验的人不能谓不努力。所以没有多大的功效，却在试验者忘去了所处的环境，忽略了试验者的生活，因此，外国来的新教育，只是在旧教育上揩漆，骨子里没有改动，外表的新奇又有什么用处呢？

卢骚发现了儿童，教育者才注意到受教育者地位；杜威发现了社会，教育者才注意到教学材料的扩张。支配近代教育的杜威的两句名言，就是："教育即生活，学校即社会。"要使教育收效，一定要注意儿童生活：儿童的身体和心理发展，有程序可寻，教育者要顾到生长的程序；儿童的家庭与社会环境有不同，禀质有差异，故生活的情状亦各别，教育者应分别儿童的不同的生活；更要的就是教育者应该知道什么是儿童生活，自己怎样和儿童在一处生活，怎样把教育去纳入儿童生活中。以上是作为"教育即生活"的译解。至于"学校即社会"一项呢，依杜威的说法，便是把庞大复杂的社会的环境，缩小在学校内活动，使儿童能明了社会的机构，进与社会沟通。譬如学科方面像工艺等课，使用实际的材料；在活动方面，组织“市政府”“村政府”等以求学校所活动的，便是社会所活动的，不再会隔膜。

“生活教育”的意义，就把杜威的两句名言翻了半个筋斗，变成了“生活即教育，社会即学校”。

人们的生活，可以划分做幼年期、青年期、壮年期、老年期，分年各有说法，普通人总以为幼年期和青年期是受教育时期，壮年期和老年期却是作事时期，或者说教育时期。普通人度过了青年期，便板起了脸，摆正了架子来教训自己的或别人家的子女，以为他是有那样的资格与权利了，那里知道自己的生活既分时期，个人从幼年期里所受的教育，到青年期就有一部分不合用而须得再求了；在青年期所受的教育到壮年期一部分须得修正了；同样，进入老年期时，壮年期所得教育就有许多无用了。因此讲来，一个人的生活不能不转变，那么就不能不学习，不能不受相当的各年期的教育。这是第一点理由。儿童的生活是最活泼的，最易迁变的，教育者应该顺其生活之流转，为各项教育活动之设施：不应当以教育活动来限制其生活。这是第二点理由。过某种生活时，能受某种影响，而此种影响不会轻易消灭，教育者能因势利导，便是极佳的成绩，若要使教育活动影响到生活上，感应结就异常薄弱，亦有事倍功半之失。这是第三点理由。使生活为教育之全部，则生活能随时革新，随处有意义；若教育为生活之一部，则生活一有教育的段阶，便无意义，便难革新。这是第四点理由。以上都是说明“生活即教育”的话。

杜威要把“学校即社会”，我们却要使“社会即学校”，这究竟有什么理由呢？现在分开来讲：

第一点社会的机构是整个的，学校所割宰的不过是社会某一部分；用一部分的社会组织来应用到学校里，那是另零的，非驴非马的，使儿童习见了社会的一方面，养成他们将来对于社会的一种偏解。第二点各个儿童有各个社会的背景，他的家庭的情况，他的邻居的情况，他的家庭的职业，他的居家的环境，没有一项不影响于他的，他所亲眼目睹，自身所经历的事变，难道不及学校中的一点儿组织，一点儿材料来得亲切有味么？第三点是所谓儿童的社会，不是成人的社会所能了解的；儿童在儿童社会中所感的困难，不是成人社会所能解决的；儿童社会有他们构成的原因和构成的材料，不是剽窃成人社会的一部分就可成功的。所以儿童要的是儿童的世界，儿童的社会。第四点就是社会的展开应该是全部的，而不是片断的，另零的。教育者要把全部社会开放在儿童的眼前，无论是善的或恶的，让儿童先知道了全部社会，再去研究和知道他所要的所欢喜的地方，慢慢地欣赏和实验下去。

关于“生活教育”的意义，已如上述；以下想写出“生活教育”的几条重要原则，使实验者有所采择。

第一是身心的同时生长——健康是生活的出发点，也就是教育的出发点。一个儿童该不是大量智识的吸收者，也不是身体的健全者，因此，教育者不该用“揠苗助长”的手段，使儿童不能按身心的发育程序进展；也不该用抑压的方策，使儿童对于某一方面感到兴趣，而某一方面感到枯燥。常人以为教育者的责任只在“教”，只要使儿童领受多量的智识，对于身体的健康，所谓“育”字是不讲究的。中国人又期儿童能“规行矩步”“少年老成为最善良”。故现在的学校，只是传授智识的地方，或可以说施行畸形的教育的场所。将来学问得到了，身体却坏了。所以生活教育的最要原则，要注意儿童身心两方面的同时生长，依了生长的程序，给于优良的环境，施行适当的“教”“育”。那样，才能使儿童的身体和精神有健康的基础。

第二是培养活能力——什么是能力，能力就是智识和经验的运用，怎样叫做活能力，活能力就是死智识和旧经验的运用与改造。天天挤在我们眼前，压逼在我们四周，需要我们去对付的就是环境。环境是千变万化的，你要在这个环境生活，一定要知道环境的内容，环境的内容对于我是适合的，什么就顺应了；环境的内容对于我是不相融洽的，什么就得起来改造。要顺应环境和改造环境，不是死智识和旧经验的运用就能对付得过的，一定需要一种活能力，活能力便是要把死智识和旧经验来改造。对准了环境的内容，用种种方法考量困难所在，再用种种方法去解答困难。因此讲来，儿童有了智识，有了经验，还不能应付当前的环境。所以我们与其给儿童予多量的智识与经验，不如使他们有一种活的能力。所以“生活教育”下不问儿童有学问没有，只要问儿童有能力没有。有能力，便是一个受教育的完全儿童。

第三点是由具体的经验到融会贯通的智识——儿童应该从实际生活里取得具体的经验；具体的经验丰富了，便自然而然的产生出抽象的智识，这种智识是逐渐融会贯通起来的。孔子的“举一反三”，荀子的“以一知万”，所谓“一”便是具体的经验；所谓“三”与“万”便是融会贯通的智识。没有具体的经验做基础，就不能使融会贯通的智识发生出来。所以在“生活教育”试验下，教育者要最先指导儿童对于学习的事项，不是抽象的智识，而是自己所“亲身参加”的具体的经验；再应用所得之具体经验，与融会贯通的智识，以树立新的概念。

第四点扩大活动环境——生活教育既以社会为学校，自然教室的范围，不是在房子里，而是在天地间。需要研究农事，教室就在旷野里；需要研究工业，教室便在工场里；需要研究商业，教室便在市场里；需要研究社会问题，教室便在十字街头。所以生活教育的施行，不在狭隘的小房子里做功夫的，以研究的利便及深切起见，需要什么地方，便以什么地方为教室。至于教学的材料，竭力要扩充。凡儿童生活环境中感到什么困难，需要怎样解决的各项问题，都应抉择以为教学之材料。教育者要抛弃书本的传授，而慎谨于儿童的问题归纳，进而研究，儿童所得智识，便是困难问题解决的过程，不是亲切而有味的么？那种材料我们忍愿抛弃么？

第五点是教学做合一——这是教育的方法问题。所谓教学做合一有两个原则：一是做什么，便学什么；学什么，便教什么。一是怎样做，便怎样学；怎样学，便怎样教。所以教育者是以“做”为基础，受教育者亦是以“做”为基础。在事的本身讲，两种人都属于工作者；因为工作，所以要努力地去“做”，“做”得努力时，一方面有经验得到，一方面以经验予人，于是教学做便融合为一了。在施行“生活教育”时，教育者处处要使儿童亲自去经历一番，无论使用的是体力还是脑力，使用的是我的智识还是别人的经验，经过一番经历后，本来是模糊的迹象，一定能成为亲知灼见了。结果的成败利钝，儿童自己能够省察，每种事实，再不会轻易地看成不经意的东西了。

第六点是教师的地位——教师究竟站在什么地位呢？我们该得说一说。在“生活教育”的实验者，决不是一个教书匠，也不是一个旁观者。教师是儿童队里的一员，是儿童生活中的一个游侣，他因为年龄较长，经验较多，所以是这许多儿童中的一个辅导者。教师既不能板起脸来教，那么就得堆上笑来玩，使自己的生活回复到儿童时期去。最好的教师，便是近于儿童的成人，也就是最好的辅导者。当儿童有不能解决的困难，教师就给予暗示，暗示不足，则给予辅助和指导，务使儿童能自己用过一番心力去研究，教师不该心急的代为设法。

“生活教育”是一个新兴的教育学说，所望实验者能鼓起勇气，拟定计划，切切实实的做一番，无论结果的成败，总望有个始终。同时，我们希望先从师范教育和小学教育及幼稚教育着手起。

这篇不过是个发凡，一切理论，还待详细的阐发；一切实际问题，还待多方讨论。写到此地，暂时做个结束吧。

二十年三月十五日于上海

原载《师范生》第 1 期，1931 年 4 月 15 日。

【注释】

①原文署名“李一之”。

师范生的第一变——变个孙悟空[1]

教育是什么？教人变！教人变好的是好教育。教人变坏的是坏教育。活教育教人变活。死教育教人变死。不教人变、教人不变的不是教育。

师范教育是什么？教学生变成先生。先生是什么？自己会变而又会教人变的是先生。师范生不是别的，是一个学变先生的学生。

自古到今，从东到西，我找来找去，只找着一位差不多可以比得上这学变先生的学生。您猜是谁？是那保唐僧上西天取经的孙悟空！

您们别瞧不起老孙。他那大闹天宫的天界革命功劳我且不提，只说几桩与您们最有关系的事迹。

第一件，他有目的，有远虑，有理想。他做了美猴王，还是烦恼。众猴对他说："大王好不知足！我等日日欢会，在仙山福地，古洞神洲，不伏麒麟辖，不伏凤凰管，又不伏人王拘束，自由自在，乃无量之福，为何远虑而忧也？"他说："今日虽不归人王法律，不惧禽兽威服，将来年老血衰，暗中有阎王老子管着，一旦身亡，可不枉生世界之中，不得久住天人之内？"所以他存心要"学一个不老长生，躲过阎君之难"。这是他所抱的目的。师范生的目的何在？我想美猴王如果做了师范生，他必定也是烦恼。如有人问他为何烦恼？他一定是这样回答了："今日虽为双料少爷，事事有听差服侍，先生照应，只管教学，可以不做，将来双手无能，误人子弟，暗中有帝国主义老子管着，一旦教人做奴隶的，自己也做了奴隶，可不枉生世界之中，不得久住主人之内！"

第二件，他抱着目的去访师。他所住的水帘洞是在东胜神洲，傲来国，花果山。为着要"躲过轮回，不生不灭，与天地山川齐寿"，他便飘洋求师，飘到南瞻部洲，又渡西洋大海，才到西牛贺洲，因樵夫指引，找到灵台方寸山中的斜月三星洞，遇着须菩提祖师，算起来已是化了十几年光阴了。无论那个现代留学生也没有像他这样诚恳了。教师多于过江鲫，谁能教人达目的？如果美猴王做了师范生，他必定要找一位能达他的目的的老师。不能达他的目的的老师，他是不要的。空口说白话，能教不能做的老师，他也是不要的。他又是一位大公无私的好汉。他飘洋求师，不是为着他一个人的长生不老。他所求的是猴类大家的幸福。您看他在生死簿上，把猴属之类但有名者，一概勾之；得了瑶池之玉液琼浆，也是拿回洞来大家吃。他的目的是，老孙、二孙、三孙、细孙、小孙——一家孙、一国孙、一窝孙，一个个长生不老。如果他是师范生，他决不访那教人做奴隶的老师，也决不访那教少数人做主人多数人做奴隶的老师；他所要访的是教一家人、一国人、一世界人，个个做主人的老师。

第三件，他抱着目的求学。孙悟空在斜月三星洞住了好久，一日，须菩提祖师登坛讲道，问他说："你今要从我学些什么道？"悟空道："只要有些道儿气，弟子便就学了。"祖师道："道字门中有三百六十旁门，旁门皆有正果，不知你学那一门哩？……我教你个术字门中之道，如何？"悟空道："术门之道怎么说？"祖师道："术字门中，乃是些请仙扶鸾，问卜揲蓍，能知趋吉避凶之理。"悟空道："似这般可得长生么？"祖师道："不能！不能！"悟空道："不学！不学！"祖师又拿"流字门""静字门""动字门"中之道问他学不学，他总是反问道："似这般可得长生么？"祖师道："不能！不能！"他便说："不学！不学！"祖师闻言，"咄"的一声，跳下高台，手持戒尺，指定悟空道："你这猢狲，这般不学，那般不学，却待怎么？"走上前，将悟空头上打了三下，倒背着手，走入里面，将中门关了，撇下大众而去。悟空心中明白，这是祖师暗示叫他三更时分从后门进去传道。悟空当夜依着暗示进去，果然得着长生之道，还学了七十二套地煞变和一翻十万八千里的筋斗云。

由此可见，孙悟空不是一个糊涂的学生。他抱着一个"长生不老"的目的而来，必定要得到一个"长生不老"的道理才去。凡是不合这个目的的东西，他一概不学。学做先生的道门中有几多旁门，我可不知道，可是现在通行的一个，便是"讲"字门，大家好像都以为这讲字门中有正果可找。假使孙悟空做了师范生，教员问他说："我教你个讲字门中之道，如何？"悟空必定问："讲字门之道怎么说？"教员说："讲字门中，乃是些上堂下课，高谈阔论，好比一部留声机器。"悟空必定要追问到底，如果不能达到他的大目的，他的断语也必定是："不学！不学！"

我们做学生的当中有多少是像孙悟空这样认真的啊？

变吧！变吧！

变个孙悟空，

飘洋过海访师宗。
三百六十旁门都不学，
一心要学长生不老翁。
七十二般变化般般会，
翻个筋斗十万八千里儿路路通。
学得本领何处用？
揭起革命旗儿闹天宫。
失败英雄君莫笑，
保个唐僧过难亦威风。
降妖伏怪无敌手，
不到西天誓不东。
请看今日座上战斗佛，
岂不是当年人人嘴里的雷公？

师范生要变做孙悟空的道理是说明白了。但是既有孙悟空，便有唐三藏。师范生变了孙悟空，那唐僧推谁去做呢？师范生的唐僧是小朋友。师范生应该拜小朋友做师傅，也如同孙行者的本领比唐僧大倒要做唐僧的徒弟。小朋友是我们的总指导。不愿受小朋友指导的人不配指导小朋友。唐僧向西天取经，经过了八十一难，若不是孙悟空保驾，也不知死了几十次，那能得到正果？小孩子学着做人，一旦遇着的病魔、恶父母、坏朋友、假教员，个个都是吃人的妖怪，差不多也好比是唐僧的八十一难。若没有孙悟空的心术和本领的师范生保驾，不死于病，必死于亲；不死于亲，必死于友；不死于友，也必死于老师之手了。还能望他成人为民族人类谋幸福吗？

老孙！老孙！
校长招你来，
当个师范生。
西天保谁去取经？
小朋友是你的唐僧。

原载《师范生》第 1 期，1931 年 4 月 15 日。

【注释】

①原文署名“时雨”。

师范生的第二变——变个小孩子①

"小孩子懂得什么?"

在这个态度下，牛顿是被认为笨伯，瓦特是被认为凡庸，爱迪生是被认为坏蛋。

您若想在笨伯中体会出真牛顿，在凡庸中体会出真瓦特，在坏蛋中体会出真的爱迪生，您必得把自己变成一个小孩子。

您若不愿变小孩子，便难免要被下面两首诗说着了：

(一)

你这糊涂的先生!
你的学堂有了害人坑!
你的墨水笔下有冤魂!
你说瓦特庸。
你说牛顿笨。
你说像个鸡蛋坏了的爱迪生。
若信你的话，
那儿来火轮?
那儿来电灯?
那儿来的微积分?

(二)

你这糊涂的先生!
你的教鞭下有瓦特。
你的冷眼里有牛顿。
你的讥笑中有爱迪生。
你别忙着把他们赶跑。
你可要等到，

坐火轮，
点电灯，
学微积分，
才认他们是你当年的小学生?

倘使被这两首诗说中，那是多么可悔恨的一件事啊!

“小孩子懂得什么?”

小孩子是再大无比的一个发明家。生下地一团黑漆，过不了几年，如果没有受过母亲、先生和老妈子的愚惑，便把一个世界看得水晶样的透明。他能把您问倒。这有什么羞耻?倘使您能完全回答小孩子的问题，便取得一百个博士的头衔也不为多。

您不可轻视小孩子的情感!

他给您一块糖吃，是有汽车大王捐助一万万元的慷慨。他做了一个纸鸢飞不上去，是有齐柏林飞船造不成功一样的踌躇。他失手打破了一个泥娃娃，是有一个寡妇死了独生子那么悲哀。他没有打着他所讨厌的人，便好像是罗斯福讨不着机会带兵去打德国一般的呕气。他受了你盛怒下的鞭挞，连在梦里也觉得有法国革命模样的恐怖。他写字想得双圈没有得着，仿佛是候选总统落了选一样的失意。他想您抱他一忽儿而您偏去抱了别的孩子，好一比是一个爱人被人夺了去一般的伤心。

人人都说小孩小，
谁知人小心不小。
您若小看小孩子，
便比小孩还要小!

未来的先生们!忘了您们的年纪，变个十足的小孩子，加入在小孩子的队伍里去吧!您若变成小孩子，便有惊人的奇迹出现：师生立刻成为朋友，学校立刻成为乐园；您立刻觉得是和小孩子一般儿大，一块儿玩，一处儿做工，谁也不觉得您是先生，您便成了真正的先生。您立刻会发现小孩子的能力大得很：他能做许多您所不能做的事，也能做许多您以为他不能做的事。等到您重新生为一个小孩子，您会发现别的小孩子是和从前所想的小孩子不同了。

我们必得会变小孩子，才配做小孩子的先生。师范学校的同学们!小孩子变得成功便算毕业；变不成功，休想拿文凭!

我们却要审查一番，这第二变的小孩子与那第一变的孙悟空有无重复。师范生既然会变孙悟空，那么凡是孙悟空所会变的，师范生都能变了。现在留下的问题是："孙悟空可会变小孩子?"我们调查他的生平，他只能变一个表面的小孩子，而不能变一个内外如一的小孩子。他在狮驼洞曾经变过一个小钻风，被一个妖怪察觉，"揭起衣裳看时，足足是个弼马温。原来行者有七十二般变化，若是变飞禽、走兽、花木、器皿、昆虫之类，却就连身子滚去了。但变人物，却只是头脸变了，身子变不过来，果然一身黄毛，两块红股，一条尾巴"。所以：

儿童园里无老翁；
老翁个个变儿童。
变儿童，
莫学孙悟空！
他在狮驼洞，
也曾变过小钻风。
小钻风，
脸儿模样般般像，
拖着一条尾巴儿两股红！

原载《师范生》第2期，1931年5月15日。

【注释】

①原文署名"时雨"。

贫穷与教育

——生活教育讨论之一[①]

中国的新教育，实在是洋教育，无论制度、课程、方法等都是抄袭外国的。起始是抄袭同文同种的日本，因为日本兴办了新教育，不到三十年便跻于世界强国中；后来又去模仿资本主义最发达而高唱着民治主义的美国，因为中国已经民治了，所以要以“民本主义”表现在教育上，以教育来宣达“民本主义”，像美国一样。可是抄袭和模仿的结果，非但不能收实效，国势依旧那么的颓衰，人民依旧那么的愚贫，究竟是什么道理呢？

日本抄袭了德美的教育，识字者达百分之九十五以上，国势亦因工商各方面努力而日渐增强，教育是收有一部分功效的。可是中国抄袭和模仿美日的教育为什么没有多大效力呢？说来原因很简单，因为美国是世界上工商业最发达的国家；日本是在工商业发展到中期的国家；中国却在农业社会正向工商业社会出发的时期中。我们去援用日美中后期工商业社会所适用的教育来施行，因为“文不对题”，所以没有成效。

自鸦片之战后，中国便把门户开放了。外来的工商业资本势力的继长增高，直接地间接地向农业社会搏击，终于农村经济渐形动摇，农业社会渐形崩溃。在此激烈转变的涡漩中，教育者虽朝一新方法，夕一新主张，也难适应。

即承认教育能有普遍性的。适于甲地的制度、方法、课程，同时也能适用于乙地；可是甲地与乙地若社会背景、经济组织无有相同之点，则失败可立见。美与日均向工商业资本主义旗帜下在竞走，故日本教育模仿美国有所成；中国与美的社会背景、经济组织截然相异，故中国教育模仿美国就无所成了。

国家有给教育人民受的义务，人民都应该有受教育的权利。可是中国识字的人的数量，总难增高，国家也没有力量和心思顾念到这种地方。第一，中国是一个穷得可怜的国家，没有固定的经费来办理教育，被国际帝国主义经济侵略的方法吸去十二万万元；第二，中国历年内乱，府库空

虚，所有的收入，都充作军政费用，何来余款作教育经费呢。（教费大多是附税）

中国在国际贸易上，自民国以来，只有入超，数量甚巨，兹录海关历年入超数表如下：

年次	入超数（海关两）	年次	入超数（海关两）
民元	102 576 628	民九	220 618 930
民二	166 857 011	民十	304 866 902
民三	212 014 555	民十一	290 157 717
民四	35 614 555	民十二	170 485 471
民五	34 609 629	民十三	246 427 000
民六	86 587 144	民十四	171 512 007
民七	69 010 051	民十五	259 926 482
民八	16 188 269		

再看民国十七年财政部发表民十六全国支出各费分配表，军费却占百分之九十七，教育只占千分之七。国家以千分之七的经费来办理全国教育，教育还办理得好么？那年因战事关系虽属例外，可是历年国家的预算决算，教费总未超过百分之十以上呢。

再从社会方面看吧！纵使国家没有余力来为教育尽力，要是社会经济组织健全，也能负起一部分责任的。可是中国是农业社会已濒于崩溃正向工商业社会出发期中，社会经济组织，甚为单薄，资本主义者可以随意操纵着。（像最近的金涨风潮）好！我们回头去看看农业社会的情状吧。

第一是生产力的减退。中国近年来，因生产方法的陈旧，生产范围的缩小，生产量年有退步；而农产物亦年有入超。这是何等可怕的现象！现录自民三至民七年间，米的产额的减少表及民九至民十四米的入口及出口比较表：

历年产米减少表

年次	作物面积（亩）	收获量（石）
民三	579 223 868	2 133 483 039
民四	406 136 399	2 091 955 667
民五	247 138 746	538 855 515
民六	239 577 886	526 640 763
民七	181 676 194	302 296 986

历年米粮出口进口表

年次	出货量	价额	进货量	价额
民九	312 000	1 009 000	1 152 000	5 362 000
民十	35 000	133 000	10 629 000	41 221 000
民十一	45 000	222 000	19 156 000	79 875 000
民十二	63 000	337 000	22 425 000	98 198 000
民十三	42 000	225 000	13 198 000	63 249 000
民十四	35 000	220 000	12 635 000	61 041 000

第二是灾区的广大。以民十七年言，山东省有四十六郡陷于待赈状态，全省人民百分之三十三不得果腹。直隶省有一千万贫农，濒于死亡，五百万人民武装为匪。湖北省有四十九郡大旱，全省饥馑。他如陕西与广东遭旱灾及虫灾。江苏及安徽遭水灾与旱灾。浙江则遭水灾及虫灾。更据民十八华洋义赈会的调查，一年内灾民及灾区数如下：

灾区	县数	灾民数
绥远	12	1 388 000
甘肃	37	4 144 000
陕西	60	10 913 000
河南	62	18 358 000
察哈尔	20	3 037 000
山东	46	12 420 000
山西	41	3 417 000
河北	21	3 168 000
共计	299	57 347 000

在这里还得加以说明的，就是除去天灾外，还有人祸在扰乱社会呢。军阀的混战，土匪的横行，到处为灾，倘加以统计，数目远可惊人。而天灾的所以造成，大半要归结到人祸方面去呢！

第三是佃农的增多。农业社会中对立着地主与佃农两个阶级。若佃农减少，社会得以安，佃农增多，社会得以病。最近佃农消长无有根据，兹取民七民八两年的统计来看吧：

年度	自耕农	自耕兼佃农	佃农	合计
民七	53%	21%	26%	100%
民八	49%	19%	32%	100%

上表只是相隔一年的比较，佃农竟增加百分之六，自耕农减少百分之四，自耕兼佃农减少百分之二。又据民十七武汉土地委员会调查全国土地及人数分配如下表：

类别	人数百分比	占有地百分比
小农（一亩至十亩）	48%	6%
中农（十亩至三十亩）	24%	12%
大农（三十亩至五十亩）	14%	17%
小地主（五十亩至百亩）	9%	19%
大地主（百亩以上）	6%	46%

以百分之四十八的人来耕食百分之六的土地，怎养得活命？而百分之十五的人却坐食百分之六十五的土地，与上相较，显有多余的食料。

更求其次，个人要是有财力和时间去受教育时，教育还有普及的希望。不过中国的国家和社会如此贫穷，个人当然不会富裕了，诚然！我们大家看看数字吧：

各国财富每人平均摊额表（十七年，日本内阁统计局发表）

国别	每人平均摊额（日金）
美国	6 607元
英国	5 247元
法国	2 549元
日本	1 731元
中国	101元

中国每人只能摊派一百零一元，而美国每人能摊派到六千六百零七元，贫富相差甚巨。

我们再看看收入方面如何。北平中华教育文化基金董事会调查部调查过北平郊外一百个乡村家庭。据发表结果如下：

数额	家数
百元以下	34
百元以上	39
二百以上	14
三百元及以上	13

又据华洋义赈会调查河北、江苏、山东、安徽、浙江五省的二百四十个村落，七千零九十七人家。调查的结果，知道中国东部区域村落里，约

有半数以上的住户，在北部区域的村落里，竟有五分之四以上的住户，他们每年的进款，却都在贫困线［退勒（J. B. Tayler）氏调查中国乡村生活费后假定一百五十元为贫困线］下；同时东区的村落里，约有千分之一百七十六户，北域的村落里，约有千分之六百二十二户，每年进款，竟不到五十元呢。

好！我们来看农家的支出吧。据中国经济调查会调查北平的顺府，安徽的和州，那两个乡村生活费如下表：

项目	顺府	和州
食	84 元	106 元 6 角
衣	40 元	40 元
住	6 元	5 元 5 角
杂项（燃料灯火）	5 元	5 元
工作所得	93 元 1 角 2 分	88 元 8 角
不敷	41 元 8 角 8 分	68 元 3 角

又，顾复先生以江苏无锡的生活情状，定了一个农民每年最低限度的生活水准如下表：

饮食费	180 元	医药卫生费	10 元
衣服	20 元	婚丧费	10 元
房屋费	12 元	赋税	6 元
子女教育费	6 元	杂费	20 元
交际费	10 元	合计	274 元

以这个水准来调查农村家庭，可以说多半是在贫困线之下了。中国的农民生存在这种境遇中，那里有时间去受教育？那儿有钱去受教育呢？在北平郊外六十四家中占有教育费的仅是八家，全年共用二十三元。

现在得要结核一下，就是在工商业社会相竞中，农业社会必然的要沦于动摇的地步；在大量生产与交易中，农业经济必然的会沦于崩溃的状态。社会贫穷的现象，便是农业社会出发向工业社会进行的现象，所以我们对于贫穷不必存过分的忧虑，对于农村社会不必抱过分的悲观，先决问题在如何设法使工业有出头的机会，也就是教育有出头的机会。

中国是个生产落后的国家，农业不能应用科学，生产量不能增加；工业不应用科学，出品不精，数量寡少，于是处处赶不上人，处处吃亏，社会就日益贫穷。现在要望农业上应用科学，使农产物增多；更要望工业上应用科学，同时急切的发展起来，使出品精多，更能容纳失业农民工作。

从农业社会渡到工业社会去是必然的，中国还在资本主义萌芽期，所以能有适当的裁制，使农业与工业保持均衡势力，适应的进展，非特不会严立贫富的阶级，还能救目前的贫穷。

贫穷的现象已在我们的眼前，不得加以否认；农业工业的必须应用科学，也得承认是现在的事实。我们生活在这样的社会上第一要祛除“安贫”的态度，不甘做个穷人，竭力要从崩溃的社会里奋斗出来；第二要有“造富”的本领，替全社会造富，不是替个人挣财产，以补救社会的贫穷。要祛除“安贫”，要造富的社会，人人必得有创造的精神，创造出未来的安乐的社会来。

那么教育呢?

只有生活教育才能适应贫穷的社会，才能指示从农业社会出发向工业社会进行的方向，因为生活教育是创造的教育，它能合着社会一同进展。

要建立富的社会人人须具有创造精神，现在的教育能养成这种精神么?我们先问问教育者，他们专事抄袭别国的教育制度、课程、方法等施行，把自己所处的社会背景、经济组织忘去了；再看看学校内容、教学材料，大家捧着教科书在死读，或者在研究别人所得的结果。这种教育不是智识的传递，决不能养成学生的创造的能力。

生活教育下要养成能创造的人才。从消极方面看，学校要摒除一切足以妨碍学生思想与行动的规章，凡能限制学生的创造力的，都要廓清。譬如学生在构思数学问题，教师要他读古文观止；学生问人从那里来的，不许他开口；学生在拿积木造房子，教师要他去读书；学生想做个试验，教师不会动手指导。直到后来，学生的创造能力被汩灭殆尽。从积极方面看，学校要有适当的工具（不一定要多）可以作学生相当的试验之用：要有切实的指导（不一定要教），可以启导学生的思考力。学校内的工具缺乏，决不能引起学生的创造的兴趣来，工具完备，学生自然会使用来制作各种器具，创造新的东西，学生有创造的兴趣，教师处处要给予便利，热诚的奖励与切实的指导，使他能专心致意于所做的工作，再不要去扰乱或禁止他。学生一次成功了，两次成功了，以后对于创造有了能力，处处会表现出能力来创造切于应用的工具了。在学校里养成了创造能力，到社会上自然也会放出精神来创造的。

生活教育的特征，就在解放创造力。教育者摒除抄袭的心，就能创造适合于中国的新教育。教师们脱离了书本智识教授的工作，自己能创造就能养成有创造能力的学生。所以我们要求给学生们以求知的自由以发挥创造之精神。

原载《师范生》第2期，1931年5月15日。

【注释】

①原文署名“李一之”。

评《乡村小学充实儿童学额办法》[1]

教育部新近颁布《乡村小学充实儿童学额办法》九条，足见教育当局关心乡村小学之进展，很是可喜。细看办法内容，也有几条是很具体而可以收实效的。但是有两点，愿就管见所及，提出商榷。

第一[2]，教室定名额是工商业社会的办法，不大合于才向工商业文明出发的中国乡村的情形。“每一教室，不得少于二十五人，其名额不足者，应设法充足之。”定额为二十五人，从这点上看来，已是很少，但是在中国乡村里，连这点很少的希望，也不许我们急急忙忙的去追求。若追求得太急，便成了一种奢望，免不了要被幻想所哄骗。

从我们的经验看来，乡村小学之顺态的生长是像下面所述。开办的时候，大都只有十几位学生，很少到二三十人，间或还有不到十人的。如果校长和教师渐渐的得到社会的信仰，则不到十人之学校可一跃而为四五十，甚至于上百。这酝酿信仰之时间，看地方情形及办学者之精诚才干而定，从一学期至一二年不等。若说：每一教室，不得少于二十五人，便好比是说，每个孩子生下地不得少于二十五磅重。虽然有“重量不足者，应设法充足之”的规定，但下地时，简直没有这样重的孩子，又如何去充足它呢？

固然条文上用心亦苦，如有特殊情形，经主管教育行政机关许可，便可不照定额。事实告诉我们：乡村小学产生及初办时代之不能足额是普遍的现象，不是特殊的情形。教育部的条文尽有活动的余地，但是一到下级的呆板的行政者手里便有推草务齐的影响，暗中给了推广乡村小学很大的阻力。

那狡猾的小学校长也并不怕这个定额，他可以叫农人把小孩的名字开来，平时不必人来上学，只听得督学要到，号令一出，学生满堂。您只要二十五位，他倒有五十位咧！

所以在创办与初办时期，定额未免成为一种阻碍。只要办学得人，有了信仰，不久便可桃李满门；若不得人，只有另换贤者，空洞的名额之规定是无济于事的。

最好，办法中似乎宜有一种生产教育之鼓励。农村之学龄小孩，对于家庭多少都有一点儿经济的助力。他可以放牛、看门、抱弟弟、上山找枯叶。在农人眼中，这都是紫的铜子儿。劝他送孩子上学，便等于劝他少吃一口饭。所以要想在乡村小学里谋充实儿童学额，必须打倒消费的教育，鼓励生产的教育。强迫教育举行的时候，尤须注意这点；否则，便是强迫乡下人少吃口饭。少吃口饭，这在鱼翅席上吃得太饱的王孙公子看来，原算不得什么一回事。但在缸里只有三五升米的乡下人看来，却是连梦都要惊醒的刺戟咧。

原载《师范生》第2期，1931年5月15日。

【注释】

①原文署名“问江”。

1931年4月29日，国民政府教育部颁布《乡村小学充实儿童学额办法》和《繁盛都市推广小学教育办法》。此文便是针对前者的不足而写。

②“第一”，系指针对《乡村小学充实儿童学额办法》的第一条而言。

评苏省中学校教职员联合会向国民会议请愿之气度①

江苏省立中等学校教职员吴子修等一千零六人，近向国民会议提出四个请愿案：一、《宽筹苏省教育经费并切实保障其独立案》；二、《提高苏省中等学校教职员待遇并优予保障案》；三、《积极提倡学术研究，培植师资以增进效率案》；四、《慎选贤能，刷新行政，尊重士节，整饬学风案》。

我们读了全篇的呈文和这四个议案，觉得除了那尊重士节的“士”字外，句句话都是我们心里所要说而没有说的，今竟有江苏省立中等学校一千零六位教职员代我们说了，好像是夹在喉咙口的一根鱼骨，忽然吐了出来，真是痛快得很！

苏省中学教师所说的话虽不错，但是说话的气度是未免太小了。日前看报，知道本学期苏省中学经费只发了半个月，这是谁都不能忍的一件事，可是看一看受灾各省的中学教师，连稀米粥都是吃了早饭愁着晚饭哟！中学教师苦，小学教师更苦。苏省小学教师，养不起爹娘，讨不起老婆，生不起儿女。如果他要想在养活自己之外再要养活别的人，便要日里当教师，晚上拉黄包车。那受灾各省之小学教师成千成万的在那儿嚼树皮草根咧②。

范文正公③“先天下之忧而忧，后天下之乐而乐”，教师们不应该有此气度吗？江苏中学教师既是先知先觉，便该登高一呼，为全国之教师奋斗！不够，我们该为天下之吃不饱、穿不暖、居不安的同胞奋斗！天下的人都成了饿鬼，父母、兄弟、妻子离散，我们便天天团圆，餐餐鱼翅席，儿女个个中得洋状元，怕也没有什么意思吧！

最后，我要说我所以保留那个“士”字的缘故。中国的士是仕之出身。士是一个读书人——读书而不做事的人。长指甲是他的不做事的金字招牌。教小孩子做小士，是他失意时不得已而为之的勾当。因为穷则教书，达则做官是他的本色。现代的教师却不然，他不但不愿做士，并且不愿制造“小士”。一个读书不做事、终身想做官的人，在现代看起来是可耻了。现代的教师是什么？现代的教师是一位工人，一位教小工人的广义的工人，一位教小工人去建造理想国的工人，一位教小工人去建造极乐世界的工人。我们大家想破“士”之迷梦，来就这教小工人的工人之职吧！

原载《师范生》第2期，1931年5月15日。

【注释】

①原文署名“问江”。

②指1930年长江中游各省发生特大水灾一事。

③范文正公，即范仲淹（989—1052），字希，谥号“文正”。北宋著名政治改革家、文学家。

科学下嫁运动

我们现在要做相反的工作，我们要使做工种田的人，拾垃圾的孩子，烧饭的老太婆，也要能享受近代科学知识。要把科学变得和日月空气一样普遍，人人都能享受，这就需要一个科学下嫁运动。

出自安徽省陶研会编《陶行知一生》，湖南教育出版社 1984 年版。

送科学丛书①

新安小学出世之日，即文渼先生去世之日②。我于今把二周祭要买祭品的钱买了这部书，来送给新安小学作为开校二周纪念的礼物。这里面有许多小小的实验！俗语说："百闻不如一见。"说得更确些是："百见不如一做。"科学实验要从小做起。每天找些小小实验，教小朋友们去做吧！倘使不照书上所说而能独出心裁的指导小朋友在做上追求真知，那就格外的好了。文渼先生有灵，看见一个个小朋友都成了小小科学家，实验家，她该是多么的快乐啊！倘使这部书只藏而不看，看而不讲，讲而不做，那便等于金银香纸烧成一缕黑烟，飘入天空终于不知所止，岂不可叹！我深信新安小学的老师、小朋友必能善用这微小的礼物去造成伟大的前途。那么将来的伽利略（Calileo）、巴士笃（Pasteur）、法拉第（Faraday）也许就是你们的同学咧。

出自《儿童科学指导》，上海儿童书局1932年3月版。

【注释】

①本文写于1931年6月6日。

②新安小学于1929年6月6日开校，陶行知胞妹文渼于同日病逝于琇庄师范。

磁石的朋友①

老师：这是一块磁石，我们给它取个名字叫做磁石先生。磁石先生要想结交一位好朋友。你们知道好朋友是什么？怎样就算好朋友？

江风：好朋友是要好的人。

吴雨：我和江风要好，我们时常手拉着手散步。

老师：对啦！磁石先生想要找个朋友和他手拉着手散步。你们愿意给他介绍一个朋友吗？你们可以给他介绍的人很多，有铁先生、锡先生、泥先生、纸先生、铜先生、钢先生、白铁先生、木头先生。这些人当中，你们想磁石先生愿意和谁做朋友？

刘雪：我晓得，他和白铁先生要好。

夏云：不是，它一定欢喜铜先生。

老师：我们不要瞎猜，最好是把他们一起请来，看看磁石先生究竟欢喜谁？每人去请一位来好不好？

夏云：好，我家隔壁是个铜匠店，我去请铜先生。

刘雪：我的舅舅开白铁铺，我去请白铁先生。

江风：我和吴雨两个人一起去请铁先生，好吗？

老师：你们两个人一起去也可以，可是要多请几位来。大铁先生、小铁先生都要。

张月：我家对角是一个机器匠，我可以找钢先生来。

老师：好，你们去请吧。其余的愿意请谁就请谁，先请来的先介绍给磁石先生，看他和他要好不要好。

李冰：我找到了纸先生，看他要不要？

老师：（把磁石放在纸上试了一试，吸不上去。）你看，磁石先生不要纸先生做朋友。

余桃：老师！石头先生来了。

老师：（把磁石交给余桃）你自己试试看。

余桃：磁石先生不和石头先生拉手。

刘雪：白铁先生请到了。

老师：（把磁石先生靠近白铁先生）他们是好朋友，彼此尚能亲近。

张月：钢先生来了！

老师：（依旧用磁石来试。磁石还没有放在钢条上，只见钢条往上一跳，便给磁石吸住了。）你们看磁石先生可欢喜钢先生？

大家：欢喜！这好玩。（各人都要试一试看。）

江风：铁先生、铁少爷都请来了。

老师：（把磁石先试铁条，后试铁屑，只见铁屑集在磁石上，如同胡子一般。）磁石先生不但欢喜铁先生，并且欢喜铁少爷。

（大家欢喜极了，争着试，比什么还高兴。）

老师：针是什么做的？

张月：针是钢做的。

老师：磁石要针做朋友么？

张月：我想这是一定的。

李冰：我到师娘那儿去拿一枚针来。（一忽儿拿到，果然紧紧的吸在磁石上。）

老师：日晷上的针也能和磁石先生要好吗？

江风：一定！我去拿来试。（果然，日晷上的针也和磁石要好。）

张月：奇怪！针的这头和磁石先生要好，那头却不与他要好。

老师：你试试磁石的那一头。

张月：更奇怪了。针的那头和磁石要好，这头却发脾气了。

老师：日晷上的针叫做指南针，一头指着地球的北极，一头指着地球的南极。这磁石先生也有两头：一头是南极；一头是北极。你看针的南极与磁石的北极要好，却不与磁石的南极要好；而针的北极与磁石的南极要好却不与磁石的北极要好。因此，我们可以说：同极相拒；异极相吸。

你们懂了吗？

大家：懂了，这真有趣。

老师：假使你用一杯水上面放一块薄木片，木片上放一点小铁，再把磁石接近它，你们想这木片要有什么动作？

假使磁石一头之下放一片纸，纸下放一枚针，磁石还能吸针吗？

假使磁石一头之下放一铁片，铁片之下放一枚针，磁石也能吸针吗？

你们不要瞎猜，做出来，自然明白。

大家：我们就做吧。

老师：你们做好了，把方法和结果写一个报告给我。我还想问一句：钢铁是很重的，现在世界上用的很多，假使用船装运出去，还是用人力搬上船呢？还是有什么别的办法可以把大块的钢铁搬上船呢？今天的功课如何帮助你们解决这个问题。有什么别的法子可以帮助搬铁上船下船，也请你们写在报告上。谁能想出别的方法来实验磁石，或是拿磁石玩出更好玩的把戏来，那就算谁的本领好。

原载《儿童教育》第3卷第10期，1931年6月15日。

【注释】

①原文署名“吴健人”。

儿童生活杂志之中心主张

儿童是新时代之创造者，不是旧时代之继承者。

儿童是创造产业的人，不是继承遗产的人。

儿童生活是创造、建设、生长，不是继承、享福、做少爷。

新时代的儿童是小工人。

这工人，是广义的工人，不是狭义的工人。

在劳力上劳心便是做工。这样做工的人都叫做工人。新时代的儿童必须在劳力上劳心，又因他年纪小一些，所以称他为小工人。

小工人必是生产的小工人，建设的小工人，实验的小工人，创造的小工人，革命的小工人。

儿童的生活便是小工人生活，小生产生活，小建设生活，小实验生活，小创造生活，小革命生活。

我们的杂志既称为《儿童生活》，便是小工人生活之写实与指导。这里面所要发表的是一些小生产，小建设，小实验，小创造，小革命，小工人的人生观。

无论他是生产也好，建设也好，实验也好，创造也好，革命也好，他必须做工，他必须在劳力上劳心，他必须在用手时用脑。

这里所画的画是小工人做工之画。这里所唱的歌是小工人做工之歌。这里所问的问是小工人做工之问。这里所答的答是小工人做工之答。这里所用的数是小工人做工之数。这里所写之文字是小工人做工之文字。这里所介绍的工具是小工人做工之工具。这里所说的故事是小工人做工之故事。这里所讲的笑话是小工人做工之笑话。这里所主张的人生观是小工人认真做工之人生观。

《儿童生活》是小工人之做工小影，亦即是小工人之生活的影。

原载《儿童生活》第5期，1931年。

今后教育上基本问题之讨论

（一）

时已初秋，假期将满，国内各级学校当局乃特显忙碌。一方面忙于招考，一方面复忙于筹备开学；聘任教授也，编制课程也，通告学生也，种种准备执行其神圣之教育任务之忙碌情状，皆在吾人意想之中。记者偶检昨日本报刊登各校之招生广告，得数六十有五校；复一检阅八月十四日北平晨报，得校三十有九。此登载广告之学校，十之九都在上海及北平，或且尚有未登者焉！以此推至各省各埠，则在下学年中青年之就学者其将增添若干人，盖无可疑。吾人据十七年教育统计：全国大学及专门学校学生为一九 四五三人，中学学生为二三四 八一一人，即就中学生而论，平均尚须一千七百人中方能有一人，小学生为七百余万人，但学龄儿童失学者，尚有三千五百万人以上，全国文盲据约计为百分之八十。就此点而言，则姑无论教育之方针如何，功效如何，结果如何，就学青年数量之增多，即国内文盲数量之减少，此应为可喜现象之一。

虽然，教育之功能，就其大者而言，为立国之大本；为其小者而言，亦为如何导引国民精神生活与实际生活臻于健全与畅遂之关键。教育对青年所负之责巨，对社会对国家所负之责更巨！然而此艰巨之责，就事实言，过去已否尽了？大抵三尺孩提皆能作答。惟教育之责巨，惟过去教育之效率低，惩前毖后，鉴往追来，故记者不得不于新学年开始，学校招生，大批青年就学之际，谨以数事商陈学校当局：

（一）招生之动机，是为照例，抑有事先计划？招生之目的，是为学生？为社会？抑为学校？或且为个人？

（二）投考青年是来自各个社会层，抑有所偏倚？如其偏，则教育为畸形，教育之效能亦为畸形。此畸形之现象，将听其自然，抑亟谋有以补救？

（三）今日招学生入学，是否已计及将来学生出路？即学生将来毕业而后，在社会应做何事，可做何事，能做何事诸问题，是否曾有事先之筹思？

于此记者有须郑重声明者，上陈三点，绝非对个人而发，其目的纯在于求改进教育，增进教育之效能，切盼读者勿以辞害意，至其理由，容当续言。

（二）

惟勇者乃能承认事实之真相，惟智者乃能从事实中求出路。今请就昨评所提出之三问题，加以事实与理由之申述，非敢故意求瑕索疵，其真实用意，乃在于求从过去事实之真相中辟开今后广坦之出路。

第一问题之提出，其中心意义，在于希望负教育之责者重视教育，有责任之自觉。就事实言，过去学校招生，大部分或为"照例"，或为"为学校"。所谓"照例"者何？学校之所赖以延续生命者，厥为班班相承之学生，故有一班旧学生毕业离校，即应招一班新学生补充，新陈代谢，以绵延学校生命至于无穷。然而问其于招生之先，曾否计及社会需要何种人材？学生能有何种出路？如何教？如何使学生蒙受教育之实益？如对者能掬诚作负责之答复，吾人敢断言能于招生之先，曾计及上述诸问题者，百中或仅有一二焉！此为"照例"，即照例招生，照例教学，旧学生照例毕业去，新学生照例招进来。循环的照例，照例的循环。除照例外，教者学者都无所谓"招"与"就"之责任也！所谓"为学校"者何？本月十八日朱经农先生在北平世界学会学术讲演团讲演《教育的歧路》中有云："有多数私立大学招生时，抱来者不拒主义，完全靠学生学费"；又曰："有某大学学生读书一年，即可毕业者。"朱君为前任教育部次长，言当可信。招生之动机，为学生乎？为社会乎？为国家乎？抑为学校乎？明眼人自可作答。照例招生者为不负责任，为学校招生者，则更为使学校市场化，使学生原料化。"照例"招生与"为学校招生"，在学校当局，固毫无所损，或且有益，然而其将何以善社会之后？其将何以善学生之后？此记者之所以提出第一问题也。

第二问题之所以提出，其中心意义，则为希望教育能普及，不至继续畸形发展之现象。何以言之？近世以来，我国农村经济日趋破产，中农以上，日渐破落，中农以下，更趋于无法生存；然而另一方面，则教育费用，小学每年需费数十金，中学二三百金，大学则更达五六百金。金筑校门，惟城市上层社会之子弟，乃能跨过，其日渐破落之户，即或以剜肉之方法，忍痛送其子弟入学，然而其能不中途辍学者无几也！其幸而能受尽中等教育者更无几也！至于无法生存之贫苦群众，则更终其身，以至终其子子孙孙之身，惟有高山仰止，对龙门长叹而已耳！故不久以前，上海曾有因无法为儿子筹措学费而一死以谢之父亲。故全国内拥有百分之八十以上之文盲，事之不平，孰逾于此！影响之大，又孰逾此！今年灾遍全国，民更苦无死所，而学校之招生如故也！学生之来自何种社会层，顾亦曾予以注意乎？或曰：此为政府之责，非学校所能顾及者也，然矣！然而否否。改进社会制度，改进教育行政，使国人都有受教育之机会，政府之责也！吾人暂且置不论列：就力之所能及，为可以深造之贫苦子弟谋可能之就学机会，则学校当局之责也！岸然道貌，举目但见富裕阔绰之学生入学，贫苦父兄之苦脸不见也，贫苦子弟之饮泣不闻也，则教育非为公物，而为一部分人所私有矣！教育乃呈其缺陷矣！此记者之所以提出第二问题也。

（三）

第三问题之所以提出，其中心意义，在于希望确立教育之方针与目的，使其合于实际，合于现代，尤其合于现代我国家社会与人民共同之需要。今日我国家之病，在于贫；人民之病，在于无知，无生产之学识与技能的知；贫与无知托出呈现于社会表面者，乃为混乱，为骚扰，为种种之天灾与人祸。故今日教育之任务，不在于徒搬东洋西洋不合我国情之教育原理、主义、学制，重演于我国，亦不在于造出少数出类拔萃，装饰体面之人物，而在于授予人民以实际适合生存之学识与技术，使个人能持以为生，国家与社会能赖以进入建设与进化之途。然而今日教育之所表现者，大学教育徒为少数富裕子弟之装饰品，徒为富裕子弟转入仕途猎取功名利禄之阶梯。惟其目的仅为装饰也，故教者放任，学者荒荡，选举皇后，竟成时尚，悠游歌舞，亦成风气。惟其目的为从事政治也，故学校遂成为角逐之场，成为政治斗争之实习地，排此迎彼，风潮迭生。至于中学，则绝无其独立性，似乎纯为升入大学之准备。惟其纯为准备升学，故所学与实际生活隔离，而纯为书本上之装饰知识。惟其无独立性，故除少数富裕子弟能得升入大学，以完成其装饰门面与猎取功名之美梦外，多数无力升学学生，遂流为一无所能一无所用之高等游民，强者乃铤而走险，弱者遂厌世自杀。曾有人批评二十年以来之教育，为改“土八股”为“洋八股”，改“土科举”为“洋科举”，为小姐少爷之装饰品，缙绅先生之娱乐品，与一般人不发生关系，即与受教育者本身生活，亦毫无关系。此种大胆之暴露，固指前五六年之情形而言，然而吾人试一检阅今日教育界之实际情形，如不强自掩饰，则五年前后，有无进步，吾人殆将惭怍无以自答。质言之，今日之教育，为拉青年出社会，与实际生活分离，而非引青年入社会，以解决其本身及社会一切问题；为提高青年生活之欲望，走入奢靡无能无用之绝境，而非导青年走入生产与建设之坦途。故愈教而国愈贫，社会秩序愈乱，人民乃愈苦痛！职业教育会议宣言中有云：“今日匪之八九，皆为兵；共产党十之八九，皆为学校毕业生。”青年同感无出路，同感生之艰难，环境所激，思想随之而转变。近两年来“思想国难”为不可掩饰之事实，而当局不求诸教育（自亦非教育单方面所能解决），徒诉诸政治！政治之裁制愈严，无出路之群众乃愈激而恶化，教育已失其效能，而教育者则依然继续从事于“为教育而教育”之教育。此种现象，至为可痛，今后如不求所以改进之道，则青年将永无出路，青年思想亦将永无可解决。“民不畏死，奈何以死惧之！”严刑峻法，将安所施？固然，此种现象之造成，不仅由于教育。要之教育之使命，为对现实求进步，为追求比现实较高较远之理想。现实如此，教育家安所辞其责，此记者之所以有第三问题之提出也。

（四）

教育家时时在教育青年，而同时其本身又时时在受现实环境之教育。故现实环境，即现实事实，实为教育家正确而有力之批评，亦即为教育家正确而充实之教材。教育家应基于本身之责任，而接受客观的批评，更应依于时代的要求，而接受事实的教训。

上提三问题，吾人已加以事实与理由之申述矣。往者不必咎，如何打破现实？如何加以改进？乃为今日教育家当前之重责，记者谨更述管见，借贡刍荛。

关于第一问题所述现象之改正，其重心端在于教育家之本身。教育家应时时体念其本身对于民族社会前途所负之重责，重视教育，重视责任。此种责任之自觉，要为教育家之基本道德、基本条件。如能重视教育，则不至以教育事业为解决生活之工具，以学校为互相攘夺之政治舞台，以学生为利用与嗾使之争斗武器。如能重视责任，则不至以敷衍保全地位，以优容结纳学生，保守现实，或更辩护现实。夫使教育家重其所事，重其所负之责，处处为学生着想，为民族与社会着想，时时作自我之批评，时时接受环境与事实之教训，则教育上之一切设施，自皆能有确定之目的，事先之计划，教育之效能，自亦克应时代之要求而增高。

第二问题所述现象之改正，在于教育家应时时环顾其四周之贫苦大众，时时顾及其四周之贫苦子弟，时时注意及中华民国约法第五章第四十八条“男女教育之机会一律平等”之规定。固然，教育机会平等之实现，要非教育家一方面所能为力，但最低限度，教育家应尽其心，尽其力，为贫苦子弟多造求学机会。清光绪三十二年以前之书院与学堂，不特不收学宿等费，而且有膏火等之津贴。虽清代之科举学堂，同为愚民政策，而其普予贫苦子弟以求学之机会，则亦实有足多者在。往事未远，现在何以遂不能仿行，示世界各国以中国特立独立之精神？退一步言，在约法第五十七条中曾规定有“全国公私立学校，应设置免费及奖金学额，以奖进品学俱优无力升学之学生”之明文，切实遵行，即所以为贫苦子弟造机会，亦即所以尽其心与力。目前国内南开、东北两大学，已设有奖金学额，负有教育之责者，其曷急起而声应！

至于第三问题所述现象之改正，应切实使教育中国化，应求其合于我国之国民经济力，合于我国之社会状况，合于我民族与社会之切实要求。此问题在国民会议所议决之《确定教育设施之趋向》一案中，曾有痛切之指陈，同时曾有“中小学教育应体察当地社会情况，一律以养成独立生活之技能，与增加生产之能力为中心，务使大多数不能升学学生，皆有自立之能力”。及“社会教育应以增加生产为中心目标，就人民现有之程度与实际生活，辅助其生产知识与技能之增进”。等教育方案之确立。方案既定，力求实行，则教育家之责也，亦即所以改正第三问题所述之现象也。

凡上所述，固都为今日我国政治问题之一部分，但整个政治问题未得适当之解决以前，此种关系民族前途至大之部分，固亦不能不竭吾人之心力，以求其改进。在上吾人已有言：“教育之使命为对现实求进步，为追求比现实较高较远之理想。”最后记者仍谨郑重以此意献致今日我国之教育界。

原载《申报·时评》，1931 年 8 月 19、20、22、23 日。

认清环境 认清责任

——敬告全国大学生

韶光转瞬，两月暑假已飘忽过去。全国学校，目前都已陆续宣告开学。而各学校学生，亦即将照例担簦负笈，缴费入校，开始其新学年之读书生活。不过本学年之开始，实异于往岁，实另有其严重意义。学生诸君，尤其是大学生诸君，且勿轻易举步踏入校门。在入校之先，应一举目认清四周之严重环境；尤应切实认清本身在严重之环境中所应担负之责任。

目前环境之严重果如何，降水肆虐，百年罕见，十六省区，一万万灾黎，直至现在，犹辗转挣扎于浩渺之洪流中。田庐损失，无可数计。人口淹没，无可数计。号称我国家富庶之区之长江流域，都为无情洪流冲激为汪洋一片。国家元气，斫丧殆尽。此一浩劫，诚为关系我国家民族生存前途之大难关。次之，东临日本，对我东北大陆之侵略，近更积极，强在我万宝山开凿水田，复挑拨韩民造成排华血案。两案悬搁，至今未决。而其侵略之情势则有加无已，未来岁月，更不容乐观。在此短短之暑期中，内忧外患，相并而来。国家情势，已呈突变，民族生机，有若丝缕。恤死拯生，抗强御暴，竭我全民之力，或且难望其有济。环境之严重，有甚于此时者乎？情势之危殆，有急于此时者乎？

大学生诸君受高级之教育，为我国家此日之精华，他日之柱石。目前我国情势环境既如此其严重，则大学生诸君所负之责任弥益艰巨。如何振兴我国家，如何复兴我民族，为祸为福，为存为亡，其枢纽皆系于大学生诸君之手。是则大学生诸君在目前严重环境之下，肩头上所应负荷之责任，其艰巨又果为何如乎！

然则诸君将应如何以切实负荷此艰巨之责任，则曰尽其今日之责任，亦即所以负荷来日之责任。诸君当前之责任为求学，为求学以致用，则应深体现状之艰难，时时以振兴国家复兴民族为己任。沉湎于浪漫放荡者，应扫荡其恶习；征逐于电影跳舞者，应屏除其嗜好；以战场上拼命杀贼之精神，努力学问，训练身心，坚强意志。学问务求其实用，行动务求其实践，确定目标，迈步前进。此日求得真实之学问，他日即可以实在致用于社会与国家，他日即可以负荷振兴国家复兴民族之巨责。心理改革，行动随之，民族前进，尚或有望。如再泄泄沓沓，积习不改，实学不求，大难当前而不动心，死机临头而不措意，则漆黑前途，无复曙光，国家将来，尚堪问乎！此大学生诸君在今日严重环境之中所应痛自体念，痛自沉思，痛自觉醒者也。

尤有进者，目前我国大学及专门学校数目，据今年教育部发表统计，仅有大学三十四所，专门学校十六所。大学生仅一二 二八五人，专门学生二 一六八人。以中国全人口四万万五千万人为比例，则三一 一三五人中，才有大学生一人；九百万人中，才有大学一所。每年大学与专门学校经费，为一一 七五六 一七五元，国家每年对每个大学生之担负为八百十四元强，而家庭之供给，少者三四百元，多者千元，尚在其外。在三一 一三五巨大之人数中，得有受大学教育之机会，是诚无异于天之骄子。是则应如何重视此机会，利用此机会，务求其所以不辜负此机会。国家年费巨款于一人，家庭年费巨款于一人，此累累之金钱，即为三一 一三五多数同胞之血汗。取众人之血汗，以供一人求学，是则更应如何求其所以对国家，对众人，并对家庭。再进一步言，今年水灾，一万万灾民，概沦惨劫，死者暴露，生者流离，饥不得食，寒不得衣。而大学生诸君，尚能持巨大之费用，安心入学，社会尚勉力撑持，俾学校照常维持。体念大众之惨境，体念社会对己身之负担，如尚不惊心动魄，瞿□兴起，力求所以不辜负大众，不辜负社会者，是真为全无心肝，是真为社会之罪人。

吾人敢敬告大学生诸君，大难当前，危如累卵，国家与民族前途一线之希望，即系于诸君之身。诸君其认清当前之环境，其认清未来之艰难巨责。

原载《申报·时评》，1931年9月7日。

国难中教育界应有之自觉

——敬告大学校当局

昨日一评，吾人已以诚挚之言辞，勉励国内大学生切实荷负其求学致用之责矣。今请更向大学校当局，贡其刍荛。

洪水骤临，举国束手，外侮突至，朝野失色。既无以御自然之祸变，复无以抗强邻之侵袭，如肉陈俎，坐待宰割。我民族衰耄无能、积弱不振之弱点，至此已暴露无余矣。曩者国人尚以地大物博人众之文明古国，强自解嘲。而今则何如者？地虽大而半没洪流，物虽博而民皆冻馁，人虽众而死亡累积。此日之巨难，更隐伏他日之危机。然而国内歌舞之声，犹不绝于耳，娱乐之群，达旦不休，对此惨劫，漠不动心。“商女不知亡国恨，隔江犹唱后庭花。”吾人诚不解我民族何以堕落衰颓一至此极！

彼暮气已深行将过渡之国人，吾人已不能对其存若何希望矣。将来之一线希望，即系于今日之大学生。如何教育大学生，如何训练大学生，使其成为我国家将来之健全柱石，以复兴我民族，振兴我国家。此巨大之重责，即全在大学校当局之身。何以言之？大学教育，为一国之最高级教育。作育人材，树立风气，皆在于是。现在之大学生，即他日支撑我国家之柱石。未来中国之命运，即决断于今日之大学教育。故大学教育，即为立国之基础。而今日在学学生，都为健全纯洁之青年，尚未沾染积重恶习；眼前悲惨事实之刺激，更易激起其发奋蹈厉之雄心。但使一念转捩，决意奋起，则我国前途光明，正自可期。独是“十年树木，百年树人”，“种瓜得瓜，种豆得豆”，如何为国家树植人材，如何为未来社会播植良种！欲收良果，必种善苗。大学校当局即今日播植种子之农夫，他日果实之为佳为劣，我国家前途之为盛为衰，即全系于今日之播植。是则大学校当局肩上所负荷之责任，其艰巨果为何如乎！

今日学校当局一谈及教育，辄曰政治未上轨道，学生好乱成性，教育自难收良好之效果。是诚然矣，然而否否。吾人与其诿过于人，毋宁先求其在己。先尽己责，乃能责人。先正己身，乃能正人。试一检阅近数年来教育界之现象，一校之内，派系分歧，争持倾轧，各不相下，利用学生为爪牙，联络显达为奥援，视学校如官署，视校长如官缺。教育至此，尚堪问乎？次之，今之大学校长，或则异地遥领，或则兼长数校，校长不理校中之事，学生不识校长之面。校长成为官僚化，等教育如儿戏，视责任如鸿毛。一校之长尚且如此，其他尚堪问乎？复次，学校教授，大都一渡重洋，读书数载，即若有无限学问，取之不竭，用之不尽，不更求进益。徒视教书为衣食工具，或目为做官之阶梯。弱者则浮沉取容，强者则播弄风潮。己不能正，焉能正人？己不能立，焉能立人？为之师者如此，而欲望其学者遵循正轨，勤其所业，是何能得？上有好者，下必有甚焉者。以故学生中之意志薄弱者，即沉湎放浪，征逐于电影跳舞之场；其优秀而怨愤内积无可宣泄者，乃铤而走险，趋于歧途。频年以来，国内学潮，彼伏此兴，瘴气一团，学风荡然，教育破产。谁为为之？孰令致之？不以自责，辄曰政治未上轨道，学生好乱成性，是真明于责人而暗于责己者矣。教育所以改良社会，今教育本身，尚日夕呼吁枪弹之弹压与维护，其欲以之树人材，正风气，为国家建立新基础，是何能得？吾人言此，固非抹杀一切，教育界尽有自好尽责，视教育为终身事业者。但如上所述，要亦为陈现于吾人之眼帘不可掩饰之事实也。

过去已成过去，与其顾后，毋宁瞻前，当此国家大难，民族惨劫，从前种种，切应痛自悔艾。身任何职，即应尽其本分，正己以正人，立己以立人，勤勤恳恳，务求践实。时时以国难为念，时时以国家与民族之前途为念，时时以自身艰巨之责任为念，毋以一己之私利，贻误青年，且误国家。则教育前途，庶有转机，民族前途，或尚有望。逆境当前，祸福自择。吾人其各沉痛觉醒，毋甘作国家与民族之罪人。

原载《申报·时评》，1931 年 9 月 8 日。

敬告中小学教师

此次国内惨重的水灾，与外交上严重的情势，实为我民族生存能力的一场大考试，也就是我国数十年来教育成效的一次大检阅。假如过去教育确有成效，国民智识程度高，民族自具有充分的生存能力。天灾之作，外侮之来，即不能防制于事先，当可应付裕如于事后。然而目前事实如何呢？洪水一来，国人惟有待死；外患一至，朝野惟有惶急，莫知所措。民族之无能，至此已完全暴露，我们不能不沉痛地自承：我们的智识程度实在太低落了，我们过去底教育已整个失败了。

“往事之不忘，即后事之师法。”过去的教育是已经失败了，今后怎样办呢？关于大学教育，我们在本月七日时评中，曾贡献一些意见。今请更以无限热望之忱，和中小学教师作挚诚的讨论。

近十余年来，我国教育上的最大缺点，即为侈谈主义，竞尚欧化美化，而不注重实际的“应用”与实际的“做”。教者留声机似的叫，学者木偶似的学。机械似的混过几年，学者便算毕业，教者便算了事。教育与社会不求配合，学校所教，社会不得其用。因之学生一离开死的学校踏入活的社会，便茫然无所措手足，一无所能。大学如是，中学如是，即小学亦如是。教育者尽管办教育，而智识依旧低落，人民依旧无知无能。教育的成绩，只是养成一些博士学士，政客官僚的候补者，充其量亦不过养成一般记定理背死书的书痴。如此教育，那能望其提高文明？那能望其养成健全的国民？那能望其推进我国家与民族臻于强盛繁荣之境域呢。

大学教育我们已经说过了。中小学教育为一般普通国民教育，为教育之初基，比大学教育更为重要。二十年后中国状况如何，我们只须看现在的中小学生，以及教中小学生的教师，便可预断。老实说，中小学教师的手里，实掌握着中华民族的命运。

我们认为教育应该是新的，活的，应用的。中小学生正是纯洁的青年，天真的孩提，应教育成为新时代新宇宙的创造者，不要教育为旧时代的承继者。应时时引导其走上建设、生产、改革之新轨。应趁其幼小，养成其创造的思想与精神，使其成为未来时代开辟新宇宙的一个崭新工人。

我们认为新时代的教师，应具有三种条件：一是科学的头脑，二是劳动的身手，三是改造社会的精神。脑手并用，践实奋斗，教育与社会才能打成一片，健全国民才能养成。即如此次万案与韩案，我们与其徒向学生高唱雪耻，不如教学生知道日本，知道东北，知道日本为什么要侵略东北，知道人口繁殖是祸乱的根源。又如此次水灾，我们教学生写一篇“大水记”，或是“乞赈文”，不如教学生知道水灾的根因，预防和救济的方法，以及造林、治水、筑堤的重要意义。同时并训练其同情心，教其实际干捐募助赈的工作。总之，社会即是学校，社会一切活动，即是活泼泼的教材。只有留声机才唱念刻板的歌曲，只有机械才操做刻板的工作，那是旧的死的教育的典型。新的活的教育应该从“做”上教，从“做”上学，但求践实不尚空谈，但求应用，不尚虚名。

这次大检阅，已充分地暴露了旧教育之无能，我们应该觉悟了过去的错误罢。目前已到了国家民族存亡绝续的关键，教育应该重新做起，应该重新安立国家的新根基。如果教师们还是因循守旧，苟且偷安，把纯洁的青年、活泼的小孩，教成无用的游民与记定理的书痴，民族前途将成绝望。是即辜负国家付托之重，亦即为新时代无可逃逭的罪人！“漫天撒下萌芽种，伫看他日结果时。”你两手把握着种子的农夫，小心地殷勤地栽播栽种罢！中华民族的生命是在你们的手里啊！

原载《申报·时评》，1931 年 9 月 10 日。

“和平”“奋斗”“救中国”

“和平奋斗救中国”七个大字，是孙中山先生弥留时昭示国人的遗训。孙先生认为欲救中国，必以“和平奋斗”为依归。在今日内忧外患相逼而来，国步极为艰难的时候，愈令国人感到孙先生遗训之切要。弥留时艰苦呻吟发出的七字训言，我们认为在目前最是服膺于孙先生的人们所应切实体认切实遵行的时候。

目前天灾人祸，内变外患，一时纷至的严重情势，正所以试验平时以救国救民为己任者能否肩此重任，并试验中国民族是否有自决心。我们在这大试验之下所应取的态度，不是怕，不是消极，而在以积极的态度，革新的精神，打破目前的难关，挽救中国，挽救中华民族。

救中国，救中华民族无他。第一是“和平”，第二是“奋斗”，以和衷共济的精神，共同作艰苦的奋斗。孙先生最后的遗言，真为我们目前救国家救民族的不二法门。

为什么要和平呢？孙先生曾说：“中国现在时势，尚在危险时代，如各自为谋，不以国家为前提，无论外人虎视眈眈，瓜分之祸，危在眉睫。即使人不我谋，而离心离德，亦难有成。”革命以来，变乱迭作，岁无宁日。几年来离心离德所种的恶果，已足够我们深虑长思，何况目前是洪水泛滥，哀鸿遍野，强邻紧逼，待隙而动。国脉民命，不断如丝，再不和平，不团结，不一心一德，共策国是，其将何以自存呢？

为什么要奋斗呢？和平是消极的团结，奋斗才是积极的行动。中国人民日处于天灾人祸交相熬煎的惨境，中华民族日处于国际帝国主义者共同宰割之下的次殖民地位。如何拯人民于水火？如何拯国家民族于危亡？有了消极的和平团结，尤须有积极的努力奋斗。奋斗是打破难关的惟一武器，是民族生存的重要条件。如能以和平团结为基础，以共同奋斗为武器，就令目前环境万分险恶，我们认为奋斗的铁掌，断然可以打破一切的艰难。

华盛顿曾经说过：“各部分联合起来，不怕没有方法和能力去增强力量，增多方略，增大安全以抵抗外来的危险。”杜威也说：“大凡人类之文野强弱，皆可以乐群与不乐群为其标准。苟富有群性，聚千百万人如一人，则文明程度必高，国必强，断不至受天然淘汰。苟割裂好争，文明程度必低，国必弱。”这两句话在当今外患逼来的时期中，实在是一帖最好的对症良药。

所以“和平”“奋斗”，是救中国的惟一大道。而“澄清政治”“树立纲常”，又是致和平致团结万众共同奋斗的不二法门。尤其是在目前，我们应当切实体认“和平奋斗救中国”七字的意义，并加以切实的遵行。

原载《申报·时评》，1931年9月13日。

中华民族之出路与中国教育之出路[①]

“中国教育出路”这个问题，给了我一个多月的不安。我起初以为化费两三天功夫便可以交卷，那知道拿起笔来，竟一个字也不能写。好一比是进了兴安岭的森林找不着路线。我二十年来的研究经验，好像都不能给我一点光明。想不通，如何写得出？可是，这块鱼骨头我是已经下了决心要从喉咙口吐出来的。我要就一个字不写；如果写的话，必是我思想里产生出来的和谐的系统。这个和谐的系统，我要建造在活的事实上。因此我一方面镇压自己的成见，一方面排除别人的断语。我所要追求的是充分的事实，等到事实汇齐之后，我便让它们引导我去下断语。如果我有错误，只是因为事实有错误。这个我随时愿意领教，并重新考虑订正。事实是我惟一的指针。我只愿听它的启示。在最近的两个星期来，我是想通了。我手边的事实是如此的告诉我。我现在愿意把我所探出的几条路线，献给我所敬爱的为中华民族与世界人类谋出路之朋友们。还请大家指教。

五年前的春天，我在南京。有一天下午，出南门办事，回到城门口，已是五时光景，挤不进去，待要转身，又退不出。我是挤在人山人海之中，寸步难移。仔细观察，知道是下乡的城里人要从这里进城，进城的乡下人也要从这里出城，两不相让，实在也无从让起，就在这里挤住了。从城门洞的这边钻进城门洞的那边，费了一小时，挤得我满头大汗！

这不是一幅中国教育出路的缩影吗？是的，有点像。他之要求大口出路与多口出路，简直是和南门走路的人的心理一样。但是也有一点儿不同，南京南门之拥挤只是几小时的痛苦，等到乡下人出了城，城里人进了城，各人回家与妻子儿女吃晚饭，便好像没有这回事了。如果您想一想，那从南门进出的人们不是几千人，而是继长增高、源源不绝的来到这个惟一的小洞里要求通过，您便可以得到中国教育出路的一个比较正确的影子。您别想他们当天晚上能够舒舒服服的在家里和家人团圆。

也许有几位飞腿，可以赶上前回家去过舒服生活，或是跑到城楼上去呼吸新鲜空气，看底下蚂蚁式的人群自相蹂躏。但这必定是极少数。大多数的人，必是拥挤在那儿求活不能，求死不得。他们是陷在人的流沙中而不能自拔。

所以一提到出路，必是指大众的出路，而不是指少数人的出路。印度久已亡国，而土王们依然是安富尊荣。朝鲜青年殉国的不下四五万，而李王[②]眷属在日本还是樱花会、菊花宴，乐而忘愁。少数人的出路不必我们费神。我们所要找的是民族与人类整个的出路。

现代的中华民族是从农业文明走向工业文明。我们先拿一个农家的生活来做我们讨论的出发点吧。

在我们家乡的自耕农，六口之家，耕种三十亩田，一年可收谷七十五石（中国每亩产谷多至六石，少则一石，普通则在二石半左右）。一夫一妻和四个孩子，大的不过十二岁，一年自用谷二十四石，余下四十一石以时价每石五元，可卖二百零五元。他要用三十元付下田本，四十元付钱粮，六十元付短工工食，三十五元买油盐杂货，四十元买柴火。这个人家田租不必缴纳，但是已经无钱换新衣，茅房不能修理，害病不能看医生了。如果这个人家要想有衣服穿，他必得少生一个孩子，把那三石谷的钱省下来去买布做衣服。否则冬天一到，难免受冻。

五口之家耕三十亩田还没有教育费。如果要孩子们个个受教育，还要少生一个孩子，拿他省下三石谷的钱送两个孩子上学。这样也能培养他们到高级小学毕业为止。中学没有他们的份。大学更谈不上。

照这个情形看来，三十亩地的自耕农要从六口变为五口才有衣服御寒，要从五口变为四口——一夫一妻两个孩子——才能享受初等教育。换句话说，每人五亩地才够吃饭，每人六亩地才免不冻，每人七亩半地才能上学求智识。

假使这个人家本来是六口，耕种三十亩地，只够吃不够穿，凭空又糊里糊涂生下一个孩子，那么不但不够穿，连吃也不够了。不够吃，如果无法送出去，或是借钱买米，只好无饭大家饿。弄到后来，必有因饿而病，因病而死的。

没有死人之前，这个人家兄弟姐妹争吃是天天必有的现象，有时父母也不得不参战。而且大家脸上都难免黄皮骨瘦，像饿牢里走出来的一般。这个人家虽想找食物来维持七个人的生命，但是食物老子一定要他减少到六个人或五个人的地位。

照上面说来，这享有三十亩地的自耕农的命运是跟着他的孩子跑。如果他只生两个孩子，他是小康，孩子们也能受初等教育；如果生了三个孩子，大家一起都变文盲，不知道科学是什么，连小学也不能进；如果生了四个孩子，大家只好穿旧衣，冬天难免受冻，下雨屋漏正好洗雨浴，害病不能看医生；如果再生一个，一起五个孩子，大家一起进饿牢。到了进了饿牢，他还说是听天由命。什么听天由命？他只是受他的生殖器官的指挥罢了。如果是天命，天命只在自己的手里！

我们现在再进一步去看这个自耕农之将来，看他如何变成半自耕农，看他如何变成佃农，变成佣工，看他如何自然而然的完全破产。

那四口之家的两个孩子渐渐长大，米也要渐渐的多吃些，但是做事的能力也渐渐的加大，等到差不多成人的时候，短工所能做的事，他们可以代替了。假使是一男一女，那么女的出嫁，男的讨媳妇，还不致扰乱人口的平衡。生两个孩儿，死两个老人也可以抵得过。孙儿女长大，依旧可以受教育。假使第一代所生是两个男子，情形就大不相同了。两个媳妇进门，便从四口之家一跃而为六口之家。倘使公公婆婆能见孙子面，便再跃而为八口、十口之家。倘使祖孙不及见面，那末六口或八口是一忽儿就到的。三十亩地，兄弟两家对分，每家十五亩，是无论如何也不够过活。于是必须租地主之地才能图存。这样，一个自耕农家便变成了两个半自耕农家。

半自耕农的担负比自耕农自然是重一些，他的一部分田地要缴田租。在中国，这田租是很重的。如果他是个山东人，他要缴地价百分之十八；如果他是广东人或安徽人，他要缴地价百分之十二三；如果他是江苏人，他要缴地价百分之八。中国的田租合赋税与地租而言。除去赋税，地租是半自耕农加上的担子。自耕农四口之家可以给小孩子上学，半自耕农则四口之家的小孩们没有上学的希望。自耕农五六口之家可以糊口，半自耕农则五六口之家必定有冻饿之患。既冻又饿，便不得不挖却心头肉，去医眼前疮。祖遗的十五亩，始则以九折三分高利抵押，终于无力赎出，不得不变卖与人。这半自耕农不久便再变而为佃农了。

佃农更苦，讨得起妻子，生不起儿子。儿子生不起，还是依旧一个个的生。借债扶养，还不起便失去耕种工具，随时可以变成长工、短工、散工，统称为佣工。这佣工的儿子便是光棍一个，连老婆也讨不起了。

想那四口之家，终身信着是多福、多寿、多男子，那知道一男一女倒能维持小康的家道；两个儿子反要弄得家散人亡，甚而至于绝种。可是四口之家以一家说，生两个男孩固有这个弊病，以全国说，则因为也有生两个女孩而不生男孩的家庭。如果这边嫁个女儿出去，招个女婿进来，那边讨个媳妇进来，赘个儿子出去，通盘计算，可以互相抵消，正好维持人口粮食之平衡与小康生活的幸福。

但是，现在中国农家人口平均不是四人而是五人以上。中国华洋义赈会于十一年在直、鲁、苏、浙调查七〇九七户所得结果为每户平均五．二四人。金陵大学农业经济系于十三、十四两年在皖、豫、苏、晋调查四二一六户所得结果为每户平均五．二六人。陈长蘅君对于宣统二年户口统计所厘订出结果为每户平均五．二人之数。在这情形之下，那由自耕农变为半自耕农，半自耕农变为佃农，佃农变为佣工的趋势是着着进行，一步也不肯退让。今日之佣工即昨日之佃农，昨日之佃农即前日半自耕农，前日之半自耕农即大前日之自耕农。反过来，向将来一看，如果现在的各种情形继续下去，大家仍旧抱着多福多寿多男子的迷信，闭起眼睛来生孩子，那么今日之自耕农便是明日之半自耕农，后日之佃农，外后日之佣工。

这是自然的趋势。不必外来的力量，中国的农村便是这样的崩溃。倘若加以水旱、螟蝗、疾病、刀兵、盗匪、土豪劣绅、帝国资本主义之压迫，那这种崩溃便如江河日下，格外进行得快。可是这些势力有相反之效果，好一比是火把两头烧。它们会毁灭农民的资本而促农地分裂之进行，但是也会扫除农村过多的人口而维持后来者粮食之均衡。这种天行的淘汰是太残暴了。它所淘汰的，多是刻苦耕种不能移动的农民；它所选择的，多是高利盘剥、操纵市价、善于避祸的土豪劣绅。大乱之后，这些土豪劣绅乃能舒舒服服的回到乡下，收罗无主之地据为已有而坐享其成。农民！农民！您仔细想想，还能闭起眼睛，做多生主义的信徒吗？这是单从人口土地的关系上讨论，实际的情形不是这样的简单。农民不是直截了当把三十亩田地分给他的儿子们。中国农人是拜了两种矛盾的神：一是送子观音；一是土地菩萨。他一方面生许多儿子，一方面又要保存他的田地。虽然送子观音一来，土地菩萨的领土便要破碎，可是农人要替二神调解。农人是在这矛盾里面挣扎着。不到万不得已，他必不肯分家将他的三十亩地分出去。他是怎样对付他的剩余的孩子呢？

他最愿意的是给剩余的儿子在家做副业。比如一部分儿子种田，一部分儿子摇丝，是他老人家理想的经济制度。如果这个做不到，他愿意他们在近边学点手艺，如木匠、瓦匠、竹匠、皮匠、裁缝或是市镇商店里学做生意。如果这个做不到，他愿意他们到上海、汉口、天津工厂里去做工人或到东北去开垦。若是广东、福建的农人，他便打算托亲戚朋友带到南洋去做买卖。同时，他将信将疑的试一试改良稻种、麦种，如果真的每亩出产多一二斗，那末他很欢喜，因为他觉得他不必把过剩的儿子送到外面去了。如果这些都证明他是奢望，万不得已，他肯叫他们到都市里去拉黄包车，或是流着眼泪让他们去当兵，或是让他们暂且出家，等候还俗。这些路都走不通了，他才肯得罪土地菩萨，把祖遗的三十亩地分掉。

我们现在要审查这位老农心里所打算的那些出路，看有几条走得通，看看那个地方让他放一放他自己三十亩地上所不能容的孩子。

一、副业是农人经济之第二来源。养猪、养鸡总是不无小补。蚕丝是中国农人最大的副业。自从马褂打倒、西装盛行之后，蚕丝业受了很大的打击。日本农家百分之四十养蚕，生产过剩，累得中国丝也卖不出去。现今上海丝厂一百余家，继日本丝厂而暂停，更使摇丝成了一种不安稳之副业。这里不但不能再放剩余的孩子，连已经加入这个行业的人有些都要改行了。不过，副业就是好的年成也只能帮补一点儿衣着，或是帮补一点儿小菜，决不能做多子主义的后盾。如果拿它来做生儿子的靠背山，那便要靠一场空。

二、手艺人也是像农人一样的会生，把手艺教给自己的孩子已不能糊口，还能教别人来夺自己的饭碗吗？况且手工艺在机器工业的时代里是日见缩小，决不能收纳你过剩的孩子。小商人的情形也是相仿佛。

三、从前和尚庙收小和尚多多益善，现在他们必得先看庙产后收徒弟。就是必不得已时，也不容易行了。

四、中国移民，北方以山东人、河北人，南方以广东人、福建人为最多。山东与河北人向山海关外移，广东、福建人向南洋移，都是自然的趋势。陈达君在他的 *Chinese Migrations*（《中国移民》）一书里估计，在全世界有华侨八 一七九 五八二人。但现在各处华侨都受压迫。加拿大、纽西兰、澳洲不许华工入境。一九〇四年美国国会通过，凡华人除学界官吏及商人外，皆不许入境。连日本政府现亦禁止华工入境，去年回国的有二千之多。南洋现在也是多方限制。从去年五月起，不但愿去的不能去，而且回来的倒有四万四千之多。这条路怕是要愈弄愈狭了。

五、开荒是比较有希望的出路。美国贝克君估计，中国可耕未耕之地有四千五百五十兆华亩。这是太大了，金陵大学熟悉中国农村情形的卜凯君，便说他估计得太高。唐启宇君估计全国可以改良利用之地为二千二百五十兆华亩。照我们的观察看来，其中可耕之地还远不及此，但无论怎样，只是估计，不是确数。努力开垦使地尽其利是我们必走之路。东北开垦情形，据张振之君报告，移到东北的人民十六年是八二一 三七七人；十七年是六九九 五七五人；十八年是六九七 四八九人。因为开垦要资本，交通又不便，这个每年平均七十多万人将来也不见得有多大的增加。张伯苓君说，东三省可耕之地为五四〇万英亩，其中已耕一半，还余下一半光景，等于一七五兆华亩。依我的中国人口创造线的标准，每人十亩。东三省现已有二千四百万人，尚可容纳一千一百万人。这里有一个特殊问题已经引人注意，日本已经来了二十万有组织的队伍。他们以后的政策是多叫日本人移到朝鲜，多叫朝鲜人移到东三省。他们在本年五月二十六日，有五百四十位代表在奉天开会作进一步的运动。中国人与日本人如不赶快觉悟想个办法，必有大不幸之事发现。但同时看看西北情形，更是惊心惨目。据地质学家说，大戈壁沙漠南下，西北有变成沙漠的趋势。甘肃一带之灾荒怕不是一时之现象。西北给沙漠吞掉的地怕要与东北抵消。中国可以养人的地，天要收回一部分。总之，开荒是救穷救死的一个方法，不是多生的后盾。

六、军队是中国剩余人口之收容所。什么地方收不了的人都可以投到这里来。四川有一县养兵至三师之多。照十九年九月的统计看来，全国共有二百五十九万九千二百人，非正式的军队还不在内。人民投军固然暂时衣食有靠，实不啻饮鸩止渴。一旦为野心家所用，兄弟、父子对垒而击。这好比是火药原可制为益人的肥料，等到装入枪管，却立刻变作惨杀同胞的工具。与其为战场上制造死尸，何如少生几个？

七、拉黄包车是农人不得已而为之的勾当，和当兵一样可以做农村人口过剩而新兴工业来不及吸收之标记。中国黄包车总数在十六万之谱。上海一处，十年之间增加五千辆，每年只增加五百辆。每辆车夫二人，只能加容一千人左右。黄包车违背人道，工业发达、交通改良之后必在消灭之列。日本为黄包车之发祥地，现在大都市中已不常见。可见它必归淘汰。

八、工业是农人剩余人口最自然而最有效之出路。中国机器工人照百登说是一百万，《工人旬报》发表为一百四十六万。在这一百四十六万中，纺织业只列十六万人。但据十七年工商部调查，纺织业在上海一处已有二十二万二千六百七十人。铁匠之二十万怕是机器匠之误，但决无如此之多。若是铁匠便不应列入。大概说起来，中国机器工人在一百五十万之谱。矿工据妥耳加舍夫十八年估计为二百二十八万九千人。这比北京政府农矿部一九一九年报告之二千五百七十八万二千是差得太多。怕是农矿部报告有矿工家属在内。每户以五人计算至少也有矿工五百万，这种数目只好当作一种参考，不可把它看得太呆。我们可以说中国至少有矿工二百二十八万。只要时局平静，工业振兴，工人的数目总是继长增高。工人历年增加率，我还没有得着。现有两种不完全的材料可以给我们一点影子。一是纺纱业工人之增加率，自一九一二年至一九二〇年之九年间为每年平均增加八千人，即自二二八 四九七人增至三〇一 五四四人。如果别的机器工厂工人也照这个速率增加，那末全国机器工厂工人每年可增加四万人左右。矿工情形不同，不好依此比例推算。中国工业所以发达迟缓的缘故很多，其中有一个特别重要的便是外国之经济侵略。从前关税不能自主，不能保护本国之新兴工业。现在关税名目上虽说是自主，其实离真正的自主还远的很。就是这点有限制的自主，帝国主义者也有法规避。第一，他们能在中国领土内设银行以吸收中国的资本，以操纵金融而利于外国资本主义在中国之发展。在一九二五年的调查报告里，我们知道在华外国银行及中外合办的银行之资产有六 八七八兆元。同年，本国银行资产只有九八七兆元。只有前者七分之一。第二，他们能在中国开办工厂，使关税保护失其效用。英美烟公司之压倒南洋兄弟烟草公司是一个彰明显著的例子。现在日本在上海、青岛、东三省之纱锭总数已经达一四八万以上，占华厂锭数三分之一。他们已经计划增设之锭数，还有二十万锭。工业是中华民族之正当出路，无论多大困难，必须由此出去。可是，我们一部份力量即要化在扫除别国所没有的压力，则进步自然较别国迟缓。因此它对于吸收农村剩余人口之容量，在外国资本主义高压力未消之前，必不见得像别国那么宏大。

九、科学农业也是帮助农人的好朋友。选种、防害虫、通沟渠、改良肥料、用机器耕种收获确可以减少耗费而增进收成。但是选种、防虫害须有科学教育，而科学教育之普及，又须在人民可以免于冻饿之后。肥料要拿本钱去换。通沟渠小规模可以干，大规模则有待于富力。机器耕种尤须等到工业文明成熟，农村人口多半被工厂吸收过去之后。所以科学农业在现状之下，只能有些微的影响，而这些微之影响，必限于农科大学所在地及其附近。最著成效的要算选种，收成可多一二成。靠近农科大学的农村可以得这点很好的帮助，但是要靠它来解决农村剩余人口，便是奢望。

综观上述事实，那收容农村剩余人口最大的出路而又能培养这剩余人口使能发生更大之力量的：一是东三省之移民；二是新工业之振兴。但这两种出路之收容量，每年平均怕只在一百万人左右（移民七十余万，机器工厂四万，其他无从估计，假定为十余万）。人口生产率，乔启明君根据四省十一乡村二万余人调查结果，寻得平均生产率为千分之四二．二。倘以通俗之四万万人计算，每年便要生一千六百八十万；倘以陈长衡君所估计之四万六千零五十一万计算，每年便要生二千万人。要把生出来的人数来通过这些出路，真是好比缠索穿针眼（《圣经》骆驼穿针眼是译错了）。可是中国人生得多，死得也多。乔启明君在同一调查中，寻得死亡率为千分之二七．九，推之于全国，照陈长衡君之人口总数计算，每年要死去一千一百五十万。生死相抵，每年要增加八百多万人。据中国各种事实看来，陈长衡君人口总数估计未免太高。这个可另作文讨论。乔君所寻出的死亡率，也是不能作为全国之标准，因灾荒淘汰与互相残杀已经是大批的进行，除了豫省之外，不在他们所调查的乡村里发现。我们只须一看国民政府赈灾委员会主席“全国灾区蔓延二十一省，共有灾民七千余万”的报告，便知道死亡率必大大的增高。这七千余万之灾民，有五千万以上是在冀、鲁、豫、晋、陕、甘、察、绥八省区域之内。可见那真正的死亡率必大大的超过千分之二七．九。陈长衡君根据苏、浙、皖、晋、陕、桂六省户口统计所得之自然增加率为千分之十一，怕是最高的限度了。用这增加率推算，每年增加人口四百四十万（依通俗之四万万计）至五百一十万（依陈长衡君四万六千零五十一万计）。拿这个人口增加数和一百万的出路比较，简直是如同兔子和乌龟赛跑，除非是兔子在半路偷睡，乌龟那能赶得上它？乌龟赶不上兔子，出路赶不上人口，结果不外乎三种：

一、是借债度日　我们现在是不够吃，不够穿，甚至于吃的米、穿的棉、所用的肥料，也有一部分是从外国来的。我们先看一看衣、食和肥料三门，最近每年入口比出口要超过多少。

粮食入超表（海关报告）

年份	出入口	类别		
		米（石）	麦（石）	粉（石）
一九二八	入口	12 657 904	903 088	6 185 402
	出口	29 769	1 801 402	123 421
	入超	12 628 135		6 062 213
	出超		898 314	
一九二九	入口	10 824 065	5 663 613	12 083 552
	出口	28 452	802 185	62 569
	入超	10 795 613	5 261 672	12 030 983

据上表看，三种粮食合计入超一千八百万石，成人与儿童平均每人每年吃两石，便有九百万人靠外国粮食过活。民国十八年入超二千八百万石，便有一千四百万人靠外国粮食过活。三十倍南京城的人口是吃外国粮食，没有外国粮食便要饿死。

衣棉入口表（海关报告）

年份	出入口	类别		
		棉花（海关两）	棉织品（海关两）	总计（海关两）
一九二八	入口	68 548 778	166 581 215	
	出口	35 914 857	14 706 261	
	入超	32 623 921	141 874 954	174 508 875
一九二九	入口	92 078 105	167 460 496	
	出口	31 722 772	15 639 957	
	入超	60 355 333	151 820 539	212 175 872

看上表我们知道，棉花与棉织品之入超，在民国十七年为一七五兆两，十八年为二一二兆两。据社会调查所调查结果，北平手艺工每人家的衣服费，占全年用费百分之四（一九二六年）。北平黄包车夫每家之衣服费，占全年用费百分之六．八。北平建造工人每家占百分之一〇．三，上海纱厂工人每家占百分之九．四，塘沽制盐工人每家占百分之九．五，北

平西部农人每家占百分之四．五，北平东部乡村每家占百分之七．七，五口之农家，种三十亩地，每年穿衣费占用百分之五，约十八元五角，每人约占四元。二一二兆两银约合二八〇兆元。民国十八年全国有七千万人靠外国棉花或棉织品御寒。即以建造工人之最高穿衣占百分之一〇．三计算，也有三千五百万人，即南京人口之七十倍，若没有外国棉花及棉织品进口便要冻死。

中国肥料之进口是逐年增加了。民国十八年入超已到一一 三七一 六四一两，约合一千六百万元。每亩下肥料一元，即有一千六百万亩田靠外国肥料生产。每亩产谷二石半，即有四千万石谷非外国肥料不能生长。成人、儿童平均每人每年用谷四石，即有一千万人的粮食靠外国肥料维持。

肥料入口表（海关报告）

年份	出入口	总计（海关两）
一九二八	入口	11 471 355
	出口	650 883
	入超	10 820 472
一九二九	入口	12 125 430
	出口	753 789
	入超	11 371 641

我们的肥料，系从英、德、美三国来的。倘使他们再打起仗来，要用肥料做火药，那我们便有一千万人要料理丧事，或是分大家的馒头吃，叫大家都要饿得不可耐。

中国国债表

（二十年一月卅一日）

Ⅰ．国内公债总数	828 112 887 元
Ⅱ．外债	
甲　有抵押借款	152 910 000 镑
乙　铁道借款	40 974 426 镑
丙　电政借款	8 806 348 镑
总　　数	202 690 774 镑

所以，现在中国有二千四百万人靠外国粮食和外国肥料养活，至少有三千五百万人靠外国棉花和棉织品御寒。中国还不是工业国，没有制造品足以和外国交换这大量之生存品。那末，这些生存品是如何得来的？无疑的是借债间接取来的。

这些借款当然不是直接借来买米、买布的。但是间接的都与人口问题有密切关系。那编遣公债与赈灾公债更是显然拿来对付过剩人口，这些借款所发生的事业，积极的如铁道、电政，消极的如养兵，都是帮助农村剩余人口多活几个，其方式乃是因外来的力量以取得生活之必需品。这二千四百万人之食，三千五百万至七千万人之衣，便是这样得来的。本国人所买的公债，用在这种供给上是吃去已往的储蓄，证明现代人不够养活自己。外国人所买的公债用在这种供给上是靠外国人的力量过活，证明本国人不够养活自己。

二、自杀　国家借债虽多，而人浮于事，不能充分分润外来的粮食、衣着，为冻馁所驱，无路可走，意志薄弱的乃走入自杀一途。上海每年自杀达二千人。社会局分析自杀原因，不大清楚。但据我所观察的分析，直接、间接因经济压迫而寻死的必在半数以上。北平全家自杀的，时有所闻，冬天尤甚。穷乡僻壤自杀的人，因不为报章所登载，实不易统计。但以上海北平的情形推算，全国自杀的人必以万计。与自杀情形相近的，就是那些忍冻忍饿以至于生病，再因病而死的人们。这在那每年一千一百五十万死者之中，必占一很大的数目。

三、相杀　没有饭吃而不愿自杀的人，必夺人之食以救己之命。夺而遇着抵抗，必至相杀。或杀人，或为人所杀，或两败俱伤。小而言之，则为盗为匪；大而言之，则酿成国内或国际战争。

上海盗案绑案表

时期	盗案件数	绑案件数
十九年五月	三二件	二件
十九年七月	三八件	一一件
十九年十月	五九件	七件
十九年十一月	五一件	五件

据熟悉上海情形者说，上海一处，靠盗窃绑票吃饭的人在五万以上。近年，轮船劫案时有所闻。这都是人多于食的必然的现象。这几年来，青年学子死于非命的以万计，是最可痛心的一件事。宋子文君[3]报告民国十八年七月一日至十九年六月三十日之国库支出为四九五 〇七四 〇〇〇元，其中百分之四九．六为军费，计二四五 四四五 〇〇〇元，百分之三七．五为还债费，计一八五 九四二 〇〇〇元。中国的国债大部分是连年战争所赐下的负担，可以说是过去未还了之战费。故十九年六月止，一年中所支过去与当年的军事费不啻为百分之八七．一，计四三一 三八六 〇〇〇元。军火输入十七年为一一 五二五 九八六两，十八年为三 九〇二 七四二两。同时，对方之所费也不见得太少。人民因战争之损失或大于战费。但是，战争是什么？就我们看起来，只是武装抢饭吃，或是武装禁人抢饭吃。西北军之“就食江南”之口号，是战争的最确切的解释。欧洲大战的最适当的解释，也是人口过剩。否则，虽有穷兵黩武之野心家，人人安居乐业，饱食暖衣，谁愿意去当兵。既招不着兵，这些野心家最多只好个人去决斗，于人民幸福无碍，不过茶余酒后，多了一些谈笑资料罢了。为什么打仗？因为有兵。为什么有兵？因为田不够耕，工不够做，饭不够吃，衣不够穿。为什么田不够耕，工不够做，饭不够吃，衣不够穿？因为儿女生的太多。儿女生的太多便养不活。活难死亦不易，于是借债过活，借债养兵，借债运火药，借债来大批的屠杀那生得太多、无法教养的儿女。

照此看来，我们所说的那位老农，用心虽然很苦，到了后来，毕竟是无法保持他的三十亩地，只好拿来分给儿子们。结果是土地菩萨所管的地愈分愈小，而送子观音所送来的儿子，或是个个弄得脸黄骨瘦，或是贩烟窝赌、男盗女娼，弄得家破人亡，这那里是他初料所及的啊？

这位老农如果是一个人，或是少数人，那末也用不着我们操心太过。可是他是一个具有代表性的中国人。他的命运，是中国人的命运；他的错误，是中国人的错误；他有出路，也就是中国人有出路。如果他弄得家破人亡，那末他的集合体的中国人，也就要弄得种弱国灭了。这位老农的出路在那儿？中国人的出路又在那儿？这等于说，如果大家人人都是像这位老农的模样，中国人还有什么出路？

好，这位老农有三十亩地，他的命运便受制于这些地面和他所生的儿女之数目。

三十亩老农家境变化表

家中人数	每人亩数	状态
3 人	10.0 亩	可受中等教育
4 人	7.5 亩	可受初等教育
5 人	6.0 亩	无力受教育
6 人	5.0 亩	衣不暖
7 人	4.3 亩	食不饱

如果要请这位老农来代表中国，我们先要问，中国有多少已耕之地？刘大钧君根据民国六七年农商部统计报告，找出中国已耕地面为一八二六兆亩。如用每人十亩、七亩半、六亩、五亩、四亩三分来除，可得在各种状态上之人口约数。现列图表如下：

中国耕地人口状态表

已耕地面	每人亩数 总人口	生活状态
1826兆亩÷	每人 10.0 亩=183 兆	此数以下可以创造文化，称为创造线
	每人 7.5 亩=243 兆	此数以下可以普及初等教育，以上便有文盲，称为教育线
	每人 6.0 亩=308 兆	此线以上无力换新衣，称为无衣线
	每人 5.0 亩=365 兆	此线以上食亦有缺，称为无食线
	每人 4.3 亩=425 兆	此线一到必有乱事，七人中死一人，称为大乱线

中国人口数与生活状态图

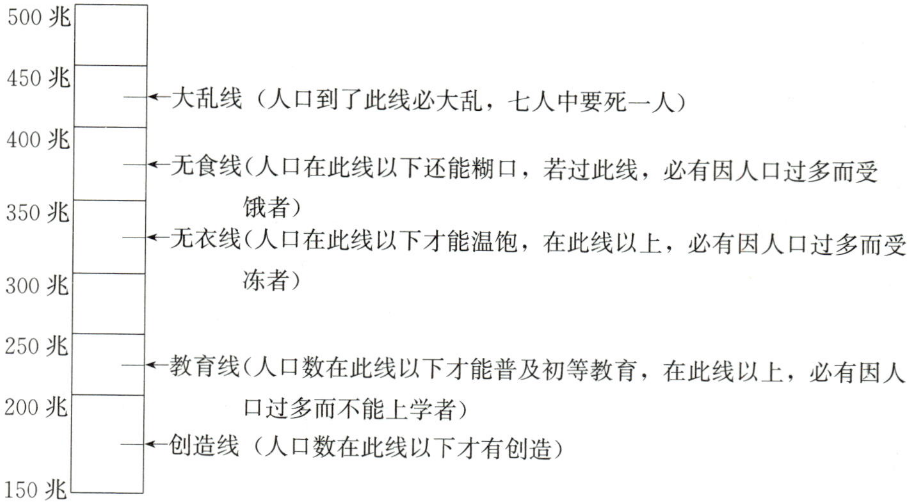

看了这张表，我们对于中华民族最根本之出路，是看得明白了。中华民族最根本之出路是什么？

少生小孩子

中华民族之最根本之出路，即中国教育之最根本之出路。故中国现代教育这之最大责任是：

教人少生小孩子

教中华民族从大乱线退到二百四十兆的教育线上来，使得个个饱食暖衣又能受最基本的教育；更好是退到一百八十兆的创造线上来，使有天才的分子不致为穷忙所埋没，得有余暇研究高深学问，以发现更有效之生产技术，而创造更富裕的社会。

我们再用别的国家每人平均耕地面积来比一下看看：

法国本国耕地人口表

耕地总面积	2 250 506 000 公亩	1926 年调查
本国人数	40 743 000 人	1926 年调查
每人平均耕地公亩数	55 公亩	
每人平均耕地华亩数	8.9 华亩	

英领印度耕地人口表

耕地总面积	12 309 609 500 公亩	1927 年调查
人数	318 942 480 人	
每人平均耕地公亩数	38.5 公亩	
每人平均耕地华亩数	6.26 华亩	

日本内地耕地人口表

耕地总面积	670 365 300 公亩	1927 年调查
人口总数	64 500 000 人	1930 年调查
每人平均耕地公亩数	10.4 公亩	
每人平均耕地华亩数	1.69 华亩	

美国本国耕地人口表

耕地总面积	13 932 053 000	1927年调查
人口总数	110 000 000	1930年估计
每人平均耕地公亩数	126.6公亩	
每人平均耕地华亩数	20华亩	

（1华亩＝6.144公亩）

照这几张表看来，我们教育线上每人平均亩数比法国少一亩，比印度多一亩光景。中国现在实际情形比印度还坏，所以此刻每人平均亩数一定比印度少。我们要过美国的生活，每人需有耕地二〇华亩。如果和日本一样的努力，一样的吃苦，海岸线一样的长，工业一样的发达，那末便是每人一亩七分地也可以勉强敷衍过去。但是，日本虽是有绝端能力，却也是已经到了困难关头。中国人是决不能在二亩左右生存的。日本的情形实在给了我们一些希望，它告诉我们，如果工业发达，每人农地可以减少到什么限度。但是，如何可以创造工业？中国几十年来工业为什么不能发达？我的回答是：一、因外国之经济侵略；二、因人口太多，把储蓄的财富都吃光了；三、科学教育重讲不重做。

我们如何能退到教育线及创造线？

一夫一妻，在提高生产技术未著成效之前，只能生两个孩子。死了一个还可以再生一个，死了一个而不能再生，也有一个孩子传代，于是渐渐地可以退到二百四十兆或一百八十兆。教育在这人口总退却之进行中，有如下之任务：

（一）大声疾呼，唤起全民族，发一人口总退却之紧急命令，教男子满二十五，女子满二十岁始行结婚。结婚后服务五年，可生第一子。俟第一子入小学，可生第二子。以二子为限。子为男子女子之通称。一胎生二子或三子者，以一胎为限。

（二）中央研究院在开创时期内之第一重要工作是，设避妊研究所。要发明一个铜子的避妊法，使全民族都够得上实行。

（三）避妊之普遍的宣传，应成为民众教育最大之职责。医院及注册的医生，对于国民避妊之询问，应免费指导。

（四）宣传结婚前配偶之科学的选择，以为改良人种之准备。

（五）女子常以多生为苦，必赞成这种合理之主张。那最大之阻碍，便是男子之兽性。故一方面由教育劝导，一方面用法律限制。生孩多于二人，宜处男子以危害民国之罪。

（六）宣传科学上男女有同等之遗传力，故有女即有后。

（七）大声疾呼，唤起全民族组织一永久人口升降委员会，随时调查耕种土地面积之消长，生产技术之进退，生活程度之高下，容纳人口出路之多少，以改定人口升降之比例，公布全国，共同遵守。

有人怀疑，人口减少国势怕要越加懦弱。我说：中国之弱，弱于人多；如果减少，便要发生很大的力量。譬如一个人家，财力只够教养两个孩子，如今生了四个，衣食不足，又不知礼义，自必酿成“吃饭打破锅，睡觉撕破窝”的现象。兄弟阋墙，外人乃能施行挑拨，以收渔翁之利，结果必是两败俱伤。如果只有两个孩子，那么教养得宜，自能发生相当力量。倘使学得本领，能够驾驭机器。像美国工人，一个人便有三十个人的力量，两个人不是有六十个人的力量了吗？孩子太多，不能教育，互相争夺，相抵相消，力量几等于零。以一家推到全国，四万万人是毫无力量，二万万人倒有六十万万人之力量咧！

外国人每每以种族自杀，来封住少生主义者之口。殊不知种族自杀，有消极与积极两种。消极自杀是不愿生育，但生的太多乃是积极的自杀。多生主义者的信徒，把中国人弄得田不够种，工不够做，饭不够吃，衣不够穿，求死不得，求活不能，这叫做种族之积极的自杀。我们提出少生主义乃是中庸之道，对于消极、积极的自杀政策，都是反对的。现今世界强国中，人口增进最慢的无过于法国。近一百年来，只增加了三分之一。它在大战中，居然也能抵抗增加二倍半之德国。现今各国失业的人，辄以百万计，而法国便无这种烦恼。

教人把人口从大乱线退到教育线和创造线上来，是教人不要多生，不是教人多杀。少生主义之信徒即是贵生主义之信徒。我们反对屠杀。我们反对死刑。暴虐者不得借口人多而惨加屠杀。我们必得在这里说明我们的本意，使大家对于我们的主张没有丝毫的误解。

假使我们顺利的把人口退到教育线与创造线，如果我们不变更人生观，还是无济于事。我们在教育线上若无求知欲，便依然不会运用科学结果以增进人生的幸福。我们在创造线上若无发明欲，便依然不会探入未知之境界，以开发科学之泉源。智识不是从玄想中跳出来的，必得在大自然里去追求。财富不是从天上落下来的，也必得在大自然里去探获。我们从前因为过庶，所以贫穷：因为贫穷，所以愚蠢；因为愚蠢，所以过庶。结果便是愈庶愈穷，愈穷愈愚，愈愚愈庶。少生小孩子，可以打破过庶之害。接着来的问题，便是用智识去造财富，用财富去求智识，使人民愈富愈智，愈智愈富。新近依日本人估计，中国每人均摊财富只有一〇一元日金。这大概是指我们可以运用的财富而言，那些埋在地下没有开发的宝藏，当然还是无法运用，所以不算在内。同时，日本每人均摊财富为一 七三一元，比中国人大十七倍多。美国每人均摊财富为六 六〇七元，比中国人大六十五倍多。俄国虽穷，还在中国之上，每人均摊七五六元，差不多比中国人大七倍。所以中华民族的第二条出路是：

创造富的社会

中国教育的第二条出路是：

教人创造富的社会，不创造富的个人

资本主义的国家的教育，只是做了创造富翁的工具，以致贫富阶级因教育而愈隔愈远。我们只要创造富的社会。社会既富，则在社会里的个人自然而然的富了。在创造富的社会之过程中，教育之任务如下：

（一）教人创造富的社会，便是教人创造合理的工业文明，便是引导人民在合理的工业上出头。

（二）教人创造合理的工业文明，便是教人创造合理的机器文明，合理的机器文明，便是要人做机器的主人，不做机器的奴隶。

（三）科学是工业文明的母亲，我们要创造合理的工业文明，必须注重有驾驭自然的力量的科学。

甲、任何教师必须擅长一门自然科学；没有自然科学训练的，不配做现代的教师。

乙、科学要从小教起。

丙、不做无学，不学无术。科学实验要在做上学，在做上教。读科学书籍，听科学讲演，而不亲手去做实验，便是洋八股而非真科学。

（四）农业对于富力之增加，有两种方式：一是使全国无荒废之地；二是把科学应用到农业上来，使地尽其利。最后，等到工业吸收了一大部分之农人，即可使农业变成工业化的农业。

（五）教后起青年运用双手与大脑去做新文明的创造者，不教他们袖起手来去做旧文明的安享者。

（六）教人同时打破“贫而乐”“不劳而获”“劳而不获”的人生观。这三种人生观，都是造富的心理上的最大障碍。

（七）教人重订人生价值标准。农业社会与向工业文明前进之农业社会是不同的。纯粹的农业社会的一切是静止的。向工业文明前进的农业社会的一切是变动的。我们要有动的道德，动的思想，动的法律，动的教育，动的人生观。有人说智识要新，道德要旧。这简直是应该扫除的一种迷信。旧道德只能配合旧智识。新智识必得要求新道德。

教育能够这样的办，便能产生法拉第与爱迪生，把发明与制造化在一炉而冶之。据和林（M. C. Horine）君说，美国科学农业已经进步到一个地位：四百万农人种六十万万英亩地，每年收获一千万万嘝（嘝，Bushel，等于华三斗六升），平均每英亩十七嘝。美国没有机器之前，耕种收获十五嘝麦子，要费两小时半的人工，现在有了机器，只要七分钟工夫。这就是说，美国现代农人比从前的能力大了十七倍，一个人能做十七人之工作。

再拿电磁石的起重机来说吧。没有这起重机之前，四百万磅的钢铁要二十八个人费两天两晚的工夫才能起完，现在两个人费十一小时，这等于说十四分之一的人，只须费四分之一的时间，便把这工作做了。人得了电磁石的法子，力量便增加了五十四倍。同时运铁的船只须等候四分之一的时间，能做双倍来往的买卖了。

自从徽梯尼（Elix Whitney）发明轧棉机（Cotton gin），一个人轧五磅棉花的时间，便一跃能轧一千磅，效力比前大二百倍。自从哈葛里夫（James Hargreaves）、阿客来特（Richard Arkwright）发明纺织机，一个人能使一百二十五个纺锤，每分钟打一万个旋转。自从卡弟来特（E. Cartwright）、可洛模甫吞（W. Crompton）、诺尔斯（L. J. Knowles）、打雷拍（I. Draper）、诺司洛甫（J. H. Northrop）发明改良织布机，一人之力能做数百人之事。里滴（Thomas T. Read）估计，各国人工作效率，以中国人为单位，美国人的工作效率三〇倍于中国人。

创造富的社会，头脑里要装着科学，手里要掌着马力。这样，大自然会变成我们的宝藏。我们如果能把空中的淡气[④]造成肥料，石田变成土壤，人人吃不了，用不了。到那时，这造富的工作才算有点成绩哩。

最后，这创造的力量与人口之自然增加率的关系也得讨论。生得多，死得多，创造力自然要减少，生命、金钱都在这上面耗费了。生要吃着，死要棺材。弄得人财两空。与其生而即死，何如不生？许士廉君算出来，中国人和印度人生一个孩子，比欧洲北部的人要费八倍半的精神和财力。精神和财力都和死的孩子一起埋在泥里去了，还有多少余力来教养活的孩子，还有多少余力来创造文化呢？所以，要想有创造富的社会的精神，也得少生几个小孩子。

教人少生小孩子，是少数人干得起来的吗？少数人可以发起，但是要他发生力量必得全民族起来互助。全民族家家都实行节育，那么可以把人口退到教育线与创造线上来。教人创造富的社会也要靠这种互助，但是，如果工人们只是机器之奴隶，而不是机器的主人，那么劳资纠纷，永无宁期，还能造出富的社会吗？故必须有大平等的地位，才有互助之可言。这两件事的效力，一部分要靠政治的力量。政治立在民众的基础上，才能发生伟大的力量。大家觉得政治是自己的事，必是拼命的拥护，这力量必是不可思议的伟大。否则，寡人政治以治者资格压制被治之民众，民众非积极的对抗，则消极的不合作，必不能发挥出力量来。所以要想把少生小孩子与创造富的社会两件事做出来，必须整个民族在政治经济上有平等互助的精神。所以

教人建设平等互助的世界，是我们第三条出路

不但我们民族的出路是平等的互助，即世界人类的出路，也在平等的互助。特别是这人口问题，必须由世界各国同心合力的来解决，才能有彻底的办法。现在各国的趋势是拼命的生孩子，生到不能容了，再打一次大战，死他一千万、伤他二千万。我们先看看全世界的人口和他的增加的状态吧！

我们要知道全世界的地面和任何一国一样，也是有限的。哈佛大学伊司特（E. M. East）君说，全世界可耕之地只有一三 〇〇〇兆英亩，已耕五 〇〇〇兆英亩，还余八 〇〇〇兆英亩（等于三二三 六七六 八〇〇 〇〇〇公亩，或三 二三六 七六八 〇〇〇公顷）。美国农林部贝克尔（C. E. Baker）君说，世界总地面五二 〇〇〇 〇〇〇英方哩，大部分不能耕种，已耕者三 七〇〇 〇〇〇英方哩，未耕而可耕者尚有四 二〇〇 〇〇〇英方哩，以每英方哩等于二．一六方千米，一方千米等于百公顷计，得九 〇七二 〇〇〇方千米，即九〇七 二〇〇 〇〇〇公顷。依司特君对于未耕可耕之地所估面积，大于贝克君所估三倍半。究竟谁估的数目切近事实，这可以间接的判断一下。对于未耕可耕之地面，我没有根据可以使我

断定。但是对于已耕之地，昭和五年的日本帝国《统计年鉴》里面列了三十四国之耕地面积与其出产量，这是很可靠的资料。我仔细看了一下，大国只缺少中国。此外列有出产而未列耕地者有荷兰领东印度、斐利滨、暹逻[5]、墨西哥、巴西，小国没有列入的还很多。这三十四国有七六五兆公顷已耕之地。我加上中国之一一二兆公顷，共有八七七兆公顷。贝克尔君所估三百七十万英方哩，只有七九九兆公顷。故贝克尔君之估计，实在是少了一些。但是，在日本内阁统计里面拥有大量耕地之国，除中国外都已列入，决不能像依司特君所估计的那么多，五 〇〇〇兆英亩即二 〇〇〇兆公顷。两相比较，还是贝克尔君的估计近于事实。我现在估定已耕地为一 〇〇〇兆公顷，未耕地暂用贝克尔君之数为九〇七兆公顷，合计一 九〇七兆公顷。

现在全世界人口是一 八〇八兆人，占耕地一 〇〇〇兆公顷，每人占耕地〇. 五五五公顷，即五五 . 五公亩，合每人九 . 〇四华亩，合每人一 . 三六英亩。以现代各国人民平均之生活状态与工作效能计算，全世界还能增加一 六三四兆人。若照依司特君所定每人二英亩半之标准，不但不能再增加，而且还要把现在的人口减少到差不多一半。

世界究竟能容多少人？那已耕可耕之一 九〇七兆公顷之地面究竟够几多人过活？这是要看全世界人的生活程度与生产效能而定的。照美国人的生产程度与生产效能，每人平均一 . 二五公顷地，全世界可容一 五二五兆人。现在这一 八〇八兆人还要减去二八三兆才能容得下咧。若照日本人的生活程度与生产效能，每人平均〇. 一〇四公顷，全世界便能容纳一八 三三六兆人，再加九倍来，也或能勉强挤下去。倘使是中国人，能过日本人的苦日子，但是没有日本人的生产效能，若像日本样要普及教育，那么，每人必得有〇. 四六公顷地。如此，则全世界也只能容四 五八〇兆人，除却现在数目，还能加上二 七七二兆人。

我们再要进一步审查，世界几时有人满之患。先请看一看下列之表：

世界未来人口增进推算表

国别	现在已耕地（公顷）	现在人口	每人耕地面积（公顷）	世界人口依各国生活标准之增加可能数	千人中每年人口增加率	在未耕可耕地内照此率增加，世界几时人满
美国	139 320 530	111 000 000	1.25	726 兆	14.5	年加 26 兆 28 年人满

续表

国别	现在已耕地（公顷）	现在人口	每人耕地面积（公顷）	世界人口依各国生活标准之增加可能数	千人中每年人口增加率	在未耕可耕地内照此率增加，世界几时人满
加拿大	22 831 555	8 788 483	2.60	349 兆	20.0	年加 36 兆 10 年人满
澳洲	9 175 083	5 435 734	1.69	531 兆	20.1	年加 36 兆 15 年人满
巴西	60 000 000	30 635 605	2.00	454 兆	28.9	年加 52 兆 9 年人满
日本	6 702 653	64 500 000	0.104	8 723 兆	13.1	年加 23 兆 379 年人满
德国	20 555 516	62 592 575	0.328	2 765 兆	10.0	年加 18 兆 154 年人满
法国	22 556 116	40 743 897	0.554	1 637 兆	7.7	年加 14 兆 117 年人满

（巴西耕地面积为估计）

上表只在可耕之地上研究，那已耕之地暂且搁他起来不谈。如果照新开地加拿大、澳洲、巴西之生活标准、状态、移入人口率、生死差增率推之于全世界，那么不消十年，这余下的九〇七兆公顷地，便可宣告人满。倘若把旧国如德国、法国的情形推到全世界来算，那么要不了一百六十年，也就要人满了。如果全世界都有日本人的生产效能，而又能过日本人的苦生活，那么三百八十年也就把这余下的可耕地完全挤满了。可是实际决不如此，全世界人口决不能像新开地那样飞跑，也决不能过日本人那样刻苦的生活。况且现在日本人除了农工业收入之外，每年还有从海里捞来的二〇九兆日金和海外日侨寄来的三〇兆日金。如果全世界都过了日本人的生活，这种收入便须大减而特减，那时各国人民都能制造，工业出品的收入也要打个大的折扣，连日本人也不能在那〇. 一〇四公顷上生活了。不过，同时食物、肥料产生法或者可以进步，能够打消我所说的缺点。不过世界上人决不能过日本人的刻苦生活，这是可以预言的。所以，实际上在新开的地方，是略照巴西、加拿大、澳洲的标准速率进行；旧开的地方是照德国、法国的标准速率进行。可是人口总是向着新开地跑，结果人满之日期是趋近于新开国所定之时限。到了加拿大、澳洲的人口密度变成现在美国的样子，那时全世界一定是挤得没有空地了。

前世纪，美国在一百年中人口增加十倍的时候，全世界人口恰在这一百年内增加一倍。所以加拿大、澳洲人口增加十倍时，全世界的人口或要从一 八〇八兆加倍而为三 六一六兆了。美国前期发展还是农业国，现在之新开地大都是农工业并进，实在怕是要不了一百年了。到那时，大家都要挤得不可耐，如果照美国的生活的标准与生产效能，现在全世界便应该立刻宣布人满。照比例限制生育，以期到第二代时可以减少二八三兆人。

近百年来世界人口增加倍数表*

国别	最近报告之人数（日本内阁五年统计）	报告年份	近百年来之增加倍数（根据陈长衡君计算）
日本内地	64 500 000	1930	3
英国本国	47 123 000	1921	3
法国本国	40 743 897	1926	$\frac{1}{3}$
德国	62 592 575	1925	$2\frac{1}{2}$
美国本国	105 710 620	1920	10
俄国	147 013 600	1926	4
英领印度	318 942 480	1921	$\frac{1}{5}$（四十年来）

* 表目为编者所加。

世界上人口早已满了，再要增加便是降低文化，剥夺别人生存的机会。全世界的人们都要彻底觉悟，大家在一块儿商量一个少生小孩子的办法。

可是，这世界是掌握在愚人手里！法国妇人愿意少生而法国政客偏要鼓励多生：生五个小孩的母亲赏铜牌，生八个的赏银牌，生十个的赏金牌。这是一九二〇年法国大总统的命令！大家庭的舟车来往还可以打特别折扣，真是有趣极了。意大利的男人不愿结婚，而意国政客则非要他讨老婆不可。男子独身税，二十五岁至三十岁，须纳三十五利（一利合华币七角七分四厘）；三十六岁至五十岁，五十利；五十一岁至六十五岁，二十五利。此外，还要纳所得税之独身附加税。六十岁以上的老头子，墨索里尼[6]老板还要吃他的喜酒咧。这些政客为什么欢喜老百姓讨老婆呢？他们要老百姓生儿子当兵，打仗，夺面包吃。老百姓的太太们！你们今日怀里的小宝宝，便是将来战场上的候补死尸哟。少生几个吧！

你们不相信我的话吗？请看一看列强之杀人费吧！

列强十八年度之军事费（各国币）

国别	总岁出	海陆空军费	百分比
日本	1 736 兆圆	495 兆圆（海陆）	28.51
英国	823 兆镑	112 兆镑	13.70
美国	3 795 兆金元	773 兆金元（海陆）	20.26
法国	45 366 兆法郎	9 997 兆法郎	22.05
意国	19 466 兆利	4 648 兆利	23.91

《每日年鉴》与《日本帝国统计年鉴》

列强十八年之军事费（化为华币）

（华币以百万为单位）

国别	总岁出	军费	军费之百分比
日本	3 472 兆	990 兆	28.51
英国	16 460 兆	2 240 兆	13.70
美国	15 180 兆	2 322 兆	20.26
法国	5 671 兆	1 249 兆	22.05
意国	2 461 兆	581 兆	23.91

这五个强国，每年预备杀人的费用，要占总费用自百分之一三．七至百分之二八．五，合计起来是七 三八二兆华币。拿养人教人的钱来预备杀人，是多么的愚蠢啊！

这些糊涂的政客，总是以为自己可以把别人杀死，殊不知：

你杀我，

我杀你，

只是借别人的刀儿杀自己。

您看欧战的结果：

德国战死　一百八十八万五千　　法国战死　一百三十六万

英国战死　七十四万三千　　别国战死　六百万

这不是等于德国人借法国人的枪铳自己，英国人借德国人的炮轰自己吗？可是，劝人多生孩子的罪魁的政客，如德废皇等，一个也没有死。死的都是老百姓从前怀里的小宝宝。

欧洲大战，以前的大战，以后的大战，都是因为人生得太多，不够吃，无可奈何，走入武装劫粮之一途。

民族间的战争有两种结果：一是完全把人灭掉；一是双方各灭掉一部分。即使你能把人灭掉，你自己的民族愈生愈多，愈多愈争，也是一样的要弄得自相残杀。所以多生的结果必是多杀。谁也逃不出这个定律。既知道后来要弄得子孙自相残杀，何必不早些商量出一个两全的办法？少生可共荣；多生必俱亡。我愿全世界的老百姓一齐起来，共同提倡少生，别给政客们把你哄骗了。多生则相仇；少生自相友。或友或仇只在各民族念头之一转。

少生主义是民族自救主义，是各民族相救主义。如果各民族都认定少生主义为自救救人的原则，国际间许多难解的事便迎刃而解了。譬如，现在世界上最坏的一件事，便是人口土地分配得太不均匀。少数国家因为要想多子多孙，所以把整个的大陆都封锁起来。如果大家承认这样多生，便是自造末日，少生乃是自救相救之道，那么，就用不着封锁了。请看现在世界土地人口之分配：

世界人口密度表*

国别（注一）	面积（方千米）	人口	每一方千米人口密度	调查年份
日本帝国	674 676	83 456 929	124	1925
内地	381 872	59 736 822	156	1925
俄国	21 352 572	147 013 600	7	1926
德国	468 705	62 592 575	134	1925
英帝国	31 800 000	438 300 000	14	1921
本国	313 972	47 123 000	150	1921
印度	4 675 792	318 942 480	68	1921
加拿大	9 187 290	8 788 483	1	1921
澳洲	7 704 135	5 435 734	1	1921
法国	10 900 000	89 600 000	8	1920—1921
本国	500 986	40 743 897	74	1929
意国	2 300 000	40 000 000	18	1921
本国	310 137	38 710 576	125	1921

续表

国别（注一）	面积（方千米）	人口	每一方千米人口密度	调查年份
比国	2 415 564	14 618 561	6	1920
本国	30 444	7 465 782	245	1920
荷国	2 074 449	56 398 672	27	1920
本国	32 603	6 865 314	211	1920
葡国	2 172 290	14 870 000	7	1915—1922
本国	92 713	6 032 991	65	1920
美国	9 556 813	117 705 921	12	1917—1920
本国	7 702 045	105 710 620	14	1920
巴西	8 524 778	30 635 605	4	1920
阿根廷	2 978 590	10 087 000	3	1926
中华民国	11 108 467	436 094 953	39	1923
二十二省	5 284 038	425 000 000	80	估计（注二）
世界总数	131 300 000	1 808 200 000	14	1920 左右

* 表目为编者所加。

（注一）除日本德国外领土少于 2 000 000 方千米者未列。

（注二）中国本部现在人口系著者以生活状态之最窘限度估计，蒙古地方虽大，沙漠居多，西藏亦属高原，人民合计八百万。

世界土地之不均，在下面两张表上大家便可以格外的看得清楚。

人口拥挤地带举例

国别	面积（方千米）	人口	密度	调查年份
日本内地	381 872	59 736 822	156	1925
德国	468 705	62 592 575	134	1925
印度（英领）	4 675 792	318 300 000	68	1921
中国本部	5 284 038	425 000 000	80	估计
合计	10 810 407	865 629 397		
世界总数	131 300 000	1 808 200 000	14	1920 左右
拥挤国占世界之面积人口百分数	8.29%	47.9%		

人口疏稀地带举例

国别	面积（方千米）	人口	密度	调查年份
英领加拿大	9 187 290	8 788 483	1	1921
英领澳洲	7 704 135	5 435 734	1	1921
巴西	8 524 778	30 635 605	4	1920
阿根廷	2 978 590	10 087 000	3	1926
合计	28 394 793	54 946 822		
世界总数	131 300 000	1 808 200 000		
疏稀地带占世界面积与人口之百分数	21.6%	3.04%		

在这两张表上，我们看出日本、德国、印度、中国本部以世界百分之四七．九之人口，住世界百分之八．二九的地面；加拿大、澳洲、巴西、阿根廷以世界百分之三．〇四的人，住世界百分之二一．六的地面。加拿大之地面有二十三个日本大，人口比日本小七倍半。这是多么不平的支配呀！他还不许人进去。这个道理何从说起？没有别的缘故，民族竞争的念头在那儿作祟。

说到日本，他的国难也只有少生主义可以解脱。他是个最努力的国家，如何也弄得这样焦头烂额？我的回答是：孩子生得太多，而且是毫不觉悟。现在已经到了治乱关头，少生孩子是日本自救的惟一出路。日本在文明国，生产率是算最大了。最近每年几乎要增加一百万人，结果是每人耕地面积变成极小。

日本每人平均只占一．六九亩耕地，在各国中算是顶小的了。从明治四十三年至昭和三年，这十九年间自作农从百分之三三．四降至三一．四；小作农自百分之二七．四降至二六．六；自作农兼小作农自百分之三九．二加至四二．〇。现今所谓细民，在东京府内市下有十二万人之多。这分明是儿子生得太多，自作农变成兼作农，兼作农变成小作农，小作农变成细民。去年八月帝国农会发表十九道府县一 五〇〇町村农家负债调查，每村平均借债一六三 八二二元日金，每户平均借债八六八元日金。每农家家计费百分之四四靠债贷。全国估计农村负债为四八万万元日金。去年冬天，丝厂完全倒闭，二百多万农户中甚至挖去桑树，预备改行的。不但农民如此，全国的富力是日见减少。去年十月之富力指数，只等于三年一月之百分之七五．二。加以世界之不景气与八大财阀造成之悬殊之贫富不均，致使失业者达到一百五十万（政府报告是三八六 三九四人，但经济学家皆认为实在数目在百五十万左右）。智识分子之失业者在百分之四十以上，大学专门部毕业生，据东京市社会局调查，竟有百分之八二．八之不就职率。失业公债三千四百万元便是用来维持这些剩余的人口，却只能维持一小部分。在一般日本人的心中，总以为殖民是他们的出路。是的，移民在现在只是一条小出路。可是这些小出路有的是封锁得紧。一九二九年，全世界移入人民七六二 五七二人，日本人只占二五 〇〇〇人。全世界日侨总数只有七十六万。日本人生儿子的速率比移民的速率要大四十倍。一年所加的人口，四十年才能移得出去。移不出去，只好在家里吃从前的积蓄。积蓄吃光了，再怎样？有人说，到东三省去！中国的弟兄们和日本的一样没处走，也走向东三省去。十年之后，东三省便要挤得不可耐了。再到那里去？好兄弟！我们两家最大的出路是少生小孩子，在这上的互助便是自助了。如果大家还是拼命的生孩子，结果必至于相杀，相杀便等于自杀。日本是一个很可钦佩的民族，在极端困难中显出了极大的建设的本领。它的小学教育早已普及，电灯每家三盏。出版以人口比较，居世界第三位。大地震毁灭东京四分之三，它在最短期间内已完全恢复，恢复得比从前好。这些都显出日本人的建设本领。但是它的建设本领抵不住它的生孩子的力量。稻垣君推定，一九五八年，日本人口可到八千万；二〇四三年，可到九千五百万。那里能到这个数目！没有到八千万，早已难以支持了。它的惟一的生路是少生小孩子。它如果少生小孩子，定能造出比现在还要好的日本来。

我特别拿日本来举例，因为在这比较上，格外可以看出各国互助即自助，竞生即竞死。少生主义是世界各国惟一的出路。我们必须运用全世界的力量，来规定某个时代之生产率，使各民族一律遵守，有超过这法定生产率的，以扰乱世界和平处分。

全世界的农人应一致实行少生主义，因为孩子生得多，足以叫你们破产。如果大家都生得太多，必定要因争吃而打仗，那么你们的孩子们便成了炮子的活靶子。

全世界的工人们也应该一致实行少生主文，因人多起竞争，资本家便乘机降低工资，并可以叫各民族的工人不和。你们看，美国工人反对日工，日本工人反对华工，俄国工人去年反对德工，暗中都是因为这人口太多在那儿作怪。

全世界的青年也应该一致实行少生主义，因为你们一部分之烦恼，是从经济压迫而来，经济压迫是因为人浮于事，嘴多于面包。

民族主义的信徒也应该一致实行少生主义，因为人口过多则人民不能受科学教育，迫于生计，无暇创造。少一些，便能运用机器，发生几十倍大的力量。

社会改革家也应该一致实行少生主义，因为多生是战争的祸根，少生实为创造理想世界之不二法门。

全世界对于少生主义该互助使其实现，已毫无疑义。现在还有一件要紧的事要说，这就是经济制度改造上的互助。现在，全世界的经济状态简直是无政府的直窜横冲。

亨利·福特⑦在庆祝他的第二千万部汽车出厂的时候，在寻常看来，固值得自娱，但从整个的经济制度来看，他便是汽车出产过剩的罪魁。美国每五人有一部汽车，汽车便变成分心务外的媒介。美国农家几乎每家有一部，他们把肥料的钱克扣下来买汽车，以为不如此便比人低一个头。当日本农事推广员下乡劝人多多养蚕的时候，他必定是以为他是做了一件爱国的事。殊不知丝厂倒闭，蚕户破产，他至少也有点责任。什么缘故呢？生产过剩！汽车过剩，福特笑而买者悔。蚕丝过剩，没人要而养蚕者亏本。您看，世界的物价那一国不是下落。原因之一便是出产超过于购买力。

美英日卸卖物价指数

年次	月	美	英	日
1929	6	132.0	135.2	174.5
1930	6	111.6	116.2	139.8
1931	4	94.2	96.4	124.1

1913年1月＝100

生产过剩则物价降落，这是自然之理。但此外还有一个特殊原因，便是世界金货集中于少数国家之手。您看：

各国存金额

（一九三〇年七月末）

日本	746 000 000 美金
美国	4 160 000 000 美金
意国	274 000 000 美金
法国	1 775 000 000 美金
德国	624 000 000 美金
英国	746 000 000 美金
俄国	233 000 000 美金
印度	128 000 000 美金
世界四十四国总领	10 716 000 000 美金

世界金货总额十分之四为美法两国所吸收。法国因接受德国赔款，简直是沉醉在金子里。各国以金为本位，故缺少金便买不起东西而物价降了。各国都买不起东西，那么，黄金之国的东西也难卖出去，大家都恐慌了。惟独我国之物价涨。我国以银为本位，金贵则银贱，故物价涨。是各国以物价降而受害，我国以物价涨而受害。这便是所谓之世界不景气。

这还没有完。资本家货物卸价太低，卖便折本，不卖又不能流转，便倡合理化运动，缩小范围，演成空前之失业大惨剧。合理化本来是个好名词，因为它没有把个“人”字放在心里，合理化便变成最不合理化。请看生产过剩、物价低落、金货集中及所谓合理化运动下之失业者数：

世界主要国失业者数

国别	英	德	法	意	北美合众国
全部失业	2 073 578	4 971 843	59 915	765 325	74.1% 平均雇佣数 （1926 年—100）
一时失业	623 844			27 110	
总数	2 697 422	4 971 843	59 915	792 435	

1931 年 2 月

在这表上德国之失业者数达五百万人；美国实数未报，本年二月之雇佣数只等一九二六年之百分之七四．一。可是照人口比例算起来，德国的失业数之大，实是可惊。但是美国以世界最富之国，而竟有如许无工可做之人，亦足以促他们反省此种状态之不合理吧！

这种无政府的生产是不该久于存在了。无政府的小孩子的过剩生产与物品之过剩生产，必须归纳在一个和谐的系统里面。这和谐的系统，是要建立在全世界的平等的互助上。

我在上面所叙述的中国教育的三条出路是：

一、教人少生小孩子；

二、教人创造富的社会；

三、教人建立平等互助的世界。

这便是我所说的大口出路，多口出路。我们的责任不是像南京南门的过客，老在城门口呆挤。我们要用科学教育的斧头，把城门开得大些，多开几个洞。如果必需，或是把城墙连根拆掉。这三条出路是一套连环的出路。少生几个孩子，便可以多做一些创造工作，多做一些创造工作，便可以多得一点平等的地位与人互助，而这种平等的互助，又可以叫你放心大胆去少生几个孩子。但是，即使世人尚未觉悟，没有看出互助即自助的道理，中华民族也得毅然采取少生主义，创造富的社会，并将这平等互助的原则身体力行出来，决不可因别人不觉悟而失望。我们向前走去，他们自然会跟来的。

（吾友竺茵将他半生躬耕经验寄我作重要参考，我是很感激的。）

原载《中华教育界》第 19 卷第 3 期，1931 年 9 月。

【注释】

①原文署名“何日平”。

②李王，朝鲜李氏王朝的末代君主，1910 年签订了《日韩合并条约》后，朝鲜被日本鲸吞，李氏王朝遂亡。

⑨宋子文（1894—1971），广东文昌人。曾任广东革命政府财政厅厅长、国民党政府财政部部长、行政院院长、中央银行总裁、外交部部长、驻美特使等职。

④淡气，即氮气。

⑤东印度、斐利滨、暹逻，东印度（East India），同“西印度”相对称的一个地方名。哥伦布发现美洲时误认为印度，后来欧洲殖民者就称

南、北美洲大陆间的群岛为西印度，同时泛指亚洲南部的印度和马来群岛为东印度。斐利滨，通译菲律宾（Philippine），国名。暹逻，国名，泰国的旧称。

⑥墨索里尼（Benito Mussolini，1883—1945），意大利独裁者，意大利法西斯党党魁，第二次世界大战的主要战犯之一。

⑦亨利·福特（Henry Ford，1863—1947），美国汽车制造业垄断资本家，又称“汽车大王”。

抗日救国运动中教育界之责任

自日本暴行发生以来，我举国学生青年，椎心泣血，悲愤万状，有投笔从军者，有啮指血书者，更有愤恨自杀以促国人之觉醒者，奔走呼号，血泪交流，一种爱国家爱民族之热忱，可歌可泣。中华民族之一线生机，应其在是。中国尚有此民气，有此青年，吾人敢断言中国必不至灭亡，中国前途尚充满有无限之希望。

虽然，流泪流血嘶声呼吁，终属可暂而不可常。青年血气未定，情感起落无常，骤然之刺激，可使其血脉腾沸，事过境迁，其情绪亦极易降落。五四运动时代之朝气，而今安在？济南惨案时代之朝气，今天又安在？今日内忧外患，交相煎迫，不断国脉，仅存一线。如国民再不作最后之觉醒，终始之努力，如不能常持其朝气，日即于新之路程，则古老破落之民族，决无幸存之理。故处此一发千钧之时机，如何诱掖青年步入奋斗之正轨；如何指导青年之奋斗应急而有效；如何保持青年之朝气，助长其创造新时代之能力；如何坚定其意志，使其情感不至涨落无常，斯为我全国教育家在今日抗日救国运动中所应负荷之重责。

吾人认为目前之中国，已入于非常时代，教育界本身应有非常之认识，教育本身亦应有非常之教育。

非常之认识与非常教育为何？吾人以为：

第一，教育家本身应认清本国，认清日本，并认清世界。当前欲灭我民族者为日本。但日本何以侵我？我何以被日侵？世界列国何以不出面干涉？进一步言，日本侵我之意义何在？日军暴行于远东，与世界将发生若何影响？设使我东北遂长此落入日人之手，世界局势又将起若何变化？我国将陷入若何地位？都应有相当之认识与把握，惟知彼知己者乃能决胜负，惟内审国情外晓世界者乃能谋对策。故欲抗日救国，必先自知，必先知日，亦必先知世界。此全国教育界在今日应有之认识一。

第二，应认识学生。学生未受旧社会之熏陶，其思想与行动，都为纯洁的，活泼的，前进的。教育界应认识此点。应时时与学生亲密接触，与学生打成一片；应时时以自身生活之经验，供学生之体认；更时时以学生之朝气，防自身之衰颓。万不应岸然道貌，故自矜持，上课为师生，出门成路人，学生与教员有若不处于同一时代，无形中划成新旧分野之鸿沟。惟认识学生，乃能把握民族之将来；惟亲近学生，乃能使学生之行动趋于积极而有效；亦惟有与学生打成一片，乃能使教育之效率增多。此全国教育界在今日所应有之认识二。

第三，应认识教育之使命。教育之使命，在于推进社会，推进时代，使社会日即于合理之轨道，使人群日步近幸福之乐园。青年学生即为推进社会之动力，即为创造时代之先锋。如何使用此动力，如何领导此先锋，即为教育界之责任。故教育界绝不应有传统观念，不应因循守旧，不应固守成轨，应领导学生日趋于维新之途。此全国教育界在今日所应认识者三。

国处今日，势如累卵。举国上下，从今日起，如再不以毫无疑虑之态度，领导朝气勃勃之青年，作维新有效之奋斗，而犹畏首畏尾，固守旧轨，因循徘徊，则民族前途决无可救。上述三者，我举国上下，盖都应有此认识。

次之，在此非常时期，自应有非常时期之课程。非常时期之课程为何？吾人认为，应删除一切不切实际不切需要之课程，即最经济之时日与办法，教授应急之救国科目。所谓应急之救国科目，初不仅限于男学军事，女习看护。于此之外，吾人认为更应注意于：（一）增进冲锋陷阵之体力；（二）增进和内御外之团结力；（三）增进判断事态之思想力；（四）增进经济战争之生产力；（五）增进抗御强暴之抵抗力。一言以蔽之，即应于此非常时机之下，教育学生青年，使其身体健全，思想健全，行动健全，坚定意志，持久奋斗。若敌骑薄城，山河破碎，而犹如平时之教其所教，学其所学，如仅以为男学军事，女习看护，即可以抗强，即可以救国。前者为迂阔，后者为识浅，其实皆非。吾人兹谨贡其管见如此。时危势急，教育界其急起肩荷应负之重任。

原载《申报·时评》，1931年10月3日。

一致对外究待何时

自日军暴行发生，瞬经半月。敌骑咆哮，旭旗翻飞，东北三千万同胞沦于敌人蹂躏，四百余万里版图，为强暴所破碎。遥望东北，狼烟匝地，恶氛障天。我人未尽死，国魂尚在，于此都应抱必死之决心，共同奋斗，以发扬我国魂，夺还我河山。

目前举国人民，农工商学，擦掌磨拳，旦夕引领京粤，企盼早颁一致抗御之对策。敌忾同仇，民气正炽。今日之事，一言而决，惟抗日乃能救国。惟一致攘外，乃能救国，对内绝不容再有争执。时至今日，危急存亡，间不容发。国人除捐除一切猜疑，一切嫌怨，以挚诚之热血，改过悔祸，共同奋起，一致对外而外，别无可说。如其有之，即无以对国，无以对民。

党附于国，故须先救国。党基为民，尤应先救民。今国危民困，而犹断断于党见之争执，放弃其当前重大救国之工作，是为以党见误国，以国殉党见。国为我全体民众所共有，民众决不坐视其沉沦，如有危害国脉者，我全国民众当起而共弃之。

今日之事，有本三民主义决然而起，指示民众，共趋于抗日救国之途者，即为民众之导师，即为民众所爱戴。万目睽睽，毫厘勿失。如际此国家危急，犹断断于党见之争执而忘当前之国难者，则民心失矣，己将安依？国将亡矣，己又安附？国人于此，最应切实认清。

过去种种，譬如过去死。今后种种，譬如今后生。铁骑咆哮，正为唤醒我酣梦之警钟；当前之外患，正为我国家维新自强之动力。传有言："无敌国外患者国恒亡。"于此之时，我全体国民，应牢握此时机，急起奋斗。党政领袖为民众之代表，尤应站于民众之前线，为民先导。如有违背斯旨者，即为放弃其职责，即为我全国民众所不容。

原载《申报·时评》，1931 年 10 月 5 日。

留日学生返国

最近我国留日学生，愤于日军暴力侵犯我东北，都停止学业，纷纷回国以表示敌忾同仇之意。此种爱护祖国之热忱，至足钦敬。

不过，抗日不止于离日，救国尤不止于回国。在离日回国之先，个人应决定回国以后所应负担之工作，目的一日不达，工作决不中止。停止学业，跋涉道途，牺牲不可谓不大。此种巨大之牺牲，惟有从实际之救国工作中，方能取得其代价。

吾人以为，留日学生诸君返国以后，第一应做之工作，即为宣传。国人于暴日之国情，尚多隔膜。彼国之政治如何，军备如何，经济如何，实力如何，军阀之专横如何，一般民情如何，凡彼虚实，留日学生诸君亲履彼国，耳闻目见，应较清切。亟应就所闻见，或以演讲，或以文字，告诸国人，俾人人都晓然于暴日之不足畏，壮我民气，共起抵抗。

其次，东北之半壁河山，已为日人铁蹄所踏破，现在独立之声，甚嚣尘上。日人欲以灭亡韩国之手段，重演于我东北，昭然若揭。其欲并吞我东北，以遂其雄霸东亚之野心，亦昭然若揭。吾人今日应认定，必以热心与赤血，才能救我东北陷于异族蹂躏之三千万同胞，才能还我东北陷于敌骑践踏之四百余万里山河。至于背弃祖国，为虎作伥之鼓吹东北独立运动者，实为卖国汉奸，实为我民族之公敌。我牺牲学业，茹悲忍痛，万里归来之留日学生诸君，应本其爱国初衷、牺牲决心，以铁血政策，实际从事于揭破暴日阴谋，铲除卖国汉奸之工作，以洗我国耻，夺还我山河。

上述两端，固不仅限于留日学生，凡我爱国青年，都应共同努力。独是留日学生诸君之所以弃学归来，原为救国，吾人深恐其悲愤之忱，或以长途跋涉心神交瘁，返国而后，家庭欢聚，遂令壮气中馁，故敢以逆耳之言，激励其奋斗之热血。吾人敢正告返国之留日学生诸君，诸君宝贵之学业与宝贵之时光，牺牲至为巨大。此巨大之牺牲，应从抗日与救国之积极工作中，求得其代价。慎勿令牺牲无从取偿，慎勿令应支之代价落空。

原载《申报·时评》，1931年10月6日。

从今年双十节到明年双十节

——一年的计划

今日为二十年度国庆纪念。内忧外患，交相煎逼，山河破碎，民苦倒悬。吾人虽欲于今日勉舒愁眉，强颜苦笑，亦不可能。与其谓今日为“国庆”，毋宁谓为“国难”。

民国肇造，忽忽二十年。每值“国庆”，国人无不致其热望与希冀之忱于赓续展开之未来岁月，以“昨死今生”自譬解，并以郑重自励。然而二十年来，每况愈下，迄至今年，更临空前之危难。悠悠岁月，漫漫长夜。国人再不觉醒，更待何日，更待何年！

吾人在今日哭笑不得。彼东邻强者，正扬掌欢欣，高唱胜利之曲。处于暴力蹂躏下之我东北同胞，在今日或且欲一悬国旗亦不可得。时危势急，未来岁月，将更不堪设想。国人再不觉醒，更待何日，更待何年！

今请胪列数事，为今后一年努力之目标，自今年双十节起，至明年双十节，务以我全体国民之力量，促其实现。目前之国难重重，谓其为我民族二十年来因循晏安之总结算也可；谓其为我民族生存能力之大试验也可；谓其为助我国家转弱为强之动力，亦无不可。吾人今请最后自矢：“昨日已于昨日死，今日誓从今日生。”光明在前，鞭儿在后，国人其认定目标，竭全力以共趋。

（一）提高民权

“民权”高于一切。在民主国中，人民为国家之主人，民权为天经地义，不受任何限制。无权之民，即为变形之奴隶，即失“民主国”之真意义。真正之革命政党，必立基于广大之民众。为民众利益而奋斗之党，必扶植民权。以民权为党权，惟民权大，党权乃亦大。近年来党权超越民权，镇压民权，浸且形成为党权与民权之争，结果民权小，党权亦小。一国之中，竟无可以统制全国之中心权力。故民众企望和平，而和平迄难实现。民众要求抗强御暴，而政府仍无抵抗。今后一年，全国人民及执政之党，须一致认定民权高于一切，非提高民权，无以保民族，厚民生。为人民者，固应以自己之伟力，提高本身应享之“民权”。而为民服务之党，尤应扶植民权之伸张，以符天下为公之正义。

（二）建设廉洁政府

“建设廉洁政府”，“打倒贪官污吏”，革命而后，呼声极高。然而征诸事实，则仍多令人失望。捐税繁重，民穷而官不穷。举其实例：如有巨大之水利经费，而河治不修；有巨大之建设经费，而建设甚微；民浸洪流，而无以救；外侮日亟，而无以御，夫岂偶然？岳武穆云：“文官不爱钱，武官不怕死，而天下太平矣。”不爱钱即廉洁，惟廉洁才不腐，惟不腐政治措施才能以民众利益为前提，才能有宏伟之效能，才能使我国家日趋于维新之道途。自今日起，我全体人民必以无上之权力，监察政治，建立廉洁之政府。

（三）武装民众

惟真正民众之武力，乃能抗暴，乃能救国。招募之军队，皆为职业军雇佣军。以饥寒之驱使而来，以生命换衣食，毫无职责之认识，最易成为个人之工具。故兵虽多，不仅不足以卫国，适足以乱国。今后一年，必实行武装民众，使民众能有力自卫。外侮之来，能依有效之途径为国家效力。平时锻炼体魄，操习国术，以为抗强御暴之基本准备。至于现役军人，尤须认清其天职为保国，为卫民，合乎保国卫民本旨之命令，绝对服从，否则决不遵守。新时代之军人，应服从主义，认清职责，决不作个人之工具；应抗御外侮，决不参加内戕。

（四）励行实业计划

孙中山先生之全部实业计划，为破坏后之建设计划，亦即革命之主要目的。党国统一而后，孙先生遗留之计划，实行者有几？远者大者姑勿论，即开浚运河，整治扬子江，导淮等，亦毫无成绩。以一零 七三五 四五四公方里之疆域，而全国铁路仅一二 三三五公里，公路仅五一 二一零公里，航线仅一二 九八八公里，有线电仅九一 一三零公里，电局仅一 一零五所。货弃于野，不自取用。宝藏于地，不自开发。生活必需，仰人而给。尤有甚者，以农业立国之国家，而土地荒芜，农业凋敝，民皆离田，农产低落，衣食两项，亦仰给输入。建设如此，何能立国！目前世界经济凋敝，论者谓世界经济将复兴自中国。换言之，即我不自起开发，列强将越俎代庖，使我国陷于经济共管，甚至分割之惨境。故今后我政府我国民，必本孙先生之计划，切实励行，努力以求渐次实现，以增加国家之生产，并改善我国之经济地位。而自今日起，一年之内，最低限度，尤应就今日所抵制之日货，一一自起制造，以国货作实际之替代，永远之抵制。

（五）改进教育

过去教育之破产，效率之低落，盖为无可掩讳之事实。教育之使命为引导青年作新时代之创造者，绝非在于养成旧时代之继承者。故学校之生活，应与社会生活相呼应，应打破读死书，务须引导青年学得实验生产、建设、改革之能力，教导其手脑并用，以手做，以脑追求“做”之所以然。同时更诱掖其精神思想，使其趋于创造之新途。青年为我国家将来之柱石，亦即我民族未来生命之所系。对于青年，绝不应怀疑畏惧，视为不可亲近。应多与青年接触，与青年打成一片，处处与以扶掖，与以诱引，养成优美健全勇敢之国民，以担负未来时代之重任。自今日起，国人亟应致力于斯两端。

（六）复兴灾区

今年水灾，为近六十年所罕见。五千万人民尽溺洪流，十六省区全成沧海，损失之巨，难以数计。现虽水潦渐退，而国家元气受伤极巨。拯救灾黎，招抚流亡，恢复元气，亟有待于吾人之努力。目前我国家虽外患当前，亟应竭力抗御，而于救灾工作，仍丝毫不应放松。自今日起，我政府我国民，应分御暴之力，力谋复兴灾区，及时下种，俾野无荒土，道无流亡，民皆复业，以恢复我国家元气。

上述六项，皆为今后立国之切实要图，期于一年之中，务促其先后实现。今日为陈死新生之界石，其甘于因循懈惰者，请遂从今日死去；否则请以新的思想新的体魄，新的勇敢前进之精神，接受并发扬今日之新生命。

滚滚长江，浩浩沧海，四千年文明古国之未来历史，前途正未可限量。暂时之阴霾，适为增助我民族创造新历史新时代之勇气的鞭策，国人努力吾望无穷。

原载《申报·时评》，1931 年 10 月 10 日。

学生军应有之认识

由于九月十八日日祸爆发以来，严重情势之压迫，我全国中等以上学校，都临时增加军事训练之教程，武装学生以为自卫自救之准备。此种准备，实至必要，实为维护我民族生存自由之切实良图。

国家年费百分之八十以上之国帑以养军，而于此外侮之来，仍无以抗御，不得不准备牺牲我青年学生一部分之学业与时间，以从事军事教程，作捍御强暴之举。此种现象，实至痛心。故学生青年于接受军事训练准备武装之先，应切实认清军事训练之意义及本身应努力之点。

军事训练之意义何在？一言以蔽之，即为总动员的争取我国家民族之生存权，争取我国家民族之自由平等。日帝国主义者为我当前之大敌，其实施暴力压迫，已置我国家于生死线上，存亡之机，间不容发。我全体国民，自应全体动员，急起作自卫之准备。我学生青年，尤应一致奋起作动员国民全体之先声。此种军事训练，其意义有异于以侵略他国为目的之军国主义教育。其相异之点，即我为自卫，我为维护我民族之生存权。除此而外，绝无侵犯他国之野心。能自卫而后能和平，能自卫而后能立国，而后能维护民族之生存权。在今日强暴横行，公理淹没之世界，我全体国民，应有此认识；我学生青年，尤应有此认识。认识此点，即所以认识今日学校施行军事训练武装学生之重大意义。

诚然，我国当前之大敌为日本，武装学生之当前目标，亦即抗御日本。但吾人须认定：在日本，固亦尽有同情我国反对彼政府暴行之国民；其主张侵略我国者，则为少数之野心军阀与政客。侵我者为我敌，而同情我者则为我友。故吾人今日之所认为必须打倒者，为日本帝国主义。换言之，即日本之野心军阀与政客，而非整个之日本人。

次之，全国学生青年，今既已实际武装矣。但吾人认为形式上之武装次之，而精神上之武装，则尤为重要。盖武装身体，必先武装精神。不能振作精神，坚决意志，澈底铲除从前因循懈惰之积习，则虽有形式上之武器，将安所用，且又奚益。故今日之武装学生青年，应注意武装精神，应切实认取过去事实上之教训。

学生军在今日，已为我国家民族生存之所托，其责任至为重大。而且此种武装，乃为真正之民众武装，乃为真足以维护民族之武力。故今日之学生军，应切实认清其责任，应持之以恒，应重视所事，应整齐步骤，应求其实际。勿使此次之军事训练流为军事八股，使此种重要工作流产，坐失争取民族生存自由之最后时机。

原载《申报·时评》，1931年10月22日。

教学做合一下之教科书[①]

教学做合一是生活教育之方法之理论。这理论同时叙述生活教育之现象与过程。所以要想讨论这个理论对于教科书之要求，先须说明什么是生活教育，什么是教学做合一。

什么是生活教育 生活教育是以生活为中心之教育。它不是要求教育与生活联络。一提到联络，便含有彼此相外的意思。倘使我们主张教育与生活联络，便不啻承认教育与生活是两个个体，好像一个是张三，一个是李四，平日不相识，现在要互递名片结为朋友。联络的本意原想使教育与生活发生更密切的关系，不知道一把它们看作两个个体，便使它们格外疏远了。生活与教育是一个东西，不是两个东西。在生活教育的观点看来，它们是一个现象的两个名称，好比一个人的小名与学名。先生用学名喊他，妈妈用小名喊他，毕竟他是他，不是她。生活即教育。是生活便是教育，不是生活便不是教育。分开来说，过什么生活便是受什么教育：过康健的生活便是受康健的教育；过科学的生活便是受科学的教育；过劳动的生活便是受劳动的教育；过艺术的生活便是受艺术的教育；过社会革命的生活便是受社会革命的教育。从此类推，我们可以说：好生活是好教育；坏生活是坏教育；高尚的生活是高尚的教育；下流的生活是下流的教育；合理的生活是合理的教育；不合理的生活是不合理的教育；有目的的生活是有目的的教育；无目的的生活是无目的的教育。反过来说，平日过的是少爷小姐的生活，便念尽了汗牛充栋的劳动书，也不算是劳动教育；平日过的是奴隶牛马的生活，便把《民权初步》念得透熟，熟得倒过来背，也算不了民权教育。没有生活做中心的教育是死教育。没有生活做中心的学校是死学校。没有生活做中心的书本是死书本。在死教育、死学校、死书本里鬼混的人是死人——先生是先死，学生是学死！先死与学死所造成的国是死国，所造成的世界是死世界。

什么是教学做合一 教学做合一是生活现象之说明，即是教育现象之说明。在生活里，对事说是做，对己之长进说是学，对人之影响说是教。

教学做只是一种生活之三方面，不是三个各不相谋的过程。同时，教学做合一是生活法，也就是教育法。它的涵义是：教的方法根据学的方法；学的方法根据做的方法。事怎样做便怎样学，怎样学便怎样教。教与学都以做为中心。在做上教的是先生，在做上学的是学生。在这个定义下，先生与学生失去了通常的严格的区别，在做上相教相学倒成了人生普遍的现象。做既成了教学之中心，便有特殊说明之必要。我们怕人用“做”当招牌而安于盲行盲动，所以下了一个定义：“做”是在劳力上劳心。因此，“做”含有下列三种特征：

（一）行动；

（二）思想；

（三）新价值之产生。

一面行，一面想，必然产生新价值。鲁滨孙[②]在失望之岛上缺少一个放水的小缸。一天烧饭，他看见一块泥土被火烧得像石头样的硬。他想，一块碎土既有如此变化，那么用这土造成一个东西，或者也能如此变化。他要试试看。他动手用土造成三个小缸的样子，架起火来把它们烧得通红，渐渐的冷下去，便成了三只坚固而不漏水的小缸。这里有行动，有思想，有新价值之产生——泥土变成水缸。这是做。这是教学做合一之做。

做是发明，是创造，是实验，是建设，是生产，是破坏，是奋斗，是探寻出路。

是活人必定做。活一天，做一天；活到老，做到老。如果我们承认小孩子也是活人，便须让他们做。小孩子的做是小发明，小创造，小实验，小建设，小生产，小破坏，小奋斗，探寻小出路。小孩子的做是小做，不是假做。“假做”不是生活教育所能允许的。

我也不是主张狭义的“做”，抹煞一切文艺。迎春姊妹和宝玉在荇叶渚上了船，跟着贾母的撑向花溆去玩。宝玉说：“这些破荷叶可恨！怎么还不叫人来拔去？……”黛玉说：“我最不喜欢李义山的诗，只喜欢他这一句：‘留得残荷听雨声。’偏你们又不留着残荷了。”宝玉说：“果然好句！以后咱们别叫拔去了。”这里也有行动，有思想，有新价值之产生——破荷叶变成天然的乐器！领悟得这一点，才不致于误会教学做合一之根本意义。既是这样，那么我们可以说：不做无学；不做无教；不能引导人做之教育，是假教育；不能引导人做之学校，是假学校；不能引导人做之书本，是假书本。在假教育、假学校、假书本里自骗骗人的人，是假人——先生是假先生，学生是假学生。假先生和假学生所造成的国是假国，所造成的世界是假世界。

生活教育与教学做合一对于书之根本态度 生活教育指示我们说：过什么生活用什么书。教学做合一指示我们说：做什么事用什么书。这两句话只是一句话的两样说法。我们对于书的根本态度是：书是一种工具，一种生活的工具，一种“做”的工具。工具是给人用的；书也是给人用的。我们对一本书的见面问，是：您有什么用处（当然是广义的用处）？为读书而读书，为讲书而讲书，为听书而听书，为看书而看书，再不应该夺取我们宝贵的光阴。用书必有目的。遇到一本书，我们必须问：您能帮助我把这件事做得好些吗？您能帮助我过一过更丰富的生活吗？我们用书，有时要读，有时要讲，有时要听，有时要看；但是读、讲、听、看都有一贯的目的，这目的便是它们对于“用”的贡献。在《诗的学校》里有一首诗，描写我们对于书的总态度㊀：

用书如用刀，
不快便须磨。
呆磨不切菜，
何以见婆婆？

中国教科书之总批评 我们试把光绪年间出版的教科书和现在出版的教科书比较一下，可以看出一件惊人的事实，这事实便是三十年来，中国的教科书在枝节上虽有好些进步，但是在根本上是一点儿变化也没有。三十年前中国的教科书是以文字做中心，到现在中国的教科书还是以文字做中心。进步的地方：从前是一个一个字的认，现在是一句一句的认；从前是用文言文，现在是小学用白话文，中学参用白话文与文言文；从前所写的文字是依着忠君、尊孔、尚公、尚武、尚实的宗旨，现在所写的文字是依着三民主义的宗旨。但是教科书的根本意义毫未改变。现在和从前一样，教科书是认字的书，读文的书罢了。从农业文明渡到工业文明最重要的智识技能，无过于自然科学。没有真正可以驾驭自然势力的科学，则农业文明必然破产，工业文明建不起来，那是多么危险的事啊！但是把通行的小学常识与初中自然教科书拿来审查一番，您立刻发现它们只是科学的识字书，只是科学的论文书。这些书使您觉得读到胡子白也不能叫您得着丝毫驾驭自然的力量。这些教科书不教您在利用自然上认识自然。它们不教您试验，不教您创造，它们只能把您造成一个自然科学的书呆子。国民党以党义治国。党义，从国民党的观点看来，又是何等重大的一门功课呀！固然，党军既到南京之后，没有一家书店不赶着编辑党义教科书，党政府看了这些教科书也以为教育从此可以党化，小孩子个个都可以成为“三民主义”的信徒了。但是把这些书仔细看一看，不由您又要惊讶了，您立刻发现它们只是党义识字书，只是党义论文书。它们教您识民权的字，不教您拿民权；教您读民主的书，不教您干民主的事。在这些书里，您又可以看出编辑人引您开倒车，开到义和团时代以前。他们不教小朋友在家里、校里、村里、市里去干一点小建设、小生产以立建国之基础，却教小孩子去治国平天下，这不是像从前蒙童馆里的冬烘先生拿《大学》《中庸》把小朋友当小鸭子硬填吗？照这样干法，我可以断定，小孩子决不会成为三民主义有力量的信徒。至多，他们可以成为三民主义的书呆子。

中国的教科书虽然以文字做中心，但是所用的文字不是第一流的文字。山德孙先生在昂多学校里就不用教科书。他批评英国的教科书为最坏的书。中国初中以下的教科书不比英国的好。我读了中国出版的教科书之后，我的感想和山德孙先生差不多。我不能恭维中国初中以下的教科书是小孩子值得读的书。在我的《中国自然科学教科书之解剖》[2]一篇论文中，我将毫不避讳的罗列各家教科书之病菌，放在显微镜下，请大家自己去看。我现在只想举一个普通的例子来做个证明。诸位读了下面三节教科书，作何感想？

甲家书馆：大狗叫，小狗跳。叫一叫，跳两跳。

乙家书馆：小小猫，快快跑。小小猫，快快跑。

丙家书馆：小小猫，小小猫。快快跑，快快跑。

若不是因为每个小学生必得有一本教科书，每本教科书必得有书馆编好由教育部审定，谁愿意买这种有字有音而没有意义的东西呀？请诸位再看刘姥姥赴贾母宴会在席上低着头引得大家哄堂大笑的几句话：

老刘，老刘，
食量大如牛，
吃个老母猪，
不抬头。

这样现成的好文学在以文字为中心的教科书中竟找不着一个地位，而“大狗叫，小狗跳”的无意义的文字，居然几百万部的推销出去。所以中国教科书虽以文字为中心，却没有把最好的文字收进去。这是编书人之过，不是文字中心之过。

中国的教科书，不但用不好的文字做中心，并且用零碎的文字做中心，每课教几个字，传授一点零碎的知识。学生读了一课，便以为完了，再也没有进一步追求之引导。我们读《水浒》《红楼梦》《鲁滨孙飘流记》一类小说的时候，读了第一节便想读第二节，甚至于从早晨读到夜晚，从夜晚读到天亮，要把它一口气读完了才觉得痛快。中国的教科书是以零碎文字做中心，没有这种力量。有人说，中国文人是蛀书虫。可是教科书连培养蛀书虫的力量也没有。蛀书虫由为什么蛀书？因为书中有好吃的东西，使它吃了又要吃。吃教科书如同吃蜡，吃了一回，再不想吃第二回，连蛀书虫也养不成！可是，这也是编书人不会运用文字之过，不是文字中心之过。

文字中心之过在以文字当教育，以为文字之外别无教育。以文字做中心之教科书，实便于先生讲解，学生静听。于是讲书、听书、读书便等于正式教育而占领了几乎全部之时间。它使人坐而言，不使人起而行。教育好比是菜蔬，文字好比是纤维，生活好比是各种维他命（Vitamin)。以文字为中心而忽略生活的教科书，好比是有纤维而无维他命之菜蔬，吃了不能滋养体力。中国的教科书，是没有维他命的书。它是上海上等白米，吃了叫人害脚气病，寸步难行。它是中国小孩子的手铐，害得他们双手无能。它是死的、假的、静止的。它没有生命的力量。它是创造、建设、生产的最大的障碍物。它叫中国站在那儿望着农业文明破产而跳不到工业文明的对岸去。请看中国火车行了几十年而第一个火车头今年才造起来，这是中国科学八股无能之铁证！而这位制造中国第一个火车头之工程师，十分九没有吃过上海白米式的科学教科书。或者也吃过，后来又吃了些糠秕，才把脚气病医好，造了这部特别难产的火车头。以文字做中心的教科书，在二十世纪里是产生不出力量。最多，如果用好的文字好好的编，也不过能够产生一些小小书呆子，小小蛀书虫。

假使再来一个秦始皇，把一切的教科书烧掉，世界上会失去什么？

大书呆子没有书教，小书呆子没有书读，书呆头儿出个条子：“本校找不到教科书，暂时停课。”

于是，有的出去飘洋游历，也许会成达尔文；有的在火车上去卖报，做化学实验，也许会成爱迪生；有的带着小朋友们上山游玩，也许会成柯斯忒；有的回去放牛、砍柴、捞鱼、种田、缫丝，多赚几口饭儿吃。少几个吃饭不做事的书呆子，多几个生产者、建设者、创造者、发明者，大概是这位秦始皇第二的贡献吧。

生活教育与教学合一之总要求 我们要活的书，不要死的书；要真的书，不要假的书；要动的书，不要死的书；要用的书，不要读的书。总起来说，我们要以生活为中心的教学做指导，不要以文字为中心的教科书。我要声明在先，我并不拘拘于文字之改变。倘使真的拿生活为中心使文字退到工具的地位，从死的、假的、静的、读的，一变而为活的、真的、动的、用的，那么就称它为教科书，我也不反对；倘使名字改为生活用书或教学做指导，还是以文字为中心，便利先生讲解，学生静听，而引人去做，我也不能赞成。但是，如果能够做到名实相符，那就格外的好了。

生活用书或教学做指导，是怎样编法呢？最先须将一个现代社会的生活或该有力量，一样一样的列举，归类组成一个整个的生活系统，即组成一个用书系统。例如：

要培养的生活力	要用的书
（一）防备霍乱	（一）防备霍乱指导
（二）防备伤寒	（二）防备伤寒指导
（三）防备天花	（三）防备天花指导
（四）防备感冒	（四）防备感冒指导
（五）防备肺痨	（五）防备肺痨指导
（六）防备梅毒	（六）防备梅毒指导
（七）打篮球	（七）打篮球指导
（八）踢球	（八）踢球指导
（九）选择食物	（九）选择食物指导
（一〇）选择衣料	（一〇）选择衣料指导
（一一）种菜	（一一）种菜指导
（一二）种麦	（一二）种麦指导
（一三）种树	（一三）种树指导
（一四）养蚕	（一四）养蚕指导
（一五）养鸡	（一五）养鸡指导
（一六）养鱼	（一六）养鱼指导
（一七）养鸟	（一七）养鸟指导

（一八）纺纱
（一九）织布
（二〇）扫地
（二一）调换新鲜空气
（二二）用风车水
（二三）制造抽气唧筒
（二四）制造气压表
（二五）用空气压力钻钢
（二六）用氮气做肥料
（二七）用太阳光烧饭
（二八）用太阳光杀菌
（二九）用太阳光照相
（三〇）用水推磨
（三一）用水发电
（三二）用水化铁
（三三）用磁石发电
（三四）造罗盘
（三五）用电磁举铜铁
（三六）用煤黑油取颜料
（三七）造汽车
（三八）造蒸汽机
（三九）用电发光
（四〇）用电推车
（四一）用电谈话
（四二）用电相见
（四三）用泥造瓷器
（四四）造屋
（四五）造桥
（四六）造船
（四七）造纸
（四八）造飞机
（四九）用显微镜看细菌

（一八）纺纱指导
（一九）织布指导
（二〇）扫地指导
（二一）调换新鲜空气指导
（二二）用风车水指导
（二三）制造抽气唧筒指导
（二四）制造气压表指导
（二五）用空气压力钻钢指导
（二六）用氮气做肥料指导
（二七）用太阳光烧饭指导
（二八）用太阳光杀菌指导
（二九）用太阳光照相指导
（三〇）用水推磨指导
（三一）用水发电指导
（三二）用水化铁指导
（三三）用磁石发电指导
（三四）造罗盘指导
（三五）用电磁举铜铁指导
（三六）用煤黑油取原料指导
（三七）造汽车指导
（三八）造蒸汽机指导
（三九）用电发光指导
（四〇）用电推车指导
（四一）用电谈话指导
（四二）用电相见指导
（四三）用泥造瓷器指导
（四四）造屋指导
（四五）造桥指导
（四六）造船指导
（四七）造纸指导
（四八）造飞机指导
（四九）用显微镜看细菌指导

（五〇）用望远镜看天象	（五〇）用望远镜看天象指导
（五一）编剧	（五一）编剧指导
（五二）演戏	（五二）演戏指导
（五三）布景	（五三）布景指导
（五四）唱歌	（五四）唱歌指导
（五五）画水彩画	（五五）画水彩画指导
（五六）画油画	（五六）画油画指导
（五七）写诗文	（五七）写诗文指导
（五八）雕刻	（五八）雕刻指导
（五九）弹琴	（五九）弹琴指导
（六〇）说话	（六〇）说话指导
（六一）恋爱	（六一）恋爱指导
（六二〉治家	（六二）治家指导
（六三）生育	（六三）生育指导
（六四）限制教育	（六四）限制教育指导
（六五）团体自治	（六五）团体自治指导
（六六）掌民权	（六六）掌民权指导
（六七）师生创校	（六七）师生创校指导
（六八）创造富的社会	（六八）创造富的社会指导
（六九）人类互助	（六九）人类互助指导
（七〇）创造五生世界[三]	（七〇）创造五生世界指导

以上七十种生活力和教学做指导，不过是我个人随手所举的例子。把它们归起类来，（一）至（一〇）属于康健生活；（一一）至（二〇）属于劳动生活；（二一）至（五〇）属于科学生活；（五一）至（六〇）属于艺术生活；（六一）至（七〇）属与社会改造生活。我想这些例子不过是全部生活力之少数，内中之概括的还应该细分。如养鱼，便可分为养金鱼、养青鱼，制造相生水族池等等。统统算起来，重要的总在三千种以上。我们姑且可以普通的说，我们有三千种生活力要培养，即有三千种教学做指导要编辑。这些生活力，有些是很小孩子便应当有，有些是很成熟的人才可以得；有些是学了就可以变换，有些是要继续不断的干；有些是一人能做，有些非多人合作不办；有些是现代人共同所需，有些是各有所好，听人选择。专家依性质、学力把它们一一编起来，并编一些建在具体经验上

面融合贯通的理论，便造成整个的用书的系统，帮助着实现那丰富的现代生活。我们还要随着学术进步，继续修改扩充，使用书继长增高的进步，帮助着生活继长增高的向前向上进。

照这样看来，教学做合一的理论不是不要书；它要用的书的数目之大，比现在的教科书要多得多。它只是不要纯粹以文字做中心的教科书，因为这些书是木头刀，切不下菜来。过什么生活用什么书。做什么事用什么书。不用书，即用书而用得不够，用得不当，都非教学做合一的理论所允许的。

教学做指导编得对不对，好不好，可以下列三种标准判断它。

（一）看它有没有引导人动作的力量，看它有没有引导人干了一个动作又要干一个动作的力量。中国人的手中了旧文化的毒是已经瘫了，看它能否给他打一针，使一双废手变成一双开天辟地的手。我们要看它能否把双料少爷的长指甲剪掉，能否把双料小姐的手镯戒指脱掉，能否把活活泼泼的小孩们的传统的几十斤重的手铐卸掉，使八万万只无能的手都变成万能的手。

（二）看它有没有引导人思想的力量，看它有没有引导人想了又想的力量。中国文人的头脑做了几千年的字纸篓；中国农人女人的头脑做了几千年的真空管。我们现在要请大家的头脑出来做双手的司令官。我们要头脑出来监工，我们不但是要做，并且要做得好。如何可以做得好，做得比昨天好，这是头脑的天职。我们遇了一本书，便要问它是否给人的头脑全权，指导一切要做的事。

（三）看它有没引导人产生新价值的力量，看它有没有引导人产生新益求新的新价值的力量。我在《乡村教师》上曾经写过十几首诗，描写一位乡村教师的生活，内中有一首是：

人生两个宝，
双手与大脑。
宁做鲁滨孙，
单刀辟荒岛。

中国教育之通病是教用脑的人不用手，不教用手的人用脑，所以一无所能。中国教育革命的对策是使手脑联盟，结果是手与脑的力量都可以大到不可思议。手脑联盟，则污秽的垃圾可以用来点灯烧饭，窒人的氮气可以用做养人的肥田粉，煤黑油里可以取出几千种的颜料，一粒种子可以长成几百粒谷，无饭大家饿的穷国可以变成有饭大家吃的富社会。只要头脑子命令双手拿起锄头、锯子、玻璃管、电动机去生产、建设、试验、创造，自然是别有天地了。

生活用书的体裁内容也不可一律，大致说起来，我有下列的建议：

（一）做的目标。

（二）做的材料。

（三）做的方法。

（四）做的工具。

（五）做的理论。

（六）从做这事引导人想到做那事。

（七）如做的事与时令有关便要有做的时令。

（八）如做的事与经济有关便要有做的预算。

（九）如做的事须有途径之指示便要有做的图。

（十）如做的事须多人合作便要有做的人的组织。

（十一）如做的事须多方参考便要有做的参考书籍。

（十二）如做的事与别的事有多方的关系便要有做的种种关系上的说明。

（十三）在做上学的人可引导他记载做的过程，做的结果，做上发生的问题与心得。

（十四）在做上教的人可引导他指示进行考核成绩。

这十四条不是像从前五段教授样要人家刻印板的遵守的。如果您能把它们一齐打破，天衣无缝的写成一本可用的书也未为不可，或者竟是更为可贵。《鲁滨孙飘流记》是一部小说，也是一部探险与开创的教学做指导。歌德②失恋，写《少年维特之烦恼》，创造一个维特去替死，那么歌德的恋爱史与《少年维特之烦恼》，当作一部恋爱指导用也很合宜。同样，《水浒》是一部打抱不平之指导。自然科学教学做指导，能写到法布尔③的几部顶好著作那样好，减少一些闲话，增加一点小孩子自己做的机会也就很好了。最要紧的是著书人独出心裁，若求一律，反而呆板了。

初进学校的学生，要他自用教学做指导，当然是不可能。但是他虽然认不得字，话语听得懂，先生不能教他吗？年长的同学不能助他吗？初年的学生，多数的生活力不能从文字上去取得，若受文字的限制，生活便枯燥无味。故初年的教学做指导，除说话（即国语）一门外，都可编为先生用书，先生在做上教时所用的书。那么，这个困难便没有了。即就说话一门说，也不必太拘于生字之多少。只要是小孩子爱说的话，便多几个字也不要紧。若是头一课只限于四五个字，编不成好听的话，那么，比十几个字还难认。认字与写字也不必同时兼顾。若认的字一定要写，那么，又只好限于几个字，而流于枯燥了。

我想要使这个用书的计划实现，必须有下列六种条件：

（一）各门专家中须有几位去接近小孩子，或竟毅然去当几年中小学教员，一面实验，一面编辑几部教学做指导。

（二）现在接近小孩子的中小学教师，须有许多位。各人开始研究一门科学，待研究有得，可以编辑几部教学做指导。

（三）现在教科书的编辑者有志编辑生活用书，如缺少某种准备、专科学术或儿童经验，亦宜设法补足，然后动手编辑。

（四）现在商务书馆、中华书局、世界书局每年大部分收入是从小朋友那里来的，应该多下点本钱，搜罗各国儿童、成人用书（不是教科书）和工具，聘请上列三种人才，为小朋友多编几部可用的好书。

（五）教育行政当局，从中央以下直到校长，该给教员们以试验或选择书本之自由。现在行政方面之趋势是太一律，太呆板。若不改弦更张，实无创造之可能。

（六）全民族对于中国现代的无能的教育，该有觉悟；对于教学做合一之理论，该使之普遍实现。若再因循苟且，则可以救国之教育，将变成亡国之催命符。到了那时，虽悔也来不及了。如果大家从此下一个决心，在头脑指挥之下，把双手从长袖里伸出来，左手拿着科学，右手开着机器生产，建设，创造，必定能开辟出一个新天地来。荣枯、安危、存亡之故，只在念头之一转和双手之一动，用不着到远处去求啊！

【原注】

㊀见小朋友书店出版之《师范生》第2期。

㊁不久在《师范生》上发表。

㊂五生世界即少生、好生、贵生、厚生、共生之世界。我有专篇叙述建立五生世界之理论，不久在《师范生》上发表。

原载《中华教育界》第19卷第4期，1931年10月。

【注释】

①原文署名“何日平”。

②歌德（Johann Wolfgang Von Goethe，1749—1832），德国诗人、剧作家、思想家。

③法布尔（J. H. Fabre，1823—1915），法国昆虫学家。

太平洋国际学会之展望

太平洋国际学会自上月二十一日在上海开幕，今瞬将闭会。当太平洋上之局面陷于非常悲观沉闷非常不太平之际，太平洋国际学会诸代表竟能欢聚一堂，“太平”集会，“太平”讨论，“太平”研究，兹且又将“太平”闭会，此种和平之精神与雍容谦恕之学者态度，诚足钦式。向使太平洋上各国家都能如太平洋学会诸代表之和平谦恕，则太平洋之能确保永久太平，当无可疑。

当太平洋学会开幕之初，吾人即风闻会议中将不讨论“东北问题”，继经该会理事长葛林声明，谓非不讨论，特不作专案讨论。此旬余来大会所讨论者，为沿太平洋各国之商业问题，中国之经济发展，外交机关，食粮与人口问题，人种与移民问题等学术上之问题。直至最近两日，始曾讨论及当前东北“不太平”之事实。意者该会为顾虑会议之因讨论“不太平”之事实而致精神上之“不太平”，以伤及其学者之态度与礼貌，故苦心筹划，极力避免正面的讨论事实，以维持会议的始终。此种维持“会议和平”之苦心孤诣，不让于国际联盟会议中各国政治家、外交家为维持“国际和平”之焦思与苦虑。此种苦心，尤有足多者。

闻昨前数日，该会数组提出“东北问题”之际，中日两国代表争论颇烈。日本代表仍本其一贯之态度与主张，谓日人尝竭其血与财产以从事生产，并发展其满蒙利益，并谓此问题不仅限于其冗长而繁复之事实，且尚有热烈的感情关系。此种抹杀事实之“权益论”，吾人固已习闻，然而于此则实足证日本代表之纯为日本帝国主义之代言人，或辩护者，其无诚意于中日关系之改善，以及国际局势之安全，盖昭然共见。据闻英美各国代表对于日本之暴行，固一致腹非，对于中国颇能予以精神上之同情，但亦不过腹非与同情而已。至于敢依据事实，仗义执言，作公允之论列者，盖亦鲜见。

夫东北当前之事实，不仅迫害中国之领土行政神圣之主权，且予世界和平以极严重之威胁，盖极显而易见。谁为事变之祸首？谁为迫害世界和平之责任者？应亦世人皆知。太平洋国际学会原本以联络国际感情谋各国之互相了解，致太平洋上之永久太平为目的。此次列席会议之代表，又皆为各国之俊彦，顾乃于此当前之严重事实，不能打破国家与种族之成见，基于公理，开诚布公，评判当前事实之是非，并求所以改善其将来。学者之态度尚如此，则政治家外交家之纵横捭阖，各为其本国之利益而奋斗而掠夺，抑何足怪！就该会之性质而言，固仅能讨论，绝无权决议，但依据事实之公允讨论，至少亦可以表示公理尚未完全毁灭，人类尚未至重返于洪荒，并此公允之讨论而不可得。利害相关者则断断而争，其无关者则默默而息，斯则该会亦不过滑稽喜剧之又一幕耳。

该会此次准备集会之初，几经波折，盖非偶然。兹后如不能改变其敷衍周旋之态度，以积极的精神，从事于正确事实的体认与分析，则“曲高和寡”，恐终无以博得世界之同情。此次提出“东北问题”之数代表，着目于世界之和平，趋重于事实之讨论，其勇气颇有足多，其讨论而无结果者，则为事实之必然，并非偶然，然亦正以此而愈显该会前途之黯淡无光耳。

原载《申报·时评》，1931 年 11 月 1 日。

绝食呼吁和平

自东北事件爆发以来，国人怵外患之日亟，痛内乱之无已，义愤所激，不可遏抑。于是蹈海自杀者有之，断指血书者有之。近复有天津北洋工学院代理院长王季绪，及镇江中学学生鲍恩猷、薛白因之悲愤绝食，冀以艰苦之行动，迫切之呼吁，促起当局之最后觉悟，俾和平统一能得早日实现。此种爱护国家之热忱，与艰难卓绝之苦行，诚足以动天地而泣鬼神。其举可敬，其事则尤足哀。呜呼民之所恶，竟有甚于死者。吾人聆此，更复能作何言！

虽然，吾人究有未能已于言者，绝食呼吁，苦则苦矣，诚则诚矣。然而此种消极怯弱之表示，在事实上既未必遂能促起当局之悔悟；而在认识上，适足以证明其未能认清本身所处之地位与神圣之权力。故其在意识上所表现者，有类乎“愚忠”，冀以至诚上动天听，而在行为上所表现者，则又近乎“尸谏”，竭其愚忠，陈尸以谏，稽之往古，亦未必遂能挽回“天意”。时至今日，封建君主爱国爱民之道德意识，既已完全铲去，而个人主义的利己观念，支配欲望，则颠扑不破。连年内战，伏尸千里；今年水灾，万里陆沉；日祸突发，山河破碎；民生憔悴，国势飘摇。凡此事实，呈现目前，其惨伤危难，足以令人动心骇目而予以深刻之刺激者，奚止万千倍于三数人之绝食。而当局于此事实，竟若漠不动心，则又岂三数人之绝食与微弱之呼吁，所能促其觉悟，唤起其自动悔祸之心！夫民主之国，以民为基，主权在民，政府措施乖方，则人民应起而大声发言，以大众之公意，监督政府之行动，使其无悖于大众之利益。此乃为负责之民众，此乃为足以立国之民众。移绝食之苦行，移痛哭流涕之精诚，致力于其他正当而有效之工作，何事不成？已有权而不行使，已有力而不发挥，徒以怯弱之行为，效尸谏之故智，吾见其愚矣，未见其可也。日人有名彼末者，于上月二十三日在大阪满蒙时局恳谈会中，曾谓“中国人个性最强，好似一粒之沙。而日人形成一国家时则最强，恰如士敏土”[①]，此言最足以促我国人之反省。王君等之绝食呼吁，正所谓沙之坚强也，但散漫之沙基，终不能建筑崇楼大厦。胶凝散沙，团结牢固，发挥沙之坚强，使成为士敏土之坚强。换言之，即应以积极之精神，唤起国人作坚强之团结，以共弭内乱，共御外侮。王君等之绝食，正无异于蹈海自杀，除博取社会数声低微之慨叹，益消失青年进取奋斗之精神而外，他复何有！此事实之足以使吾人感喟无已者也。

于此吾人更敢正告当局，内困洪水，外迫强敌，民生疮痍未起，失土未复，国如累卵，民苦流离。人复何心，尚不能竭诚共信，同赴国难？张伯苓先生曾以蹴球喻政治。谓蹴球之目的，在于蹴入对方之球门；但绝非一球员单刀匹马所可长驱直入，一脚蹴进，必全队球员互相传递，协力共进，使能破除阻力，攻入敌门。为政之道，正复如斯。力不必出诸一己，功不必自我独成，此喻最切。民苦深矣，民望切矣。即使目前之和平统一，为相安于一时之局面，民众固亦足以慰情胜无，彼三数人之绝食，固不足畏，而此三数人恕生乐死心理上之普遍，则最足畏，人民今都具此心理矣。当局再不觉悟，更待何时。

原载《申报·时评》，1931 年 11 月 5 日。

【注释】

①士敏土，水泥的英文单词音译。

请大家一致向外看

十一月十六瞬已将届，而日政府不特无丝毫遵照国联决议开始撤退军队之意，甚且调军西进，袭击通辽，嫩江且已发生直接冲突，一切公理与和平之呼吁事实已证实其毫无补益。东北三千万人民处于异族蹂躏之下，旦夕企望援救，而暴军西进，关内各地且将受严重之威胁。此时盖已达到外交上最严重之时期。

在今日吾人试一问蒙昧之学童，以目前何事为最切要，其答语必为“对外”。问村野之农夫，答语当亦相同。“一致对外”，盖已为举国人民之公意，举国人民一致之迫切要求，虽三尺孩提、无知愚氓亦知目前非“一致对外”，不足以抗暴，不足以图存。昨日上海金融界之迫切呼吁，今日工学界代表之请愿，全沪学生闻将每人投函和会涕泣劝告，东北请愿团千人日内亦将到京，沉痛要求。至于蹈海自杀、绝食呼吁者，尤时有所闻。人民之意志，已坚固凝结翘企统一和平，共赴国难殷如望岁。奈之何衮衮当局，竟不能觉悟及此也。

自东北祸变爆发以来，日本朝野上下都以全力对付此一问题，各界纷纷举行“满洲时局恳谈会”。各种刊物亦侧重于此一问题之讨论。彼为来侵，而朝野尚一致注目，不稍放松。我为受害，祸患迫在眉睫，而我当局尚断断于对内之争持，不肯一举目向外。此真事之最令人感喟悲痛不能自已者也。

夫今日京粤双方之争持，其目的究何在？如在于“国是”，则“统一和平”，“一致对外”，即所以纾国难，即为国是之最重要者。但使双方皆具此初衷，则一切争执皆有商量让步之余地，何至各执己见，使和议日趋于黯淡若是乎。

吾人以为，双方领袖宜勿忘其“在党为同志，在国为同胞”。民犹是也，国犹是也，三民主义亦犹是也。所不能统一和平者，则诸领袖之本身耳。豆萁自煎，坐来外侮，史册所载，遗恨千秋。吾人诚不解双方领袖，言时似未尝不觉悟及此，而何以争执时，仍不能丝毫放松也。

今日之事，无国即无党，更将无诸领袖之自身。民族沦胥，无分京粤，国将不国，宁论私见。故今日惟一致对外，乃能解决内争，惟一致对外乃能挽救危亡。若断断于对内问题，争意气上一日之短长，以及权势上一时之胜负，则国家民族之前途，殆将不能说不忍说。

吾人切盼双方领袖，一致移其对内之视线，转而向外。移其内争之精神，转而抗外。吾人更切盼双方领袖，为中华民族留一线之生机，毋使国脉民命自我而断绝。设如孙中山先生九泉而有知者，吾人敢断言其希冀企求于双方者，当亦不外乎是。

原载《申报·时评》，1931 年 11 月 7 日。

忠勇哉 马占山将军

九月十八日日军暴行突发，我东北擐甲执兵负有保卫国家重责之数十万健儿，皆于不准抵抗之命令下狼狈退却，坐视自沈阳以次之数十名城，以及数千万人民，不数日间尽沦于暴军铁蹄践踏之下。此种怯弱情形之暴露，深令吾人痛心疾首，于我立国精神与民族生命，皆为若辈丧失殆尽，贻我民族以无穷之耻辱。

于此则有一黑龙江马占山将军，本军人之天职，以男儿之血性，以爱国之忠忱，以不顾成败不惜生死的精神，以孤军与犯我黑省之日暴军作殊死之战。嫩江桥之役，马将军亲临前线，指挥作战；全军激于忠义，奋死鏖斗，前仆后继，卒能击退暴军，使其知我国家尚有克尽厥职之军人在。此种为民族争光荣之英勇战争，诚可泣可歌，诚足以愧杀一般不抵抗而遁逃之军人。惟据目前形势，日军尚续续增援不已，马将军以绝无援应之孤军，终恐不能久守，但即此已足以显马将军之忠勇。将军非不知江省联络断绝，呼援无应，一隅之孤军，不足以敌凶暴之虎狼也，然而忠义所激，不惜生死。将军之通电云："占山守土有责，一息尚存，决不敢使几寸之地，沦于异族。"又曰："我有守土之责，当效命疆场，誓与寇敌拼命，决不生还。"呜呼！此种精诚，足以动天地而泣鬼神矣！齐齐哈尔即不幸而终归失陷，亦不过为兵家胜败之常事耳。忠勇哉马将军！悲壮哉马将军！

我国家年费百分之八十以上之国帑，养二百万以上之军队，然而际此大敌当前，国家危难，而竟不克尽其卫国保民之天职。今有此耿耿孤忠之马将军树之模范，应亦将知所奋勉，知所效法矣！往者不咎，来者可追。国人今且拭目以观兹后。

原载《申报·时评》，1931 年 11 月 14 日。

民众慰劳马将军之心理

黑龙江省代主席马占山将军以绝塞之孤军，抗狼虎之暴日，落日孤城，而壮气冲天，艰苦作战，卒使暴军望而却步。其通告全国之电文，慷慨激昂，可歌可泣，守土尽责，大义凛然。“疾风知劲草，板荡识诚臣。”此诚无忝于我国家之好军人，无愧于我民族之好男儿。此诚足为唤起我古国民族精神之木铎。

日来全国各地民众团体，以及私人，为鼓励马部之忠勇将士，并予以实力上之救援，多自动捐集巨款，汇黑慰劳。甚至贩夫苦力，亦出其血汗，踊跃捐输。至于慰劳激励之文电，则更如雪片纷飞。舆论之所集，皆推马将军为民族之武力，为军人之模楷。虽三尺童子，亦都知孤军抗御暴日之马占山其人。

从此种事实舆论中，吾人应即可以窥见真实之民意，即人民对于军人之要求与希望，在于卫国，在于保民，在于捍卫侵害我民族之寇患。能尽此责任者，即为人民之武力，即为人民所竭诚拥护。

迩年以来，国内变乱不绝，每次筹措军饷，人民无不疾首蹙额，于无可奈何之中，勉力应承，此盖为不可否认之事实。但对于此次抗御暴日之马军，则自动踊跃捐输，如恐不及，节衣缩食，出诸至诚。于此更可见民视最明，民听最聪，万目睽睽之下，明辨是非，最为公正，毫无偏袒。盖人民之所取以判别是非者，为实质之事实而非口头上之宣传也。

我全国军人在此种事实教训之下，兹后当有以认清本身之职责，并认清其当前所应负之使命。凡真能捍国守土克尽厥职之军人，人民虽肝脑涂地，竭其生命，以为其后盾，亦所不惜。今日我国家已处于最后之存亡线上，人民且已具最后牺牲之决心，奋起冲向前阵，为公理正义以及民族之生存而搏斗，此为最后之时机。若先周详考虑，踌躇于万一战败之足以亡国，先自馁气，而无宁为玉碎不为瓦全之精神与决心者，国乃必亡。故今日我全国将士，应急踵马将军之忠勇而奋起。全体人民，已准备毁家毁身，作最后之奋斗。

原载《申报·时评》，1931 年 11 月 17 日。

吾人能坐视马占山孤军抗暴乎

马占山将军以孤军守土抗暴，誓拼生死。其对人言，谓“我与部下皆抱抗战到底决心，将来兵纵完了，亦必率民团与日人拼到底”。此种精忠贯日悲壮激越之言，如闻其声，如见其人。此倔立寒塞荒漠与强敌角逐之男儿，诚为我国家民族精神之所寄托。

最近有英美记者往访将军，并周察马部阵地，谓“马占山、吴松山英勇无敌，军士气旺，团结如铁，已为世界最能战之军队”。并谓“日军源源增多，黑军无援，日即将利用中国各省中立态度，举全力攻黑，最堪忧处”。末更深致其慨叹，谓“中国政府及北平百万军人，坐视一省抗一国而不救，在吾侪欧美人眼光观之，殊为骇异”。吁此何言欤！我政府我国人听斯言，而尚能不为之羞惭感动投袂而起耶！

马以孤军，隔处荒漠，在无抵抗命令之下，本可不拼死命，与虎狼之众抗衡也。而且当其与强敌出死入生肉搏鏖战之际，万福麟之子万国宾，复席卷黑省库款一千一百万潜遁，库空如洗，粮秣艰难，三军粮绝，两日不食。处此环境之下，马固亦可知难而退，弃土脱逃也。日本大军源源续调而来，飞机利炮，将大增加。以绝处无援之孤军，终难抗御。马亦非不知其情势之必无幸也。然而环境愈益艰难，士气越益激越，振臂一呼，疮痍尽起，卫国守土，百折不回。国家有此良将，人民有此好军人，诚足以振我衰颓而寒敌胆。据十七日消息，日军已将新增调之日军第八混成旅团全部运洮昂线，将大举攻黑。然而我国内百余万军队，仍坐视孤军奋斗，迄至此紧急危难之秋，犹未闻有积极之援助。其视黑省为非中国土地耶？如其非然，则我政府积极予马部以实力之救援与粮秣接济，此时实万不容刻缓。

吾人犹记甲午清日战争之役，外人评论谓日本非与中国战，特与直隶一省战；非与直隶一省战，特与北京政府战；非与北京政府战，特与李鸿章一人战。冷峭之评，活画出我民族精神之涣散。甲午迄今已二十余年，岁月迈逝，而情景则一如昨日；国人之无团结力，不长进，亦一如昨日。

在二十余年后之今日，吾人复听欧美记者“中国政府及北平百万军人坐视一省抗一国而不救”之评论，此实我民族无上之耻辱。谁应负此责任？我民众敢抗声质问。

日来人民自动输财捐充马军饷糈者，日益踊跃。粤东有弱女子以电力股票押款二万五千元，全部汇黑，毁家救国。本埠东南医药院学生，亦有多人自动组织救护队，赴黑援助马军之说。凡此种种，皆可证人民固未尝坐视马将军之孤军奋斗，而不为其后盾也。民气兹已可用矣，政府尚不积极奋起，更待何时。

更据十七日消息，国联秘密会议似仍令中日直接交涉。国联之态度，今已愈趋显明，我将仍不作最后之准备，必俯首帖耳以坐待宰割耶？吾人今敢向我政府建议三点：

一、以武力收回失地。

二、充分予黑军以实力之援助。

三、勒令万国宾缴回卷逃之省库。

斯时已为最后之时机，全体人民深盼我政府能当机而立断。

原载《申报·时评》，1931年11月19日。

两支孤军

据今日所得电讯，齐齐哈尔已于十八日晚正式陷落。山河破碎，黑流呜咽。国人听此噩耗，应无不悲愤填膺，仰天泣血。呜呼！东北三省，今已全沦于暴军铁蹄蹂躏之下矣！

马占山将军以绝塞孤军，扼守边要，大寇当前，后无援救，粮秣绝断，士卒饥疲，而犹激励将士，拚死应战，率数千苦战多日疲敝不堪之残军，敌数万生力之虎狼，连战皆捷，使暴军望风胆寒。尤以十八日一战，英勇悲壮，气吞河岳，永留我民族以不磨之光荣。此守土尽责，英勇奋斗之绝域孤军，今虽以弹尽粮绝而败矣，而我民众固已自动毁家助饷，认为武穆再生。彼敌人之报章，亦一致推崇马将军之人格也。忠勇哉马将军！

然而战败非马之罪也，以一省抗一国，欲不败讵岂能得。独是吾人今所大惑不解者，国家养兵二百万究为何用？黑省为中国之土地，马占山为中国之军人，坐看黑省之陷落，坐看孤军之覆败，而犹不急起救援，职责之为何？寇深矣，事急矣，我全国擐甲执兵之将士，今日果真无一人敢步马将军之后尘而奋起者耶？其将坐视我民族之沦亡耶？

今扼守齐齐哈尔之马占山将军，一支孤军已以失败矣。吾人试更翘首巴黎，我出席国联之施肇基代表之一支孤军，今亦已陷于极端艰苦之境域。国联此次集会，态度显有转变，秘密协议，纵横捭阖，我欲据理公开抗争，亦不可得。观彼日人自十月二十四日至十一月十六日之短时间，驻在欧美各国使节之活动，新闻政策之宣传，无不周密。我国则如何？国内之外交机能，未见充实；国外之宣传机关，亦未见成立。且并美德法意之使节，迄今虚悬，今日折冲于国际舞台上者，仅施肇基代表一人耳。以视乎日本驻美大使出渊，驻英大使松平，驻意大使吉田，驻法大使芳泽诸氏之活跃。一则纵横捭阖，如生龙活虎；一则孤掌难鸣。在国联会中空发强硬之论，如此而欲求外交之制胜，其可得耶？

今日我国在国联中之情势，极难乐观。我施代表耿耿孤忠，瘁其心力，将欲为国家与民族争外交上之最后胜利。而国内则尚蜗角争持，无以为其后盾。此一支远涉重洋艰苦奋斗之孤军，其行可敬，其境则可悲。无政府实力以为其后盾，将来外交是否不再蹈黑军惨败之覆辙，吾人当不难预为推断。

事亟矣！势危矣！吾人今日所应努力者，为如何继马将军之精神以抗强暴，如何援助海外处境极艰之施代表。此时已为最后之时机。

原载《申报·时评》，1931 年 11 月 20 日。

学生爱国运动平议

九月十八以来日军加诸我国之暴行，以及国际联盟对我极端不公平之判断，凡有热血之国民，决难忍受，决不能坐视。以此种事实之刺激，更益以我外交上之步步陷于失败地位，正义潜销，魔鬼昼行，亡国之祸，迫在眉睫。于是而感觉敏锐，意志纯洁，而又血气方刚之学生青年，乃哗然奋起。七旬以来，全国青年在同一目标之下，罢课游行，请愿示威，断指投军，甚至自杀，使国内空气顿形紧张。此种激越之民气，充分显示我古国之民族精神尚未死尽。在“不许抵抗”之环境下，而尚有此激越悲壮之举动，吾人盖不能不承认我民族之一线生命，应其在斯。

今日国内舆论，对于学生此种悲壮行为之观察与批评，极不一致。或为同情，或为惋惜，或为厌恶，甚且视为洪水猛兽，为国家法纪所不容。惟自吾人观之，究以为目前学生青年之奔走追呼，疾声呼吁，虽以事实之刺激与反应，而偶有逸出正轨外之错误。而其情则可原，其行则可敬，其艰苦卓绝之泣血呼吁，则可歌可泣。吾人应予以绝对之同情，绝对之谅解。厌恶固不可；视为洪水猛兽，则更非所宜。

寇深矣！国危矣！环观国内，尚有如学生之慷慨激昂，不避艰辛为国难而奔走追呼者乎？老成者持镇静，消极者作旁观，怯葸者则更甘屈服。外患日益迫近，外交日现失利。此时我国家既未可以武力与强暴相争持，则以激昂之民气，作政府与外交有力之后盾，并昭示世界以我民族不屈于强暴之奋斗精神，此种行动，实为有五千年历史之民族所应有。设并此消极之抗争而亦无之，举国镇静，死寂无声，吾人但一闭目设想，此复成何国家！在国难方亟之秋，正恐国民之不肯负责，而今乃对于学生之悲壮行为，加以非笑与厌恶，甚且加以疑虑与猜忌，吾人不能不承认此为最足惋惜之现象。设使厌恶学生者，今日而亦为纯洁勇敢之学生，处于今日时危势急情势之下，其遂能若秦人视越人之肥瘠，漠然毫无喜戚乎？国至今日，外迫强敌，内困洪灾，使学生不能安心于所事，而不得不疾声呼号，唤起国人自救。此种可悲可痛之现象，除愈益坚定吾人反抗强暴、奋斗自救之决心而外，更有何话可说。

据文官处与中央宣传部之宣示，皆谓目前学生种种逸出轨外之行为，皆由于误信谣传，对政府误会。果如是，固为吾人所深欣幸。然而以如此严重之外交问题，而我国内一切消息，都仰赖于外电之传递，任其以讹传讹。我外交情势，又不公开，使举国人民都陷于迷离恍惚之浓雾中，惊惶错愕，不可终朝。是则学生目前之有此错误行为，当局者似亦不能辞咎。青年为社会之中坚，为我国家他日之柱石，如吾人视今日之青年如洪水猛兽，不可亲近，则我国家之最近将来，尚堪问乎？故吾人认为处于今日情势之下，予学生以极端之同情，接纳学生之诚意，导之入于有效奋斗之正轨则可；厌恶则不可；视为洪水猛兽则更不可。

抑吾人有不能不向学生诸君挚诚陈辞者，国处今日，艰难已达极巅，吾人具有爱国之热忱，尤应认清奋斗之目标，今日我民族之最大敌人为日本帝国主义者。吾人应认清当前之大敌，以一致之步调，冲向敌人之营垒，绝不容混乱步伍趋入歧途，以破坏整个战线。此其一。救国之道在于有效之奋斗，在于人尽其职。大好之精神，与宝贵之学业，实不容轻易牺牲。在准备牺牲之前，应须估量其所得之代价。故此后之行动应加以充分之考虑，务求其不徒然牺牲，而毫无补于实际。此其二。国至今日，百孔千疮，祸机潜伏，匪伊一朝。欲救此疮痍满目之古国，固非一蹴所能成功，必持久奋斗，终始勿懈，持其志而不暴其气，有其初而亦持其终。人人以艰苦卓绝之精神，准备作长时间之奋斗。欲长时间奋斗，不能不有赖于学问。国家前途庶其得救。此其三。盖求学为学生之本分。救国固重，求学亦重。即国破家亡，而“最后一课”亦应终读。目前东北学生，多团结数人，各饮苦水一杯，自励自矢，不与日人合作，坚决反抗强暴；同时亦刻苦自修，不放弃救国之基本学问。此种行为最足效法。若多作无代价之牺牲，则用心虽苦，而收效实微。此则我举国青年所应理解认清者也。

原载《申报·时评》，1931年12月8日。

国立大学校长辞职

以外交情势之日趋严重，日来国内空气极为紧张，全国学生正请愿示威，而继之乃复有各地大学校长之一片辞职声。际此最严重之时期，而负有领导青年之重责之大学校长，乃皆相率辞职，用意何在，诚为吾人所不解。

辞职之原因与用意，究何在乎？其谓教导无方，材铨不足以膺此重责乎？则前此即不应接受委任。即知难而退，辞职亦不容迟至今日。如谓学生今日之请愿示威，皆为逸出轨外之行为，皆为嚣张不可教不足教乎？则言情言理，学生牺牲其学业于无可奈何之中，为救国而作仰天之长号，吾人但觉其行可敬，其心甚苦，而其事则至可哀，毫不觉其可恶可畏。此种可爱之青年，正为我国家将来之柱石，负有指导之责之师长，正应善为诱掖，导其入于有效奋斗之途，更何容抽身引退！退一步言，吾人即承认学生今日之行为为嚣张，为不安分，然溯其根源，学校平日之教育究为何事？大学校长讵又能辞其责？不善其始，而责其终。则今日与其责备学生，何如力自忏悔。与其消极辞职，何如以积极之精神，更切实负责以自赎。其谓时局艰难办事棘手乎？则当此国势阽危之秋，正国民人人奋起以共赴国难之时，目前吾人但有奋斗，但有人尽其责，人尽其能，抱牺牲之决心，求十死中之一生。当国步艰难之日，殊非吾人洁身远引之时，矧负有领导社会指导青年之大学校长，而容于此时相率以辞退！然则今日国立大学校长之纷纷辞职，不仅为舆论所不容，抑亦为时势所不许！

吾人认为，以内忧外患之严重刺激，积久萎靡不振之学生青年，乃略有转机，略呈活气。吾人即认为此一时期为五四运动之复演，为历史与文化之推进，盖不为过当。教育家正应趁此时机，急起而领导。如学生稍有行动，即觉其可憎可畏，是则惟愿学生在机械教育之下，静心屏气，目不旁观，耳不旁听，埋头而读其死书。此种教育，是否为今日所需要？是否为今日所应有？吾人稍一沉思，当可立辨。是则国立大学校长今日之相率辞职，因究何在？意究何属？

国难当前，国民在今日之第一要著，即为尽责。马占山将军以绝塞孤军，粮尽援绝，而守土卫民，终始不放弃其责任，力抗暴军，再接再厉。此种精神，诚为国人今日所应师法。吾人谨以挚诚为全国教育家敬致忠告：国处危难，人应尽责。尽责即所以救国，亦即所以尽其国民一分子之义务。若人人卸责，则责究将交与何人？洁身鸣高，此非其时。如全国大学中学以至小学校长，人人都辞职引退，则我国内教育将惟有全部宣告停顿之一法耳！是乌乎可？是乌乎能？

原载《申报·时评》，1931 年 12 月 9 日。

谨贡献于一中全会

——改革教育

在整个军人政治与官僚政治之氛围中，一切皆为混乱为落伍为腐蚀为奄奄无生气，教育之不能单独超出此混乱之漩涡，自为必然之事实。准此可知我国近二十年教育之破产，文化之日益衰落，亦即为在军人政治与官僚政治之恶环境下所收之恶果。

今日之言及教育者，辄叹息痛恨于青年学生，或谓学生为好乱性成，或谓学生为暴戾不可教训。尤其自近数月青年学生以外交问题之刺激，相率而辍学请愿示威以来，更有人视若洪水猛兽，视此种现象为二十年来教育之恶果，而颇欲着手于整顿教育。戴季陶氏且以此对全国教育界作“救国先救国家命根的青年，救国先救教导青年的学校”之疾声呼吁。中央亦以此而有组设特种教育委员会之计划。吾人诚不能否认今日之教育为破产，同时更不能否认今日青年之激越悲愤，不安心求学为一种病态。吾人固承认今日教育亟应整顿，青年亟应挽救。然而吾人不能同意于举一切罪戾一切过失都归咎于青年，更不能同意于不求掊掘致使教育破产之根因，而徒加重青年思想上之禁锢。吾人认为致使教育破产之责，不应归诸学生青年，而应归诸整个社会。整顿教育，不应愈益加重青年之禁锢。反之，却正应予青年思想上与活动上以绝对之自由，发扬其生命之力，开浚其思想之泉源，使其活泼前进，以改革并推进整个之社会与国家。

社会即一大学校也，社会之诸色相，即实际教材也。然而今日之社会为何若？社会之一切现实又何若？政治家日从事于权利之角逐，日陷于私欲之沉湎，种种卑鄙耻辱不可思议之行为，由个人而扩大至整个社会，使整个社会陷于混乱之状态。青年处此情势之下，耳濡目染，接受此种实际教育，意志不健全者，即为其所同化，投入恶浊之漩涡；其意志坚强者，则烛见社会之矛盾不合理，自起而反抗，力谋改造。政治家一方面从行为上供给青年以恶的教材，直接致使教育日趋于破灭，而欲从口头上挽回教育之劫运，使青年能一致步入光明广坦之前途，斯不仅为不可能，而且加重青年之禁锢，根本斩断国家社会前途之一线生机，正为一种极其重大之罪过。

再就学校本身而言，平素所谓神圣之教育界，今亦为军人政治、官僚政治所侵入。大学校长常持武力为奥援，争夺角逐，极尽纵横捭阖之手段，兼职遥领，已成惯例；而教师之敷衍塞责，不视所事为终身事业，取容当局，结纳学生，以固一己之衣食地位，尤为不可掩饰之事实。在政府方面，则于教育经费，每不发给，移作别用。国家年费百分之八十以上之国帑于军费，而关系国本之教育经费，竟毫无着落，使教师典衣以维持其生活，斯亦为今日之世界仅有之现象。在此情势之下，而责青年不安心读书，而咎教育之徒种恶因，是诚明于责人而昧于责己，知其果而昧其因。政治如不能澄清，整个社会如不能改革，则整顿教育推进文化，皆为空谈。

吾人认为今日而欲言整顿教育，自其消极一方面言之，必须确定并使教育经费独立，无论如何不能移教育经费以作别用，使从事教育者不至炊成无米，常感心余力绌。次之，必荡洗教育界依附实力、倾轧争夺、兼职遥领、结纳取容之恶习，使从事教育者必为专家，保障其生活，使其得安心致力于所事。至其在积极方面者，则政治舞台上之人物与一般社会领袖，亟应正其本身之行为，树立青年之规范。而尤应掊掘军人政治、官僚政治之根基，俾政治得以清明，社会得以安定，一切都纳于合理之正轨。再次，必须使青年在思想上在学术上获得绝对之自由，使其能接受世界之新潮流新学说，使其生命之活力能得自由发展，以推进文化，改造社会。

吾人认为教育非笨滞之机械，教育之运用，亦非如运用机械之有一定之动作。吾人认为，教育为社会之上层建筑，整顿教育必先安定整个之社会。吾人认为教育之目的为推进社会，增进人类之福祉，而非为保守现状，使人类长沦于疾苦之深渊。吾人认为教育为活的动的前进的，而非死的因循的停滞的。明乎此，始足以言教育。亦惟明乎此，始足以言整顿教育。

原载《申报·时评》，1931年12月24日。

这一年

——一年来的我国教育

天寒岁暮，萧萧落叶，告诉我们又到了一年的尽头。

虽说在茫无尽期的时光之波流中，一年只是如像驹过决隙的一瞬。然而在继往开来的人类历史之篇幅中，一年来这人世的沧桑变幻也尽有作一次总的结束之必要。尤其是我们的国家，在这一年中，洪水的泛滥，强邻的胁迫，饥寒交迫的哀号，以及时代英雄之角逐，为悲壮，为凄厉，为滑稽，在历史长期的序幕上，也尽有作一总的报告之价值。

在此，我们将于今后数日，将我国内一年来的内政外交分别作一总的报告。现在请从教育说起。

我国以政治未上轨道，教育亦迄不能进步。与欧美文明先进国相较，隔殊天渊。据今年教育部发表统计，在数目字上的记录：全国大学共三十四，私立占其九。专门学校共十八，法学占其五，而工业仅占其三，农业仅占其二。中等学校共一 三三九，平均约三〇〇 〇〇〇人始得有中等学校一所；中等学校学生人数共二三四 八一一，平均约每一 七〇〇人始得有一中学生；中等学校女学生共三七 六〇四，仅占中学生全数百分之一六。就这些数目字而观，我国教育的衰落已是无可掩饰。一国的教育，代表一国的文化。我国的教育如此其衰落，人民都缺乏精神上的食粮，文盲占全国人数百分之八十以上，国家那能不贫而且弱，那能不致今日之情势，岌岌不可终朝呢。

至于政府的教育政策，与全国学生思想潮流的趋向，在此也有概予评述的必要。因为由此我们可以窥进历史的转捩，更可以窥见社会推进的路向。

民十六，党军北伐，全国人民尽为唤起，特别是青年学生实际从事于革命运动，奋斗牺牲，确实曾留下不可磨灭的伟绩。党国底定，马上得来的天下，断不容马上治之。所以政府在此时要求于教育的是静，是安宁，是忠孝礼义的圣教之复活，所要求于学生青年的是顺从，是读书救国，是各安其分。十九年十二月蒋主席于总揽万机之暇，复亲长教育，其重视教育已可概见。是月行政院严令教部整饬学风，饬令中有云："此后政府施政方针，自当致全力于教育之改善。本院长兼长行政，尤当竭其精神能力，以谋学风之整饬。嗣后各校学生，务当修养人格，努力学问。反对校长，即无异反对政府。当一意力学，涵养心身，凛古人思不出位之训戒，奉总理三民主义为依归。"蒋主席更以行政院长兼教部长资格，发表诰诫全国学生书。诰诫书中有云："中正见闻所及，深觉于国家前途具有莫大危机而引为隐患者，莫过于各地学校学风之败坏与学潮之蜂起，若非立即严加纠正，将如洪水横流，为害无所底止。"又说："往者既以武力扫革命之魔障，今后当以文治宏训政之规模，誓以改进教育，整饬学风，为当务之急。所愿全国青年学生，重节操，尚实学，为三民主义之忠实信徒，毋惑邪说，毋蹈歧途，敬师保，重学术，己立立人，自救救国。"从行政院的饬令与蒋主席的告诫书里，政府对于教育之要求静止，对于学生要求埋头读书，不是已经明白昭示全国吗？

七月间行政院更令饬教部，通令直辖各机关及各学校，提倡道德，制匾悬挂，确定"忠孝、仁爱、信义、和平"八字为训民要则，并提倡中国固有道德。其在各省，更有湖南省政府咨请教部改良课本。咨文中有说："民八以前，各学校国文课本犹有文理。近日课本每每狗说猪说鸭子说以及猫小姐狗大哥牛公公之词，充溢行间，禽兽能作人言，尊称加诸兽类，鄙俚怪诞，莫可言状。"有吉林当局禁用语体文，认为肤浅空疏，毫无是处，添讲经书，并严厉禁止歌舞，认为乃妓女行为，狂态毕露，体面何存，当众嬉戏，观瞻不雅。这是吉林教育当局禁止歌舞的理由。有山东省政府建议重兴孔庙。有中央委员戴季陶、刘纪文主张兴修颜庙子思庙及孔陵孟陵诸贤陵，并制定奉祀官条例。有导淮委员会副委员长庄崧甫向国民大会提出施行礼教，以养民德；倡导舆论，以达民情两案。此一时期，教育上的极端复古，和文化上的极端开倒车，更是极其明显的事实。这便是党政府教育上复古运动的最高峰。

同时在此一时期，政府在教育政策一面厉行复古，一面更表示决心确立教育基金并保障其独立。二月间，行政院明令财政部，切实执行教育部所呈请的保障教费独立办法。国民会议中三读通过的约法，也明白规定"中央及地方应宽筹教育上必需之经费，其依法独立之经费，并予以保障"。而胡汉民氏对于整饬学风发表意见，更明白反对官僚政治侵入教育界。这都是政府积极从事于整饬教育的具体表现。

可是这一企图终于失败了，连绵不绝的学潮，和教职员罢课索薪的风潮，终于将政府整饬教育之企图击为粉碎。综计自去年以至今年，曾爆发学潮之学校，有广州中大、上海光华、中公、劳侨、南洋医学院、安徽大学、东北大学、北平师大、民大、清华、河南大学、河南省立一中、南京中央军校、济南女师、山西一师、厦门双十中学，以及吉林，蓬蓬勃勃，彼起此应。另一方面因教费独立在事实上不能兑现之故，全国各地罢课索薪的风潮，也蓬勃兴起。有安徽教育界呼吁偿清积欠，江苏省校教职员八届代表大会，山西全省中小学，北平全市中小学等各地各校之罢课索薪。至于因教费无着，教职员无法维持生活，不安心于所事，更是极其普遍的现象。更加以军队对于青年，每加残杀，如四川之横杀学生，即其一例。在此种情势之下，政府想整顿教育，又岂可能。

所以政府整顿教育的一企图，终于在主观的条件与客观的环境两种矛盾之下，沉痛的失败了。

这里政府又转变一个方向，这方向便是以提倡职业教育、劳动教育，并提倡奖学基金，派送党员留学等，为安定青年心理的另一种政策。教育部曾明令提倡职业教育和劳动教育，国民会议中曾有此同样的决议。所谓奖学基金，各地学校设置很有几处，这显然是无办法中的办法。然而不幸偏是在此人心思乱的时候。更加以内灾外患相逼而来，青年学子内感于灾民号呼的凄厉，外感于强邻侵略的无厌；同时更是目击政府镇静敷衍，举棋莫定，于是自动奋起，自救救国，成立义勇军，组设抗日会，奔走号呼，由请愿以至示威。各省都发生风潮，都发生冲突，如南京、如上海、如山西、如广东、如湖南、如杭州，行动一致，如火如荼，不可遏止。这里已确切表示学生青年由不安心读书进而直接行动了。同时更已确切表示政府要求教育复古，而学生则已自起而推之前进了。政府要求者为静，而事实上则恰成为动，为骚扰，为不安。此盖有其必然性，绝非偶然。把握此一必然性，并把握教育的根本意义，以确定如何领导青年，教育青年，这是教育家当前的责任。

一九三一年的我国教育的成绩和动向，便是这样。我们希望一九三二年能有较好的成绩，能有更正确的动向。

原载《申报·时评》，1931 年 12 月 28 日。

一九三二年

精诚团结与国难①

以新年循例休刊，本报与社会人士睽违，今已五日。在此短短之五日中，锦州竟又告陷落。东北半壁河山，至此实全部变易颜色。此为一九三二年播送吾人耳鼓之第一声噩耗，亦即我民族在一九三二年所遭受之第一下屠刀。

国难日亟，举国人民都忧愤彷徨，不可终朝。新政府虽告成立，而于安内攘外之根本大计，迄无事实上明白昭示。中央显呈散漫状态，人都存五日京兆之心理。锦州之噩耗传来，而举国沉寂，长此因循，我民族究将安适？吾人于万分悲痛之余，敢举两点质疑，并以促起我全国同胞之注意。

据五日行政院孙院长报告，一则曰："目前的关键，就在政治会议的汪蒋胡三位主脑，要使他们能一齐入京，才可以减少困难。"再则曰："目前政治上的问题，是要三位先生一同解决。"孙院长之报告所昭示我人者，一为新政府尚未臻于健全，另一即为必汪蒋胡三领袖能精诚团结，而后可以打破国难，奠定国基。然而今日胡汉民氏则养疴于广州，汪精卫氏则调养于沪上，蒋介石氏更悠游于故乡泉林，怡然自得。吾人徒聆精诚团结共赴国难之高调，而分裂之酝酿与暗潮，或且较前益烈。不然，国难至此，负有党国之重责者，何容远离京都，安居养病，更何容高蹈远引，悠游鸣高。国脉民命，今已仅存一线。今日究应以诚挚之热泪，洗尽旧日之蒂介，以坚固之团结，共赴当前之国难；抑仍北辙南辕，争持不辍，坐以致国亡家破，种族沦夷？何去何从，应知所以自择，知所以自处。故领袖诸公在今日，不容互存疑忌之心理，尤不应作静候时机再作雄图之打算。假如国难至此，犹不能促进我国内之团结，而反增多分裂之危机，则国家前途，殆真永无旦时！吾人于党政领袖今日而仍不能精诚团结，共赴国难，深致忧疑，而不得不疾声呼吁者一。

次之，辽吉两省，失之崇朝，吾人固尚可诿谓祸机骤发，先无准备。此次日军攻锦，早有宣传，强寇当前，尤应严密戒备。马占山以绝塞孤军，扼守危城，苦斗逾旬，龙江始陷。东北拥有二十余万士兵，而锦州重镇，竟轻意令暴军长驱而入。如非由于早先无充分之准备，即由于终始无坚守之决心。若谓军队不敷分配，则锦州驻军仅有三旅，而关内则大军屯集，按甲不动。若谓弹尽无以接济，则锦州并无若何之鏖战；而关内大军，则更终始无出动援救之准备。吾人但闻东北政治分会准备成立之消息，暴军之应如何抗拒，则终始未闻有一具体方案之昭示。而同时文电宣传，尤显然对国内有另一种形势酝酿之准备。此一现象，最足痛心。吾人认为国难至此，二十年来军权扩张，分崩离析之恶因，今日实获其恶果。今后军人亟应沉痛悔祸，彻底自新，须裁抑割据称雄之野心，促成统一和平之局面。枪口须一律向外，武力须真为卫国，若强寇当前，而分裂日显，各联朋比，俨然对峙，则一旦巢覆巢倾，谁能独存？国家沦亡，割据之局，宁能独保？此为吾人对于今日之军人之尚未能决心对外，深致忧疑，而不得不疾声呼吁者二。

原载《申报·时评》，1932年1月7日。

【注释】

①原文署名“彬”。

严重时期国人应有之觉醒①

人有恒言曰："无敌国外患者，国恒亡。"东北祸变爆发，至今已三阅月，崇朝间陷落半壁山河，敌人铁骑，且咆哮而西来。此一击，不能谓非我民族之致命巨创。以常理言，此一击，亦应足以醒我二十年来混杀一团之民族，相与洗心革面，共谋自存之道。而事实上竟攘夺者如故，纷争者如故。三月来外患愈紧急，国是愈混乱，若无国家，无政府。日畏亡国，而日疾步迈进于亡国之路。

当祸变初发，政治家昭示人民曰：外患由于内乱，是必改组政府，是必澄清政治。于是而言者动者都以此为鹄的，终于政局应时势之推移而急转直下。旧者忿忿而去，新者欣然而来。来则如何？曰为国，国之艰难犹是；曰为民，民之苦痛犹是。然则究为何？或其为作掷升官图之儿戏。内政无办法，外交无办法。养疴者养疴，优游者优游。口言团结，而北辙南辕，纠纷日多。口言和平，而相互之猜忌日显。曰新政府已成立矣，而政治无重心，政府无责任，一切散漫混乱，较前更甚。然则新政府究为何而新，是即某先生所谓"你不好，打倒你，我来做"之意。汤换矣，药则犹是。人欲横流，国难非所顾惜，而犹昭示人民曰："此为刷新，此为革命。"夫谁欺？欺天乎？此亡国之一道也。

以言军人，中国养兵，一若专为助长内乱。对内则齿还齿，目还目，厮杀之勇，即曾参加欧战之欧人，亦为之咋舌。但外患一来，则望风而退，任敌人长驱直入。沈阳之失，尚可谓为变起仓猝，事先无准备，而今锦州则又何如？全师而退，任无统帅无粮秣无子弹之义勇军，及所谓"土匪"如小白龙之流，与敌血战。今且滦河之师尽撤，敌又回骑以向热河。东北既已通电宣称不作政治之牺牲品，关内各省之军队，亦都任敌骑咆哮纵横，任疆土日被蚕食鲸吞，而有如越人视秦人之肥瘠，漠然不加喜戚。而且新的对立，酝酿日益成熟。所谓西南政委会，所谓北平政治分会，以及一切其他钩心斗角之事实，都明白昭告人民以新的割据之局面已成。巨炮之轰击，竟不能击破野心军人政客之权利迷梦。拥兵皆为攘夺，皆为祸国，皆为殃民。二十年如一日，国脉民命皆操持于若辈之手。此则亡国之道又一也。

以言外交，五年以来，日唱革命外交，名词固极新颖而动听，然而亦不过新颖动听已耳。按其实际，则不可说，不忍说。新政府成立，新外交当局曰：打破国难，当用外交手段。手段则如何？人民引领以望。锦州又陷落，热河又告急，手段仍不可闻，不可见。如曰有之，应亦不过为以夷制夷，拒前门虎迎后门狼之一贯的外交政策。是则又一亡国之道也。

内政如斯，外交如斯。洪水惨灾，无法救济，外患日急，无法应付。国欲不危安能得，欲不亡又安能得！

吾民众忍坐视国家之沦亡，种族之覆灭乎？如其不忍，则奋起自救，此即其时。自救之道为何？曰督责政府本人民之公意，积极着手于御侮救灾收复失地。如其不能，则是政府自暴露其无能，不足以负荷处理国难之重责，人民即应找寻新的奋斗之途径，断不容坐以待毙，引领以待宰割。政府既不欲负荷抗暴救国之重责，我人民决不作亡国之人民。国人其急起，其速寻觅新的奋斗之途径。若徒作无谓之呼吁与期待，中国将永无旦时。

原载《申报·时评》，1932年1月11日。

【注释】

①原文署名“彬”。

正告政府与国民①

今日之谈救国者，莫不引领企踵期望祷祝于汪胡蒋三领袖之合作，俾能巩固政治上之重心。然而民望愈切，三领袖则终始称病养疴高蹈远引，一若国可亡，种可灭，而吾人间之误会与意气，则万不可化除者。以三领袖之不肯合作，而政治上愈以增多其障碍与牵制。新政府不仅深感群龙无首之苦，抑且敌垒隐然四树，深感应付周旋之穷。人心惴惴，局呈散乱，新政府成立而后，危机日以增多。谁为为之？孰令致之？长此因循，国事究将伊于胡底。

蒋在未辞去主席职之时，常昭示全国以负责到底，鞠躬尽瘁，死而后已之决心。手揽万机，不避劳怨，其肯负责，不畏难，颇为时论所重。今虽以政局变动，离主席职，然而国势危急，民命涂炭，主政三年，结果如斯，讵能以离主席职而遂卸脱其责任。借言倦政，则此时绝非鸣高之时。借言避贤，则此时亦无隐退之理。离主席职而责任遂亦完全卸脱，是则岂必任主席而始可能为国尽力耶！辽西烽火，日益紧急，疆土日蹙，国如累卵。谁种恶因，致此恶果？奉化山水虽好，然而万方多难，我独逍遥，登临之顷，讵能无疚神明耶？

至于汪胡，原为主张改组政府之要角。今政府既已改组矣，第一步之目的，既已达到矣。此时亟应莅京，毅然负起御侮救亡之重责。长此称病，究将何为？就令病说果真，何莫不可力疾入京，择地静养，借以慰民望而定人心。而且胡前在京时，血压亦高，前可留京，今何太难？而必长滞粤沪，视入京为畏途。主改组旧政府，而无以巩固新政府，责人以误国负民，今日果又何若？人民于失望之余，固亦不能为徒作大言欺人者轻恕也。

又若其他诸领袖，今都借口汪胡蒋之不出，亦各诿其责。一若曰此非我事也，此非我所能为力也。忧时者徒有叹息，苟安者敷衍偷闲，而不肖者更趁混乱以图快其私欲，日孜孜于权利禄位之分派与攫取。有此叹息苟安争夺权利之政府，故锦州继辽吉而陷落，热河继锦州而告危。而举国沉寂，瞠目相对，坐待强敌操刀宰割，而无法应付。或者其意甚且以为陷落者锦州也，离此为程尚遥，固不必惶急自扰也。极目滔滔，人心尽死。呜呼！我国固尚可谓为一有组织之国家耶？

国民党主政，迄今五年，人民予以为政之机，不可谓为太暂。五年以来，国事日非，民生愈困，迄至今日，更岌岌不可终朝。则负此误国之责者，应为整个之国民党。在今日危殆情势之下，国民党诸领袖，除洗心革面一致团结接受人民之公意，共同努力于御侮救亡，定国是苏民生而外，更有何话可说！如其不能，则即应举国政还诸国民，予人民以自救救国之机。五年来误国至此，今后决不容再误也。

至于国民在今日，尤应澈底觉悟，国非国民党所私有，尤非汪胡蒋等数领袖所私有。国危至此，而日徒期望祷祝政府与少数领袖，救国救民，此与政府之日徒期望祷祝国际联盟予我以援救，其愚笨可耻，正如出一辙。吾人于前此已一再言之，有负责之国民，而后有负责之政府。举国人民都置国是于不闻不问，任少数人据为私物，浸以致今日之危急，皆由自致，何能尤人。自今以后，国人亟应翻然觉悟，与其依赖政府，毋宁依赖自身。惟人民自身之力量乃最真实，乃最伟大，救国自救，最为有效。吾人临此存亡危急最后之时机，应决然奋起。国为我全体国民之国，救国之责，即应我全体国民自起负荷。政府而不能御侮救亡，则希望与等待之最后，有效与有力之行动，应有必要，应为不可避免。孙武子有云："置之死地而后生。"吾人今已真临到死地矣。生乎？抑遂径坐以待死乎？其应知所以自择！

原载《申报·时评》，1932年1月13日。

【注释】

①原文署名"彬"。

教育破产与政府之责任①

今日我国家之政治，如一团乱丝，又如一团死水，无一当人意，而最足以令人痛心最足以危害我国家之根基者，则教育破产是。

二十年来政治之窳败，内乱之迭作，文化之低落，生产之落后，教育之衰落腐化，要为其大因。迄至目前，则政府尤视教育为儿戏，为装饰门面之点缀品，可有可无，羌无足重。故教费长年欠发，教职滥以畀人，全国学校，都陷于停顿状态，教育显呈整个破产现象。

据最近报纸所载，国立大学积欠教费，都至半年之久。平津各国立大学积欠教费，共达二百四十万元。北平大学校长沈尹默及七院院长同时辞职，平津各大学代表团，迭向府院教部呼吁，终于不得要领。其他各省市县教育界为教费而请愿哀求，更为极普遍之常事。夫教费积欠至半年之久，学校究何由而敷衍其场面？从事教育事业者，又究何由而维持其生活？今日我国家财政，一再核减，军费仍占一千八百万，而政费则仅四百万。年来发行公债，共达九万万，亦皆用之于军费。国家悉索敝赋，搜刮人民之血肉以养军。而其结果，则土不能守，寇不能御。恰如新财次林康侯氏日前所言："军队所报酬我国民者，内战、土匪、□□、鸦片而已。"吾人诚不解政府罄国帑以养军之目的，尤不解政府欠发教费坐视学校停顿教育破产之用意。

尤有甚者，据北平消息，前曾绝食呼吁和平之北洋工学院院长王季绪电李石曾，责问拨发庚款十万元供某伶人赴欧考察事。又据消息，去岁年底某某数部，各有特种进款，公务人员竟得特发双薪。夫庚款固专为补助文化事业者，但各大学经费艰窘，将至关门。教界人士枵腹从公，生计浸至断绝。就令某伶人赴欧考察为有必要，而权其轻重，量其缓急，十万元之数，究应先作何用？抑又何能一手操纵，以个人之好恶自由支配？至于从政从教皆为国家服务，待遇即应一律平等。今从教者枵腹从公，无以自存，而一部分从政者反发双薪，特示优渥，则又何说？此种万不应有之怪现象，皆足为我政府今日忽视教育，坐以致教育破产之明证。

此犹就教育经费一方面而言也，至于教育行政则更不可说。整个教育界，完全官僚化，从事教育者不必专才，亦不问其学识，教职为敷衍情面之礼物，为安置私人之闲职。于是而教育重职虚悬，于是而中央大学校长被殴。穷极丑态，怪象百出，而犹以学风败坏，责在学生，择师择长，皆为好乱。此种现象，诚为世界所未有。吾人除痛心疾首而外，更有何话可说。

夫教育为立国之根本，关乎国家百年大计。视今日教育之成绩，即可以断他日国家之治乱。政府今日之忽视教育，坐致其破产，不仅足以致目前全国青年失学，亦即断丧国家之元气，掊掘国家之命根。其祸国不仅在目前，且远至数十百年以后。关系之重大，有若此者。今日世界各国莫不以竭力发展教育培植青年为急务。夫果一国而不能维持最低限度之教育经费，则其政府尚能谓为政府耶！

吾人认为，今日军费万不可不减；教费万不可不增，更不可不按期拨付。官僚主义之侵入教育界，为教育之致命隐疾，尤不可不坚决反对，力予杜绝。

吾人敢作沉痛之大声疾呼，吁请我国人我教育界自起共挽救此足以亡国灭种之危机！

原载《申报·时评》，1932年1月21日。

【注释】

①原文署名“彬”。

教育经费急应独立①

目前我国教育破产之情状，吾人既已于日前《教育破产与政府责任》一评中，予以详尽之陈述矣。政府视教育为装饰门面之点缀品，故一任经费之积欠，学校之关门，教职员之饥饿，青年之失学，全国教育界之号泣呼吁，皆置若不闻不见。军费不可不按月开支一千八百万元之巨，而教育经费，则尽可拖延停发达半载之久，坐致全国弦歌绝响，危及立国之根基。此种误国甚且祸国之举措，就言国家财政支绌，亦难曲予原谅。立国于二十世纪之国家，而有若斯之现象，此诚为咄咄怪事。

依据中国国民党之政纲，其对外政策第五项有云："庚子赔款，当完全划作教育经费。"对内政策第十三项有云："励行教育普及，以全力发展儿童本位之教育，整个学制系统，增高教育经费，并保障其独立。"今国民党已主政五年矣，此政纲实行之程度究如何？十七年七月举行之全国财政会议，对于教育经费独立并保障一案，曾经大会决议通过。十七年至今，已四年矣，此议案实行之程度如何？十九年四月第二次全国教育会议宣言有云："我们希望政府能不辞任何艰难，就本方案所定的预算内筹足必需的经费，并且实行保障经费的独立，使得现有的整理和逐期的改进，都不受丝毫的影响……"关于经费的来源，亦有具体决议。而于教费独立一案，更郑重决议云："教育经费，应保障其独立，乃总理之遗教，无庸赘述。根据教育经费独立之原则，应采用特别会议制度。其地方税收指定用作教育经费者，一经确定，不能移作他用。中央税收指定用作教育经费者，一经确定，亦不能移作他用。"十九年至今，近两年矣，此决议实行之程度如何？去年五月间举行之国民会议通过之约法中第五章第五十二条亦有云："中央及地方，应宽筹教育上必需之经费。其依法独立之经费，并予以保障。"约法至少限度，当为中央政府先自应恪守者。今约法确立已近一年，其遵守并实行之程度又如何？凡此政纲与约法以及各种会议之宣言与决议，昭示煌煌，固十分神圣庄严，不容政府首先违犯者。今党纲不能实现，约法不能恪守，决议不能实行。徒日以不兑现之宣言文告昭示国人，是欺民也！吾人在今日目击全国教育破产，青年失学，教育界泣血呼吁之惨状，更一念及我国家民族根基摇动与来日危机之深重，诚不能不痛心疾首于政府之勿视教育与贻害青年也！

教育为立国之命脉，吾人既已三复言之矣。以今日情势而观，政府殆无觉醒之动机。政府而长不觉悟，则为拯我民族固我国本计，全国教育界亟应奋起，坚决奋斗，挽救教育。争取教育经费，并保障其独立，即以保存我国家之一线生命。

从当前事实之教训，吾人当可以灼见泣血呼吁，于实际毫无补益，绝不足以醒政府诸公之迷梦，而动其恻隐。就令泣血乞怜之结果，得特蒙优渥，拨给少数之经费，而下月又将如何？明年又将如何？长此以往又将如何？故教育界人士为维护国本计，培植青年教育计，职责所在，应一反请愿乞怜之方式，奋起抗争，作广大之救教运动。

抗争之道则如何？曰集合全国教育界之力量，以抗争之方式，要求政府实现教育经费独立，并予以确切之保障。其具体之办法为：

（一）教育经费之标准，应照现代国家占税收全数之普通百分比。

（二）划定某一种或数种税收专充教育经费。

（三）划定充作教育经费之税收，由教育界组织委员会直接征收并保管。

（四）划定之税收，绝对不准提作他用。

（五）全部庚款仍须维持用之于发展教育之原议，不准移作他用。

原载《申报·时评》，1932年1月26日。

【注释】

①原文署名“彬”。

从政者之人格①

于“千呼万唤”之催驾声中，蒋汪于杭州集议之后，联袂入京，中央始稍稍呈现活气，政局始稍稍有转机。乃蒋汪刚至，行政院长孙科则又忽以辞职闻，政局之离奇变幻，诚令人无从思议，无从捉摸。

溯自去岁宁粤分裂，扰攘纷争。九一八事件发生，以外患之刺激，和平之使，乃仆仆道途，辗转磋商，粤方仍终始坚持以蒋下野为先决条件，一若“斯人不去，祸患不已”者。终于蒋氏引退，政局急转直下，新政府艰难产生。而党国要人，则又一时都病。胡病于粤，汪病于沪。蒋则悠游于妙高台上，独乐其乐。中枢空虚，主政无人，一切散漫如沙，无从进行。于是而敦促三领袖入京之呼声，又应时而起。劝驾之使，不绝于途。即孙氏亦以促蒋入京，曾亲去杭州。斯时之情势，则又有若“斯人不出，如苍生何”者。今汪蒋已入京矣，且已问政矣。而孙氏以同于责任内阁之行政院长，则忽又匆匆来沪，匆匆辞职。随之而起者，则又为挽留劝驾。匝月以来，外交日趋紧迫，而政府当局则日忙于谦避与劝驾。时而反对，时而欢迎，时而积极，时而灰心，悲欢离合，变化万态。吾人诚不知政府当局其为作捉迷藏之戏耶？抑为同犯悲喜无常之小儿病耶？或政府当局皆为醉人，故扶得东来西又倒耶？处此情势之下，吾人诚是非莫辨，笑啼皆非。

自九一八祸变发生迄今，党国领袖，无日不以和平统一精诚团结共赴国难昭告国人。然而证之事实，则彼来此去，各怀鬼胎，一若冰之于炭，绝不相容。今外交情势，日趋险恶，环顾国际，皆互相观望，寂然无声。处此情势之下，当局而犹不能集举国之力量，拚死以求生，反借外交问题为政争之工具，置国家危难于不顾，是何心理？吾人诚百思而不得一答。

吾人认为今日国家情势，已达十分严重，千钧一发，存亡所系。国为全国人民之国，绝不容少数人因循坐误，尤不容少数人日醉心于权利之争逐，以速其亡。国人忍死待命，今已至最后之时机。政府如不欲必使国自我亡种，自我灭，则今后亦宜暂泯私欲，勉相团结，移一分争权利之精神，用之于救亡御侮。如其不能，则即应举政权还诸我人民，予人民以救国之机。吾人敢郑重声言，今后国人再不容以国事为少数人之专利品矣。从政者应有政治家之人格。长此以国事为儿戏，不仅无以立国，实且无以自立。凡兹所为，清夜自思，应亦不安，奈何犹懵然罔觉耶！

原载《申报·时评》，1932年1月27日。

【注释】

①原文署名“彬”。

召集国难会议平议

——何谓“国难”，其职与权如何[①]

自九一八事件发生，宁粤协议和平而后，“集合全国力量共赴国难”之论调，即一时庞然而兴。汪精卫氏曾有组织国难救国会议之主张。孙科氏亦曾有召集人民代表会议之主张。四届一中全会宣言，则更明白昭示全国以决“立即召集国难会议，与国民救国会议，以定救国之根本方针”。今国难会议已正式由行政院会议决定委派专员筹备，并聘定会员，确定会期矣。处此千钧一发之危殆情势下，集合全国英彦于一堂，以共商“救国之根本方针”，举为必要，意则尤善。吾人于此，更复何说。

独是兹事体大，非等儿戏。会议而为“定救国之根本方针”，则此会即为我国家生命之所托。吾人详加思虑，则有若干问题，尚觉有举以向政府当局质疑之必要。

会议而曰“国难”。则顾名思义，当可知此会之召集，特为救我国家之危难。然而“国难”今已成为一极普遍而又极含混之名词。谓为专指“外患”也可，谓为专指“水灾”或“匪祸”亦无不可。吾人认为此一名词之意义，必有详明之确定，而后会议始不至成为无的放矢。换言之，即吾人必先认清何者为“国难”，而后始足以言会议“如何共赴国难”，“如何打破国难”。固矣，东北沦亡，外患日益紧急，诚为我国当前之大难。然而除外患外，灾黎之饥寒，灾区之荒凉，独非国难乎？教育之停顿，财政之破产，实业之凋敝，以及整个政治之混乱，陷于无政府状态，独非国难乎？今日召集国难会议之目的，将专为对付外交问题乎？抑将并内政而同时讨论乎？吾人认为国无内乱，必不致外侮。同时，政治如清明，政治组织如健全，从政者如都能以国家与人民之利益为前提，克尽其职责，则内亦必不致乱。故今日之所谓国难，与其谓为专指外患，毋宁谓为着重于内政。御侮守土，政府负有专责，即应竭全力以赴之，无讨论之余地，亦即无召集国难会议之必要。在和平会议与一中全会中，多着重于政体问题之讨论，与职位之分配，而于外交问题，则极少讨论。从可知政府之所谓国难，不为专指外交，实尤着重于对内诸艰难问题。然乎否乎？吾人莫能决。此其一端也。

会员既已聘定矣，会期亦已确定矣，但此会之性质究如何，其职责又如何，政府既未明白宣示，吾人实怀疑迷惘而莫从窥测。依据一中全会宣言中有曰：“国难会议与国民救国会议之目的有二。其一为集中全国专门人才之计划，使成一整个的准备。其二为集中人民之意见，使成一整个的表现。……以复我疆土，完我主权。”又据国府一月十九日召开国难会议明令有云：“迄于今日，内忧甫息，外患方长，凡我国人，亟应淬厉精神，共同御侮。……各本救国之诚，共谋自卫之道，一心一德，济此艰危。”复据国府发出聘请国难会议会员聘书有云：“近因外侮凭陵，侵略日亟。……政府凛危厦之难支，矢巨川之共济，期纾国难，浼聘邦贤。”是则召集国难会议之目的，应专为“复我疆土，固我主权”，“本救国之诚，谋自卫之道”矣。换言之，即国难会议之“职责”，专为“共谋自卫”，自卫御外，其他种种，即非所能过问。是则国难会议之“职责”，固已微乎其微矣。国政可由少数人垄断，国民不得而过问。国有外侮，则推之于国民，揆诸情理，讵能谓是？以今日之情势观，国内种种，糟成一团。教育固不当维持耶？财政固不当整理耶？军人专政与政客播弄，固不当裁制耶？一切内政，固不急待整饬耶？人民困陷水火固不当急为拯拔耶？而独限于对外。政权我应坚持，而外侮则应人民抗御，国难会议之召集，固仅为是耶？

次之，任何组织，必须有其法律之依据，必须确定其权限。今日之国难会议，究为民众团体乎？抑为整个政治组织中一部分乎？为暂时之组织乎？抑为长久之组织乎？为仅备咨询之会议乎？抑为立法或执行之会议乎？其决议案有无拘束政府之能力，则又一谜也。日前某中委谈：“国难会并非立法机关，亦非执行机关，不过讨论出办法来，供中央之参考。从前一党专政，不许其他势力参加政治工作，今国难日亟，不得不广开言路，使党外人才亦得一参政之机会。”诚如此谈，则国难会议，直无权限可言，集数百人讨论，成为决议，贡之政府，政府认为可采，则采之，认为不可采，则弃之。在另一方面，则又恰为以糖果骗小孩，一若曰政府今已予人民以参政之机矣，已广开言路矣。徒有其名，而无其实，徒有形式，而毫无权力，是敷衍人民并欺骗人民也。国危至此，政府而尚忍敷衍人民欺骗人民，吾人诚不敢信，亦不忍信。然乎否乎？此又一端也。

原载《申报·时评》，1932年1月28日。

【注释】

①原文署名“彬”。

异哉公共租界之中立

公共租界当局是维持严格的中立吗？日本陆战队从公共租界出发向华界进攻，打了败仗，又返回公共租界来，这样的公共租界是一个中立区吗？武装的日本兵在虹口横行，甚至于毒打或威吓徒手的市民，公共租界当局亦不采取有效方法制止，可以算是严守中立吗？

公共租界如要维持严格的中立，必须履行下列三种义务：

（一）解除公共租界内现有日本军之武装；

（二）武装日本军以后不得进入公共租界；

（三）便衣日本人私带手枪炸弹被发觉时，须以私藏军火论罪。

公共租界当局如不能严格履行以上三条，便应负破坏中立之一切责任。日本军队既可以自由出入，中国军队何不可以自由出入？万一公共租界秩序因此紊乱，则公共租界当局实不能辞其咎。

摘自《不除庭草斋夫笔记》十三卷。

救济上海教育问题①

一二八祸变爆发，上海顿沦为炮火连天之战场。在惨酷之破坏与迫害之下，商离其肆，工失其业，百业皆陷于停顿。而其最巨大至于无可补偿之损失，则尤推教育。

上海迩年学校林立，教育颇为发达，浸且以商业中心而兼文化中心。此次祸变突发，而学校区域之吴淞江湾真茹又适为战地。在日军炮火轰炸之下，经多年惨淡经营之同济大学、中国公学、复旦大学、劳动大学、暨南大学、持志学院、中央大学医学院、商学院、上海法学院、水产学校、商船学校等或全部被毁，或菁华尽丧。即幸获完整者，亦无法开学。其他中学小学，更复不少。直至目前，除暨南大学、劳动大学、中国公学、持志学院、上海法学院等三数校，已迁地设法开学而外，大多数学校，仍陷于停顿状态。各地青年因而失学者，为数正不知若干。此种教育上之损失，实至足令吾人痛心。

吾人认为此种现象，绝不容延长；此种损失，绝不容增巨。负有教育之重责者，应亟以创造之精神，从事恢复。如其不能，则亦亟应另觅校舍，另迁善地。如各国立大学，此时正宜迁往南京，就各部院宽敞之房屋，借用筹备开学，俾青年不至长时陷于失学之悲境。

至于各私立大学，吾人则尤望其能趁此时机，以合作之精神，集中力量，合办一大规模之大学。盖过去大学，虽林林总总，蔚为大观，但大都设备不周，规模狭隘，人力财力两感不敷。彼校既附设一商科，而此处则又专设一商学院；彼校既附设一法科，而此处则又专设一法学院。性质既同，而以力量分散，收效极微，何如破除门户之见，通力合作，各尽其力，创办一大规模之大学。此不仅为嘉惠青年而已，其于教育与文化前途，裨益尤大。

吾人认为上海为商业之中心，习既奢糜，尤尚虚华，此种环境，久不宜于心性未定之青年。换言之，即上海根本不宜建设为文化之中心。吾人切盼各学校趁此时机，迁往内地，不必麇集于此繁华奢糜之商埠，以养成多数骄纵虚浮之青年。

至我政府，在此时期，吾人亦深盼其毋忘却此一严重问题，或托言非常时期，以财政困难，此问题无法谈到。教育为立国之大本，教育破产，国家之前途乃真不堪设想。今日我国家整个教育，以教育方针之不确立，教育行政之紊乱，教育经费之扣发，实际已濒于破产，固不止上海一隅而已。再不力谋挽救，我国今后，果尚有教育之可言耶?!

原载《申报·时评》，1932年3月13日。

【注释】

①原文署名“彬”。

政治黑暗与教育破产①

昨评发表后，记者复回环沉思，深感以学风替下，教育破产，独责教育界，未免失之太偏，且或亦非教育界人士所愿闻。盖教育之破产，其最大根因，则仍由于政治之黑暗也。

十六年国民党誓师北伐，全国学生，多奋起响应，其于革命尽力至多。而党所致力之青年运动，则更以唤起青年努力从事革命为口号，故经历民十六十七革命高潮而后，一般学生对于“读书问题”，已深感政治而不上轨道，社会而长此停滞，“读书”实毫无所为，有重新估量其价值之必要。而浸以倾向政治，减低其读书之兴趣。迨国民党既底定全国，对于青年之自由思想，即开始施以裁制，教育党化，训练亦以党之意志为转移。党之所是者，必皆是之，党之所非者，亦必皆非之。彼生机甫萌之青年，乃忽遭受无情之桎梏，一线之光明，忽又重返于黑暗。于是而强者不恤走险，弱者则悲观消沉流入奢靡骄纵之途，以自戕其生命之力。此所以致今日之恶果者一也。

不仅此也，自国民党借民众之力以取得政权，复借政治之力量以压抑民众势力之伸张。于是而军阀政治与官僚政治乃重新抬头，割据势成，内战时作，官僚当政，贪污专横，但知利己，不恤人民，于是而政成黑暗。而军阀则又但知养兵，以增强其争雄长之实力。政客但知中饱，以富裕其快欲念之私囊。国家财政，既已费去百分之八十以养兵，而政费则又再经官僚之中饱，教育既不为彼辈所措意，而教费更可恣意拖欠。迩年以来，各国立学校以经费之无着，已濒于一致关门之状态，从事教育者生计之艰苦，更匪言所能宣。呼吁请求，全国一致，而教育经费之长年欠发也如故。从事教育者，亦以生活艰难，不能安心于其所事。而军阀政客又常借口“反动”，横肆摧残。此所以致今日之恶果者二也。

迩年以来，教育界已为官僚政治所侵入。教育行政，既无固定计划，教职则更视安插私人之位置。教育界中，派别分歧，壁垒森严，门户各别，竞夺位置，怪象百出。多数学校之风潮，大都有不肖党人与政客为其主动。所谓党化教育，恰为党人操纵教育。于是而贤者灰心，不肖之辈乃更得以恣意。此致今日之恶果者三也。

吾人从可知政治而不清明，凡百皆无整饬之望。而今日学风之败坏，与教育之破坏，固不能独以此重责教育界。凡此恶果，皆以黑暗政治种其恶因。

虽然，教育界仍不能遂谓为无责也。教育之目的，在于改变现实，推进社会；在于教导青年与现实奋斗，创造未来之新天地。是则处于今日黑暗政治之下，教育界人士为自救计，为救青年计，为救教育计，急应起而与政治上之恶势力奋斗，与社会恶环境奋斗，以教育改造政治与社会，培养民族未来健全之萌芽，此乃真为教育界人士当前应负之重责。记者谨以无限之热忱，祝望真能爱护教育，真肯致力教育事业诸君切实负起。

原载《申报·时评》，1932年3月31日。

【注释】

①原文署名“彬”。

怎样做一个科学的孩子

一 科学的世界

二十世纪的世界，是一个科学的世界。科学的世界里要有一个科学的中国。一个迷信的国家，在科学的世界里是难以存在。科学的中国要谁去创造呢？要中国的孩子去创造！朋友把自己造成科学的孩子，便是把中国造成科学的中国。

二 手脑联盟

科学的孩子是怎样做的呢？脱掉你的手套！剪掉你的指甲！把你的一双小手从荷包里拿出来！拿出来玩科学的把戏！科学是从把戏中玩出来的。科学的把戏是不可以瞎玩的。你必得把你的头脑请来做总司令。你要在劳力上劳心，在玩的时候想。如果你只会玩不会想，那么，你只配跟新世界的把戏大王做小喽啰，不是科学的孩子。人生两个宝贝：双手与大脑。你别把这两个宝贝埋在地下不用，也别把它们拆散。你该把你的头脑和双手结成同盟，向大自然进攻。

三 两个探侦

你向大自然进攻，不可没有侦探。你的侦探是现成的，你猜猜看是谁？一个叫做眼睛，一个叫做耳朵。你的眼睛原来是明亮的，为什么要戴上老师们送你的染色眼镜？把染色的眼镜放下，它们便成了你的千里眼。你的耳朵原来是听得清楚的，为什么要戴上老妈子送你的迷信耳朵套？把迷信的耳朵放下，它们便成了你的顺风耳。有了千里眼、顺风耳做侦探，你的总司令和两员大将，十个小兵，便能知己知彼，百战百胜。

四 活的兵书

打仗要用兵书，否则有勇无谋，怕要一败涂地。旧中国的孩子是读死书，死读书，读书死。科学的孩子也离不了书。但他们是用活书，活用书，用书活。与大自然作战的小小义勇军应该用活的兵书，不应该读死的兵书。书呆子只配做大自然的俘虏，不配做大自然的征服者。

五　废物是武器的原料

世上只有废人，没有废物。不会运用残物的人，便是废人。在科学的孩子的手里，没有无用的东西。竹头、木屑、破布、烂棉花都是做枪炮子弹的原料。你遇了糕饼盒、药水瓶、洋铁罐、破碗碟、铁丝、钉、针、绳一类的东西，都要保存起来，预备做制造武器的原料。

六　自造枪炮

科学的小兵要自造作战的工具，一般科学八股的酸先生，专靠外国仪器哄骗学生，也如同一般八股的军人，专靠外国枪炮杀同胞。外国仪器贵得很，那里是我们穷孩子玩得起的呀！我们要想做个科学的孩子，必得自造仪器。没有玻璃管吗？找根毛竹、芦柴或是做个蜡纸管来替代。没有火酒灯吗？用墨水瓶做一个小小火酒灯。没有软木塞吗？拿棉花、棉纸试一试。没有火酒吗？看看汾酒、烧酒蒸馏后能不能用。每逢做一个实验，我们必须问一问：“有什么东西可以替代外国仪器？”自己实在做不起来，本国实在没有代替的东西，才向外国买。

七　处处是战场

大自然是无所不在，到处是我们与大自然短兵交锋之战场。课堂只是书呆子避难的租界，不是科学的孩子用武之地。学打仗是要在战场上学的。老农种稻，老圃种菜，蚕妇养蚕，医生开刀，瓦匠砌墙，木匠做桌，铁匠打铁，铜匠补茶壶，电气匠装置电灯、电话、电铃的时候，都是与大自然作战。你切不可轻轻放过，你必得留心看，虚心问。观战不如参战。如果有机会，你该自己在“做”上去“学”。几天前我买了一个表送我的母亲。这表走得有些不准，我送到一家表店去修理。钟表店要我一块六毛钱。我说价钱依你，但是我要带几个孩子来看你修，使他们长些见识。老板答应了，这天下午我便找了两位先生，带了三位学生去看修表，看他拆，看他装，从头到尾看了一点半钟。我说：“百闻不如一见；百见不如一做。我们自己也得弄一个表来试一试。”我们于是跑到河南路美华利楼上买了一付简单修表仪器，又去买了一个一元钱的小钟。当晚由一位先生领导拆开，又装上。这小钟与表的构造不同。从晚上七时一直弄到十二时才装起来，费的力气虽不少，我们毕竟是得了真知识。第二天，一位学生另外拆了一个旧表，居然也装成功。第三天，另一位学生拆了一个夜光表，装不起来，由一位先生指导一下，也装得起来了。我自己化了七毛钱，在一家小押店里买了一个很好的旧表，预备拿他来学一学。大家同时要看书，找出钟表发明的历史及其原理。我们已经决定，在一个月内谁的身上有表，桌上有钟，而不会自拆自装并说明原理的，一概充公。这个例子代表我们求学的办法，也就代表我们向大自然进攻的方法。钟表店是我们的学校，柜台前是我们的课堂，修表匠是我们的老师，那一小时半是我们上课的钟点，一元六毛钱是我们出的学费。我们这两位先生、三位学生和我自己便是同学。回到家来，我们六人又是其余的人的老师了。

八　肃清捣乱分子

科学的战场上不能有捣乱分子，我们的捣乱分子便是违反科学之嗜好、习惯。一切不合乎科学之说话、行动，都要斩草除根的消灭掉。“笼统先生”“含混太太”“一定小姐”“差不多少爷”一流的人，都要和他们断绝关系，不与来往。否则近墨者黑，习惯成自然，久而久之，他也笼统了，含混了，满嘴一定、差不多了，那么，你在科学的战场上怕是要吃败仗的。

九　屡败屡战

科学的孩子不怕失败，把戏玩不成决不灰心。跌倒了爬起来，又走；再跌，再爬，再走，不走到不止。失败是我们最伟大的老师。我们必须有屡败屡战的精神，才能把自己造成一个科学的孩子，才能把中国造成一个科学的中国。偶尔尝试，何异小有接触即临阵脱逃。这种孩子决不是科学的孩子，也决不能负起创造一个科学的中国之使命。

出自《儿童科学指导》，上海儿童书局1932年3月版。

国难会议之难产①

国难会议，前以粤方中委之倡议，继以四届一中全会之决议，及国府之陆续多次聘请会员，久已甚嚣尘上，今会议且已决定于本月七日正式举行矣。吾人于此一会议，向即不加重视。一月二十八日曾已为评提出种种疑问，就使会而能集，集而能议，而谓其遂足以打破当前之国难，盖亦等于痴人说梦。今请于会期迫近即将正式举行之前，再予以严正之批判。

国难会议，旨在救国。在接纳人民之公意，以定救国之根本方针。然而御侮救灾，早已为全国人民一致之呼声矣。澄清政治，建设民主政治，以及种种应兴应革之大政，全国人民亦早已一致明白要求矣。政府而真诚意悔祸，诚意接纳人民之公意，则即应本此“民意”，与人民努力以共趋，更何必费多时之踌躇，举行一不必有之会议。退一步言，即斯会而真有举行之必要，然而会员而以选聘，聘请之人，则又皆为宽衣博袖西装革履之所谓“名流”“闻人”或“领袖”“学者”。一次聘请之不足，继之以再，继之以三四，毕罗尽举，举凡曩日之所视为军阀官僚政客反动派为无可容恕者，今皆巨细不遗，独于占全国人口最大多数，而又实际处于身受最大痛苦悲境之农工群众，竟未见征聘一人。是则斯会而即真能召集，亦不过为“闻人”“名流”之会议耳，不过为“闻人”“名流”之“公意”耳。

再退一步言，即会议之结果而诚足以代表人民之公意，诚足以打破当前之艰难，拯救我民族于危亡。然而斯会之性质，既非立法机关，复无拘束政府之权力。如一月间报载某中委谈“国难会不过为讨论出办法来，供中央之参考”，则已明示决议之不必实行矣。设办法议出，而“中央参考”之下，认为不必采行，而长搁置于案头，则斯会之集，不仍将徒为儿戏，毫无意义耶！

最近汪院长明白规定国难会议所讨论之范围为救灾、御侮、绥靖，逾此即非所许。则斯会之集，徒以敷衍人民，更为明显。以言救灾，自去年洪水骤发，政府虽亦曾有救济水灾委员会之组织，但除借美麦而外，所借以杯水救车薪者，仍为我人民一再捐输之累积。所谓赈灾公债三千万，用于何处，吾人迄今未见政府之明告。以言御侮，自九一八祸变突发，我人民即无日不敦促政府长期抵抗，收复失地。马占山所部之苦战龙江，与此次十九路军之英勇抗暴，我人民之踊跃捐输，热烈爱护，助财助力，亦为共见之事实。而政府则亘半年之久，对内高呼镇静，对外乞怜告哀，战和不决，土不能守，国不能卫，则所谓“御侮”一问题之讨论，不又为近于欺骗耶！再如绥靖，吾人认为匪盗之作，都由于政治之黑暗、人民生计穷蹙，自不得不铤而走险。向使政治而长此黑暗，人民长困水火，则苛政之下，谁为善良，谁为匪盗，将从何而辨白？民不畏死，法将安施？年来政府筹巨款，调大兵，剿匪之结果如何？则所谓绥靖问题之讨论，彼手无寸铁之“名流”“闻人”，又不过贡献政府若干纸上谈兵之办法而已。

如上所陈，则国难会议之价值与其意义，吾人应已了然。一言以蔽之，不过为敷衍人民之一种手段耳。吾人是否应重视斯会！被征聘之诸君子是否甘为傀儡？曷其三思。

原载《申报·时评》，1932年4月1日。

【注释】

①原文署名“彬”。

第一届儿童节献辞①

今天是中华民国第一届儿童节，是中国成千成万活泼天真的儿童们最值得纪念的一天；亦即中国的政府，教育当局，成千成万的父兄和幼稚教育家，最应注意的一天。

有人说十九世纪是妇女的世纪，二十世纪是儿童的世纪。这即是说十九世纪是妇女解放的时代，二十世纪是儿童解放的时代。自从一九二五年八月国际儿童幸福促进会，曾在比京布鲁塞尔举行第一次国际大会，定下了关于保护儿童权利的五条原则以后，世界各国都已开始注意到儿童问题了。这是儿童前途的曙光，亦即人类前途的曙光。

从摆在我们眼前的事实上看，儿童所受的压迫，是最为深重，而又最为我们所忽视。甚且公认为合理。父兄们都把儿童当作自己私有的财产，同时更认为儿童们是不识不知，俨然把自己看做伟大的智慧者。于是束缚儿童们底纯洁意志，摧残他们底蓬勃生机，桎梏他们底伟大生命。强制儿童的意志，使适合于自己的意志。蔑视儿童的力量，一切代之以自己的力量。使儿童们没有自由，没有活力，如像牛马一样在主人的鞭策之下，机械地顺从使唤，安受豢养。在这样的父兄与幼稚教育家的手里，真不知断送了多少伟大的生命，真不知断送了多少生机蓬勃的儿童。这是一种罪恶，是一笔大至无可估计的损失。所以我们应该为成千成万被压迫的儿童爆发一次伟大的革命。

至于我国的儿童所受的压迫与苦痛，更较任何一国，尤为深重。由于政治的黑暗与大多数人民生计的穷蹙，成千成万的儿童，都随着他们的父兄在饥饿之下，挣扎生命。陕甘前年旱荒，灾民们易子而食，几成为寻常事。婴儿的死亡率，为千分之五百四十，仅次于印度。至于儿童教育，更是谈不到，全国四千三百万学龄儿童，得享受读书权利的，仅六百五十万，被剥夺读书权利的，竟达百分之八十以上。父母不仅是把小孩看做私有的财产，且认为养育小孩，完全是为了养老与传宗，“养儿防老”与“积谷防饥”，是大多数人所坚持的传统哲学。所以中国的儿童，在今日尤其应该立即爆发一次伟大的革命。

我们认为儿童自有其伟大的生命。儿童们活泼的自然的纯洁的生命，绝非成人所能体解，更绝不容成人加以桎梏，而且儿童是未来社会的主人，儿童的前途，即是社会的前途，人类的前途。我们应该发扬儿童们的生命力，使其成为新时代的创造者；绝不容加以桎梏，使其成为旧时代的承继者。父兄与幼稚教育家的手里，实掌握着社会与人类的前途，所以重新估量重新体认把握在自己手里的幼苗的价值与生命，是当前最切要的工作。

我们认为生存应该机会均等，教育也应该机会均等。政府坐视千千万万的儿童失学，这是政府的无能。坐视千千万万的儿童在饥饿之下，挣扎其小生命，更不啻杀灭儿童。所以我们在今日，切盼政府不止于颁布儿童节，而更进一步的为儿童谋健康与教育上种种幸福之增进，发扬儿童的生命力，养成未来时代健全的主人。

在今天，我们当为成千成万的儿童祝福！当为未来的中华民族祝福！

原载《申报·时评》，1932 年 4 月 4 日。

【注释】

①原文署名“彬”。

介绍苏联的儿童教育①

四四儿童节又和白驹过隙一般的过去了。然而目前我国成千成万的儿童所遭受的深重苦痛，与儿童节的真实意义，是否曾在聪明的父兄和儿童教育家脑底激起一些微波，引起一点点作用呢？在此，我们特再简略的介绍一点关于苏联儿童教育的事情，以供国人比较研究和参考。

苏联教育的目的，是造成当作社会有用的一员，当作健全而有劳动能力，与渗透着社会的意识，组织化的训练，认识而且理解自己在自然及社会中的位置，明白其四周的现实，有能力建设社会主义社会的“社会人”。至于教育方针，则从初等教育以至高等教育，都由自然、劳动、社会的根本教材之三部分出发，把国家建设的新分野上的全部文化革命都委之于教育。这是苏联的新兴教育之特点。许多人说新兴的苏俄，如今正是一个世界的教育实验室。确实的，在苏联，人类的物质与精神的一切活动，都正在作一次新的实验，教育不过是其正在实验中的一端。

儿童教育，在苏联尤其是被重视，因为他们知道负荷建设社会主义之重责者，正是这一辈纯洁活泼未受旧时代之熏陶的儿童，所以与其说苏联儿童教育的目的在于从今后不使苏联再有一代的儿童，甚至一个儿童在无知与愚昧中长大，毋宁谓其在于培植此万千幼苗都成为撑持社会主义社会的干材。

关于儿童教育，在学龄前，即唤起其对于自然的兴味，引入劳作的教育。同时有组织地学习交际，以为儿童社会性之发展与训练。其方法，有托儿所，以保育劳动者及红军兵士的乳儿及婴儿；有幼稚园，以教育较大的孩提；有所谓夏期的“儿童广场”与冬期的“儿童广场”，以为儿童夏期与冬期的运动保婴机关。这种学校的工作，不仅是替代了儿童的父母的保育责任，使其得以自由工作，并且实为父母社会教育的中心。

至于身体有缺陷及智能发达程度低的儿童，也为之设有盲哑教育机关与低能儿教育机关。再如一般无保护人之流浪儿、孤儿，及在教育不适当的家庭中的儿童，又设有对少年之社会的保护教育机关，如幼年馆，如少年馆，未成年馆等，课以社会的教育与劳动。

总之，苏联是国家实际担任了全国儿童的保姆的责任。他们不仅是使每一个儿童得活泼地生存，而且使其能普遍的享受教育。他们努力于促进儿童之生理学的合法的发育，维持并增进其健康。同时更使其在和现实文化密切关联之下，用其手与脑在生活的各方面活泼地学习，实践人类教育的第一个阶段。全苏联的儿童便是在这样的环境之下生长着。少年的苏联也就在这样的环境之下生长着。

我国的儿童生活与儿童教育的方法是怎样的呢？在此，我们希望我们的政府以及父兄们，与儿童教育家们作一次比较的考察、一次缜密的深思。

原载《申报·时评》，1932年4月5日。

【注释】

①原文署名“彬”。

从言论自由说到思想自由①

关于言论自由，吾人既曾于去年十一月间发表《言论自由之真谛》一评，认为此为人民神圣不可侵犯之权利，政府绝不应加以若何之限制与干涉。今请更进而主张思想绝对自由。

此一主张之提出，或者有人视为近有滑稽；同时或又有人视为决洪水之防堤，危机至大。前者以为吾人个人潜在之思想，固未尝不自由，且亦无人可能予以限制。后者则以为今日社会既已骚乱，若再取绝对之放任主义，对于思想不予以相当之防范，是无异于抱薪救火，将益以增长乱源。凡此两说，自其表面视之，固皆似言之成理，其实皆非。

吾人认思想自由之正确解释，不为个人思想“潜在”之自由而应为个人思想“公表”之自由。盖人生皆有脑，即生皆有思。吾人静思默念即穷天极地，幻念万象，固亦无人可能窥知，更无人可能加以束缚，然而此不过木偶之自由耳。吾人认为行动固当受法律之拘束，而思想必予以公表之自由，使得与他人交通，以引起社会之评论与研究，公开讨论，而后思想乃为有意义有价值。吾人今日固皆有木偶式之思想潜在之自由矣，然而果有思想公表之自由乎？此吾人于主张思想自由之先，不能不正确辨认其真谛之一解也。

次之，今日我国家我社会，固已陷入动荡不宁之境，青年之思想，固极驳杂不纯。然而此种动荡之现象，实为由于政治之紊乱与社会经济之破落，而非由于驳杂思想之鼓荡。抑且正以社会之动荡，民生日蹙，而政治上之权力者，乃更从而予以重重之桎梏，使其有思而不能思，有主张而不能公表，不能自由觅取出路。愤激郁聚，适足以使其铤而走险，以求一快。是盖有若筑堤防水，似可防患于一时，而洪涛激荡，堤终将一决而不可收拾。固莫若撤除堤防，多开水道，使水得其平，得畅其流，庶不至激为拍天之巨浪。此吾人于主张思想自由之先，不能不明白辨认其利害之又一解也。

自国民党主政以来，即厉行党治，一切庶政，都以“党化”为前提，举凡人民思想与言论，概加以束缚。尤其自民十七国共分裂而后，对于思想言论，限制尤严。凡与国民党主义与立场不同之他种学说、他种主义，不仅绝对不许其流传，抑且绝对杜绝其研究。数年来青年之断送于此者，盖已无可数计。吾人诚不知当局对于此种限制，亦尝于法理上曾否加以深切之研究？更不知当局此种限制，是否能确信其遂足以遏抑人民不可遏抑之思潮？

原载《申报·时评》，1932年4月8日。

【注释】

①原文署名“彬”。

公务技术人员应有保障①

昨日交通部无线电台技术员、工程师多人，因无故被裁，在报端刊登大幅广告，质问电政司长李范一及国际电信局长王崇植十二点。此一事实之谁曲谁直，吾人未明真相，自未能予以若何之批判。但假如“被裁”而真为“无故”，质问各点而皆为“合理”，则吾人不能无言。盖无故裁撤技术员与工程师，事固微细，而此种现象，则实为我国今日黑暗政治之缩影。换言之，即官僚政治之具体表现。而我国今日之病根，则任何人皆知其在于军阀政治与官僚政治之重新抬头也。

自国民党誓师北伐以至北洋军阀次第覆灭，以民主势力之进展，政治本有澄清之机。迨党政府统一全国，旧日之军阀政客，亦皆摇身一变而为党之“忠实”同志。政敌既除，天下大定，军政大权，由党之独裁进而转入少数人之手。于是而新军阀新官僚乃应运而生，军阀政治与官僚政治，即随之而死灰复燃。比年以来，每况愈下，一幕政治长剧，覆雨翻云，几于开历来未有之□局。

军阀政治与官僚政治之立足点，即为个人主义。一切纯就个人之利益而打算，绝不顾及国家之利益与大众之利益。故在军阀政治与官僚政治支配之下，一切多偏私舞弊。用人既不以专门人材为标准，行政尤不以人民利益为前提。有真实专门学识之人材，竟无所用其长，而无专长者，辄据要津。如军人长交通，教育家、文学家主铁道。更如一再声明未娴政治者，而必强其负内政之重责。材不求其得用，人不求其称职，职位为结纳联欢之酬劳，为安插私人之工具。冠履倒置，纪纲荡然。尤有进者，军阀以政客为爪牙，政客倚军阀为靠山。于是一般无耻政客，各拥某一实力者为中心，树立派系，壁垒森严，门户各别，互相倾轧，极尽险恶之手段。彼派欣然而来，则此派愤然而去。来者即总揽大权，一派专利，异己者排，无力者撤，亲戚故旧，一时皆分得一杯之羹。彼来此去，循环报复。即素称清高之教育界，今亦不免为官僚主义所侵入，校长必勾结实力，教员必结纳校长，其无派别无靠山而具真正之学识者，则随地无立足之点。

公务人员，毫无保障，人皆存五日京兆之心，皆不安其所事。斯皆军阀政治与官僚政治所诱致之恶果也。

吾人今读交通部无线电台技术员、工程师之质问，因而倍感军阀政治官僚政治如不掊覆，政治决无步入轨道之可能。吾人诚不知各技术员之所以被裁，是否亦为门户派别之争持。如其为是，则吾人敢声请政府当局，最低限度，应注意专门人材之集中，并注意公务人员之保障。

原载《申报·时评》，1932年4月10日。

【注释】

①原文署名“彬”。

国难会议之成绩①

“绥靖”与“救灾”，隔昨既已分别评论。至于“御侮”一问题，吾人认为毫无讨论之余地。盖守土自卫，政府负有绝对之责任。九一八祸变发生，崇朝之间，沦落半壁山河。张学良全师退却，一再声言“一切惟服从中央”，而政府对张，并未见律以丧土辱国之罪。收复失地之呼声，今亦归于沉寂。以故对于此一问题，吾人认为无再加以讨论之必要。今国难会议业已闭幕，请检阅其成绩，予以正确之评论。

国难会议于七日开幕，十二日闭幕。据报纸之纪录，到会会员一百四十七人，开会六次，除听取数次军事、政治、财政、外交等之报告，与“精诚团结共赴国难”之训话外，提案一百零六件，决议照例必有之数十案。致慰劳东北义勇军，慰劳颜代表，嘉慰华侨，嘉慰上海民众，勖勉全国将士，致国联调查团文电各一通，发表闭幕宣言一则，欢宴数次，斯即为所谓国难会议之成绩。此种会议，迩年以来，无岁无之。讨论决议，宣言口号，欢宴闭幕，为会议一定程序。在政府固已练习娴熟，在人民亦已视为“司空见惯”。数年来会议之成绩固何如耶？以昔例今，正复相类。而谓此次国难会议，以短短六次之会议，其精神遂足以打破国难，则吾人未敢轻信中外历史上有此奇迹也。

吾人检阅到会会员之名单，若干为过去及现任之官吏，三分之二为国民党员。故与其谓斯会为“农工商学之大联合”，毋宁谓为“官吏”“党员”“优秀分子”之大联合。其目的纯为敷衍人民，缓和责难。故会中之主张，与政府之意向，皆有和谐之节奏。汪院长致开会词曰：“御侮最需民族思想能一致”，前天津市长臧启芳氏致闭会词，遂谓“此次本会最大精神，为不分党派阶级，对御侮系一致”，而且在“御侮”一案中，正式成立决议。汪院长在开会词中又曰：“造成国难之责任，不能专责于党”，而陶孟和氏之答词，遂谓“今国民不能以国难全责加诸国民党”。汪院长代表政府报告中，谓“训政时期，不得不延长，政府之目的，在使训政完成，宪政趋向光明之路，而不入于民元时代黑暗之路”；而梅思平氏报告审查政制改革案，遂主张“公开政治实施宪政”等案，不提出讨论。汪院长谓“会中讨论可自由”，立法院委员高一涵氏之答词，遂谓“到会之后，不特讨论未有范围，言论亦绝对自由”。汪院长又谓“国难会议为民族精神团结之最高表现”，高一涵氏之答词，谓“我们今日在洛开会，可说已经充分表示此种足以战胜一切恶劣环境之精神”。尤有甚者，臧启芳氏之闭会词中有曰：“最后尚有一郑重声明，本会议现完全结束，同人今后亦只能以国民资格，努力向前，而不可再用国难会议之名义”，是更无异于代表政府致训词。若曰“六次之会议，已得圆满之结果，并暗示此后会员，不得再借国难会员之头衔，日以集会发通电为事，在外招摇，予以政府以不利”，殆无一处不为仰承当局之旨意，作可怜之应声，帮助政府撒弥天之大谎，以蒙蔽人民之耳目。故斯会之盖棺定论，不过徒为一幕技术纯熟之双簧耳，上下交相欺，上下交相誉。国难云何哉！救国云何哉！

原载《申报·时评》，1932年4月15日。

【注释】

①原文署名“彬”。

欢迎罗格博士①

美国著名教育家罗格博士（Dr. H. Rugg）于日前抵沪。罗氏原本为学工程学，继乃研究教育，现专门于“课程改造”之研究，在美国教育界中为最进步之人物，对于美国现在之资本主义教育制度，颇致不满。此来我国，一为考察东西文化接触后所发生之影响，一为考察正处于动荡与转变之程途中之中国之文化界一般的现象。吾人对于此为人类文化而远道仆仆之来宾，谨特表示欢迎之忱，同时更不能无一言。

美国为近世资本主义发达达于顶点之国家，其国内教育之发达，学校规模与设备之宏伟，自为世界任何国家所不能望其项背。故美国之教育，殆即可谓为资本主义教育之最高典型。然而最优良之教育之模型，固不仅偏于物质方面之宏伟设备，其尤重要者，为另一种活泼的、健全的、自由的、前进的“生命力”。而资本主义制度下之教育，对于此种必不可少之“生命力”，则显然为十分贫乏。即举美国为例，美国今日之教育，显然为商业化，教育之重心，完全为资本阶级所操持。狂热之“竞赛”，“功利主义”之支配整个教育；教授与学生之关系，完全成为智识之贩卖；以及学校行政之完全为几于仅具商业头脑之实利主义者所支配，都足以证明美国之教育，为完全为资本主义作工具，造奴隶，而非为社会造自由人，抑且迄至目前仍毫不觉悟。此为资本主义教育最大而又无法避免之缺憾。以故，吾人认为此种教育，实有根本予以摧毁之必要。

中国为生产落后，受宰割于帝国主义与封建势力两重恶势力下之国家。今日正处于破落之程途中，正处于极其艰困之境地。由于经济之落后与政治之不上轨道，其在文化上与教育上之为凋敝，为破落，为衰老，自为无可讳言。罗氏亦自可由正确之观察，认取正确之事实。然而吾人所必须特为指陈者，即在今日“黑暗中国”之另一面，尚有多数之“光明追求者”，正在为创造新的文化新的教育而努力而奋斗。此种艰苦之奋斗，吾人并敢其必能得成功。“少年之中国”必可由此种奋斗而呈献于世人之眼前。

抑吾人之所以认为罗氏此来我国，较之杜威、克伯屈诸氏之来，尤有特殊意义者，即罗氏始本为工程学者，继乃研究教育。工程师之于建筑，其所持之原则，为破坏陈旧不堪者，保存旧有之优良者，作成崭新之创造；教育之原则，则亦不离乎是。故罗氏以工程学之学识与经验，致力于教育之研究，自能获得伟大之成就。不过吾人认为工程师有“新”“旧”之分，教育家亦有新旧之别。“旧”工程师徒为帝王造宫殿，为特殊阶级造亭台楼榭。“新”工程师则为多数人造房屋，造公共之图书馆、公园，以及种种适合于大多数人要求之建筑物。旧教育家徒为帝王造顺民，为统治者造奴隶，为旧时代造承继者。新教育家则为社会造健全之自由人，为新时代造具有创造能力之“工人”。罗氏以工程学者兼教育学者，而其思想则又不囿于当前资本主义世界之华贵与都丽。吾人敢断言其对于教育前途，必能有伟大之贡献。

罗氏此来我国，吾人已知其一为考察，一为搜罗事实，借以作成“新教育”之图样。然而吾人敢为罗氏言者，即中国今日亦正有多数“新教育家”努力于“新教育”图样之研究。作成吾人深盼东方与西方之新教育家携手，共同努力，争取推进时代之巨轮之伟大成功。

原载《申报·时评》，1932年4月16日。

【注释】

①原文署名“彬”。

是 非 辨①

迩近数年，以厉行党治之故，政府对于舆论，箝制颇严。人民对于政治，几于完全无监督批评之机会。自去年七八月间，洪水突发，九一八与一·二八祸变接踵而起，内忧外患，相并而至，国势阽危，有若累卵。政府悔悟曩者箝制舆论之为非当，乃决然恢复言论之自由，使人民得以批评政治之得失与是非。吾人认为政府此种觉悟，实为政府新生之机，亦即我国家新生之机。

虽然，吾人今日而欲评论政治之是非，究以何者为其标准乎？换言之，即何者为非，何者乃为是乎？评论是非而无评论之标准与立场，则是非将愈以不明，而使政府日处于责难纷至，举措莫定之艰境，益无法打破当前之难局。斯说诚是，故吾人敢以一言明辨是非。

吾人认为欲明辨政治之“是”与“非”，必以事实为根据，必以“大多数人民之利益”为立场。依据于个人之感情而判断者，非真实之是非。依据于个人或少数人之利害而判断者，亦非真实之是非，而不以事实为根据，徒作恶意之攻击或谩骂者，尤非真实之是非。

何以言之？事实为最有力之雄辩，亦即不可更移之铁证。亦惟依据事实而判断之是非，其本身乃亦即成为一种“事实”，一种不可更移之“铁证”。既已有足以依据之事实，更基于大多数人民利益之立场上，从而分析事实之性质，合乎大多数人民之利益者为“是”，反之即为“非”。此种判断，乃为大众之判断，公正之判断，换言之，乃为真正之是非。脱言者为别有用意，为恶意之攻击，为非理性之谩骂，则言者本身，先已无是非不明是非矣。以无是非不明是非之人，而评论政治之是非，则政客耳，暴民耳，愚妄之白痴耳。人民固绝不至为其所惑。政府之威信，尤不至为其伤及毫末也。

是故政府而欲明辨舆论之是非，必先体认舆论之是否以事实为依据，是否以大多数人民之利益为立场。政府而欲辩护政治之是或非，亦必以此两者为明辨之根据。政府而欲博取人民之拥戴，尤必就此两者作明白之宣告。譬之救灾，譬之补救将破产之教育，譬之停止最近将行增加邮资之议，凡此种种，政府皆能以人民之利益为前提，以绝大之决心，决然以事实昭告全国，则人民自竭力以讴歌政府矣，竭力以拥护政府矣。否则是非自在人心，决非威权或巧言所能禁遏者也。

尤有进者政府而欲明辨舆论之是非，必其本身先有是非。脱其本身不明是非，徒以本身之利害为是非，则舆论之所是者，皆将为政府之所非。是则政府与人民，日益背道而驰。其欲博取人民之讴歌，顾可得耶？

英政治学者拉斯基曾有言："政府为周咨博访计，得力于反对者之批评，必较赞助者之诵扬为多，阻塞人民之批评，即自种灭亡之根而已。"斯言诚有至理，诚为名言，愿我政府三思之。

今即取最小之一事而言，吾人呼吁党政诸领袖一致团结，共赴国难，亦已半载于兹矣。假使党政诸领袖，今日而果真觉悟分离之为非，重新精诚团结，以共谋打破当前之国难，则亦未始非舆论批评之力，未始非真是非监督之力。真实之舆论，果真足以促起诸领袖之觉悟否乎？吾人今请即取此一事以为断。

原载《申报·时评》，1932年4月21日。

【注释】

①原文署名"彬"。

左右辨①

今人评人恒曰某也“左”，某也“右”，或以此互相标榜，或以此互相攻击，或更以此为中伤之工具。近数年来，青年之死于“右”者不知凡几，死于“左”者更不知凡几。曰左曰右，漫无标准，左右之真实意义既泯，而“左”“右”乃完全成为中伤与攻击之专门名词。故吾人不得不以一语明辨。

夫所谓“左”“右”，亦犹“是非”两字之徒为一抽象名词耳。尝有人曰：“革命的向左去”。是则所谓“左”者，应即表示“革命”之意矣。实则此不过政党政治家用作宣传之术语耳。自我人民视之，则无所谓“左”，亦无所谓“右”，但知“事实”，但知以事实为根据，而判别其是否适合大多数人民之要求，是否为代表多数人民之利益。适合人民之要求，真能代表人民之利益者，即为人民所拥护；否则，即为人民所反对。故脱主张而有左右，思想而有左右，行动而有左右，则其真实意义，及其真实之区分，应在于是。脱舍此立场，而徒肆其利口漫作批评，曰某也“左”，某也“右”，某种主张也“左”，某种主张也“右”，是则其本身根本不知“左”“右”为何意义，作何解释，徒为无意识之狂叫耳。

吾人既已了然于左右之真实意义矣，则对于思想之左者，主张之左者，行动之左者，换言之，即其真足以代表大多数人民之益者，其为反对乎？抑为拥护乎？如曰反对，则即无异于反对大众之福利，即无异置自身于大众敌对之营垒。吾人果容许置身于大众敌对之地位耶？故吾人敢断言，凡能辨明左右之真实意义者，当能明白确定其对于左右之拥护或反对，断不至视“左”为洪水，为猛兽，为不可亲近，而肆力反对。如明晓其意义而必予以反对者，则必其个人之利益与大众之利益相冲突。而所谓反对者，实即一种“斗争”耳。

抑尤有进者，无论思想、主张之为左为右，必有其产生之背景，决非由于某个人或某一部分人偶然之感觉。时代为动的、进化的，决不长停于一固定之阶段。思想为经济之上层建筑物，经济而发生剧烈之变化，则其上层建筑物，亦必显呈突变，此皆必然之理。故时代既不可以少数人之力而推进，亦不可以少数人之力而阻遏。时代思潮，既不以少数人之偶然感觉而产生，亦不以少数人之反对而消灭。即以人类社会近史而言，由君主专制进而为今日之德谟克拉西，盖亦有其必然，故虽经历长时之争斗而卒底于成功。以昔例今，则今日社会主义思想之流行，又岂偶然，又岂高压反对所可遏制。西欧各国对于任何主义、任何思想，皆可公开讨论而不加反对。诚以时代思潮之来，汹涌澎湃，绝非任何权威任何势力所可阻止。如必欲加以阻力，行见其自身终将为时代之洪流所卷没耳。

舆论无左右，但有是非。但当基于大众之立场，站于时代之前面，为时代之先导者，而不应为时代之追逐者。此吾人在今日所应切实认清者也。

原载《申报·时评》，1932年4月22日。

【注释】

①原文署名“彬”。

怎样选书

书有两种：一种是吃的书；一种是用的书。吃的书当中，有的好比是白米饭，有的好比是点心，有的好比是零食，有的好比是药，有的好比是鸦片。

中国是吃的书多，用的书少。吃的书中是鸦片的书多，白米饭的书少。

我从前写了四句三字经，警告一般不劳而获的人：

不做事，

要吃饭。

什么人，

是混蛋！

吃饭不做事，尚且不可，何况吃鸦片而不做事！

一个过合理生活的人，三餐饭当然是要吃的，可是也不能忘记那八小时的工作。要想工作做得好，必须有用的书。用的书没有，如何去做？一个学校要想培养双手万能的学生，自然要多备用的书，少备吃的书，而吃的书中尤须肃清一切乌烟瘴气的书。

可是，现在中国学校里的情形，适得其反；只有吃的书，没有用的书，而吃的书中，多是一些缺少滋养料的零食与富有麻醉性的鸦片。在这些书里讨生活的学生们，自然愈吃愈瘦，愈吃愈穷，愈吃愈不像人。

我们要少选吃的书，多选用的书。我们对于书的态度之变更，是由于我们对于儿童的态度之变更。我们在《儿童生活》杂志上发表对于儿童的根本态度是：

儿童是新时代之创造者；不是旧时代之继承者。

儿童是创造产业的人；不是继承遗产的人。

儿童生活是创造，建设，生产；不是继承，享福，做少爷。

新时代的儿童是小工人。

这工人，是广义的工人，不是狭义的工人。

在劳力上劳心便是做工。这样做工的人都叫做工人。新时代的儿童，必须在劳力上劳心，又因他年纪小一些，所以称他为小工人。

小工人必是生产的小工人，建设的小工人，实验的小工人，创造的小工人，改革的小工人。

儿童的生活便是小工人生活，小生产生活，小建设生活，小实验生活，小创造生活，小改革生活。

儿童用书便是小工人生活之写实与指导。这里面所要包含的是一些小生产、小建设、小实验、小创造、小改革、小工人的人生观。

无论他是生产也好，建设也好，实验也好，创造也好，改革也好，他必须做工，他必须在劳力上劳心，他必须在用手时用脑。

这里所画的画，是小工人做工之画；所唱的歌，是小工人做工之歌；这里所问的问题，是小工人做工之问题；这里所答的解答，是小工人做工之解答；这里所用的数，是小工人做工之数；这里所写之文字，是小工人做工之文字；这里所介绍的工具，是小工人做工之工具；这里所说的故事，是小工人做工之故事；这里所讲的笑话，是小工人做工之笑话；这里所主张的人生观，是小工人认真做工之人生观。

儿童用书既是以指导儿童做工为主要目的，那么，一本书之好坏，可以拿下列三种标准判断他：

（一）我们要看这本书有没有引导人动作的力量，有没有引导人干了一个动作又干一个动作的力量。

（二）我们要看这本书有没有引导人思想的力量，有没有引导人想了又想的力量。

（三）我们要看这本书有没有引导人产生新价值的力量，有没有引导人产生新益求新的价值的力量。

出自《儿童科学指导》，上海儿童书局1932年3月版。

向史量才介绍高士其[①]

他在试验室受了脑炎病毒的感染，得了脑炎后遗症，在南京中央医院任细菌检验科主任。由于看不惯院长的贪污腐败，愤而辞职。现在流浪到上海，过着亭子间的生活，贫病交迫。公朴先生介绍我，我把他安排在自然学园里。像他这样一个为科学而献身的人，我们应当设法使他学而有用，不要埋没了这个人才呀！

1932 年 4 月讲

出自安徽省陶研会编《陶行知一生》，湖南教育出版社 1984 年 10 月版。

【注释】

①本篇系谈话记录。摘自高士其《他在我心中布下科普创作的种子——忆陶行知先生》，今题为编者所拟。

1932 年初，高士其失业来到上海，住在李公朴家中。李托陶行知替高谋职，陶便安排他在史量才资助的自然学园工作。一天，陶带高去拜会史量才，在介绍高士其的生平时陶行知说了这番话（见正文）。

史量才，时任《申报》总经理。高士其，著名的科普作家。

大众化——向老妈子学习

你要到群众中去打滚，忘记你是一个知识分子，然后你在思想上、感情上、生活上才可以和群众打成一片，才可以发现群众需要什么，欢喜什么。这样，你写出来的东西，说出来的话，才能打中群众的心眼儿。

如果你很忙，你家里或你的周围总有老妈子、娘姨或其他人，你就拜他们做老师吧。要断定你的文章是否真正做到大众化，我看只有请教老妈子来批准。

为了大众化，我向你们推荐两位老师：第一位老师是你们自己的耳朵，文章写好了先念给自己的耳朵听听看，是否有不顺耳的地方，如果有，就把它修改一下。这样念几遍，改几遍。第二位老师是老妈子，你请她坐下来，念给她听，如果听不懂，就得把稿子塞进字纸篓重写，倘使只有些地方不明白，那么就需要修改一下。你念她听的时候要观察她的表情，她微笑、点头、高兴的地方，就是你的成功处，记在心里，以后可多用。但我以为最好的办法，你念了之后，反过来请老妈子讲给你听听看，看老妈子是怎么说，你就怎么写。

摘自戴伯韬著《回忆陶行知先生——其生平及其学说》，哈尔滨光华书店1948年2月初版。

培养儿童科学教师以造就科学儿童案①

理由：

（1）中国在科学的世界中最为落后，倘不急起直追，必且不能图存。

（2）科学要从小教起。小时会玩科学的把戏，大时才会发明。科学中国之创造者不是别人，是科学的孩子。

（3）书呆子的教师，会戕贼科学儿童的嫩芽，故先须培养手脑双用的儿童科学教师。

办法：

（1）教师范生玩孩子们的科学把戏，在做上求知，在用手时用脑。

（2）教师范生从书本课堂移向大自然追求。

（3）教师范生运用本地物品自造简单仪器及工具。

（4）教师范生拜老农百工做老师，虚心请教，并追求各艺之所以然。

（5）选派擅长儿童自然科学之督学，分赴各小学鼓励，并指导儿童自然科学之推进。

（6）举办假期儿童科学讲习会或资送小学教师到别处参加此种讲习会，以资进修。

（7）举行儿童科学展览会。

（8）出版儿童科学杂志。

【注释】

①本篇系提案。原载《河北教育公报》第5卷第16—18期合刊“河北省中学、师范、职业教育委员会联席会议专号”。提案时间为1932年4月；发表时间为1932年6月。

1932年4月18日至23日，河北省教育厅在河北省立工业学院召开“中学、师范、职业教育委员会联席会议”，陶行知被聘为这次会议的“师范组聘任委员”。陶行知因事未能到会，但向大会提交了这份提案。该案由“大会原则通过”，并“抄发各校斟酌采用”。

生活与教育[①]

我来到这里，就想起这之江的“之”字。“之”是走路的意思。于是我感想到：一、我们要走到那里去呢？二、民族要走到那里去呢？三、人类要走到那里去呢？四、教育要领导我们走到那里去呢？

我以为，现代中国的教育，好比老鼠钻进牛角筒一般，若不及早回头，前面愈过愈狭，终成死路一条。试看中国教育的现象，小学里是“读死书”，中学是“死读书”，到大学是“读书死”。这样下去，若不从速改良，全国就要造成为“书呆国”，走上“呜呼哀哉”的道路了。

什么是中国所需的教育？就是“生活教育”，以生活为中心的教育。什么是“生活教育”呢？正如冬天的种子，落在地上，外形虽然枯干，但是在静的方面却有生命，能自由发展。和水中的鱼、林中的鸟、山中的兽一般。

若将生活教育分析起来，大概有三方面可说：

（一）生活即教育

这是说，生活就是教育，二者不能分开的。我主张，生活的目标有五：

（1）有健康的体魄；

（2）有劳动的习惯；

（3）有生产的技能；

（4）有艺术的兴趣；

（5）社会革命的精神。

比如生活要吃饭，可是吃饭也就是教育。学生进餐时，争先恐后的抢菜吃。虽是小事，但教育要注意到。假使教育是单在课室里的，那就是死的教育了。

再如学校里学生恋爱，单施之以处罚等等方法，终不能解决恋爱问题。所以，对于学生恋爱，要加以相当的指导才行。

换句话说，教育要以生活为中心。凡生活所应有的过程，不应当回避，还要迎上前去解决它。

（二）社会即学校

求得教育，固不必限之于在学校以内。盖社会，就是一大学校，我们可以从中得到种种的教育。

从前在我们学校的附近，曾经开了一个井，供给村邻的饮水。后来，因水量减少了，学校里边起了缺水的恐慌，大家群相争取。那时，我们以为，学校是和社会一体的，不应当把井水留着自己用，应当设法来解决这个问题。于是，召集了乡邻，各家派代表开会商量。共计有一百多人，男妇老幼都有，并且由他们自己推举主席。当时，有一个十二岁的孩童当选做了主席。我们有几个学生，在群众中一淘儿，随时指导他们开会讨论的方法。那些妇女、儿童，均得循序的讨论。最后议决：

（1）规定取水的时间。

（2）取水以先到先取、后到后取为序，不得乱挤。

（3）如有不按时间取水者，罚洋五角；不照次序者，亦罚洋五角。

（4）选举人员作监察员。

这样，就平安解决。后来，又集资在另外地点开了一个井，更是便利、充足了。从这件事上，可以见到，乡间老妇、幼童，都可以教的，他们需要领导的人。像这样，就是普及教育的一种方法。

又有一次，我们在上海买了一只表，先请钟表匠拆开给我们看，然后再请他装起。我们学了回来，晚上就学拆、学装。起初虽然很难，但后来竟成功了。

又有一次，我们学生的坐位不够，请木匠教我们做，大家也就自己做起木匠来。这就是说，钟表匠和木匠，都可做我们的先生，社会就是我们的学校了。

（三）何为教学做合一

“教”“学”“做”三样，是有连带关系的。教了怎样做，学了怎样做；做了怎样学，也做了怎样教。先生在做上教，学生在做上学。如此，做是中心，但不可乱步。不过，这种做，是要用科学的做，也就是科学的学和科学的教了。

这样，使劳力和劳心可以打成一片。比如开汽车，不是单凭书本的智识，是要做了，然后才会。又如运用政治权，并不是空讲，是要实行、试验的。像商议救济吃水的办法，可以说，就是民权的教学做了。

总之，我们教育的目的，是要创造中华民国的。否则，就名不符实了。我们对于中国的儿童，要造成有健全的体魄、劳动的习惯、生产的技能和社会革命精神的小工人。我们所要创造的，不是旧时代的继承者，是新时代的创造者。这是所当认清的。

最后，诸君无论是研究社会科学的，要顽〔玩〕科学的把戏；研究自然科学的，要明白的问清楚是否为大众的福利。以自然科学为目的，以社会科学为内容，这样的迈然前进，可以说，无负于教育的目的了。

【注释】

①本篇系演讲记录，记录者亚谋。原载《之江校刊》第47期。演讲时间为1932年5月中旬，发表时间为1932年6月20日。

1932年5月13日，陶行知率“儿童科学通讯学校”指导员一行多人，赴杭州推行“科学下嫁”运动，先后在杭州师范、湘湖师范等多校，演讲和演示儿童科学教育。其间，陶行知应之江文理学院之邀，前往发表了这次演讲。

儿童科学教育①

在二十世纪科学昌明的时代，应当有一个科学的中国。然而科学的中国，谁来负起造就的责任？就是一班小学教师。造成科学的中国，责任大得很啦。小学教师们一定要说："我们负不起这种重大的责任。"别怕。我想，造成科学的中国，也只有小学教师可以负责。因为要建设科学的中国，第一步是要使得中国人个个都知道科学，要使个个人对于科学上发生兴趣。年龄稍大的成人们，对于科学引不起他们的兴趣来。只有在小孩子身上，施以一种科学教育，培养他们科学的兴趣，发展他们科学上的天才。只要在孩子们中培养出像爱迪生那样的几个科学杰出人才，便不难使中国立刻科学化。所以我说要造成科学的中国，责任是在小学教师。但是谈到科学教育，在施行上大家都觉有些难色，因为科学是一种很高深很精微的学问，小学教师的本身，对于科学尚未登堂入室，而要负起科学教育的责任，谈何容易。殊不知科学并不是很难的东西，高深的科学，固然很难研究，但是浅显的科学，我们日常玩着的，人人都会做。我们用科学的教育训练小孩子，譬如教小孩子爬树。你教人爬树，如果从小教起，到了长大，便会爬到树顶。如果教成年人学爬树，势必爬到皮破血流，非特爬不到顶，并且于他的手足伤害甚多。所以我们必先造就了科学的小孩子，方才有科学的中国。

造成科学的小孩子，向来教师是不注意的。检查过去的事实，父亲母亲倒或有一些帮助。如今我要讲两个故事，一是讲述一个造就科学小孩子的父亲，一是讲述一个造就科学小孩子的母亲。我们不是大家都知道一位大科学家富兰克林（Franklin）吗？富氏是证明天空的电，和我们人工摩擦出来的电是一样的东西。天空的电，可以打死人，富氏于是制成避电针。他是在科学上一位很有贡献的学者。他的父亲是做肥皂和洋烛的，他自己能教小孩子。富氏入校读书不久，便去学手艺。他的父亲任凭他东去看看，西去做做，随意的、自由的去工作，去参观。他愿意做什么，便让他做什么，所以使他对于工厂中的化学和工作很有兴趣。富氏自传中谈起他四十岁然后从事于科学，然而富氏对于科学的兴趣，在很小时候，东看西玩的已经培养成了，这是他父亲的功绩。所以小学教师也须得率领儿童，常时到工厂、农场和其他相当的地方去玩玩。

去世不久的爱迪生氏，举世都承认他是一位大科学家。他关于电气上的发明，数目真可惊人。他有一个很好的母亲。他不过进了三个月的学校。在校时，校中的教师，都当他是一个十分顽劣的小孩，所以入校三个月，便把他开除了。爱迪生从此以后也再没有进过学校。他的母亲知道自己的小孩子并非坏东西，反怪校中教师只会教历史、地理，不能适合自己孩子的需要。因为那个时候的爱迪生，十分爱玩科学的把戏，在学校的时候，也只爱玩这一套而不留心学业，所以遭受教师的厌恶。西洋人的家里，都有一个贮藏杂物的地窖，爱迪生即在他家中的地窖里玩他科学的把戏。他在地窖中藏着许多玻璃瓶，瓶里都是藏着化学品，有的药品而且是毒性猛烈的。爱迪生的母亲，起初亦不愿孩子玩那些毒药，要想加以制止，但是不可能，于是也任他去玩了。玩化学上的把戏，须要用钱买药品，爱氏在替他母亲出外买东西时，必定要揩一些油，藏几个钱来，去买药品。后来他做了报贩，在火车上卖报，他卖报赚下来的钱，大部分是去买化学药品的。他并且在火车上堆货包的车棚里，贮藏他的玩意儿，报纸卖完，便躲在车棚里玩他的把戏。有一回，车棚坏了，把他化学的瓶子打破，于是烈火熊熊，把破坏的车棚烧了起来。车上的警士跑来一看，知道是爱迪生出的岔子，于是猛力的向爱氏一个耳刮，把爱氏的耳朵打聋了。后来据他自己说，耳朵聋了以后，反而使他专心科学。

我希望中国的父亲，都学做富兰克林的父亲；中国的母亲，都学做爱迪生的母亲。任凭自己的小孩子去玩把戏，或许在其中可以走出一个爱迪生来。我更希望中国的男教师学做富兰克林的父亲，女教师学做爱迪生的母亲。所以说出这两个故事，作为我提倡科学教育的楔子。

再说我们提倡科学教育该怎样的来干呢？我们的教育向来有许多错误，小时读书便成了小书呆子，做教师时便成了大书呆子。因此我们中国没有什么科学，没有什么爱迪生的产生。不但是中等教育完全是洋八段，就是小学也成了小书呆子的制造场。我们提倡科学，就是要提倡玩把戏，提倡玩科学的把戏。科学的小孩子是从玩科学的把戏中产生出来的。我们要小孩子玩科学的把戏，先要自己将把戏玩给他看。任小孩子自由的去玩，不能加以禁止。不能说玩把戏的孩子是坏蛋。

明朝时代，江苏宜兴有一位叫周处的，他有些无赖的行为。当时宜兴的父老，称说地方有三害，一是南山猛虎，一是长桥蛟龙，一就是指周处。周处听到了这话，他便杀了猛虎，刺死蛟龙，自己亦改过自新，替地方上除掉三害。我们从事教育的人，也要学做周处，须得自己悔悟，改过自新，再不要教成书呆的小孩子。而要造就科学的小孩子，然则取怎样的态度呢？我可以略为申述我的意见：

（1）每个教师都变成小孩子，加入小孩子队里玩把戏。所谓把戏，并不是上海“大世界”游艺场所玩的把戏。像教师这样的尊严，说加入孩子队中玩把戏，似乎不妥当。然而科学把戏，和别的把戏不同。把戏上面加着“科学”二字，冠冕得多。教师应当和小孩子一起玩，而且应当引导小孩子一同玩。大世界的把戏是秘密的，科学的把戏是公开的。知道的就告诉学生，能做的就做给学生看，总须热忱的去干。

（2）我们对于科学的把戏，既是愿意和小孩子一起玩了，但是没有玩的本领那怎么办呢？不要紧，有法儿可想，我们可以找教师，请他教去。我以前曾经写了一首白话诗，诗的第一句说：“宇宙为学校。”此话怎讲？就是想把我们的学校除墙去壁，拆掉藩篱，把学校和社会、和自然联合一起。这样一来，学校的范围广而且大。第二句：“自然是吾师。”大自然便是我们的先生。第三、第四句说：“众生皆同学，书呆不在兹。”这样一来，我们研究切磋的同学很多，学问也因此很广，先生亦复不少。怎样把我们书呆的壳子脱掉？在我个人，中了书呆子的毒很深，要返老还童的再去学习，固然困难，然而我极力还想剥去书呆的一层壳。如今我报告我的几桩经过的事情。有一回，我买了一只表送我的母亲，这表忽然坏了，便送到修钟表匠那里去修理。修表的人说：“要一元六角修费。”我说：“可以，不过我有一个条件，在拆开的时候，我要带领我的小孩子来看你拆。”他于是答应了。修钟表匠约定在明天下午一时。到了那个时候，我带领了四五个人同去。看他修理，看他装。完结的时候，我向修钟表匠说，你们的工具和药水是到什么地方去买的？他以为我们也去开什么修理钟表店，未免抢了他的生意经，所以秘而不宣，随随便便回答我们说是外国来的。我想物件当然是外国来，但是中国店家，当然也有卖处。上海的钟表店，最大的有“亨达利”。我且到亨达利去问声，究竟有否出卖。谁知亨达利的楼上，多是卖修钟表器械和药水的场所。我便买了几样回来。当晚就到小押当里面去买到了一只表，化钱七角。拿回动手开拆，拆时不费多久，一下便拆开了，但是装可装不上去。直到晚上十二点钟，方才成功。于是大家欢天喜地，不亦乐乎。第二、第三天，大家学着做修表拆表的工作，学不多时，好而且快。有一位董先生，他是擅长绘画的，于是叫他拆一部画一部，经此一番工作，而装钟拆钟，全部告成。我们在这一桩事实中，可以说，社会各处都可求获一种技能。钟表店是我们的教室，钟表匠是我们的教师，一元六角便是我们所纳的学费；而我们同去学的儿子、父亲、朋友，都成了同学。回家学习，学习会的，便算对于这一课已经及格。在同道中间，只有我尚不及格，因为我小时手没有训练，书吃得太多，书呆程度太深了。如果我小时候的先生，他用这种方法教我，我不致如此啊！但是我们自己只要肯干，我们的先生很多，不要自己顾虑的。

我如今再举一个例子。南京的晓庄学校，自从停顿以后，校具都没有了。如今晓庄又开学了，几个小学校都已恢复，幼稚园的儿童已有八十多人。我写封信对主办的人说："你们此刻的工作对象，譬如一张白纸，白纸可以随意作画。我希望你们不要乱画。第一笔切须谨慎。"从前孔夫子的讲学，讲堂里没有凳子及桌子；苏格拉底率领弟子在树下讲学，把树根当作椅子。我说这两位先生，有些书呆气，既然没有椅子坐，为什么不自己制作起来呢？如今晓庄学校没有凳子，我们可以请一个木匠来做太先生，教教师和小孩子做凳，而且给以相当的工钱。做一工，或做一张椅子，便给他多少钱。这种工作十二三岁的小孩很会做。所以自己不会教，可以请太先生。有一天我在上海，走过静安寺路，看见一个女人，手提一花络，上面插着许多棕树叶做的好玩东西。这种东西，在小孩子眼光中看来，着实比洋囡囡好看。于是我便把她请到家里，做我们的教师，教了两小时，结果给我都学会了。做几个虾儿，几只蚱蜢，真是孩子们的好玩意儿。这样看起来，七十二行，行行都可做我们的教师。

自己愿意学了，先生有了，但是学校没有钱便怎样办呢？原来大家误会得很，以为施行科学的教育，一定要大大的花一笔钱；不知有些科学不十分花钱，有些教学简直一钱都不要花。我们在无钱的时候，可以做些无钱的科学，玩些不花钱的科学把戏。譬如教小孩子看天文，教小孩子看星宿。天文是一种科学，这种科学，你如果说要花钱，便千百万块钱也可花，因为造一个天文台，置些天文镜及其他仪器，那么百万千万块钱，用去也不嫌其多。说要不花钱的话，我们也可以研究天文，推求时刻和节气。我们两只眼睛，便是一对天文镜；用两根棒，便可做窥视星宿的器具。从前小孩子问他的老师说："先生，这是什么星?"老师只摇着头说道："不知。"如今教师懂得一些科学，知道一些天文，将天空的星宿指点给小孩子看，小孩子一定兴趣浓郁。所以教科学，有钱便做有钱的布置，无钱便做无钱的事业。还有我们可以利用现成的东西，玩我们科学的把戏，譬如一只杯子、一个面盆、一根玻璃管、一张白纸，可以玩二十套科学把戏。其他校中所有的仪器，可以充分利用，火柴废纸都可做玩科学把戏的工具。我们没有玻璃管，便可用芦柴管通个孔来替代。内地如果买不到软木塞，可以用湿棉花来做瓶塞，破布烂纸，都可利用。从不化钱的地方干去，这是很有兴趣的。如果推而广之，学校之外，也可给你去干，那是兴趣更浓了。所以我们没有钱，便拣着没有钱的先干。

我如今再可以举一个例子。上海有一个外国人，他专门研究上海所有的鸟，共历五年之久，如今他著成一本书，就署称《上海的鸟》。此书价格要四块美金。另有一外国人，研究中国南部的鸟，也著了一部书，买起来要花十二三元中国钱。居住在上海的中国人，以为上海人烟稠密，那里有什么鸟。这是他们不留心研究的缘故。据这位外国人的研究，认为上海有四十九种鸟。我们别说上海了，就是内地的乡村，以为除了雀儿、燕子、老鹰、喜鹊四五种鸟之外，没有其他的鸟。这种见地狭窄得很。如果以宇宙为学校，则我们不必在教室中求知识，四处都可以找知识，四处都有相当的材料。要研究鸟类，真不必到什么博物院、动物园中去观察，随时随地都可研究。这位外国先生，他研究鸟的方法，就是在住宅旁边多种些树，树一长大，许多鸟儿便自己送来给他观察。到了冬天，他在树上筑几个巢，留鸟儿们来住宿，庭园里撒些谷类，留过往的鸟类吃点心。夏天置几个水盆，供给鸟儿洗澡。这些研究法，不必化钱，而所得者，都是很真切的知识。

惟在研究科学教育时，有一点要注意，要预防。小学中的教师，捉到一只蝶儿、蚱蜢，便用针一根，活活的钉在一块板上，把它处死，说是做标本。这我以为不对，因为我们观察生物，是要观察活的生物，要观察生物的自然活动。如今将活的生物剥制成死的标本，致将生物学成了死物学，生物陈列所变成僵尸陈列所。我近来曾写信和研究生物学的朋友讨论及此。我以为生物不应当把它处死做标本，只可待他死了以后，再用防腐剂保护它，看作朋友死亡了，保存遗躯留个纪念。把活的东西弄死，太嫌残忍，增长儿童残酷的心理，这是不行的。这种意见，我常与研究生物的朋友讨论，他们都说对，他们和我讨论的时候态度很诚恳，想不至于奚落我罢！上海科学社中养有白鼠，工人要拿几只回去，我不许，恐怕他拿了回去要弄死。我们教小孩子能仁慈，知道爱惜生物，这点是很紧要。达尔文研究生物学，他也不轻易杀害生物。中国老年人多爱惜生物，放生戒杀，虽近迷信，也是仁者胸怀。中国的蛙，向来由政府禁止捕捉的，但是在英国，别说普通人的捕捉，便是生物实验室中想要解剖一只蛙，也要向政府去纳护照。这是很正当的。所以我们要教小孩子养生，不当教小孩子杀生。生物学是一种有兴味的科学，研究起来，也要有许多材料，但是少杀生是要注意的。

我还可以申述我得到的感触。我们知道蛙是从蝌蚪变成的，蝌蚪是粒状，像灵隐的念佛珠般大小。有一天，一个孩子从河边，淘到一群蝌蚪，移殖到天井中的一个小小池潭里，过了几天，蝌蚪生尾了，再过几天，蝌蚪生足了，小孩子观察得很快活。再过几天，蝌蚪挤得一片墨黑。但是不久，一个都没有了，这并不是成了蛙跳走了的，原来都死光了。这是因为蝌蚪长大了，还是蹲在小潭里，生活条件不适合，所以非死不可。如果我们抱着宇宙即学校的观念，那么野外的池塘，便是我们蛙的实验所，我们要看蝌蚪的变化，我们就时常到那个池塘里去看，为什么要把蝌蚪捉到家中来呢？我们任凭生物在大自然安居乐业，过它们的生活。要观察便率领小孩到自然界去观察。我们须把我们学校的范围扩展，海阔天空便是一个整个的学校。这样一来，所观察的也就比较真确可靠，生物学也不致成为死物学。不然，要讲蛙时，便捞取许多蝌蚪，养育在学校中所备的缸或瓶里，结果死得精光。我希望这样的科学教育不能提倡，否则科学教育提倡得愈利害，杀死的生物愈多，恐怕蝌蚪死尽，中国的蛙便绝迹了。

所以提倡科学教育，有一点很要注意。欧洲大战，人家都说是科学教育的结果。科学教育之提倡，徒使人类互相残杀。中国无科学，真是中国的长处。这是不信任科学、怀疑科学那一部分人的话。还有一部分人迷信科学，自己终日埋头的研究科学，然而忘了人类，所以拼命在科学上创造些杀人的利器。这实在错误之极。我们须知科学是一种工具，犹如一柄锋利的刀，刀可杀人，也可切菜；我们不能因为刀可杀人便废弃不用，也不能专用刀去杀人，须要用刀来作切菜之用，做其有益人类的工作。科学是要谋大众幸福，解除大众苦痛。我们教小孩子科学，不要叫小孩子做少数富人的奴隶，要做大众的天使，不是徒供少数人的利用和享受，当使社会普遍的民众多受其实惠。应当用科学来养生，不当用科学来杀生。这是提倡科学教育最紧要的一点。

原载《师范教育学术讲座讲演集》（第一辑），1932年6月20日。

【注释】

①本篇系陶行知在杭州师范学校的演讲记录，演讲时间为1932年5月13日，由杭州师范学校学生记录整理。演讲后，陶行知当即让陶晓光等分四桌演示科学实验。

救济战区教育[①]

此次抗日血战，上海吴淞宝山嘉定太仓各战区，受灾至为惨重。吾人今日但一往闸北战区视察，可见昔日之繁华市场，今仅剩断垣碎瓦，凄然偃地，火焚之遗迹，炮弹之遗痕，皆宛然犹新。就闸北之惨况，推而至于其他各战区，当无不皆然。今战事既停，日军且已渐撤，如何以救济此受灾惨重之战区，如何以安抚此流离无所依附之灾民，如何以复兴战区之工商百业，是即为当前之一绝大问题。

为解决此一绝大问题，迩近已有上海市战区善后筹委会，苏省战区救济委员会等筹谋战区善后之组织。而参与此种组织者，又大都为各界之俊彦。历次会议，如救济战区农民问题，救济平民经济，皆有详细之讨论。吾人盖可预测其将来，必获得良好之效果。不过吾人尚有须特别提出贡献于善后委员会诸君子者，即战区教育之复兴，尤应郑重注意是。

救济战区教育必须特别着重之理由，盖以万千青年为此战事荒芜其学业，且或因而根本失去其求学之机会，其影响于此万千青年将来之生活，以及社会文化无形损失之巨，断不在有形之工商业以及农业之下。工商业农业之救济，固极重要，教育之救济，不更为当前之急务耶？

吾人认为救济战区教育，首先必须多选教育专家为善后委员，俾能作周详之救济，及进一步之改进计划。次之，战区之学校，皆应极力兴复，绝不应以经济之困难或其他原因，就此停闭。如目前劳动大学之停办，吾人实未敢赞同。复次，战区教育之救济，应特别注重中学与小学。中小学生多系战区本地之子弟，学校停顿，其学业遂完全荒废。而由于战祸之荼毒，家庭因而破产，无力继续入学者，为数当亦极多。故救济之道，应酌量情形，复兴原有之学校，并补助无力入学之子弟，免其一切费用。此为国家应负之责任，断不容视为难举置而不为也。

总之，复兴战区，决不容缓。日本曩昔东京地震，受灾至重，而彼集全力以与自然搏战，不数年竟告兴复。我国今日如无以复兴此为强邻兵器所摧毁纵横百里之战区，斯诚为大耻。生聚教训，吾人当以此发其端。

此外，吾人认为此次之抗日血战，意义至为重大。而此次战区备受荼毒之惨状，身历目击，当更足以予吾人以极深刻之印象，激起吾民族发愤自雄之精神。故吾人希望上海左近之学校，多领导学生前往视察，予以最亲近事实之刺激。吾人更建议在战区永留一炮毁之地，保存其受灾之原状，以永志此次抗日血战之英武精神，并使国人永久得以触目警心。

原载《申报·时评》，1932年6月13日。

【注释】

①原文署名“彬”。

政治纷乱与学潮①

迩年以来，以政治之不上轨道，我国内一切都呈现混乱与破落之现象。而尤以教育之破产，更令吾人深感国本动摇，国家前途，危机暗伏。且其祸不仅在于目前，直及于数十百年之后。

自去年东北祸变突发，激起全国如火如荼之学潮以来，一般青年早已深感国亡无日，而不能安心于其所学。顷近以教育经费之无着，与思想之争斗，全国各地之学潮，复又有重新展开之形势。如最近安徽各中学校长以教费无着，提出总辞职；南京国立中央大学，全体教授以欠薪无着，亦全体请假，实即无形罢教。又如浙江大学之学生反对工学院长，教授以生活无着罢教；湖南长沙学联会，以检查日货与商界发生冲突，而被查封；徐州中学以要求往外埠参观未遂而罢课。更如北平大学，因反对工学院长而反对校长沈尹默；北平师范大学，以择长而组织全体学生护校南下示威团。北平风潮，且有波及中小学，日益扩大之形势。就此种情势而观，可见学潮又有日益爆发之兆征。检查诱致学潮之主因，大抵不外于择师、经费无着、爱国运动等项。然而时人言及学潮，辄都表示痛心疾首，视学生为乖戾嚣张，无可救药。固矣，青年血气方刚，认识未深，亦容或有逾轨之过失。然而吾人与其以此责诸学生，毋宁以此责诸教育之责任者，更毋宁以此责诸政治之纷乱。盖学潮之作，绝不由于单方面少数学生之过失也。

强敌压境，山河破碎，九一八与一·二八两次变乱，凡有血气，无不悲愤。然而上海停战之协定，甫经签字，国内蜗角之争持又作。国日危殆，处于此种环境之下，而谓感觉敏锐之青年学生，能安心向学乎？迩岁以来，国民经济，已日呈破落。去岁大水，举国陆沉，农村经济，更受重创，国民生计更陷于极端艰苦之悲境，至今灾区无以救济，灾民辗转流离，正不啻处于人间地狱。然而在另一方面，则政治领袖之争权夺利如故也，都市人民之骄奢逸乐亦如故也。处于此种情势之下，又谓青年学生能安心向学乎？即以教育之本身而言，政府当局之对于教育，无久远计划，而不知造成活的教育创造的教育，固无论矣，即最低限度之教育经费，亦时常欠发，一任教授坐索，学生呼吁，而政府当局仍视之漠然。国家年可费国帑百分之八十以上以养二百余万之军队，政治当局可任意将巨款赠贻个人，并可以巨款治主席之官邸；独对此必不容少之教育经费，则长年欠发，使学校日虞停闭，主持者无以进行其计划。教授以迫于生计，不得不以罢课相要挟。处于此种情势之下，更谓青年学生能安心读书乎？

故我国今日事实上已无教育。政治一日而不上轨道，则教育一日无法整顿，而学潮亦一日无由止息。事所必然，理所当然。若徒归咎于学生之嚣张好乱，是毋乃为舍其本而欲齐其末欤？

原载《申报·时评》，1932年6月15日。

【注释】

①原文署名“彬”。

仍在不辍研究中的“活的教育”①

诸位同工：

我尊称诸位为同工，因为这“同工”二字很含意义，与我向来所研究的教育很相符。我国的教育，历来只是教员教书，学生读书，刻板式的自古迄今不稍变易，就是读死书，死读书，读书死，因此弄成整个死的教育！唯有工作的教育才是活的。

我们与同工，同为新中国的创造者，工作大同小异，殊途同归，所以称为同工，是很有意思的。

晓庄停办已三年了，在这停办的时期中，我们仍然不辍的研究，满望这活的教育，在中国得以实现。

晓庄是在国民革命军未到南京之前的旬日就开幕了，那日是 3 月 15 吧。开学时，只有四个帐幕，在天空的底下张搭；头上顶着青天，足下立着地球；东西南北的四极，就是我们的围墙；宇宙中的形形式式，就是我们的书本；我们无课室，社会就是课室；我们无学校，天地就是学校；谁都可以来入学！无形式、范围的限制，所以不枯燥、不困穷，亦不致于读死书。

我们晓庄教育的原则，是生活即教育。要先使有好的生活，才能得到好的教育。如社会上的生活，无条理、无目的的乱七八糟，那便要以教育去改造它。例如关坐在课室里念改良劳动生活的课本，而不身临其境，做个实地的试验者，终是不能明白、了解的。

还有教学做合一，亦是晓庄的基本原则，就是会者教，不会者学；如何做，则如何教，亦如何学。曾有一首小诗说：“人生两块宝，双手与大脑。”旧时代可以动手不用脑，新时代则非脑手并用不可。光学而不做，或者光教而不做，都不是彻底的教育。王阳明说：“知为〔是〕行之始，行为〔是〕知之成。”我说：“行为〔是〕知之始，知为〔是〕行之成。”譬如骑脚踏车，不骑上脚踏车，不知车轮的如何转动，待骑上了车，始知道骑脚踏车的学识。骑大国的车亦是如此，训政须于运动上训练，民权须由实行做起，须得使四万万人都实行为主人翁，将民权交与人民之手，而加以训练才是。若一辈子不敢以民权交与人民，则人民将一辈子不知民权，谁都不会实行民权了。

本人不是单提倡实践而轻看书本者。不过，我们要用活书，活用书，用书活，以书本为工具，将书本置于两旁，而最要者还是做。拿书本与社会相对照，非为读书而读书，亦非因科学而科学。我还有一首小诗，形容读书说：“用书如用刀，不快便须磨，呆磨不切菜，何以见婆婆?”整日大磨其刀，连婆婆都饿死了，磨刀又有何用?

晓庄的出发点是为爱心：爱人类，爱民族，〔爱〕三万万的村农。城市并不是不需要教育，唯城市的人民不如村农之多，故应先为多数者求出路。

晓庄教育的实施，第一点是侧重于自然的训练，亦可以说就是自然的科学。我们仿照罗马征服全欧的政策，罗马军到处首倡的两件事就是：第一掘井：第二筑路。我们校中掘有泉井一处，这井非但供给校内的饮喝，同时亦是公开的给村民取用，井小人多，井水时常不敷应用，而争来打水的人，几乎夜以继昼。我们为此请各村众，每家派出代表一人，以解决这困难的问题，号为“孔明团”，恰巧那天推举的主席，是一个13岁的小孩，然而他倒很称职。第一幕就是代表中的一位太太发表意见，她说：“我们人每日要休息，井亦应该有休息，日夜打水不有停止的时候，如何叫井生出水来?”此外相继发表意见者不少，都很自然。第二幕结果就是，表决了4条决议案：第一，人要睡，井亦要多的睡，从下午7时起至次日早晨5时止，是井睡的时间，不能打水，违者罚洋1元。第二，先来先打，后来后打，不能争夺，违者罚洋半元。第三，派检察员一位，监视一切。第四，另凿新井一处，以相调济，费用由大家公认，又将罚下来的钱，做凿井之用。从此以后，井水就永无枯涸之时。在这里，我们至少可得到下列四点的结论：(一) 社会即学校，能集中之，其力甚伟。(二) 不可轻视乡下的老少，他们的头脑很清明而简单；(三) 须要良好的领导者 (孔明团之中须有诸葛亮)。(四) 民权要实际拿在手内，才可以说训练。

第二个晓庄教育的原则，是生活即教育。一次，我们到了一爿修理钟表店，将表一只给与修理，而同时带了几位学生在旁看那表匠的装拆。回家以后，我们就着手学那表匠的动作，试拆试装。起初虽然很难，然而历数小时以后就完事了，并且同去的几个学生都统统学会；所不会者，只有我一个人，大概是因为吃书缘故，否则就是因为年纪大了，不肯细心劳神亦说不定。

第三点，是教学做合一。会的教，不会的学，七十二行，行行都有先生；即如上所提的钟表店，就是学校，表匠就是先生。忆得晓庄中因无绘画教员，但是我们因为要编印课本，其中必须有许多图画才行，不得已我们均自己动手，开头当然涂鸦般不像样子，可是久而久之，便成老手，并且咸能熟中生巧，很能维妙维肖。我们总计前后所学的，不下五百余种。滑稽的说：就是五百余套的科学把戏，由科学的实验，而得到试验的结果，这是教学做合一。

原载《消息》月刊，1932 年 6 月 20 日。

【注释】

①本篇系演讲记录。演讲的具体时间、地点和对象不详。

儿童科学通讯学校成立①

丁柱中、陈鹤琴、胡宣明、陶知行等，近为普及儿童科学起见，特约集专家创设通讯学校。现已觅定爱文义路小沙渡路永裕村为校址，即日起已开始报名。该校创设宗旨，在造就科学的儿童与科学的民众，使中华民族成为科学的民族，以适应于科学的世界。他们相信科学要从小教起，所以先办这儿童科学通讯学校，以贯彻他们的主张。

该校宗旨 该校拟依据“社会即学校”与“教学做合一”之原则，从事：一、补充小学导师之科学知能；二、补充师范生之科学知能；三、补充儿童家长之科学知能；四、补充识字青年、儿童之科学知能。凡小学导师、师范生、幼童之家长以及识字青年、儿童能看懂浅显语体文者，皆得入学。

活叶指导 现已聘定各科指导员从事编辑儿童科学活叶指导。该项活叶指导包含下列各点：一、时令科学工作之指导；二、非时令科学工作之指导；三、《儿童科学丛书》及其它参考书运用之指导；四、最近科学新知之介绍；五、儿童科学问题之解答。

课程内容 一、儿童的生物；二、儿童的物理；三、儿童的化学；四、儿童的天文；五、儿童的气象；六、儿童的地球；七、儿童的工艺；八、儿童的农艺；九、儿童的生理卫生；十、儿童的科学指导。

共同生活 此种活叶指导及《儿童科学丛书》各一份，可敷数人合作之用。该校为提倡科学教育起见，极愿通讯学员减少费用，并收互相切磋之效。凡欲学习儿童科学者，可约集二三人共同工作（至多以四人为限），共同担负费用，公推一人领导注册。每合作人均须亲自合作，并亲写工作报告，由领导者签名盖章、汇寄该校，经该校认为成绩及格，亦可如正式学生领取毕业证书云。

原载《时事新报》，1932 年 6 月 23 日。

【注释】

①本篇原发表时无署名。从本文开头的排名次序以及陶行知当时是儿童科学通讯学校的发起和主持人等情况来看，编者推定，本文系由陶行知起草。

留学制度急应改革①

暑假已届，国内各大学又将有大批学生“毕业”而出。其中更将有若干人正准备分赴欧美或东洋作进一步之研究，以竟其所学。此似为吾国数十年来教育上应有之事，初无可予以疵议或反对。然而就我国目前之教育而言，吾人则认为对于此种“盲目”之留学，“浪费”之留学，以及“为留学而留学”之留学，实有予以考虑改革之必要。

吾人言此，初非反对留学也。为作精深之研究，为吸入并考察外国之文化，派人留学，自断不可少。不过我国之派人留学，从无全盘之计划。国家之所急需者为何种人材，留学生之学成归国者究作何用，实毫未计及，即留学生自身亦毫未计及。派者盲目而派，学者盲目而学。每年分布各国之留学生，为数之多，或冠于世界各国。然其生活情形如何，不知也，其学业如何，亦不知也。二三年后，留学者即昂然回国，曰我博士也，我硕士、学士也。一批博士硕士渡洋而回，又一批候补之博士硕士渡洋而去。循环往复，博士硕士之数日增，而我国教育之衰落如故，政治之混乱如故，实业之敝凋如故，科学之不发达、文化之不进步亦如故，教育之成效安在？留学生之贡献又安在？

吾人初非敢抹煞一切之留学生，谓其对于国家与社会遂毫无贡献。然而检阅近二十余年来之成绩，则与其谓留学生之致力于教育事业或其他实业文化事业为多，毋宁谓其投身于政治舞台，变为新政客新官僚者为多。其肯致力教育事业者则又大多徒知侈谈主义，搬演学理，而不求其适合我国之实际情形，行而不通，辄愤愤然归咎于中国之落后，与外国相差太远，则灰心丧气，不可复振。其尤不肖者，则徒知以博士硕士之荣冠炫耀于社会，成为社会一徒能消费之蠹虫。或则划分党派，各立门户，曰我美国派也，我法国派也，或我日本派也，徒知竞夺，徒知为个人之衣食而营逐。此虽非完全为留学生本身之罪，要亦即所以显示留学制度之在今日亟应改革也。

夫以国内大学甚至中学毕业之学生，既从未一措意于我国之实际情形，复不晓民间疾苦。一出国门，耳闻目睹，皆表面上物质文明发达之国家之完美现象。留洋数年，除一身而外，自必全染欧化。学成归国，其所行与我国之实际情形，凿枘不入。盖为势所必然。曾有人讥留学生谓："携一只狗历游世界，归国后其所得者，仍仅为一只狗。"虽谑近于虐，然而不先了解本国之情形，不先确定求学之方针，盲目渡洋而去，贸然渡洋而返，学业之无所长进，要亦不能否认其与此喻相差无几也。

尤其进者，清之科举制度，虽为愚民政策，不足为训。然而以考试拔取优秀之士，究尚能使贫寒子弟得有自由竞争之机会。而今日之留学生，则类皆为富贵之子弟。有钱者虽笨如鹿豕，即可自由留学；无钱者虽有可造之资，则惟有望洋兴叹。至官费名额，亦大抵为有权有势者捷足先登，贫寒之学生已无力进国内中学大学，于留学则更无由问津也。国内之小学中学日益减少，青年之失学者日益增多，教费长年积欠不发，国内教育几濒断绝。而此特殊阶级之留学生，则似独为天之骄子，得天独厚，持故国父老兄弟之血汗，逍遥于国外。事之不平，又孰有逾于此者！

以故吾人认为，今后留学制度亟待改革。一、停止无计划之派遣。国内大学生毕业后，必在国内服务若干年，先确实了解国内之实情，国家之实际需要。二、确立全盘之计划。选派农工商教育政治等各方面服务多年，经验或学术丰富之士，分往各国学习，以适应国内之需要。必如是，庶几其能收得留学之实效，庶几留学不至为精神与物质之浪费。

原载《申报·时评》，1932年6月29日。

【注释】

①原文署名"彬"。

“剿匪”与“造匪”①

迩近□□势力，日益披猖，湘鄂赣闽川以至皖豫，都有燎原之势。政府当局认为“攘外必先安内”。故于日军撤退之后，即动员大军，四次围剿，蒋介石氏且躬亲出发督师。为此一问题，国内各报都曾著评论列。概认“匪”之滋生，为由于政治之不良，与生计之穷蹙，初非好乱成性。故“匪”不可以剿而绝，要当改革政治，改造农村，安定民生，整饬军队，绝“匪”所以滋生之源。论皆精辟，语尤沉痛。吾人亦认为今日举国之“匪”，皆黑暗之政治所造成。政治上既一面造“匪”，政府复一面剿“匪”。在此矛盾之行为下，“匪”既绝不能以剿而绝，或且以剿而势日以张大。抑且所剿之“匪”，何莫非我劳苦之同胞，何莫非饥寒交迫求生不得之良民。枪口不以对外，而以之剿杀因政治经济两重压迫铤而走险之人民。正如杨杏佛氏所言：“对杀人放火奸淫掳掠之日军，既委曲求全，礼让言和，请其撤退。”独对于国内铤而走险之人民，则竟动员大军，大张挞伐，此诚为吾人所不解者也。

我国农民之特性，为质朴坚忍，安分守己，而保守性又特重。初无人习于作乱，抑且乡井之恋念，家庭之眷爱，非万不获已，孰肯背乡离井，抛妻别儿，出没山谷，置生命于最危险之境界。其所以然者，则以政治与经济两重压力逼迫之故。人皆恶死，人皆乐生。求生不得，谁甘坐死？奋死求生，人之常情。政治黑暗，生计穷蹙，民不为“匪”，更又何路？民既为“匪”，则惟剿杀。故曰“剿匪”者政府，而“造匪”者实即黑暗之政治也。

吾人言此，初非无所依据，实因目击万千无辜之良民，屈死于惨毒之炮火之下，而且“匪”势披猖，又诚为我国当前之一大问题。故不得不言，且又不忍不言。

五月四日何应钦氏在江西全省清匪会议上演说有曰：“上年剿赤之时，闻吉安太和等县长有擅发自新证，要平民每月纳费五百文，否则即认为赤匪。在表面看来，虽为数不多，但在平民担负不易。我到南丰的时候，也有同样的事发生。还有吉安县党部的委员胡正谊，假购枪办保卫团为名，勒索乡民的金钱数十元数百元不等，后经人告发，他已逃之夭夭。此种政治不良，逼迫良民从匪，影响剿赤的进行不少。”

六月粤第一军长余汉谋氏电告粤省政府亦云：“查赣南一隅，遮断陷落，各成瓯脱。一般贪官污吏，以统治者鞭长莫及，利用时机，不惜勾结土劣，恣为鱼肉，上下交征，层层垒剥。蚩蚩者氓，呼吁无门，怨讟日积，从匪日众，迹若辈之所为，实予匪以假借煽惑之良好机会，其罪不啻间接制匪。”

复如监察委员郑螺生谈张贞祸漳有曰：“驻军平日既不从事清乡，复恣意勒索。如税契一项，除正规外，驻军司令部更随意将民房估价，计每千元，抽税契六十元。此次□□窜扰漳州，离城尚有数十里，时张贞既不出城抵抗，且全师退往云霄诏安。人民有乘汽车逃亡者，一概禁止，所有汽车，完全供运烟土及现款之用。城内子弹二百万发，复弃以资敌。既抵云霄诏安后，即在两县公卖烟土，以饱私囊。查国家养兵，原以保民；民之不保，更从而殃之，此而不惩，何以慰民。”

上述诸事，或为剿匪将领之目击，或为政府要员所亲闻。凡兹所述，应皆为事实。如其果实，则贪官杂军即皆为“匪”之制造者。为渊驱鱼，为丛驱雀，是何能怪良民从匪日众，匪势日益张大。抑且如上所述，实不仅为某一县某一省之现象，举国殆无不皆然。不仅地方之贪官污吏如是，即中央近年来病民之举措，要亦难免不为间接制匪之洪炉。凡此种种，吾人容当续为陈述。

原载《申报·时评》，1932 年 6 月 30 日。

【注释】

①原文署名“彬”。

青年如何利用暑假①

今人论报纸之责任者，辄曰是应批评政治，监督政治，诉说民众之疾苦，作民众之喉舌，实则斯犹为消极之作用也。吾人则认为与其使报纸为民众之喉舌，毋宁使其为民众之学校；与其使报纸消极批评政治监督政治，毋宁使其为民众之活的教材，导以入于进步与创造之路。夫一纸刊出，流播全国，直接之读者，间接之听者，为数何虑数十万。此一博大无垠之学校，若其作用仅为消极之诉苦与批评，而不能教育民众诱导民众，开辟新天地，创造新世界，毋乃辜负此一博大无垠之学校。

尤有进者，青年为国家之元气，为国家将来之中坚。视今日之青年，即可预断他日国家之治乱。“十年树木，百年树人”，为“树人”计，为培植国家将来之人材计，报纸对于青年，尤应注意教育。应利用报纸为活的教材，与青年发生亲密之关系。

目前暑假已届，全国学校都将放假。但时丁国难，内则水灾未复，外则强敌压境，关外之河山变色，沪变之创痛犹新，国至今日，已临到生死线上。我人民亦惟有卧薪尝胆刻苦以培养奋斗之实力耳，顾复有何假期之可言。假期曰两月光阴，如坐令虚掷至为可惜。以故多数教育家辄向本报建议，主张本报以征文之方式，鼓励青年利用暑假做有计划之工作，更以养成青年有计划之习惯，而又可借以使报纸与青年发生密切之关系。本报接受此种有意义有价值之建议，爰特举行暑期征文。

此次征文之题目为《民国二十一年暑期工作计划及工作报告》。命题之意，盖亦着重于暑假期间作有计划之工作。吾人认为计划为一切事实之母，亦即为成功之锁钥。一国之政治然，个人之事业亦无不然。国家政治而无计划，则将纷如乱丝。个人事业而无计划，亦将永无由进步。此次征文，专为全国大中小男女学生。吾人认为大学生应有大的工作计划；即小学生亦应有小的工作计划。利用暑假致力于社会事业者，应有其计划；致力于本人学业者亦应有其计划。无计划生活，即无活力而无意义，茫无归宿。此点则为我人敢希望青年诸君所特予注意者也。

虽然，有计划尤贵能实践。闭户造拟，纸上谈兵，何计划不可成。但计划而长搁置于纸上，不能实践，则计划亦复何用。故本报不仅深盼学生诸君能于暑假开始时拟一精密之计划，尤盼能于暑假终了时，将有实现此计划之实际工作，贡献于社会。征文题之所以划分计划与报告两项者，用意即在于斯。

本报认为此次征文，非同于科举式之考试，亦不同于锦标式之竞赛，实有极重大之教育意义。深盼全国之教育家及贤明之父兄，共起提倡，并予以有力之赞助。

至于征文之一切详细办法，均载今日本报教育新闻栏内，幸检阅之。

原载《申报·时评》，1932年7月1日。

【注释】

①原文署名“彬”。

再论“剿匪”与“造匪”①

隔昨一评，吾人既已引述剿匪将领之报告，与中央要员之谈话，以证实平民之从“匪”者日众，与“匪”势之日益张大，为由于不良政治之所驱使矣，实则贪官污吏与军阀之鱼肉人民，以及病民政治之荼毒，尚不止于此政治之黑暗与人民疾苦之深重，其有非吾人想象所能及者。

中委居正氏曾谈：“全国除浙、粤、鲁外，其余各省全种鸦片，种烟县份，勒收烟苗捐达数十万至数百万。”实则勒种之外，尚勒销勒吸。又如上月二十七日汪精卫氏在中央纪念周演说云：“例如某某省政府不许人民种鸦片烟、卖鸦片烟，而他一人独种独卖鸦片烟。烟苗遍于全省，都是他私人所有，及至鸦片太多了，便提炼海洛英。这种鸦片公卖，不但亡国，简直是灭种。”此鸦片之毒害人民，间接即所以造“匪”也。

复如苛捐杂税，在名义上政府虽已明令废除，但按其实际，则有增无减。军阀割据，各行其是，初非中央之统治力所能及。捐税重重，花样繁多。如四川田赋已预征至民国三十年，捐税更多至数十种。如广东由连江运柴至广州，护费重重，苛抽累累，柴船每艘捐输达五百元，空船返运，亦须二百元。就此一事，即可例其余。如江西捐税，亦达十六七种之多。如湖南捐至无可再增，则又巧立名目，创立所谓“良民捐”，发《良民证》，以明其非“匪”。总之，此种情形，实遍全国，上自地方长官驻防军队，下迄团防土劣，但求饱私囊，快私欲，决不惜掘土三尺，榨尽人民之血肉。一家欢笑，万里号哭此又苛政之荼毒人民，间接即所以造“匪”也。

更如一部分“剿匪”军队，剿匪其名，而剿民其实。有“匪”之区，军队辄观望不前，避道而行，避无可避，则全师而退，以枪资“匪”。如最近张贞所部之在漳州望风溃逃，陈调元所部四十六师之在合肥全部瓦解，即其例证。迨“匪”退却，始探望前进。每到一地，无辜农民、纯良青年，每被指为“匪”类，勒索罚款；勒索不遂，即横肆屠戮。则又以此谎报邀功，不曰俘斩若干，即曰收复某地；不曰“匪”溃不成军，即曰我军追踪挺进。实则兵之扰民，尤甚于“匪”；民之畏兵，亦甚于“匪”。兵到之处，不能抚辑流亡，安定秩序，甚且逃亡日众，十室九空。所谓“匪梳兵篦团防剃”，实为最真实之喻言。此更军队之荼毒人民，间接亦即所以造“匪”也。

政治黑暗如此，蚩蚩之氓，如沦地狱。是正即所谓“官逼民变”。官逼民变，民安得不变。既逼民变，复从而围剿，事之可悲，孰逾于此。吾人诚欲为此万千无辜横死之同胞极口呼冤。

人祸之荼毒，既已如此；而天灾之惨重，则更惨绝人寰。前年西北大旱，去岁全国大水，江南河北元气未复。据五月二十二日国闻社郑州电：“鹿邑柘城，春粮告竭，死亡枕藉，惨不忍睹。鹿邑朱恺店、老鸦店、宁平镇、泽民镇、桑园集，均立人市，年轻妇女人值十元，幼童仅值千文。孩提婴儿，抛弃遍地。某家一家三口，五日内食洋车胶皮一付。某姓老妇六十日食麦秸一筐。僵毙饥民，即遭分食。某妇买一馒头，即以小姑为质。”复如徐州灾民所编之饥民歌有曰：“饱汉不知饿汉饥，称贷无从只呼天。”“石粉树皮并河草，枵腹取之浑下咽。”“逼到无法售儿女，相离临去最辛酸。”凡此惨象，诚旷古罕见，是果为人间耶？抑为地狱耶？民荒如此，安得不乱。故无锡素称富庶之地，乡区竟于五月底六月上旬两星期间，发生抢米风潮五十余起。湖北汉川一带，青苗树皮，都已吃尽。民无以为生，即多附“匪”。总之奋死求生，人之常情。灾区即“匪”区，此又“匪”之所由生，“匪”势之所由日益张大也。

政治如彼，民生如此。不改革政治，不安定民生，而欲以枪炮驱逐饥寒，剿灭为饥寒迫使走险之良民，是果能有效耶？老子曰：“民不畏死，奈何以死惧之。”实则民非不畏死，特既遭饥寒之苦，更迫于枪炮之屠戮耳。向使革命而后，政治日即于清明，民生日即于安定，则吾人敢断言“匪”决无由而生，“匪”势更无由而日益张大。所以致今日“匪”患弥漫全国者，咎究谁属？政府诸公其一反思。

尤有进者，所谓“匪”者，即扰害地方鱼肉良民之意。是则今日勒种鸦片，公卖鸦片，勒收苛捐，搜刮民财者，迹其所为，为无一不积极“造匪”。“匪”而应剿，则此辈“造匪”者，固独不应先为剿灭乎？然而今日事实上，则“窃国者侯，窃钩者诛”。此又吾人所大惑不解者也。

总之，政治如不清明，民生如不安定，则虽十次武力围剿，亦必无功，此为定理，绝无可疑。至于如何以澄清政治，如何以安定民生，容当续论之。

原载《申报·时评》，1932年7月2日。

【注释】

①原文署名“彬”。

中大学潮平议①

迩年以来，我国学潮，汹涌澎湃，愈演愈烈。国立学校，或经费无着，或负责无人，大都陷于混乱状态。不久以前，北平各校以拒长与争经费种种问题，掀起绝大之风波，迄今犹未解决。兹则全国最高学府中央大学，复以拒绝段教次代理长校，终至行政院以明令解散闻。

此次中大学潮发生之根因，仍为由于经费无着。故自朱家骅氏去职，校长问题亦迄未解决。此次段氏，奉命代理长校，到校接收，少数校生以其不合人选标准，且又与前次在行政院请愿时汪精卫氏书面答复之结果相反，遂群起拒绝，段氏遂遭殴辱，而酿成目前全体解散之惨象。夫以曾受高等教育之学生，竟出之以极野蛮之手段，学校成为演武之场，此诚为极可悲之现象。

虽然，吾人将以此次学潮之责任，尽委之于学生乎，是则不能。迩年来学潮之所以愈演愈烈，初非偶然，要当以外患之刺激，政治之混乱，生活之不安，实为学潮之根因。吾人前已数数言之，政治而不澄清，则一切皆陷于不安定之状态，无整饬之可言，固不仅教育而已。青年血气方刚，情感所激，举动容有乖张之处。然而挽救之道，与其责之学生，毋宁归诸政治本身。抑且莘莘学子，处于目前内忧外患交相煎逼之情势下，不能安心求学，抑已可悲，吾人复何忍更加以苛责乎！

至于中大此次学潮，依据事实之分析，则尤不能独责学生。中大全国之最高学府也，以全国之最高学府，而最低限度之经费，亦积久拖欠。学校当局，索讨无着，教职员请愿无着，学生一再呼吁亦无着。各种事业，无从进行，此复成何景象。夫以号称地大物博之国家，而竟至无法维持一最高学府之经费，坐索立讨，有若市场，使教授不能安心于其所事，因而学生亦不能安心于其所学。此则政府所不能辞其咎者也。

次之，迩年教育之日益败坏，最大根因，为由于官僚主义之侵入，盖毫无可疑。教育为专门事业，段氏现任教育次长，如曰尽职，则处理部务已无余暇，更何能兼摄中大校务？政府不觅妥人于教育界，而必委之于现任官吏，则又何说。同时更据段氏呈报中有曰："窃当钧院第四十五次会议决议派职暂代中大校长时，职曾以中大为国家最高学府，必须慎择德望素孚，及富有教育经验之人，以为校长。职自审不敢当此重任，经以再四坚辞。"是则段氏亦早已自审其不克当此重任，而向政府坚辞至再至三至四矣。以自审不克当此重任之人，而政府必畀之以重任，强人以所难能，卒以酿成此次之不幸事件。是则政府不仅负中大，抑亦负段氏。犹记去冬政府委任桂崇基为中大校长，亦曾引起一场武剧，前辙未远，今轨又覆。此又为政府所不能辞其咎者也。

今一切之责任，都归之于学生矣，学生已有多人被拘矣。最高学府亦已明令解散矣。为整顿学风计，为整顿教育计，在政府或亦持之有理。独是以极少数学生之举动，竟不惜牺牲全国最高之学府，不惜牺牲全体二千余学生之学业，勒令学生三日内一律离校。且对于毫无关系之教授，亦多数牵涉。自吾人视之，似未免失之过严，或且为得不偿失。

尤有进者，据汪院长日前演说，谓"某省省政府不许人民种烟卖烟，而他一人独种独卖，烟苗遍全省，都为他一人所有"。又如张贞在漳横肆骚扰；陈调元所部四十六师在合肥荼毒地方；更如陈济棠攻琼，政府如诚欲整饬纪纲，树立威信，则此种烟之某省，祸漳之张贞，祸皖之陈调元，陈济棠之用兵，独不应加以膺惩乎？于此种大问题则装痴装聋，置不闻问。独于中大之学生，则有若奋雷霆之震怒，解散学校，雷厉风行，毫不假借。是毋乃为重其所轻，而轻其所重。故吾人深盼政府体念中大缔造之艰难，对此次风潮善为处置。尤深盼政府转移其威权于政治之远者大者，而勿操牛刀以割鸡豚。

原载《申报·时评》，1932年7月3日。

【注释】

①原文署名"彬"。

三论“剿匪”与“造匪”①

“匪之”所由滋生，“匪势”之所由张大，及“匪”之不可以武力剿灭，夫人都已知之矣。然则真正“剿匪”之道究如何？曰在于“澄清政治，安定民生”。请毕其说。

最近报载蒋介石氏在牯岭对各军政长官训话有曰：“剿共不能专靠武力。这次剿共要用七分政治，三分军事。总要政治上有办法，政治上轨道，剿匪方可成功。政治上最重要的是求政治的清明。要清明政治先要赏罚严明。”

必澄清政治而后“剿匪”方可成功，蒋氏亦已言之矣。虽说澄清政治，固未易言也。今日政治上之所以纷乱，其最大之症结，即为贪污，为不廉洁。从政人员之能洁身自好者，实如凤毛麟角。上自政府要员，下至地方警察，大抵都惟知私利是竞，于国帑则予取予求，公私不分，于人民则搜刮榨压，备极惨毒。卖官鬻爵，贿赂公行，病民祸国，概非所计。举例而言，鸦片公卖，已成公开之秘密；税局黑暗，亦为无可隐讳之事实。吾人但看今日之一入官门者，即成富翁，一钱一物，无不来自民间，无不为人民之血汗。官愈肥而民愈瘦，一家笑而万家哭，此种黑暗政治，殆为旷古所罕见。故今日而言澄清政治，其最先之要着，即为澈底肃清贪官污吏，建设廉洁政治。杀一贪官污吏，实胜于动员一师“剿匪”军队。整饬一师之军纪，不欠饷，严加训练，使其自身先不匪化，则又胜于动员十万“剿匪”大军。盖今日之事，与其积极“剿匪”，毋宁消极不“造匪”。而惩治贪污，整饬军纪，正即所以杜绝“匪”之来源也。

次之，“匪”之所由滋生，及其势之所由张大，吾人前已言之，为由生活之逼迫。今日农村之破落，与农民生计之艰难，实已至极巅。湘鄂赣豫皖诸省固无论矣，即素称富饶之江浙，今亦凋敝不堪。蚕丝为江浙出产之大宗，今已一落千丈，不可复振。养蚕之家，无以糊口，多仰天痛哭。又以累岁荒歉，民食艰难，势惟有仰望外米之接济。夫以夙称以农立国之国家，而衣食皆仰给于外国，是则此不仅为严重之农村问题。实即为我民族之生死问题，农村既呈江河日下之势，则迫于生计铤而走险者亦日以加多。故不安定民生，决无以绝“匪”滋生之根源。而欲言安定民生，则又必以解决农村问题为最要之先着。

总之，今日之所谓“匪”者，与其谓为由于共党政治主张之煽惑，毋宁谓为由于政治之压迫与生计之驱使。政治如不改革，民生如不安定，则虽无□□煽惑，紊乱终不可免。历史上之黄巢、李自成、张献忠，以至袁世凯时代白狼之乱，即其例证。故今日“剿匪”为扬汤止沸，澄清政治安定民生，乃为釜底抽薪。此次“剿匪须用三分军事七分政治”，吾人深盼政府有以实践其言，吾人深盼此七分之政治能见诸事实。

原载《申报·时评》，1932年7月4日。

【注释】

①原文署名“彬”。

改造教育私议①

迩近国内远虑之士，怵于学潮汹涌澎湃，愈演愈烈；文盲遍全国，失学青年与儿童数，且日益激增。教育江河日下，日即于窳败与破产之悲境，国家前途，危机隐伏，于是而改造教育之呼声，乃应时而兴。月前中委陈果夫氏曾提出《改革教育初步方案》，认为今后应重订教育方案，造成若干适用之人材，以应付此非常之环境。因而主张今后大学单设农工医科，中学注重数理化，小学注重国文算术，以实现“技术的教育”与“实用的教育”。继复有教育界耆宿某先生主张今后之教育，应为“创造之教育”，次乃为“技术的教育”。其言曰：“必先社会有此需要，然后设置此种教育，则学用始能相符。”即舆论界对此一问题，亦多提出种种改造之方案，冀以挽救我国家前途之大难。在举国营营逐逐，惟利是竞，惟权是争之混乱情势下，而尚有人注意及此深关民族命脉之教育问题，斯诚不能不谓为一差堪欣慰之现象。虽然，兹事至关重大，改革尤非易言，是必全国远识之士，共起商讨，集思广益，庶几可望此窳败破产之教育，觅取一起死回生之良剂。吾人则亦愿抒其管见，献为刍议。

在陈述改造方案之先，吾人请一检视今日我国教育窳败情况。吾人初非故意暴露丑恶，但事实上今日教育已濒绝境，如再“讳疾”，终且莫救。惟勇者乃能承认事实，亦惟勇者乃能从事实中谋生路。吾人之用意，亦即在于体认并把握当前窳败之事实，更从而探求“改造”之坦途。

我国今日果尚有教育可言乎？殆无人敢断然作答。以言教育之方针，则无方针可言也。以言教育经费，则亦长年拖欠也。政府视教育为敷衍门面之工具，社会亦视教育为但种恶因之赘物。远识者但有浩叹，近视者则更漫不措意。而置身教育界之人士，亦多数为生计所迫，为政治恶势力所困；甚且有冒充教育家而争夺教育一席地，为猎取官位之梯阶。夫然故小学教育日益衰落，义务教育更无推广之望，成年文盲固无逐渐减少之可能，而青年与儿童更日被挤入文盲之群。凋敝之农村，固无论矣。即城市之儿童教育，殆亦无确定之方针与经费可言。在愚笨保姆之怀抱中，在武侠神奇之书摊旁，儿童教育事实上已一息奄奄矣。再如中学，本应有其独立性，即其目的不仅在于为升入大学之准备，而尤在于养成健全而能独立生活之国民。然而今日我国之中学，大抵都与社会实际生活相隔离，学生之前途非所问，不健全之国民将因而造成，亦非所计。不导引学生与社会实际生活打成一片，但拉其出社会，走入虚骄奢望无能无用之绝途，斯则又为今日我国内中等教育最应改革之现象也。至于大学教育，言之尤令人痛心。大学成为政治角逐之场所，学生成为利用躯策之工具。教育重任，不求专材，但问党派，彼派起则此派争，于是学潮乃因而掀起。学潮既起，弭止无方，则复以政治力量高压。其在学生本身，则亦大都徒知骄纵奢侈，徒知借大学以装饰门面，以猎取功名，何为而学，学将安用，都非所计，优游歌舞，相习成风。其真肯潜心于其所学，则群诋为书痴；即所学有成，而社会亦不得其用。尤有甚者，教育之等级愈高，其独占之势亦愈显。中学年需一二百金，已非中产以下之子弟所能插足。至于大学，则贫寒之子弟，尤惟有望洋兴叹。此种独占式贵族化之教育，欲求其发展，欲求其奠定我国家之新基，更宁有可能。

总之，我国今日之教育既无方针，复无计划。教育为官僚主义所劫持，但为政治争斗之实习，但为铸造高等游民之洪炉。故今日而再不断然予以改革，则危机既成，我民族之灭亡，殆真不必待诸十年以后矣。

原载《申报·时评》，1932年7月6日。

【注释】

①原文署名“彬”。

再论改造教育①

日昨所言，犹为教育行政与学校行政之表面现象。今请更一剖析迩年来我国之教育思潮。

迩年来我国之教育思潮，至为庞杂，亦至为矛盾。换言之，即无足以领导时代之中心思潮，而惟日在窳败之旧轨上进退回转。趋新既未能，守旧又不可。于是教育之作用究为何？教育之方针究应如何？教育之当局者乃益迷惘不清，无从把握。

由于外患之刺激，与先进资本主义国家物质文明之引诱，迩年来我国教育之倾向于欧美资本主义国家“谋国”与“谋生”同时并进之教育，至为显然。或取法美国，或模仿日本，或采用欧洲，尽量搬演，盖都已极尽鼓吹之能事。但在另一方面，则复有人迷恋旧社会之僵尸，提倡复古教育，提倡中国固有道德。以故迩年来教育上之复古与趋新，无日不互相扞格矛盾。前进一步，辄后退两步，进既不能，退复不可。于是终乃困颓于迷惘无所适从之境，而日即于窳败与破落之途。

然则致此之因究何在乎？第一，我国本为一小农制度之国家，家族观念极重，国民性偏于保守，而社会经济则又不如资本主义国家富力之集中于少数人，有坚强之组织。富力分散于全国，人但以家给人足为生活之理想。对于政治则抱“不在其位，不谋其政”之观念。故其对于教育之要求，亦惟在于崇古训，保家族，修身齐家，步武先哲。其欲望之较奢者，则亦不过为“光前裕后，扬名声，显父母”。此与先进资本主义国家自由竞争，鼓励个人向上，鼓励国民向外发展之教育，自根本扞格，不能强同。次之，我国为列强政治与经济侵略下之半殖民地。以列强经济势力之伸入，社会经济既日濒破落，国民生计更日趋艰难！复以列强之扶植我国军阀，助长我国内乱，我国政治亦长陷于混乱之状态，而未由步入轨道。社会经济如此，国民生计如此，而政治之混乱又如此，是即欲步武资本主义先进国之后尘，模仿资本主义之教育，其结果亦不过徒为搬演主义，高唱原理，学其皮毛，而忘其实质，本为画虎，翻乃类狗。提倡科学而国家不得其用，提倡职业而社会无可插足，终之科学教育与职业教育极力提倡，而普通文科与法科之学生，则反日益增多。提倡之初衷，与其结果适得其反。其故何在？则以我国产业不振，学科学与职业者，即学而有成，亦无所用。反之，学普通文科及法科者，则反可以夤缘仕途，转入政治舞台，而成为新官僚政客。官僚政客愈多，政治愈混乱，而教育则愈难进展。资本主义之教育终于可望而不可即。趋新教育之结果既如此，主张复古者自更振振有词，于是欲救国家，必先"正人心"之说，乃应时而兴。如何而正人心，则提倡固有道德是。复古与趋新既两相牵制，两相争持，复益以各种新思想新学说之激荡，与现实残酷事实之刺激，于是而学生不能安心于所学，且根本认学为无用，学潮乃从而滋生，汹涌澎湃，不可遏止。

处于此种情形之下，政府自身亦茫然无所措手足。固有道德既不能遏制学潮，欧美式之新教育，亦不能牢囿青年。而军国主义之教育，则更复有所顾虑。无已，则惟有以本为助长教育动力之政治力量，反用以破坏教育。然其结果，则压力愈大，而反抗力亦愈大，学潮且愈演而愈烈，终不以高压而弭止。此目前我国教育之所以陷于不堪闻问之境也。

原载《申报·时评》，1932年7月7日。

【注释】

①原文署名"彬"。

我国教育之出路①

我国教育之窳败情状及所以致此之因，既已陈述如昨前两评矣。然则欲谋改进，道究何由？

吾人认为教育之本身，本为一种工具。如何使此工具能得其用，用而利于社会，利于劳苦大众，斯乃为最重要之关键。吾人更认为自封建社会以至资本主义社会，此一工具，完全为统治者所操持，其利亦仅及于少数之统治阶级。换言之，即统治者为巩固其统治权，为造就定型社会之承继者，在支出最大部分之军费与政费之外，更划出一小部分之经费，以行使其另一方式之统治政策，作用盖极巨大。职此之故，在封建社会与资本主义社会，教育常为极少数人所私有，所专利。“士之子恒为士”，而“农之子则恒为农”，教育徒为保守，非为创造；徒为维护统治者并发扬统治者之势力之手段，非为开辟新天地，增进人类幸福之动力，此为今日教育所以窳败不健全之症结。吾人今日而言改造教育，亦应以此为归结。

改造之先决问题有二：一曰教育之方针，应绝对的以推进社会，创造新天地，增进全人类之福祉为依归也。盖吾人今日如仍视教育为一种统治工具，为少数人之专利品，为保持定型社会之手段，则在此定型之基础上，而欲改造教育，使其臻于完善，利及大众，断无可能。假如能确立此种教育方针，则教育上之贵族化与商业化之现象，当可逐渐消灭，而同时文盲可以逐渐肃清，国民之智能可以自由发展，文化更可以加速之步武前进。为达此目的，政府则尤必尽可能的缩小其扩张军备之费用，以从事于教育之推进。城乡图书馆之推广，科学馆之创办，孤儿院之设立，他如扶助推广民众教育之剧场、电影、无线电等之设备，义务教育与强制教育之厉行，以至全国各级学校之完全免费，皆为必不可少。此为今后吾国教育从濒死之状态中复活之出路也。

二曰中国教育应求其“中国化”也。我国之为列强共同侵略下之半殖民地，及经济落后产业不发达之国家。吾人既已陈述如昨评，惟其如是，故我国而欲步武资本主义国家之教育，是为徒劳。充其可能，亦不过徒为搬主义背原理，学得其皮毛而已。盖中华民族，如不能摆脱国际帝国主义者之束缚，求得其自由，则我国社会，终始决无前进之可能。次之，产业如不能发达，社会经济如不能改善，则教育之推进，艰难亦多。故今后之教育，应着重鼓舞国民之民族自觉，锻炼其解脱民族束缚，争取民族之自由平等之政治意识与斗争精神，以适应未来之伟大时代。复次，则应着重生产教育，为改造我国经济之准备。不过吾人此后之所谓生产教育，非仅着重在个人主义生计之解决。而吾人之目的，则在于造成富的社会，富的人也。为达此两项目的，则政治之训练，与科学之提倡，使学校与社会之实际打成一片，尤为必要之课程。此又吾人今日言改造教育所应注意者也。

原载《申报·时评》，1932 年 7 月 8 日。

【注释】

①原文署名“彬”。

再论中国教育之出路①

昨评所陈，要为原则。今请更就此原则以规定实行之方针。

为使教育能臻于社会化与大众化，第一全国各级学校必完全免费。在清代学生入学，不仅不纳学费，且有膏火可得。其科举制度，虽不可为训，但此种免费制度，要尚有可取者。即光绪二十八年张百熙奏订学堂章程，二十九年张之洞等改订学堂章程，亦都不征收学费。至光绪三十二年两江总督周馥咨称："学校收取学费，为东西各国通例。"而征收学费之章程，乃于以确立。时至今日，小学每年费数十金，中学费一二百金，而大学则达五六百金。金筑之校门，事实上惟豪富之子弟乃能跨过，而占绝大多数之劳苦大众子弟，则惟有仰望龙门而长叹。事之不平，孰甚于此！故今后各级学校，应一律免收学费，俾劳苦大众之子弟，得都有求学之机会。而同时为使学费之免收，无碍于教育之进行，则教育经费尤必尽量扩充，确定其来源，并使其绝对独立。对于各级教师之待遇，亦必竭力改良，并保障其职务之安全，使其得以安心努力于其所事。其他如限期推行无偿的义务教育，肃清文盲运动，都应作整个之计划，切实厉行。此其一也。

次之，为使中国之教育能"中国化"，不徒为抄袭欧美教育之皮毛，则第一必使教育与实际生活打成一片，尤必使教育与政治不相分离。故今后必普及政治教育，提高人民之政治水平线。政治教育之施行方针，则应使其能从日常生活中认取政治现状之缺点，并认取社会之前途。同时更养成其集团生活之创造精神，锻炼其解放我民族，甚至解放全人类之奋斗意志。换言之，即养成其推进历史，创造新社会之能力，使下一代之国民，不为旧时代之承继者，而为新时代之创造者。为使教育与实际生活打成一片，则应切实推广农业教育，劳动教育，职业教育，幼稚教育，使劳苦大众及其子弟，能受必需之教育，使所学能得其用，同时所用亦得征之于学。一言以蔽之，举凡自然科学之教育，必以实用为着眼点，绝对防止教育之脱离社会而陷于空谈。所谓实用，即为改进我国家破落之经济，并增进我国家之生产力，改善人民之生计。易言之，即使教育接近我国固有之经济情况，以增加生产为中心目标。此其二也。

如上所述，要皆为改造我国教育之要道。循此以进，我国教育之出路，或亦即在于兹。

原载《申报·时评》，1932 年 7 月 9 日。

【注释】

①原文署名“彬”。

学者会谈救国①

最近行政院长汪精卫为研究教育、经济、外交、财政等问题，特邀集国内“学者”“名流”胡适之、丁文江、陶希圣等三十余人莅京，举行谈话会。此次集议，据云仅就私谊立场，以学术专家研究态度，贡献意见，并不受会议形式之拘束。政治当局为广征民意，博采舆论，对于某一艰难问题，征集全国学者共同讨论，交换意见，本为极寻常之事。独是徒有会议，从不实行，空谈阔论，无裨实际，此为我国政治上之大病。古有云“为政不在多言”。吾人谨就此点一陈所见。

我国今日诚已临到非常之时期，言经济则凋敝不堪，言教育则窳败已极，言财政则已至山穷水尽之窘境，言外交则更惟有任人操持，任人宰割。国势至此，是诚惟有集合全国人民之智力，以共谋此非常时期之打破。初不容以此重任，独责之于少数之政治当局。但自东省祸发迄今，全国人民，对于如何改革内政，如何树立外交方针，亦已尽所欲言。如树立廉洁政治，如以自力谋自卫自救，泣血呼吁，实已举国同声。如曰博采民意，则是即舆论也，即民意也。政府如能本此民意努力，以谋当前艰难之打破，则何至目前日即于艰境，浸且不能自拔。不能接受真实之民意，而欲从“学者”“名流”之清谈中，谋民族之出路，斯亦异已。

即以会议而言，东省祸变而后，殆亦无日不会，无日不议。举其大者，在党有统一和平会议，二中三中会议；在征询民意，亦已有“群贤毕集”之国难会议。每一次会议，于内政外交无不成立决议，定有方案。同时每一次会议之后，政府昭示人民，亦无不曰内政外交都已有具体办法。然而事过境迁，则此所谓具体办法，从未见诸事实，而长被搁置纸上。迨一时清夜梦醒，或迫于事实，则又仓促征集“学者”“名流”，仓促集会，而此种种之问题，又重新提付讨论研究，则又照例成立决议，定下方案。会议日多，方案日积，而国难则终始原封未动。清谈误国，得毋类是。吾人诚不敢谓今日行政院召集“学者”“名流”讨论种种问题为非是。但吾人敢问和平统一会议、二中三中会议，以及国难会议所决议之方案，进行已至若何之程度？如决议早已掷诸字篦，方案早被遗忘，则今日之集议，殆为无谓，或更且近于儿戏。蒋介石氏日前在庐山对各省军政长官训话，谓今后为政，应“快做”“硬做”“实做”。吾人今亦敢以此语恭献诸当局。

抑吾人尚有未能已于言者。迩近关于解决东北问题之方针，传说纷纭，有谓将划东省为自治区者，有谓东省将由中日共管者，更有谓将实际承认二十一条者。虽传说不必真，但我人民则不无疑惧。同时此次会议，胡适之氏亦被邀列席，胡氏在独立评论第五期上发表对日外交方针一文，提出纲领九项，其最要者为：

中国政府应该表示愿意依据十月中日本在国联提出的五项原则，进行与日本交涉东三省的善后问题。

中国不妨自动的主张东三省的解除军备，中国与日本、俄国皆不得在东三省驻扎军队。

关于铁路的争议，应该由两国铁路专家会议，依据现有各种条约，作切合事实的协商。

关于土地商租的问题，中国应该要求在政治改良与司法革新的条件之下，日本臣民在东三省居住或经营农工商业者不得享受领事裁判权。

中日两国缔结的新条约，不但应该解决积年久悬的争端，并且应该远瞩将来，确立远东两大民族可以实行共存共荣的基础。

胡氏此种主张，实即变相的放弃东省，实际的承认二十一条。换言之，即于张学良以不抵抗主义陷东北于沦亡后，复加以条约上之保障。如此学者之见解，与其谓为超越一般人民，毋宁谓为真正民意之障碍。如此外交方案，与其谓为“实际的救国”，毋宁谓为“永远的误国”。此绝非我人民之公意，更非我人民所敢赞同。此又为吾人所不得不向政府当局郑重声明者也。

原载《申报·时评》，1932年7月10日。

【注释】

①原文署名“彬”。

改革高等教育之管见①

迩近教育界连续举行两次重要之集会，一为教育部召集之国立专门学校以上校长会议，另一则为教育界自动举行之高等教育问题讨论会。后者于十四日开幕，以其纯为自动自觉，故较前者意义尤为重大。

在讨论会开幕第一次会议席上，沪大刘湛恩校长致欢迎词，曾大声疾呼，谓“我们对于高等教育要切实的改革”。此种改革教育之呼声，自觉的发出自负有绝大使命之教育家，实为一至可喜之现象。教育家而能自觉自动地改革教育，则我国教育前途光明，正自可期。

吾人对于教育，前此本已数次提出改革之意见。当兹盛会，辄又觉不能自已于言，爰再陈所见，借作讨论会诸专家讨论之资料。

吾人认为今日高等教育最不良之倾向，一为贵族化。高等教育以费用昂贵之故，几于完全为少数富贵之子弟所独占，而贫寒之子弟，则惟有望龙门而长嗟，金筑校门，永永无由跨过。此种教育上极端不平等之现象，一日不铲除，则教育将永无推进之望。此应澈底改革者一。次之，教育工厂化，亦为今日高等教育不良倾向之一。所谓工厂化者，即今日之高等教育于社会之需求，与学生之出路，初无整个之计划，或且竟未计及，其结果遂如工厂中无政府状态之生产，但知继续不断地增加其产额，而不顾产品之销路若何。学生离校，遂茫无所之，而所学亦未能应社会之需求，教育之效率，乃几等于零。此应澈底改革者二。复次，今日教育之商业化，亦为不可掩饰之事实。师生间之关系，纯为知识之贩卖，教者但知搬洋八股，开留声机；而学者则亦仅知埋头于死的书本中，或借大学之名义，以炫耀其乡党亲友，甚且放浪奢靡，无所不为。此种商业化之教育，不仅根本有背乎教育原理，抑且使师生感情日相隔离，不能打成一片。此应澈底改革者三。

吾人更认为教育即为政治中之一部分，绝对不容与政治分离。有言教育可离政治而独立者，非公开说谎，即为一种愚民之阴谋。数年前张伯苓先生自美归国，尝云：“曩日我办南开，欲划一小范围，与政治隔离，以为如此则学生可以不卷入政治之漩涡，嗣乃知此种方针，实为大错。盖事实上既绝无可以离政治而独立之教育，抑且政治如不上轨道，则教育亦将永无整理之可能。学生平时既不知政治为何物，毕业后自惟有为恶政治所支配，而无力改革政治。”张氏斯论，诚为切要之言。

以故吾人于指陈今日高等教育应澈底改革之三点外，更提出两点建议：一为今后高等教育应养成富于创造性革命性之学生，绝不容继续造出继承旧社会之驯奴。应使学生皆能发扬其生命之力，成为新时代的开辟者，至少亦应使其能适应时代。五四以来之大学生及留学生，今多数皆已投入军阀与帝国主义者之怀抱，以攫食其残余，而一反其曩日之言论与主张。此则吾人今日所应引为殷鉴者也。其次，则今后之教育界必努力争取学术上之自由。吾人今日思想与研究，遭受非常无理之禁锢，实为教育之进展上之大障碍。蔡孑民先生曾有言：“大学以思想自由为原则。……大学教授所发表之思想，不但不受任何宗教或政党之拘束，亦不受任何著名学者之牵掣。苟其确有所见而言之成理，则虽在一校中两相反对之学说，不妨同时并行，而一任学生之比较选择。此大学之所以为大也。”吾人今日之所遭遇者则何如？在极度的禁锢之下，吾人所处之大学果能为“大”乎？如其不能，则争取思想之绝对自由，要亦为今日教育家应有之努力。

时当溽暑，吾人深盼讨论诸君子之心常热。更深盼所讨论之提案都能一一见诸实行。

原载《申报·时评》，1932年7月17日。

【注释】

①原文署名“彬”。

敬告今年的大学毕业生①

在迅速得如像白驹过隙一样的时间之波流中，目前是已临到了暑假——一个学年的尽头。

就在这几星期之中，全国各地大学校又将有大批学生毕业而出，除了一小部分能继续求学而外，其他大部分必然的将从此终了其黄金时代的学生生活，而开始踏进社会。

然而在诸君提起脚踏入社会之先，诸君对于自己是否曾有过一番整个的打算呢？换言之，你们准备做些什么呢？

这里，我所说的自然不是问诸君将怎样去寻觅职业，怎样去谋得衣食，或者是怎样走上新政客官僚之路。因为这些都是“个人问题”，都不是我现在想讨论的问题。我所问的是在于怎样体认这个动荡的时代，这个破落的社会，这个多灾多难濒于危急存亡的国家；同时，更怎样体认自己所应负的使命，打算做一个怎样的人。

不错，“个人问题”，并不能不算是一个急待解答的问题，也许在诸君对于“职业”“生活”以及“个人出路”等问题，看得更为迫切，更为重要。但事实上，“个人问题”是只有放在整个社会问题之中，才能找得其依据；同时，亦惟有在整个社会问题获得解决之后，个人问题也才能解决。在目前破落崩溃动荡黑暗的社会里，失业、饥寒、刑罚、死亡，时时围绕在每一个人——除特殊阶级而外——的周遭，在大众失业的唏嘘声里，在大众饥寒的哀号声里，诸君的职业，诸君的衣食，能够单独解决吗？即使暂时能，但终于不过是“暂时”。所以我说“个人问题”，只有在整个社会问题获得解决之后，才能解决。于此，诸君当可以看清自己的地位，并可以认清个人在痛苦的大众中所应负荷的使命。

依据于去年教育部所发表的统计，全国仅有大学三十四所，专门学校十六所；大学生仅一万二千二百二十五人，专门学生二千一百六十八人。以我国全人口四万万五千万人为比例，九百万人中才有大学一所，三万一千一百三十五人中才有大学生一人。诸君能在三万余人中争得一个受大学教育的机会，那末诸君已经是很幸运了。但三万余的多数人榨取其血汗，以供给诸君受大学教育，这与其说是诸君幸运，毋宁说是正所以显示诸君使命的加重，诸君是社会的优越份子，眼前正陈列着许多问题，切盼着诸君动手做。

“认清时代”，“认清自己”，这是诸君应时时记着的两句话。时代很显然的是在转变。空前的经济恐慌，已使这世界感到空前的苦闷。在我国内，则由于九一八以来外敌之压迫，与内政之愈趋于混乱，社会经济日益破落，人民生计亦日益艰苦，社会亦正在转移其动向。这是一个非常的时代，也是一个伟大的时代。在这非常的伟大的时代里，诸君将怎样处置自己呢？换言之，诸君是打算把自己作成一种怎样的“力”呢？——是推进时代的“力”呢？抑是障碍时代进展的“力”呢？

“信仰”是真实的觉悟，也是生命力之泉源。在认清了时代，认清了社会之后，诸君尤必确定自己的信仰，遵依着你自己的信仰去努力。否则，你便将如盲人骑着瞎马，在黑暗中乱窜，或者是你践踏了别人，或者是别人践踏了你。

我认为目前是已临到了空前动荡的阶段，中国尤其是已临到了空前腐乱的阶段，诸君必须从经济的观点上去体认大众生存的出路，同时勇敢地把握自己的出路。悲与愤，伤感与颓唐，都是无用的，其结果适都等于自杀。

当诸君开始踏进社会之先，我谨献与诸君这一点意见，并敬祝诸君奋斗的新生活之开头。

原载《申报·时评》，1932年7月19日。

【注释】

①原文署名“彬”。

晓庄同志应该有开疆拓土的精神

——与戴自俺的一次谈话

（1932 年暑期中的某天，陶行知与戴自俺谈工作）

陶：现在河南向我们要一个人，你可愿去？

戴：河南什么地方？什么学校？去干什么？

陶：一所省立乡村师范（即河南百泉师范——编者注），还设有一个师范专修科，他要请我们的一个人（指晓庄同志）去担任该校的研究实验部主任。他们打来一个电报，本来指定要请宗麟先生去的，可是，张先生已经答应到广西桂林师专去了。我的意思，你到河南去怎样？

戴：回上海后，我已经看望过张先生，知道广西还要人，我已经答应张先生，愿意跟他一起到广西去。我想，能再跟张先生学习一段时间，对我比较合适。

陶：分开来：张先生去广西，你去河南。我跟他（指张先生）说明我的考虑。

戴：一个人单枪匹马干，我怕不行。我想还是跟张先生一段时间比较好些。

陶：你为什么这样考虑问题？

戴：我刚出学校不久，远离你们，有些胆怯。跟张先生去，当然好些。

陶：啊！原来你是想着“大树底下好遮荫”，可是？

戴：正是！——不，也不完全是！一心只是想再跟张先生多学一点东西。我想，再跟他两三年，锻炼锻炼，我再自己单独闯去。

陶：这个想法不对！一棵小树躲在大树底下生长，阳光、水分、雨露，都要受到一定的限制。大树底下，小树是不好生长的。小树应该有一块能让自己自由生长的土地。

戴：这样的担子，您看，我能行吗？

陶：我看可以。你忘了吗？“天赋两个宝，双手与大脑。宁做农与工，联合辟荒岛。”晓庄同志应该有这种开疆拓土的精神。

戴：陶先生，您认识那位校长吗？

陶：原来不认识他，经朋友介绍来找到我们的。我不是早说过吗："晓庄的种子已散遍了全社会，在人所不到的地方，已经有了晓庄的生命。”你去吧，大胆地去吧，人家不了解我们，不相信我们，绝不会来找我们。我们的同志，只要有一个人到了一个新的地方，就会出现一个新的晓庄。我早说过了，蒋介石是永远封闭不了晓庄的。

出自安徽省陶研会编《陶行知一生》，湖南教育出版社 1984 年版。

不是“费心”是“关心”

——同百泉师范校长的谈话

晓庄学校短短三年多的经验，我们摸索了一些办革命教育的经验。几年来，在办教育上，我们孤军直入，与张宗昌、褚玉璞等军阀奋斗，与土豪劣绅贪官污吏奋斗，与乡下人之封建思想奋斗，遇到了重重困难。但是，我们不怕困难，我们总要继续努力，奋勇前进。……

对乡村教育，我们为什么要这样办？为什么要这样去努力？在晓庄的时候，也有不少同志向我提出过这样的问题。我曾经不止一次的谈过这个问题。我曾多次介绍过王国维在《人间词话》中的一段话，说明我们的想法和做法。

这就是说，一个诗人或学问家，首先要高瞻远瞩，认清前人所走过的道路。也就是说，总结和清理前人的经验是艺术创作或学术研究的起点。第二步，要覃思苦虑，孜孜以求，犹如热恋中的情人，热切地、不惜一切地追求着所思。只有这样，才能一朝顿悟，发前人未发之秘，辟前人未辟之境，在艺术上或学术上做出独创性的贡献，犹如在灯如海、人如潮的灯节之夜，千追百寻终于找到了朝思暮想的心上人一样。

联系到我们办乡村教育来说，也要先天下之忧而忧，要从高处远处着想。我们办乡村教育是一件大事，也是先天下之忧而忧，也必须要登高一望，望尽那天涯路！要放开眼界，纵的看看，横的也看看。从纵的方面，看看中国几千年的历史背景是什么？世界几千年的历史背景又是什么？再从横的方面看看，今天中国的社会背景是怎样？现在世界的潮流背景又是怎样？我们都要把它看得清清楚楚。在《我们的信条》里，有一条是“小的村庄要与大的世界沟通”，就是这个意思，这是第一境界。第二境界是看清楚人民的隐痛之后，要时时刻刻记着它，用尽自己的力量，为解除人民的隐痛而努力奋斗，为它牺牲一切，为它憔悴，终不懊悔！第三境界是从各处各地实际工作中寻求个解决，只要我们百折不回地去找它，终有出人不意遇着的一天。我们从事乡村教育，困难问题自然很多，假使我们能认真切实地随时随地遇着问题，都要求他一个解决，终是可以解决的。我曾经给一个在乡村小学坚持工作好几年的同志写过一副对联：

认清问题研究问题解决问题办好教育；

发明工具制造工具运用工具是真文明。

这也代表我们办乡村教育的一种态度。

我们都是走的一条路——办乡村教育，要办好乡村教育，要为中国乡村教育摸出一条新路，我们是同志。我们都应该有这么一个共同信念：乡村教育的前途一定是光明的，是有希望的，是会有好结果的。根据我们几年来的摸索、试验、探寻，我们所以要这样办，要这样做，是把以往的社会背景，以往的教育走错了路，现在世界的潮流等等，看得清清楚楚，才决心这样办，才决心这样做的。

（三天以后，陶行知请吃西餐，为百泉乡师校长和戴自俺送行。校长一再诚恳致谢说："这次来上海，多承陶先生大力帮助，介绍戴先生到本校去工作，真是太费心了，谢谢陶先生的费心！"陶行知随即答话：）

不！不是"费心"，而是"关心"！凡是有关乡村教育的事，我都关心；凡是乡村教育同志要我办的事，我都关心；百泉师范，我应该关心；全国乡村教育的发展、开创以及一切动向，我都关心。……

出自安徽省陶研会编《陶行知一生》，湖南教育出版社 1984 年 10 月版。

商务印书馆复业①

一·二八之变，商务印书馆亦同罹浩劫。积三十六年惨淡经营浸以臻于我国数一数二之文化机关，遭此荼毒，几于不可再振，乃以该馆尽力筹策，终能在国人热烈期望之下，于昨正式宣告复业。

该馆复业之日，标悬极其悲壮之警惕语曰："为国难而牺牲"，"为文化而奋斗"。吾人但一低吟"为国难而牺牲"之句，则一·二八之奇耻大辱，以及种种荼毒之惨状，辄又历历浮现于吾人之脑际，此仇此耻，不仅为直接蒙受绝大损失之商务印书馆所不能忘，亦即为我全民族所一日不忍忘。

吾人试再一吟味"为文化而奋斗"之句，辄又不能不深感该馆奋斗精神之坚忍卓越。既为国难而牺牲矣，更应为国难而奋斗。必我全国国民能具有此种奋斗精神，而后当前之国难乃能打破，我民族乃能争得自由独立与生存。虽然商务奋斗之道究如何乎，吾人不敏，则亦谨愿就见之所及，为一借箸代筹。

商务三十六年来对于我国文化上之贡献，固自有不可磨灭之伟绩，而尤以近十年来之成效为更多。但过去者既已过去，劫后之商务，今既以八月一日复业，则其"为文化而奋斗"，亦当自八月一日而重新开头。

吾人所愿贡献于商务当局者：

第一，我国今日文化之衰落，文盲之众多，实为世界所罕有。以故我国文化界今日之急务，不在于造成少数杰出之人才，不在于造成徒能读洋八股之大学生，不在于远稽往古，考证史迹以发扬我古民族之幽光；而在于扫荡文盲，教育一般劳苦大众，进一步更使下一代儿童不至再在愚昧与无知中长大。固然此种工作，要非文化界所能单独负荷，尤非出版界所能单独负荷。然而出版界于其出版书籍，多注意于教育劳苦大众，提高劳苦大众之知识，提高一般水平线，则以积久之努力，亦自可获得惊人之成效。此吾人所贡献于商务当局者一也。

次之，现代新学说与新思潮之流传与推进，都惟出版界之介绍是赖。

故出版界关系历史文化之进展与停滞，至巨至深。人既生而有思想之自由，则亦必应有研究之自由。任何主义，任何学说，任何思想，要皆有其产生之因，及其存在之价值。出版界则应不囿于主观之见解，而应普遍介绍，俾国人得有自由研究之机会。此吾人所贡献于商务当局者二也。

复次，目前我国中小学教科书籍，大抵都取给于商营之出版界，是则出版者之掌握中，实握有我全国中小学生之前途。换言之，即握有我民族之前途，则其所负责任之重大，殆无可比伦。吾人认为教育青年，应着重于养成其创造之精神，与开天辟地推进时代之生命力，而不应养成书痴，或旧时代之承继者。应养成其服务社会之精神，而不应养成其“利己主义”之幻梦。出版界编制教科书籍，则应以此为鹄的。此吾人所贡献于商务当局者三也。

吾言既尽，更敢取商务悲壮之词为商务勖：

“新商务其为文化而奋斗”。

原载《申报·时评》，1932年8月2日。

【注释】

①原文署名“彬”。

打算办工学团

我又想通一个问题了，我打算办工学团。

什么叫做工学团呢？工就是做工。工以养生，就是教人民大众生产劳动来养活自己，不游荡闲散，依靠别人。学就是科学。学以明生，就是教导人民大众研究社会科学和自然科学，一则明了自己为什么会受苦受难，被人欺负压迫，如何才能求得出路；一则用自然科学来增加生产和破除迷信。团就是团结，就是团体。团以保生，这个意思就是教人民大众团结起来，结成坚固的团体来保卫自己的生存权利，如果有什么混帐王八蛋来欺负压迫老百姓，咱们老百姓就起来和他干——啊！

此刻，我想到人民大众需要五种教育：科学教育、劳动教育、文化教育、艺术教育而外，还必须加一门武装自卫教育。有了它，人民才可以抵御一切侵犯者。因此，我们坚持人民应该自动武装起来保卫国土和家乡的主张！

我已觅定沪太路（从上海通到太仓的公路）旁的孟家木桥做校址，经费也筹到一些了，还捐到一架风琴和留声机，现在就想送去，你们去看看么？

这个工学团，既是工厂，又是学校，也是社会。大家都要跟木匠师傅或其他师傅学习做工，依靠我们自己的劳力来创造这个学校不行么？我们应该赶快替老百姓做些有益的事，他们对我们的捐助太热情了。只有亲密依靠老百姓，得到他们的帮助，工学团才可以办起来。

农民的青年工学团，可能办得起来么？让我们大家来试试。

出自戴伯韬著《回忆陶行知先生——其生平及其学说》，哈尔滨光华书店 1948 年 2 月版。

国难与教育①

我们知道，教育的目的，在于解决问题，所以不能解决问题的，不是真教育。不能解决国难问题的，尤其不是真教育。我们一定有了真教育，才能对付国难。教育是什么？教育就是力的表现，力的变化。实则整个宇宙，也就是一个力的表现，力的变化的过程。我们现在要解除国难，先要有力量，因为我们力量不充分，所以才不能对付国难。因此，我们要对付国难，就须以教育为手段，我们的力量起了变化，把不能对付国难的力量，变成能够对付国难的力量，这才能达到目的。

力量发生了变化，其大小之比较，可分别如下：就是少数人的力，比不上多数人的力；空谈的力，比不上行动的力；散漫的力，比不上组织的力；被动的力，比不上自动的力；头脑的力，比不上手脑并用的力。

我国的传统教育和现行的教育，只能造成少数人的力，空谈的力，散漫的力，被动的力，头脑的力。我们从此要改造教育，使教育普及于大众；使受教育者都能实践力行，从行动上去求得真知识；并使大众组织起来，自动去做他们的事；而仅用脑的知识分子，要使他们变成兼用手的工人，仅用手的工人、农人等都变成兼用脑的知识分子。这才能把少数人的力，变成多数人的力；空谈的力，变成行动的力；散漫的力，变成组织的力；被动的力，变成自动的力；仅用脑和仅用手的力，变成脑手并用的力。于是我们就可以造成极伟大的民族力量，来解除一切国难。

原载《南华评论》第3卷第4期，1932年9月。

从教育上谋国难的出路

——手脑并用[①]

教育是解决问题的。如教育而不能解决问题，那就不算教育。那么教育究竟是什么呢？简单一句话，教育就是力的表现或变化。世界是力创造的，所以解决困难也必须拿力来才行。用力有以下几个定律：

1. **小的力敌不住大的力**——以往传统的教育，因为专在少数人身上施行培养的工夫，所以产生不出力量。

2. **散漫的敌不过有组织的力量**——散漫完全是由封建教育造成的。不过组织要小心，切勿走上乡绅之路。所以第一要紧的，是直接认识自食其力的真农人。惟有如此，才能使组织生出力量。

真农人、真工人和假农人、假工人的区分，可以从下面的两个人看得出。

陶侃每天把砖由屋内搬出然后再搬进去。他虽在工作，却不是真工人，因为他不靠做工吃饭，仍靠做官吃饭[②]。

《儒林外史》上的王冕[③]是真农人，因为他虽读书，却不靠读书吃饭。

3. **行动强于空谈**——谈后继以行动那就不算空谈。书本上得不到什么力量，唯有从行动上得来的真知识，才是真的力量。

王阳明的话，我可以把他翻半个——180 度的筋斗，意思就是把他的话来个倒栽葱。他说："知是行之始，行是知之成。"我的倒转法就是："行是知之始，知是行之成。"爱迪生是由试验才把电灯发明成功。婴儿明白火烫手，也是从实际经验得来的。所以教育应培养行动，应当培养知识。

4. **被动敌不过自动**——中国现在的教育完全是被动的，所以产生一种坏的现象，就是有的说而不动，有的简直不敢动。例如有人到乡间去开学、办医院，这是替他们做事。所以不会生出力量。这好比小宝宝由老祖母得到的抚摸一样。所以最要改的是深入民间与他们同工。例如你同 10 人同工，走后还有 9 人能继续下去，不然工作要停顿，所以唯有加入他们的队伍，才能把地狱变成合理的人间。

5. **用头脑不及手脑并用的力量大**——读书人只能想出许多解决困难的方法，但却生不出力量。

传统教育的矛盾，可由孔老先生来作总代表。他是地主，所以他说："君子谋道不谋食。"他骂劳农是小人，然而他却说非小人莫养君子，这是多么的无赖。他又是好吃懒做的人，所以一个农人对子路骂他是四体不勤，五谷不分。"割不正"一段话很可代表他的好吃[4]。"民可使由之，不可使知之。"这是他所主张的教育。中国从这位老先生以来，可说完全造成了一个书呆国家。

总之，人所以比禽兽厉害，就因为他有手，手能打仗，能生产，能建设，也能创造。所以如是大家想应付国难，就当竭力把知识分子变成工人，把工人变成知识分子，小孩更要注意并指导他竭力运用手的活动。

一个母亲把弄坏一只表的小儿痛打一顿，这与小儿无关，倒把一个小的爱迪生[5]打死了。

歌：

第一歌

我是小工人，
我有双手万能。
我要造富的社会，
不造富的个人。

第二歌

我是小盘古，
我不怕吃苦。
我要开辟新天地，
看我手中双斧。

第三歌

人生两个宝，
双手与大脑。
用脑不用手，
快要被打倒。

用手不用脑，
饭都吃不饱。
手脑都会用，
才算开天辟地的大好老。

所以四万万人若都能用脑来指挥手，手来变化脑，那么组织起来，必能生惊人的力量了。那时应付日本，一定不难。

原载《消息》月刊，1932年9月20日。

【注释】

①原发表时，“手脑并用”四字游离于标题与正文，今由编者处理列作副标题。

②陶侃（259—334），东晋名吏，节俭尚劳。任广州刺史，朝夕运甓（砖）以习劳，为世人称道。

③王冕，《儒林外史》中的人物，以元代画家王冕（1287—1359）为原型。出身农家，白天放牛，晚上读书学画。终身隐居不仕，自号“饭牛翁”。

④“割不正”，语出《论语·乡党》：“食不厌精，脍不厌细。食饐而餲，鱼馁而肉败，不食。色恶不食。臭恶不食。失饪不食。不时不食。割不正，不食。……”

⑤爱迪生（1847—1931），美国发明家。少年时代好奇、好动，被老师赶出校门。母亲让他在家中地窖里做各种实验，终成大业。

社会与学校①

社会即学校，即整个的学校从历史上讲，学校可分成三个时期。

一，第一时期为社会是社会，学校是学校。在此时期，学校与社会是不发生关系的，社会上只管有水灾，有外人侵略，但是学校的先生仍是教死书，教书死；学生则死读书，读死书，读书死。不但学校与社会是相隔阂的，就是先生与学生中间，也有很大的隔阂，连彼此讨论的机会都没有，所谓“假师生买卖在书本，如果要打倒，因少给几分”。这是因为少给了学生的分数，所以学生要打倒先生。

二，第二时期为学校即社会，学校社会化。在最近二三十年来，杜威主张学校社会化，先生与学生在活动上交换经验，一般人受着这种学说的影响，于是产生了两种现象：

1，学校的组织都照社会的组织。如社会上有市政府，学校亦设立市政府，社会上有公安局、卫生局、银行及邮政局等，学校亦照样的有公安局、卫生局、银行、邮政局。这种影响不易见于大学，但易见于小学、中学，学校内的活动，完全社会化。

2，彼此合作。师生间的界限，不如昔日之严，先生与学生可以打球、赛跑、游戏。这种学说，与制度之改变，亦有他的缺点：学校即社会，想把整个的社会缩小搬到学校里来，不是容易做得到的。好像以小笼代替山林，以池子代替水泽，将鸟鱼捉到小笼里，放在小池里，将鸟鱼兽捉到屋里来，这如同我们将社会捉到学校里来一样，试问笼中的鸟与天空的飞鸟同不同，山中的虎与笼中的虎同不同，他们是不同的。因为失去了自由，当然不如在山中在天空的自由，所以小学校的市政组织，也是很勉强，很不自然的。在第二时期将社会搬入学校，试问讲台、凳子、黑板是如何的枯燥，怎么可以将社会关入这种小课堂，岂不是像池鱼笼鸟吗?

三，第三时期为社会即学校。学校为一群童子，整个的社会为我们的学校。所以至第三阶段时，我们立刻觉得教育的丰富伟大，同学、教师是多极了。我有一首诗来代表此意：

宇宙为学校，自然是吾师。
众生皆同学，书呆子不在此。

自第二阶段至第三阶段的手续就是“拆墙”，使学校的人，自由地往社会去，社会的人，自由地到学校里来，使人不知学校与社会的分别，学校如社会，社会如学校。我有一首诗说：

谁说非学校，就是非学校。
依样画葫芦，未免太无聊。

什么叫做“拆墙”？我也有一首诗：

人人都说路不通，走到水尽山又穷。
万山重叠何处是？障碍都在此心中。
拆墙须要拆心墙，拆得心墙天自空。
大家都来拆心墙，开路要我做先锋。

此诗代表拆“心墙”主义。我非唯心主义，不过为什么要拆心墙，因为“心”乃代表我们的感情和思想。我们要改造思想，便不可轻视穷人，我们吃农人的米，但我们不耻他，工人替我们做工，也不耻他。这种（轻视农人、工人的）思想不好，应该改变，同学与社会中人的思想围墙要拆。口头上讲拆是不实在，要从行动上拆起，拆墙为建造新社会的第一步。从前俄国的皇宫都变为博物院、影戏院，好位置都为工人、农人所有，也只有穷苦的人，可以进去享受。其实我对于俄国，无甚意见，不过无论是哪一国，只要是好的，我们都可采用。今年夏天，我穿着一双布鞋，赤着脚，手拿一把扇子乘风凉，我也有一首诗：

赤脚穿布鞋，赤膊穿布褂。
把风一扇了，扇倒斯文架。

有一天，我赤脚布鞋的走到中央大戏院看影戏，收票人不准我进去。

我问他为什么不准我进去。他说我没有穿袜子，我没有说什么，回头一看，有个穿高跟鞋的，也是赤脚，收票的人让她进去，我就质问收票的人，为什么同样的不穿袜，她可以进去，我不可进去，若是他说得出理由，我就不进去，若是说不出理由，我是要进去的。他没有理由可说，只好让我进去。

中国的社会是一个传统的社会，我们须将这观念打破。我希望沪江成为农工的社会，沪江的学生都不轻视工人。须知我们的食物，是农人的礼物，我们的衣服是工人的礼物；我们爱国须爱我们的平民，爱国即在我们四围的村庄；做事须从近处作手，远处作眼。

原载《沪大周刊》第20卷第1期，1932年10月23日。

【注释】

①本篇系陶行知在沪江大学所做演讲纪要，记录者：姚堃、曾宝荀。

创造的教育[①]

诸位同学：

我今天的讲题是《创造的教育》。

什么是创造的教育？先说明“创造”两个字的意义。我举两个例子来说吧。鲁滨孙漂流到荒岛上去，口渴了，白天他走到海边用手去捧水喝，到黑夜里就没有办法了。他偶而在灶的旁边，看见经火烧过的泥土，硬得如石子一样。他想到软的土经火烧了，就成坚固且硬的东西，于是他把土做成三个瓶子，放入火中去烧，烧碎了一个，其余的二个可以满满的盛着水。于是他口渴问题完全解决了。我们把这件事分析起来，可以发现三点：他把手捧水喝，到黑夜发生了困难，是他的行动；发现泥土经过火烧变成坚固且硬的东西，也是他的行动；把泥土塑成了瓶，希望同烧过的土一样的坚固，是他的思想。结果，他瓶子盛水的计划成功了，是新价值的产生。由行动而发生思想，由思想产生新价值的，这就是创造的过程。这个例子是“物质的创造”。再如《红楼梦》上刘姥姥游大观园，贾母请客，后来唤了二只船来，贾母同媳妇人等在前船先行，宝玉同姊妹们在后船后行。河内余满着破残荷叶，宝玉的船划不快，追不上前船。宝玉心里非常忿怒，马上要铲光破荷叶。薛宝钗说：“现在仆人们很忙碌，等他们空了，再叫他们铲除吧！”林黛玉说：“我生平最不喜欢李义山的诗，只有一句还可以。”宝玉问她究竟是哪一句呢？黛玉说，“留得残荷听雨声”一句。宝玉一想，觉得破荷叶很有用处，就不再要铲荷叶了。这个例子中，船行到荷叶中去，是行动；破荷叶妨碍行船，是行动；林黛玉提出李义山的诗句，是思想；宝玉心中厌恶的破荷叶，一变而为可爱的天然乐器，是产生了新的价值。这种新观念的成立是“心理的创造”。

我现在再讲行动，关于教育上的行动。中国现在的教育是关门来干的，只有思想，没有行动的。教员们教死书，死教书，教书死；学生们读死书，死读书，读书死。所以那种教育是死的教育，不是行动的教育。我们知道王阳明先生之提倡“知行合一”说的，他说“知是行之始，行是知之成”。他的意思是先要脑袋里装满了学问，方才可以行动，所以大家都认为学校是求知的地方，社会是行动的地方。好像学校与社会是漠不相关的，以致造成一般只知而不行的书呆子。所以阳明先生的二句话，很可以代表中国数千年的传统教育的思想。现在我要把他的话翻半个筋斗。如果翻得一个筋斗，岂非仍是还原吗，所以叫他翻半个筋斗，就是说：“行是知之始，知是行之成。”例如爱迪生发明电灯，不是从前的人告诉他的，是玩把戏而偶然发现的。小孩子不敢碰洋灯泡，是他弄火烫痛的经验；至于妈妈告诉他火是烫人的，不过使小孩子格外清楚一些。所以要有知识，是要从行动中去求来，不行动而求到的知识，是靠不住的。有人告诉你这是白的，那是黑的，你不行动，就不能知道哪个是真，哪个是假。有行动的勇敢，才有真知识的收获。书本子的东西，不过告诉你别人得来的知识。有许多人著书，东抄西袭，这种抄袭成章的知识，不是自己知识的贡献。你能行动，行动才生困难，想法解决了困难，才是真知识的获得。我现在介绍杜威先生思想的反省（Reflection of Thinking）中的五个步骤：（一）感觉困难；（二）审查困难所在；（三）设法去解决，（四）择一去尝试；（五）屡试屡验，得到结论。我的意思，要在“感觉困难”上边添一步：“行动”。因为惟其行动，到行不通的时候，方才觉得困难，困难而求解决，于是有新价值的产生。所以我说行动是老子，思想是儿子，创造是孙子。你要有孙子，非先有老子、儿子不可，这是一贯下来的。但是我们知道，单独的行动，也是不能创造的。如中国农夫耕种的方法，几千年来，间有小小的改良外，其余的都是墨守陈规，毫无创造。还有许多书呆子，书尽管读得多，也不能创造。所以要创造，非你在用脑的时候，同时用手去实验；用手的时候，同时用脑去想不可。手和脑在一块儿干，是创造教育的开始；手脑双全，是创造教育的目的。孟子说：“劳心者治人，劳力者治于人。”这是孟子当时的教育思想。时至今日，这种传统的思想已经起了一个极大的地震，渐渐的在那里崩溃了。我最近读了世界许多有名科学家的传记，觉得有发明的人，都是以头脑指挥他的行动，以行动的经验来充实他的头脑。中国的所谓学者，他们擅长的是高谈阔论，作空文章；而做劳工的人，又不读书，不肯用脑，所以一辈子在这种传统习尚下过生活，大科学家、大发明家哪里会产生？现在我们知道了，劳工教育啦，平民教育啦，都是时见时闻的。但是情势一变，“反动”“嫌疑”等等名目都加上来，你就陷于四面碰壁的绝境。有许多教育界很有声望的、无阻无碍的人，他们又不愿去干，以致这种教育至今还尚在萌芽时代。

行动的教育，要从小的时候就干起。要解放小孩的自由，让他做有意思的活动，开展他们的天才。至于我们一辈，从小是受传统教育的熏陶，到现在觉悟起来，成为一个半路出家的和尚。和尚是半路出家，他往往会想起他的家来。例如不吃鸦片的人，一见鸦片就生厌恶，但吃过鸦片的人，虽然戒了瘾，至少对它有相当的同情。我们小的时候，有天赋的行动本能，不过一切工作都被仆人们代做去了，被慈善的妈妈代做去了。稍长一些，我们到小学校去读书，有阎罗王般的教师坐在上面，不许我们动一动。中学和大学的课程是呆呆的订死在那里，你要动亦不得动。到现在始费尽九牛二虎之力，挣扎着改变久受束缚的人生，还不能回复自然的行动本能。但是我们并不要灰心，时机也并不算晚，佛兰克林四十几岁才发明了电呢！不过行动的教育，应当从小就要干起，因为小孩子还没有斫丧他行动的本能，小小的孩子，就是将来小小的科学家。假使我们给小孩子自由行动，我相信千百孩子之中，一定有一个小孩是天才，是一个创造者、发明者。爱迪生小时候，是个很喜欢行动的小孩子。当时美国的教育，也同中国一样，小学教员是禁止小孩子活动的。爱迪生违反了教师的训条，就蒙到“坏蛋”的声名，不到三个月，爱迪生被“坏蛋”的空气逼走了。爱迪生的母亲不服气，她以为她的儿子并不是“坏蛋”，“蛋”并没有“坏”，她就教他先在地窖里研究化学，后来研究物理，结果成了一个闻名的科学家。所以爱迪生的成功，幸而有他的妈妈，否则老早就把他的天才牺牲了。牛顿生下来的时候，小到像小老鼠一只，体重只有三磅。看护妇去请医生的时候，很不高兴的说：“这样小老鼠一般大的东西，等到医生来，早已一命归天了。”岂料小老鼠一般的东西，就是以后闻名的科学家，还活到八十多岁呢。据说牛顿小的时候，并不聪明。可见小孩子的时代，很难看得出哪一个是天才的儿童。

四月四号是世界儿童节，中华慈幼协会请我编了四支儿童歌。

（一）小盘古

我是小盘古，
我不怕吃苦。
我要开辟新天地，
看我手中双斧。

（二）小孙文

我是小孙文，
我有革命精神。
我要打倒帝国主义，
像个球儿打滚。

（三）小牛顿

我是小牛顿，
让人说我笨。
我要用我的头脑，
向大自然追问。

（四）小工人

我是小工人，
我有双手万能。
我要造富的社会，
不造富的个人。

我们要打倒传统的教育，同时要提倡创造的教育。他的办法是怎样呢？我们知道，传统的教育，他们一个教室容纳四五十人。试问教师的力量有多么大？能够完全去推动全级学生？所以就发生了教育方法上的错误。我们现在的办法是教师教大徒弟，大徒弟再去教小徒弟，先生在上了几堂课以后，鉴别了几个较有天才、聪明的大徒弟。以后教师就专门去教大徒弟，所以他的精神容易去推动他们，学问也容易灌输到他们头脑中去。大徒弟再把他所得到的，分别的去教那些小徒弟。学生们很活动的去找寻知识，解释困难，贡献他所求得的知识，先生不过站在旁边的地位略加指点而已。我们认为这种教育，是行动的教育。有行动才能得到知识，有知识才能创造，有创造才有热烈的兴趣。所以我们主张“行动”是中国新教育的开始，“创造”是中国教育的完成。我曾经参观过一个学校，这个学校是小孩子办的。我问他们说：“你们是大小孩子教小小孩子吗？”有一个小孩子回答说：“是的，不过有许多时候小小孩子也教大小孩子呢。”我说：“你的话是对的，是真理，比我的意见更进一层。”现在中国传统教育下的知识阶级，根本就看不起小孩子，看不起农人、工人。但是试问他们的力量有多么大？倭奴侵占我们的东三省，你有力量干走他吗？不可能！我们要启发小孩子，启发农人、工人，运用大多数人的力量，才能够去创造，才能救国雪耻。我来举一个例子，证明农人的力量并不弱。从前我办一个学校，在校的旁边凿了一口井，专门供给学校用水的。有一年大旱，乡村中旁的井水都汲干了，所以乡民集中到校旁井内来汲。后来这口井也涸竭了，于是我们校里，因为水的恐慌开了一个会。当时有人主张，把井收回自用。我不以为然。我说："我们的学校，是以社会作学校的，不应该把社会圈出于学校之外。假使这样，我们将来推广农事和民众教育就不容易办了。用水既是大众的事，还不如请大众共同来解决。"于是请各村庄每家派一个代表，男的、女的、小孩子在十三岁以上的都可以，没有多少时候，礼堂上已挤满了代表。我们教员们，自觉居于孔明的地位，三个臭皮匠合做一个诸葛亮的地位，所以黄龙宝座的主席，推了一个十三岁的小孩子。我们略略讲了几条会场规则之后，就正式开会。那一天的会，非常有精彩，有力量，当时发言最多且最好者，要推老太婆！好！我们来听一个老太婆的宏论。她说人是要睡觉的，井也是要睡觉呢；井不让它睡觉，一辈子就没有水吃。所以当时一致议决井要睡觉。自下午七时起至翌晨五时止，不得唤醒井，违者罚大洋一元，作修井之用。当这个老太婆发言未完，另有一个老太婆，也想立出来发言，就有第三个老太婆牵牵她的衣襟，制止她的发言，说："不是方才先生说过的吗？"你想他们非但能够自治，而且还能管理他人，所以当时会场发言的人非常多，秩序还是一丝不乱的。他们讨论了好久，还制成几条议案：第二条就是汲水的程序，先到者先汲，后到者后汲，违者罚大洋五角，作修井之用；第三条就是再开凿一井，把太平天国时留下淤塞的废井加以开凿，经费富者多捐，贫者少捐，茶店、豆腐店也多捐一些；其四，推举奉天刘君锡侯（?）为监察委员，掌理罚款，调解纠纷。结果，一个大钱都没有罚到，因为这是出于农人自动的议决，所以大家能遵守。你看农人的力量是多么大，他们的话多么的公正和有效，这种问题来的时候，岂是少数人所能干得了吗？不过他们的旁边，还是需有孔明在那里指示，否则恐怕到如今，井还没有开凿成功。所以创造的教育应该启发农人、工人、学生……，使他们得真的知识，才是真的创造。

其次我要讲的：现在中国的教育的组织，是不能创造的。我们可以分二种来说：第一种是，学校是学校，社会是社会。他们认为学校是求知的地方，社会是行动的地方；他们说读书不忘救国，救国不忘读书。日本人的炮弹已经飞到他们面前，还是子曰子曰读他的书，这种教育是亡了中国还不够的。第二种，他们已经觉得学校是离不开社会的，所以他们主张“学校社会化”，他们想把社会的一切，都请到学校里来，所以学校里什么都有：公安局啦，卫生局啦，市政厅啦，什么都有。但是他们所做的与社会依旧是隔膜的。况且学校有多么大？能够包罗万象？他们的学校好像大的鸟笼，把鸟儿捉到笼里来养；又好像一只大缸，把鱼儿捉到缸里来养。结果鸟儿过不来鸟笼的生活，死了；鱼儿过不来鱼缸的生活，死了。所以这种似是而非的教育是不自然的、虚伪的和无力量的，也不是创造的教育。创造的教育是怎样呢？就是“以社会为学校”“学校和社会打成一片”，彼此之间，很难识别的。社会含有学校的意味，学校含有社会的意味。我们要把学校的围墙拆去，那么才可与社会沟通。这种围墙不是真的围墙，是各人心中的心墙。各人把他的感情、态度从以前传统教育那边改变过来，解放起来。实则这种教育，只要有决心去干，是很容易办到的。例如大夏大学的附近有许多村庄，庄上的人，都是散漫的，无教育的。假使我们把学校与村庄沟通，大学生都负责去创造新村，村上的人，都受到知识，形成活活的有力量有生命的村庄，再把全中国所有的村庄联合起来，构成一个有大生命的中国，民众的力量可以集中，国难也可共赴。这样做去，要普及教育，一年就可以成功。我们自近而后远，先小而后大，着手办去，把小孩子、农人、工人都培养起来，这才是创造教育的目的。中国现在的教育不是平等发展的，是畸形发展的，一方面有博士、硕士，一方面有一大群无知识的民众，迟滞的表示不出多大贡献。

现在我再要讲，创造的教育是以生活为育，就是生活中才可求到教育。教育是从生活中得来的，虽然书也是求知之一种工具，但生活中随处是工具，都是教育。况且一个人有整个的生活，才可得整个的教育。举个例来说吧，有一个儿子，他是喜欢赌博的，他的母亲训斥他。不过他的母亲却悄悄地到邻舍去赌博了，他在窗内看见他的母亲赌博，于是也到别处去赌博了。这个孩子过的是赌博生活，受的是赌博教育，不期而然而成赌博的人生。某学校他们反对我“生活即教育”的主张，我去参观他们的学校，适逢吃饭的时候，他们的饭菜是有等级的，厨子巴结先生，先生的菜特别是好，学生的菜，简直坏之不堪。他们请我在先生一桌吃饭，我愿意同学生一块儿吃。学生的饭菜坏到怎样呢？他们名为一碗肉，肉仅在碗面上几小块，学生在未下箸的时候，目光炯炯地早已看准那最大的一块，一下箸，一碗饭还没有吃完，而菜已吃得精光了。这种饕餮的状态，无形中在饭堂里更造成了许多小军阀。这个学校，是不把吃饭问题归入教育范围之内的。有许多学校对于男女学生的恋爱，他们是讳莫如深，但恋爱问题，往往闹遍在学校里。现在生活的教育是怎样呢？我们知道恋爱、吃饭等问题都是非常重要的，所以，恋爱先生我怕你，请你进来；吃饭先生我怕你，请你进来，我们来一块儿干吧！我们的教育非但要教，并是要学要做。教而不学，学而不做，叫做“忘三”。我们要能够做，做的最高境界就是创造。我们要能够学，学从生活中去学，只知学而不知做，就不是真的学。我们要能够教，教要教得其所，要有整个的教育，平等的行动的教育，不要像现在畸形的教育。有人说我的创造教育，不成其为学校，我做了一首诗：“谁说非学校？就算非学校。依样画葫芦，简直太无聊。”

原载《大夏周报》第9卷第7期，1932年11月。

【注释】

①本文系陶行知1932年10月14日在大夏大学所做演讲记录。记录者：华炜生。1933年，本文又分别刊载于《大夏期刊》第3期与《教育建设》第5辑。

生活即教育

——教育理论及若干实践①

生活即教育

可以说，所谓“生活即教育”者，即哪里有生活哪里就有教育。好生活带来好教育，糟糕之生活带来糟糕之教育。确立目标之生活带来目的明确之教育，缺乏目标之生活导致漫无目的之教育。条理清晰之生活意味着计划周详之教育，缺乏条理之生活意味着条理缺乏之教育。理性生活养成理性之教育，不讲道理之生活就会形成不讲道理之教育。

“生活即教育”有如下五大目标：（1）以健康生活养成健康教育；（2）以劳动生活养成劳动教育；（3）以科学生活养成科学教育；（4）以工业化生活养成工业教育；（5）以艺术生活养成艺术教育；而社会生活各方面就构成社会教育。

相反，仅供阅读者为劳动教育之书本也，仅供听闻者为劳动神圣之宣讲也；而日常所过者依然为轻松、懒散、舒适之生活也，此等教育依传统观点亦可称之为劳动教育，若依生活教育之观点则殊无成为劳动教育之可能。生活教育意指源于生活、倚靠生活、服务生活之教育，它经与生活发生关联导致生活产生变化，以有目标有计划之生活去改造或重构无目标无计划之生活。

生活教育自成为生活之中心，即与某些传统教育理论产生冲突，首先与其冲突之传统理论为以文化为中心之文化教育。大战（此处指第一次世界大战——译者注）前德国教育即以文化为中心，此一教育理论在中国得到不少人追捧。然依据生活教育之观点，一切文化不过是生活之工具而已。既然文化不过是生活之工具，又岂能成为教育之中心？与生活教育相冲突之第二种传统理论是教育与德育相互分离。目前中国之学校中教育与德育分离为普遍之现象：似乎教育只需要教人学习书本知识，而品德之培养则为教人举止适当、做好事情；似乎教育只需要培养智力、传递知识，而品德之培养旨在陶冶性情；再者，似乎所谓教育即指课程内活动，而品德之培养则指所谓课外之活动。因此，在所有普通学校中均有一位仅负责教育之教务长，同时还设有一位仅负责所谓操行之舍监，并设有专门之教务机构以确保智、仁、勇等品德培养之目标。如此一来，教育之目标何在？而生活教育之宗旨为：以整体之生活促成整体之教育，每项教育活动均须具备目的、计划、方法、工具、指导和数据统计。智育和德育不可割裂，思想和行动必须一体。于个体而言，学习、工作和生活密不可分。简而言之，教育和品德培养不能分开。

与生活教育相冲突之第三种传统理论为教育等于读书。生活教育指出，个体所过之生活决定了其所需要之工具。书本仅仅为生活工具之一种，应该为生活所用，而不应当将生活变成死读书。既然书本应为人们在生活中使用之工具，自然人们所过之生活决定其需要之书籍。

与生活教育相冲突之第四种传统理论是学校与社会相分离：学校是学校而社会是社会。过去所有学校大门上通常都贴有“闲人莫入”之告示，学校亦因此对社会封闭。无庸多言，此为旧式教育之观念；但即便改变此观念，认为学校即社会，此种理论亦不能引领我们大步向前。而生活即教育理论一经发表，即刻要求拆毁学校隔绝社会之藩篱以使校园与社会各类事物融会到一起。不仅如此，生活教育理论还欲将整个社会亦或整个村庄变成学校。

和平门乡村大会

（供水问题解决之方案，作为训练人民运用自身权力、践行教学做合一原则和社会即学校原则之例证。）

罗马帝国军队每途经一处必做两件事情，一是立即在邻近处掘井；另一件事就是修筑一条通向罗马之道路。此两件事正是我们乡村教师们当做之事。因此，当我们开办和平学园时，所做第一件事即为掘井。西方有谚语云：“一民族之文明程度可以其用水量衡量。”此话千真万确。若从教育之观念出发，我们也可以说，生活教育同样可以用水来衡量。倘若没有水就不能实现生活教育之五大目标。大旱之年对于水之极度需求恰似生活对于教育之需求。若无充足之水，则健康之体魄、劳动之技能、科学之头脑、艺术之兴趣以及社会改革之精神均难以养成。此即为我坚持建立乡村学校之第一件事应为掘一口井或为改造原有水井之原因。

和平门水井虽为学校所挖掘，但已奉献给全村使用。不久前，出现两大问题：

一、每天出水 200 担（1 担约为 80 磅重），不够全村人使用。于是各村民得很早起来取水，迟起者则无水可取。此后便日复一日竞相起早，有为取得够用之水而整夜等待者亦不鲜见。而夜间未得机会取水者则白天就在井边等待。尽管井已几乎干涸，诸位村民仍然聚集在井边，不辞辛苦，仍一杯一杯将水注满装水容器。

在井边等待取水者时有插队越前之人，以换取提前取水之机会，并因此导致纠纷，双方动手，武力解决，其结果自是力大强壮者得手，多取水而归。

不多日，学校亦开始缺水。追究根源，我们始得悉其中原委。有人建议学校应限制村民取水量，亦即先让学校取够水，始向村民开放剩余之水。但如此做法自是与“社会即学校”和“生活即教育”之精神相违背。解决问题唯一之途径为召集全村居民召开大会，让所有人一起解决此一普遍关心之问题。

本次群众大会于民国十七年十月二十九日下午 5 时举行。要求每个家庭派一名代表参加。如果男人在家，应当由男人参加。男人如果不在家，就由女人参加。假如男人不在家而女人又必须守家的话，得派一名 10 岁以上小孩参加。有人会问，教育尚未普及，召集此类大会有可能乎？和平门之经验告诉我们，如有适当指导，应是完全可能。本次会议证明其为公民培训或政府公众管理培训之最佳方式。

钟敲 5 点时，全村所有代表准时入会。在会上，起身发言最多最好者为一些老太太。我和几位经过正规训练之学生在代表中充当顾问，尽可能提供他们所需之帮助。在选举大会主席之前我向他们讲解该如何进行选举，同时也告诉他们，各位老师和我均无资格做主席候选人。我们只做顾问，不做主席。主席必须从他们自己中间选出。结果他们选出一位 13 岁小朋友充当主席。该小朋友则在担任主席过程中学习做主席。在主席选出之后，我们用 5 分钟对他进行培训，并告诉大家现在如何进行讨论，如何表决并通过各项决议——例如，不能有两个人同时站起来发表意见等等。会议中最有意思之插曲是当有位老太太站起来讲话时，另一位老太太很激动地也想站起来发表意见，第三位老太太见此情况忙拉住第二位老太太衣襟说：“你最好等那位太婆把话说完！”

当天我们议决如下：

（一）每天让井休息10小时。从下午7时到次日早晨5时，不允许任何人取水。违反此规定者罚款1元作为修井用。

（二）每次取水，应依次进行。先到者先取，后到者后取。违规者罚款6角作修井用。

（三）选举刘世厚（音译）先生为监察员，负责执行处罚。

（四）选举雷老先生为开井委员长，筹备开一新井。筹集新井资金时，茶馆和豆腐房应当多出。另外还要说服富人多出些。全村居民定当齐心协力，令开凿新井工作在最短时间内全面完成。

几项决议均获得大会通过。前三项实施得很顺利，无人违规，足以证明群众力量之伟大。自此以后，取水秩序极好，再也无人插队越前取水。这次会议证明了六点：

（一）民众教育应以关系民众切身利益之问题为中心。

（二）教学做合一之原则只有在认可社会即学校之理论前提下才能付诸实施。本次会议证明社会即学校之理论对于社会和教育之改造是十分有效之指导原则。

（三）事实证明，乡村民众并不难教育、也不难培训。不要认为老太太和小孩子难培训，只要有耐心和智慧，看上去不可能之事情亦有可能。

（四）公众管理较之学校或由少数成员构成之任何其他机构都更强大有力。如果学校一味发号施令，则社会上能够理解学校初衷者寡，误解者众，由此给众人带来之情感伤害，实可谓好心办坏事也。

（五）村民培训必须加以适当指导。没有顾问帮助，村民不可能有很大改变。和平门供水问题如果缺乏适当指导，则有可能再过四五千年也解决不了。

（六）群众运动领导者必须和民众一起行动，而不是代替民众行动。如要培训中华民国全体公民，亦必须实行此一原则，否则将损毁群众运动并推迟国家改革进程。

与自然之全面斗争

大自然普遍存在。我们借以学习、控制和认识大自然之学校亦普遍存在。通常，教室是书呆子之避难所和租界，而非科学神童工作之所，学习战斗之地点应为战场。合上书本，去四川攀爬山岩，方能感受到大自然之宏伟壮丽。

老农夫种稻，老园丁种菜，农妇养蚕，外科医生做手术，泥瓦匠砌墙，木匠做桌子，铁匠打铁，铜匠修水壶，电工安装电灯、电话和电铃，都是同大自然斗争，都是学习控制大自然。

人们对于同大自然之斗争决不能掉以轻心，必须要仔细观察并且不耻下问。最好方式为参加战斗而不仅仅袖手旁观。如果条件许可，人们应当亲身在斗争中学会斗争，在控制中学会控制，在感受中学会感受。

几天前，我为母亲买了一只表。这只表走得不大准，所以我将它拿到店里去修理。他们要收我一元六角修理费，我说："可以，但你们修理时我要带几个孩子来观摩，以便让他们取得新经验。"修表工同意了此一要求。当天下午我找了两位老师带着三个学生去看这位修表工修表，他们从头至尾观看开表和装配过程，花费一个半小时。最后我说："百闻不如一见；百看不如一试。我们自己该拿一只表来做实验。"于是我们到一家店里买了一套简单修表器械，又花一元钱买了一只钟，在教师指导下，把钟顺利拆卸开来，最后又装了回去。该钟结构和表不一样，因此花费 5 个小时方才做完拆装工作。第二天一名学生拆开一只旧表，想不到他竟能成功将表装配还原。第三天，另一位学生打开一只夜光表，却无法恢复其正常工作，最后在老师指导下终于完成任务。我自己花七角钱买了一只旧表，其状况很适合做实验用。如此一来，我们读书之兴趣更强烈了，因为我们在参考书中找到了钟表发明史及其工作原理。同时我们一致决定，在一个月内，如果我们中任何人戴有手表或是桌上放有台钟，却不会将它们拆卸并装配起来，并且不能解释其工作原理，那么其钟表应当予以没收。此一例证足以代表我们之学习方法亦即我们搏击大自然之方式。修表匠之店铺为我们之学校；柜台为我们之教室，修表匠为我们之老师；在店铺所待之一个半小时为我们之课时，一元六角钱为我们之学费；两位老师、三位学生和我本人则是学生和校友。回到家里以后，我们六个人又成了其他人之老师。

一些鼓舞孩童们的歌：

1. 小盘古

我是小盘古，
我不怕吃苦。

我要开辟新天地，
看我手中双斧。
2. 小牛顿
我是小牛顿，
让人说我笨。
我要用我的头脑，
向大自然追问。
3. 小孙文
我是小孙文，
我有革命精神。
我要打倒帝国主义，
像个球儿打滚儿。
4. 小工人
我是小工人，
我有双手万能。
我要造富的社会，
不造富的个人。

原载 *Educational Review*（《教育评论》）第 24 卷第 4 期，1932 年 10 月。

【注释】

①本篇是 *Life Is Education*（*A Number of Experiments and Educational Theories*）的中译篇《生活即教育（教育理论及若干实践）》，原文署名 W. T. Tao，译者 H. H. Li。英文影印件由何荣汉提供，张汉敏译，周洪宇校。

打倒留级

留级两个字是多么的可怕呀！我办晓庄的时候，觉得留级太残忍，断然把它取消掉。留级是违反自然生长之原则。小朋友好比是一棵小树。树是继续不断的向上长，园丁只能施灌溉，防虫害，不能叫树儿不长或是叫它退回一年重新长。留级纯粹是一个洋教育的洋把戏，我们大可以不必为它拉洋车。从儿童中心的教育立场上看来，这个把戏是玩不得的。下面是我对这个留级妖怪写的一首送行诗：

今年留一留，
明年留一留，
留到那年才罢休？
父母也羞，
同学也羞，
小小眼泪像雨流。
花儿也愁，
草儿也愁，
生长如今不自由！㊀
不自由，不自由，
把它从字典里挖出来，
摔到天尽头！
摔到天尽头！
从今小孩儿，
一级也不留。

原载《儿童教育》第 4 卷第 9 期，1932 年 10 月 15 日。

【原注】

㊀花草听见小朋友留级，也要滴几滴同情之泪，何况做先生的，当然不是嘴里喊几句小朋友就算了事。您如果是小孩们的真朋友，就得用斩钉截铁的手段，把这个妖怪赶到没有人烟的荒岛上去。

中华儿童教育社三周纪念①

人生两个宝，
双手与大脑。
用脑不用手，
快要被打倒。
用手不用脑，
饭也吃不饱。
手脑都会用，
才是开天辟地的大好老。

中国教育有两条大路可走：一是教用脑的人用手；二是教用手的人用脑，而且必须普遍的从小教起，才能发挥出伟大的力量。

陶知行祝

三一·一一·一一

1932年11月11日写

原载《儿童教育》第4卷第10期，1932年12月15日。

【注释】

①本篇原刊载件系陶行知手迹影印件。

儿童教育社，中国最早的全国性儿童教育研究团体，1929年成立，前身为幼稚教育研究会，后加入新教育国际联盟，社址在上海，陈鹤琴任主席。陶行知于1935年被增选为该社理事，后任第6届年会学术委员会委员。

乡村工学团试验初步计划说明书①

乡村工学团是一个小工场，一个小学校，一个小社会。在这里面包含着生产的意义，长进的意义，平等互助自卫卫人的意义。它是将工场、学校、社会，打成一片，产生了一个改造乡村的富有生活力的新细胞。

乡村工学团由儿童组成的，称为乡村儿童工学团；由青年组成的，称为乡村青年工学团。青年的定义，不根据年龄而根据求学的态度。老年人而有青年求学精神者，得入乡村青年工学团。

中华民族已经到了生死关头，我们要想起死回生整个的民族，须以最敏捷的手段，实施下列六大训练：

（一）普遍的军事训练.

（二）普遍的生产训练；

（三）普遍的科学训练，

（四）普遍的识字训练，

（五）普遍的民权训练；

（六）普遍的生育训练。

乡村工学团要将上列六大训练，具体而微的在自己乡村里尽量推进，把自己的乡村，造成中华民国的健全分子，并与全国一百万乡村联合起来，推进这六大训练，以造成一个伟大的、令人敬爱的中华民国。乡村工学团所采取之方法，与传统的方法根本不同。现撮要列举如下：

（一）传统的方法，是学校与社会隔离；乡村工学团主张以社会为学校。

（二）传统的方法，是生活与教育分家；乡村工学团主张生活即教育。

（三）传统的方法，把师生的界限分得太严；乡村工学团主张会的教人，不会的跟人学。我们跟农人学种田，农人跟我们学科学，这是相师相学的意思。我们还可以教大徒弟去教小徒弟，七十二行都有资格做先生，都有资格做太上先生。先生既多，学问自广。

（四）传统的方法，是先生教而不做，学生学而不做；乡村工学团主张先生在做上教，学生在做上学。教与学都以做为中心，这便是教学做合一之要义。

（五）传统的方法，是教劳心者不劳力，不教劳力者劳心；乡村工学团主张在劳力上劳心，才算真正的做，否则便是瞎做瞎学瞎教了。

（六）传统的方法，教人先费几年，把智识装满了再去行；乡村工学团，主张“行是知之始”，我们要在行动上去追求真知识，有行的勇敢，才有知的收获。

（七）传统的方法，是教少数人升官发财；乡村工学团主张与大众共甘苦，同休戚，以取得整个中华民族之出路。

乡村工学团之主体，是本村之真农人。所谓真农人，是靠自己动手种地吃饭的人。我们所以要有这一个条件，是防备这件重要事业，落在坏人的手里，作为个人利益的工具。村外同志，只处于推动、赞助、辅导的地位。这种村外的推动、赞助、辅导，只适合本村需要的时期为限。推动的宗旨在求本村之自动；赞助之宗旨在求本村之自助；辅导之宗旨在求本村之自导。乡村改造运动者，最忌代替农人做；因为代替农人做得太多太久，农人仍旧不会自己做。农人不会自己做，终是无补于大局。我们要想农人自动、自助、自导的来改造他们的村庄，必须在发动时有此认识。从村外同志的发动，到本村完成主体健全之组织，其移转之步骤如下：

第一步骤　创办时，发起人组织乡村改造社，掌管筹款、用人、指导事宜，同时认识本村真正农人。

第二步骤　由真正农人产生董事会，接受改造社助款，聘任总指导，再由总指导聘任指导员。

第三步骤　本村工学团经济独立，改造社得以此款创办他村的工学团。

乡村工学团以充分运用本村固有之力量为原则。凡新时代生活所必须而为本村所无的，才运用外来力量。例如房屋，则以租借公共建筑物为原则，非到不得已时必不建造新屋；实验农场，则特约开通农友自办，不必买地。运动场之类，则租用荒地开辟。自卫武器，亦从集合本村原有武器，徐图扩充。甚至于小孩们坐的桌凳，亦可由家中搬来使用，以待自造新的家具；虽一时外观不甚整齐，但唯有肯下如此决心，才能打破装饰品的教育。这样开办费必可减到极少，使得腾出余款从事生产一类的重要活动。

乡村工学团，可从事指导员之培养。其培养方法，则采艺友制。所谓艺友制，即在一种艺术上做朋友的意思。我们可以欢迎有志青年下乡，在办工学团上学办工学团。

1932 年夏写

摘自湖南教育出版社《陶行知全集》第二卷，1984 年版。

【注释】

①本文在收入 1943 年 4 月重庆民族书局初版《陶行知教育论文选辑》时，将“六大训练”改为“六大培养”，其他文字亦有所改动。

目前中国教育的两条路线

——教劳心者劳力，教劳力者劳心

中国有四千余年的历史，二千余年的文化，照理讲来应该站在时代的最前线。为什么现在不但不能和欧美各国并驾齐驱，而且还处处跟人不上？这个原因固很复杂，但是过去教育政策的失败，可以算是主因。

从前的教育是传统政策，单教劳心者，不教劳力者。《孟子》上有说：“劳心者治人，劳力者治于人。”从这里就以看得很透澈了。

一般的知识阶级，他们是劳心而不劳力，读书而不做工，所以形成了“书呆子”。教书的人是“教死书”“死教书”“教书死”；读书的人是“读死书”“死读书”“读书死”。充其量只是做一个活书橱，贩卖知识而已。除此之外，他们的一双手总是不肯拿来使用。我们常常可以看见一般老先生们的手，老是叉在袖内，现在的新学辈却因洋衣袖太狭叉不进去，所以换个方式叉在裤袋里，这可以十足地表现出来中国的知识阶级是不肯用他们的贵手来与农工合作的。现在有一段故事把它引来说说，更可以明白些：二千年前孔老夫子有一次跑到乡间，有个农家儿子要请教老夫子学农圃的事。老夫子答应得他好，你要学农圃的事，可以跟老农去学好了，我是教人读书的，不晓得农圃的事。由此可见一斑了。

农工阶级呢？他们是劳力而不劳心，做工而不读书，所以形成了“田呆子”。他们只知道“做死工”“死做工”“做工死”。除此之外，什么事情都可以不管，就使天翻地覆了，他们也只以为半天下雨，不知来由。他们受尽了剥削，还不知道什么道理，只是听天由命，叹几声运命的舛蹇而已。从前山东在张宗昌为督军时，连年饥馑，而张宗昌又极搜刮之能事，人民困厄，莫可言宣。但是当时的人民，反不知道这个原因究在那里，只是晓得叩天求神来消除灾苦。试问那里可以得到安慰？言之可悲而又可怜！

中国因为有了“书呆子”和“田呆子”，所以形成了一个“呆子”国家。读书的人除劳心以外，不去劳力，除读书以外，不去做工，以故不能生产。他们寄生在社会上，只是衣架饭囊，为社会国家蠹蠹，中国目前的坏，坏在那里？可以说完全是坏在这一班人身上。做工的人除劳力以外，不去劳心，除做工以外，不去读书，以故不能自保其利益，而受他人的横搜直刮。要他们做国家的主人翁，那更是在做梦。

中国现在危机四伏，存亡一缕。做成这个的原因，就是这山穷水尽的传统教育。我们要挽回国家的危亡，必须打破传统的教育而寻生路。我觉得目前中国的教育只有两条路线可以走得通：

(1) 教劳心者劳力——教读书的人做工；

(2) 教劳力者劳心——教做工的人读书。

站在现在的时代前，劳心不劳力的固然不行，劳力不劳心的也是不行。中国比不上外国，原因即在乎此。现在英美法意日俄的教育都注意到教劳心的人劳力，教劳力的人劳心，尤以俄国为显现。中国的教育自然也应该走这两条路线——教读书的人做工，教作工的人读书。

中国读书的人不去生利，是一个极不好的现象。现在的教育者要把他们的头脑灌输成科学化，使他们为自己创造，为社会创造，为国家创造，为民族创造。更要把他们的一双手解放开来，使他们为自己生利，为社会生利，为国家生利，为民族生利，这才是对的。南通中学现在应了这个要求，招了六十个学生，先行试试脑手同训练。他们一星期上课，一星期作工，每日工作六小时，所做的工作为金工、土工、木工、竹工，甚至磨豆腐、包面包都来。实行了半年之后，考查他们的学业，程度和其它学生相等，不过教学差些。这六十个学生，既然能够作工，并且能赶得上他们的学业，这是他们已经把两手解放了。我希望他们学校当局推广之，都实行这种工读的设计，同时更希望全国学校都采用，尤其是对于高等教育更为必要。

中国作工的人，不去求知，这也是一个极大的缺憾。无论那一个国家的工人比中国的工人程度总要胜过一筹，这是事实，无须我们置辩的。因此我国的工人也就只配做被支配的阶级，做被剥削的民众。若要拿“主人翁”的一等金交椅给他们坐，他们是无所措其手足。所以教作工的人读书，是最重要的，而且是刻不容缓的。

现在已经把用脑的人要用手，用手的人要用脑的理由说过了。希望我们负有教育责任的人，都要注意注意。现在还有一首诗拿来劝劝大家手脑并用：

人生两个宝，
双手与大脑。
用手不用脑，
快要被打倒；
用脑不用手，
饭也吃不饱；
手脑都会用，
才算是开天辟地的大好老。

原载《教育周刊》（福州）第137期，1932年11月28日。

创立山海工学团的呈文①

呈为设立实验乡村学校，遵照部颁规程订定校董会章，仰祈鉴核备案事：窃以乡村教育为建国要图之一，非实验无以确定进行之路线，立廷等历年研究所得，深信工学团为一最有效力之教育方法，亦即最有效力之乡村改造方法。所谓工学团即同时是一个工场，一个学校，一个团体，在这里面是包含着生产的意义，长进的意义，平等互助、自卫卫人的意义。本校实验即以工学团为中心，并参用下列七种主张：（一）社会即学校；（二）生活即教育；（三）相学相师，会者教人，不会者跟人学；（四）先生在做上教，学生在做上学，教与学都以做为中心；（五）在劳力上劳心，（六）行是知之始；（七）与大众共甘苦，同休戚，以取得整个中华民族之出路。拟以余庆桥二华里内之村庄为初步实验区域。此区域位在上海特别市与宝山县之交界处，故定名“山海实验乡村学校”。现已筹得的款，聘有专家，从事筹备。兹拟订校董会章程，连同表式一份，遵章呈请钧局鉴核，准予设立；一面自当遵照规程，依序呈请立案。除呈报上海市教育局外，谨呈

宝山县教育局局长冯。

计呈校董会章程一张，表式一份，履历片四张。

私立山海实验乡村学校创办人　陈立廷

陶知行

沈嗣庄

丁柱中

中华民国二十一年十一月　　日

原载《生活教育》第1卷第2期，1934年3月1日。

【注释】

①本篇是陶行知与陈立廷、沈嗣庄、丁柱中共同署名补呈设立“山海实验乡村学校”（即山海工学团）的呈文。

民众十条路线

——对到访学生的演讲提纲

（1）小数人的力量小，多数人的力量大。

（2）涣散的力量小，团体的力量大；

（3）空谈的力量小，动作的力量大；

（4）被动的力量小，自动的力量大；

（5）手脑分家的力量小，手脑联盟的力量大；

（6）头脑指挥手的力量小，头脑指挥手推动机器的力量大；

（7）真力量大，假力量小；

（8）安乐的力量小，生死关头的力量大；

（9）认清目标的力量大，糊里糊涂的力量小；

（10）无信仰的力量小，有信仰的力量大。

原载《申报》，1932年12月5日。

中国普及教育之出路

——对安徽省“国内教育考察团”的演讲大要

（一）工学团之组织及意义。

（二）生活教育之根本理论：

（1）生活即教育；

（2）社会即学校；

（3）做学教合一；

（4）在劳力上劳心；

（5）行是知之始，知是行之成。

（三）普及教育的几个问题：

（1）师资问题，推行小先生制度；

（2）设备问题；

（3）教科书问题；

（4）经费问题。

原载《申报》，1934年11月28日。

农村社会与农村教育①

教育社会虽有分别，但从生活上讲，生活即教育，教育即生活，社会不能离教育，社会所至之处，即教育所至之处，社会制度即教育制度。今天讲的题目是“农村社会与农村教育”。先讲农村社会，再讲农村教育之分析及办法。

甲、农村社会

农村社会之分析，很少研究，此刻的几个研究，极不完备，缺点很多。如中国共产党进行的，皆根据俄国对中国乡村之分析，究竟他们的分析对不对，要我们社会学家去回答和研究。由我们在乡村工作的分析，农村社会无富农。要有富农，就不是农。一个人有几百亩地，租给人用，或雇人用（村庄内有钱的人是有的，但不是农），这种不能称他为农，他是地主。当然我们不能称地主为农。将地主除去，在那地方只有自耕农、贫农、佃农三种。这三种的比例研究一下，穷一点的为多。自耕农有百分之四十，雇农有百分之二十，贫农有百分之四十，贫农比较多。再将农人别的方面报告一下，他们的特性是什么？

（一）农人有一种脾气，就是无政府。不是无政府主义者，乃自由主义者。“日出而作，日入而息，凿井而饮，耕田而食。帝力何有于我哉”。不管政治，政府不压迫，不会反抗。所以农人完全为个人主义者。

（二）无知识——普通教育没有受，普通学校之外的知识，如关于乡村的常识是有的，其他国家世界的知识没有。迷信非常深，为了迷信可以牺牲一切。家中无饭吃，可以抽一点钱上九华山去。修路不肯，若庙中做佛请酒，为菩萨生日倒肯出钱，若有人不出，不能在乡中立足。迷信的事情，可以举几个例：乡村二三里路有一个土地庙，却没有学堂，土地庙是一村的，人民皆为土地菩萨管辖，若是那一个人得罪了土地菩萨，就问他这一村的生命财产能否担保。蝗虫为天上放来的神虫，不能打的。因为不打倒可飞去，否则要吃尽稻豆。同时的，神虫能分别出那一家的豆麦，不会乱吃的。

（三）农人生孩子太多，无法叫他们不要生。生第一个有红蛋吃，生第二个，成双，生第三个时，于未生时已愁眉，因为人太多不够吃。朋友说他福气好，多不要紧，接连又是第四，甚至五六个。生得多，死得也多。第二个生了第一个死了，第三个未生，第二个又死了。但也有不死的。有的三四个，五六个，十三四个，十七八个十九个也有。十三四个是顶少的例子。留的只有三四个，其余生一人死一个。拿这件事来分析一分，生一个孩子要多少钱？很穷的人家，预备等费，要五块钱，费的时间要三天，二天就做事（上海人家生一个孩子要一百元，一月二月不做事）。家里若有人照应，可有一星期休息。平常人家十天。死一个小孩子，比生一个小孩子的费用要多。因为一件棺材要钱。若是生下地就死了，那倒少一点钱，但小孩总是半年或一年就死了。

中国一年要生二千万小孩子，费一千八百多万元。死去一千二百多万小孩。农村生的人多，死的人也多。在这种经济情形之下，为什么不少生几个，多活几个呢？

农村生产过度的结果是农村破产，生儿子也可以破产，生女儿倒不破产。为什么生儿子破产呢？若是自耕农有三十亩地，有两个儿子，至少受一些初等教育，儿子长大，两房媳妇一讨，生四个儿子。于是四口之家，变成十口之家。老头子死了，兄弟分家，每人十五亩。儿孙子不能受教育，否则挨饿。但勉强有吃有穿。再下一代，小孩子长大，四房媳妇一讨，每家再生两个，即成为八个家庭。八家分三十亩地，一家只有三亩多地。那么，没有办法，自己为人家做雇农。故第一代为自耕农，第二代为穷农，第三代为雇农。农村就发生天然的破产。现在有帝国侵入，所以农村破产后的农人，只有往城里做工，或往城里做生意，或在乡下做手艺。但手艺有限，要亲戚朋友介绍，同时城里面的工厂不要工人，于是就拉东洋车。无车可拉，就去当兵。中国兵之多，一方面是由于中国农村人口过剩，农不能安居，军阀之跋扈，农村人口过剩是大原因。“好铁不打钉，好男不当兵”两句话阻止农人当兵。中国正式兵有二百多万，非正式的军队土匪一共有几百万，都是农村人口过剩的缘故。

乡村人民多病。我们以为乡下人身体好，其实不然。不是这样病，就是那样病，病得最多的是疟疾及寄生虫。这两种病顶厉害，差不多个个人年年生。南京的乡下如此，上海的乡下也是如此，各种寄生虫的病使他们黄皮枯瘦。

乡下人无钱者向人借钱，出的利钱很高，十块钱只有九块。三分利照十块算，九折三分，还要有担保。以麦担保，明年还我麦。要照顶便宜的价，别人五元债主三元或四元，所以对折四折都要。乡村高利是很苦的，晓庄被封后，此种情形复出现了。

江南乡村免不了土匪，村庄有土匪。未办自卫团以前，我们的主张是以为土匪极贫，所以他们来时，请他们吃茶，吃饼干吃饭，有什么就让他们吃什么。以后就发现附近有发现一个土匪窝放枪。有一次土匪绑票，将一个小孩子绑去，要八百块钱赎，农人卖家当产，四方八面助成四百元向土匪赎小孩。钱被土匪取去，而小孩早被土匪弄死。当老人问他要时，他说："你到地下去拿吧！"老人看见自己的孩子已死放声大哭。

乙、农村教育

在这种社会，办教育应该怎样办法。"应当"很难说。不过将自己办教育的情形报告一下。

农人很穷，我们也很穷，我们办学校只有一千块钱，什么也不能做。大家说，只有一千块钱，做一千块钱的事。不能造房子，做四个布蓬开学，有客人来，在农人家里租一个客堂。第一天住农人家，第二天开学，六个人打地铺，还有一条牛，江问渔[②]先生也去了，牛就做招待员。露天开学，乡下人问："开学没有学堂？"我们说：

天是天花板，地球是地板，
四时八节是围墙，
农夫农妇小孩，是先生，也是学生，花草树木是教材。

无政府的脾气是很大的敌人，非用团体生活以纠正，不可以打破此种脾气。此种脾气，乃一年后所发现，也是自卫团所作成。大家都有小孩，大家都要来组成自卫团。老枪不够，于是大家买枪保卫自己的小孩和亲戚，一共买了二十九支枪。无子弹不行，大家只有几十粒子弹，于是赞成买枪买子弹，即刻买来。当时政府对于我（陶行知）很信任，于是向卫戍司令部商量，告诉他们关于土匪种种焦头烂额的事情，于是司令部送三十支枪，三千粒子弹，大家操练，有伍长、什长、排长，大家组织起来。若不会用枪，被土匪抢去又怎么办呢？于是请冯玉祥的六个军官当晚训练人民，若当晚有事，请六个军官抵御，教人民怎样用枪、子弹，当晚将要塞占住，小孩女人皆高枕而卧。他们胆子极大，无政府的脾气，也就打掉了。

还有和平门的井。大家喝了水，就会太平的（故事很长从略）。这井开头是人人争先恐后的去抢水，于是召集乡村人民会议，每家须派代表一名，不管男女老少皆可。会长为一小孩，告诉他们怎样作主席和会场应有的规则。开会后，大家发表关于井的意见，其中老太婆说话最多，因为他们每日煮饭是要水的，同时他们都能遵守会场秩序。末了他们议决几条：①要给井有睡觉的时候；②在五点钟以前，十点钟以后不准挑水；③挑水不准争先恐后，照着秩序，先来先挑，后来后挑；④推举监察员监视；⑤若有犯法者罚一元，作为修井之用。

打破迷信是用科学的方法，如红水变白，白水变红，乡下人以为有神，由于呼神唤鬼所致，要他晓得并不稀奇。再有无线电播音，他们很稀奇，于是解释给他们听，要他们自己去试。如农夫农妇在播音机前说话，在另一个地方可以听见。用这种方法，间接地破除迷信。土地菩萨并没有直接地要他们废除，所以城里人说晓庄不行，为什么将土地菩萨留住，以为别有作用。有一个青年，将土地菩萨的头打掉，乡下人将他修好，但城里的客人络绎不绝地来，看见土地菩萨又有了，他又将他打坏多次。如此，农人也不愿再修，于是做一块牌位，作土地公、土地婆。城里客人又来了，在土地菩萨上面写男毛厕，女毛厕。有一次，在茶馆与八个村庄代表谈心喝茶，讲土地菩萨的事，问他们有谁真正相信土地菩萨的站起来，再问他们为什么信？他们说：“母亲信，我也信。”又有一个人说：“见了信土地菩萨的说信，见了不信土地菩萨的说不信。”还有一个人说：“从前信，现在不信，因为将土地菩萨毁坏的人，土地神应该捉住他们，但是没有。”因此知道相信的人少。于是，我对他们说：“把土地菩萨放在路旁边，太不敬重，还是做一个土地庙。要将犯法、吸大烟等做坏事的人送至土地庙，要他自省几个钟头。”他们都很赞成，问他们为什么赞成？因为到公安局，非出十块钱不能出来，若在土地庙站几个钟头，倒不要出钱。

乡下人害病，最需要医道医药。乡下人生小孩极惨，小孩不能生下，用剪刀剪。牛顿为科学泰斗，爱因斯坦对他也不怀疑。牛顿生下来的时候，只有三磅重，若在农村，必不能活。如高桥接生的很好，有济良所，医所治病的人很多，重病可以送到城市去。在乡村做事，不能像天主教一年两年的等，一定要用方法。留声机、阿司匹林、金鸡纳丸、涂头上的药，都要预备。乡下人的病多，他们的经济问题，也很难解决。但不是全无办法，最易干的是组织农人，以其信用组织合作社（合作社之人与非合作社之人有别，在前者可以借钱，后者不可借）。米店的人反对在门口写共产党，但农人的势力大，与自卫团差不多，有武力，所以他们不能过分地干。谈到乡村经济，不能不谈到城里的经济，年成好，米不能卖出的原因是有钱的人往城内跑，白银子也带到城内去，怕土匪抢。平常有，今年更甚，为什么呢？因为去年水灾，到美国购麦，谷麦相比，谷价要落，美麦若来，中国的农人要没得命。

教育不是关起门来办，教育与社会须打成一片，若各自为谋，那是办不了的。

丙、研究的方法

中国的教育社会是洋八股，使他不变成洋八股而成为真正的学问，就是要实验。自然科学得实验，社会教育学科也得实验，所以要“动”的研究法，行动即合于科学的研究法，那就是实验。顶少要有一个实验区，如果坐在家里发一点问题，征求答案，就算事实，根据事实下断语，说这是教育学、社会学，对于帮助未尝没有，但仍须从实验着手，在活的事实中发现新的原理。

原载《沪大周刊》第20卷第8期，1932年12月5日。

【注释】

①本篇系陶行知在沪江大学所做演讲记录，记录者：姚堃。

②江问渔，名恒源，别号补斋，江苏灌云县人，近代职业教育界和中华职业教育社的一员。

陶知行所述之两种病

——软手病 呆脑病①

诸位是学生，鄙人亦是学生。今日贵校校长要鄙人与诸君讲话，请诸君不要以为鄙人做过校长，是先生。语曰："做到老，学到老。"今日学生与学生讲话，很有趣味，是研究，不是演讲。我国以前之读书，在教员方面，是"教死书，死教书，教书死。"在学生方面，是"读死书，死读书，读书死。"长此以往，弄得同归于尽，大家要死。俗语有老鼠钻牛角，越钻越不通之句。盖此种读书，志在文凭，不啻老鼠之钻牛角。故鄙人办理晓庄师范时，有两种口号：（一）打破书呆子；（二）打破文凭迷。如为文凭而读书，则国家即亡在我们手里。

现在我国两种大病：（一）曰软手病，系我们书呆子所造成。试观男学生之手，不过能拿一枝笔，做做文章，女学生之手，除做文章之外，不过能拿一只针，绣绣花。甚至穿西装者，时将两手插于裤袋内，穿袍褂者，时将两手缩于袖子内。一般摩登青年，并将手套套没两手，于是手愈弄愈软，脑愈弄愈呆，变成呆头呆脑。欲救是病，亟须解放，俾两手能做其他生产与建设事业。不特手要解放，即两足亦要解放。我国旧时，不要女子出闺阁，故将女子之足缠小，使之不便行走。现在女学生大都天然足，但虽不缠足，咸趋时髦，而欲穿高跟皮鞋，不啻变相之缠足。以前之缠足，只要几条布带足矣。现在变相之缠足，非七八元一双皮鞋不可。希望诸同学，脱除手套，不穿高跟皮鞋，为健全之国民。（二）曰呆脑病，农工两界同胞，大都均害是病，因渠等之手，果然不软，但不识字，不知国家之地位，不明世界之大势，不悉个人与国家之关系，所做事业，墨守成法，不知改良，变成笨头笨脑。欲救是病，须普及教育，开通知识。一言蔽之，欲用脑者，亦能用手；用手者，亦能用脑；然后可以发明事业，强国富民。最后鄙人有一诗奉赠诸君，文曰："人身两个宝，双手与大脑，用手不用脑，要被人打到，用脑不用手，饭亦吃不饱。手脑都能用，才算大好老。”

【注释】

①本文为陶行知在上海女子中学所做演讲，记录者孙筹成。原文刊于《新闻报》，1932 年 12 月 13 日 13 版。

集中国力挽救危亡①

三中全会开，中委孙科等二十七委员胪列原则与办法，提集中国力挽救危亡一案，是案业经大会通过。据报纸所载，其原则大致一为关于内政之整饬，另一为关于宪政之准备。在整饬内政之原则下，如切实保障人民集会结社言论出版居住信仰之自由，如政治分会之存废，如整饬行政系统，如派员考察各地方政治及民间疾苦，都有极明确之决定。而在准备宪政之原则下，于进行地方自治，筹开国民大会，起草宪法诸项，亦都有极具体之昭示。国难至此，危急存亡，仅存一线，集我全力，共谋打破当前之艰局，是盖为一年以来我全国人民所朝夕呼吁而不可得者。今在负有领导全国政治重责之三全大会中，既已决议，且又明白规定实施之原则，此种确定明白之昭示，诚为全国人民所共仰。虽然，吾人犹有未能已于言者，容申论之。

人民集会结社言论出版居住信仰之绝对自由一点，在国民党党纲中，在去年国民会议通过之约法中，以及在政府其他宣言法令中，盖无一不有极明白之规定。顾法典煌煌，载者若彼，而氓之蚩蚩，受者仍若此。迄至今日，人民不仅仍无集会结社言论信仰等之自由，即个人之生命且亦常随要人之喜怒憎好而生之死之，无丝毫之保障。政出多门，法典繁多，在此处为功首，而在彼处则为元恶，为功为罪，一无定则。此种现象，自决不容再任其延长。故吾人于此次大会之决议，固极表欢欣。但吾人尤深盼此决议之能切实执行，不再徒为历史上之文献。盖决而不行，实与不决无异，且又无以昭政府之大信。此其一也。

次之，政治分会之设立，本即为变相之割据。在“健全中央巩固中央”之原则下，此种制度之应澈底打破，亦自毫无可疑。顾分裂割据局面之形成，必另有其根因，而不仅在于政治分会之形式。政治分会之形式，即可打破，而割据之实质，初不必亦遂之而消灭。故今日必须审其根因所在，从而发动掊掘根因之“实力”，庶“议”既能“决”，“决”即可“行”。此其又一也。

复次，派员考察政治，以及访询民间疾苦，立意固善，但究尚为末端。盖今日外侮日急，内乱纷起，野盈饿殍，道载流亡，是即政治得失之反影，亦即人民疾苦之写真。今政府既具改革政治解除人民疾苦之决心，则眼前疮痍满目，危机环生，应即以人民之利益为前提。政府当局能以此旨训令各级官吏，各级官吏能遵令实行，政治自可步入正轨，犹恐其不能实力奉行也，然后派员考察以验其成绩如何而奖惩之。如此则考察更有实际。此其三也。

更有言者，宪政之实施，固亦早为全国人民一致之要求。但吾人尤切盼宪法之制定，为依据于真正之民意。夫然后宪政之实施，乃能真为民权之行使。脱其不能，则民元制宪之覆辙，即鉴在前车。差之毫厘，失之即在千里。此其四也。

总之，吾人于大会集中国力以救危亡之一决议案，在原则上无不竭诚赞同。但“力”如何而后可“集”，所“集”者为何种之“力”，以及必需何种之“力”而后可以“救亡”，则尤切盼大会作进一步之研讨。抑又闻之，为政不在多言，“行”而已。但须使所言者表现以事实，则政治自能发生伟力，自能博得人民之拥护。若意大利若苏联，皆眼前之实例。此吾人所又敢以挚诚切盼大会一审慎之思者也。

原载《申报·时评》，1932年12月22日。

【注释】

①原文署名“文”。

整顿教育之根本问题①

隔昨三中全会第四次集会，于确定教育标准，改善教育制度，改善高等教育诸问题，均有明确之决议。其内容为：（一）关于国民教育；（二）关于生产教育；（三）关于师资教育；（四）关于人才教育。且各胪列办法，揭举标的。在当前教育濒于整个破产之局势下，而有如斯整顿教育之明确决议，斯诚足以令日夕忧虑于“国本动摇”者为之色然而喜，深致欣幸于今后我国教育之庶几其有整饬之望。虽然，吾人仍请以一言广之。

第一，吾人认教育为整个政治中之一部门，教育之良窳，即与整个政治息息相关。故欲整饬教育，不仅在于改革教育制度，树立教育标的等局部问题；其尤要者，乃在于整个政治之澄清。此为一大前提，不容忽视。

第二，我国今日文盲人数，约占全人口百分之八十以上，民众教育之推进，固为至急之图。但文盲数字所以如此其巨大者，其根因不在于人民之不欲受教育，而实在于无受教育之机会。即就当前之事实而言，饥荒连岁，战乱迭作，农村经济，日益破产，人民生计，日趋艰难，老弱转徙，少壮流离，生且无方，遑言教育。故义务教育之推行固急，而民生之安定尤急。民生如不得安定，则义务教育即能践实推进，亦终必徒劳无功，是亦“富矣而后教之”之义也。

第三，我国生产落后，为显著之事实，今后应注重生产教育，以求产业之发达，固亦为根本之要图。不过吾人认为我国生产之所以落后，其根因实不在于未能着重生产教育。就当前之事实言，吾人尝见有多数机械、采矿、工程、数理等等之科学专家竟不能得一业，或既得业而所用常非其所学。反之，无一技之长、无一得之知者，则常无往而不适。就此种现象推断，则即使产业教育实行，各种专门人材皆次第养成，遂谓我国生产即可因而发达，人能用其所学以为国尽力，恐亦不免失之太为乐观。盖我国生产之落后，其最大之根因，实由于资本主义经济之握持桎梏也。

第四，迩年以来，学潮迭作，彼伏此兴，常相应和，闻者疾首，言者痛心。辄曰学生嚣张，学风败坏，是应严予管束，严加制裁。固矣！然而吾人认为学潮之作，要有其诱致之因，学风之败坏，亦当有其致此之由：外侮内乱，交相煎逼，使学生不能安心求学，一也。现实政治不能予学生以良好之观感，二也。教育经费，常起恐慌，三也。官僚制度侵入教育界，四也。新思想潮流之激荡，五也。晓此五因，则吾人又可知今日而欲弭止学潮，整顿学风，徒从管束制裁着手，亦为末道。或恐学潮将以管束而愈滋，学风将以整饬而愈肆。盖不正其本，决无以齐其末也。

第五，“教育经费绝对独立”，迩年来当局固已一再宣示。然而事实上则教费仍常积欠，一任学校关门，教员枵腹，青年失学，全国教育界号泣呼吁而都无以应。巨额之军费不能减缓，而教费则一任其长年拖欠。如言整顿教育，则此应即为最大之课题，亦即为严重之事实，整顿之工作，应以此为第一着。如其不能，则一切整顿之决议，其将不流为空谈者几希。

凡右所陈，吾人认为实深关当前整顿教育之根本要图，而其他皆为枝节。故读三中全会关于教育之决议案而后辄复略□陈之。

原载《申报·时评》，1932年12月23日。

【注释】

①原文署名“文”。

陶知行卖艺启事[①]

狐狸有洞鸟有食，乡下先生难度日。风高谁放李达火，武训讨饭也不易。自杀不成怕坐牢，从来不演折腰戏。众谓我曾做书呆，便教出卖书呆艺。书呆之艺卖与谁？开张岂必有生意？女生卖艺被开除，先生卖艺可遭忌？那里管得这许多，硬着头皮试一试！

（一）卖文。儿歌、教歌事、小品文等，发表后每篇十元。

（二）卖字。写自立〔歌〕、锄头歌、儿童工歌、手脑相长歌、夫妻学校歌词，每幅十元。

（三）卖讲。每讲小学十元、中学二十元、大学三十元；外埠一天来往加倍。讲乡村与教育、儿童科学、通俗天文等，任选。

通讯处　上海地丰路地丰里六号转

原载《涛声周刊》第36期，1932年12月24日。

【注释】

①这是陶行知首次卖艺的启事。此类启事曾在《申报》等其他报刊上登载。“三卖”文前的诗歌，后曾以《卖艺》为题收入《知行诗歌集》。

工 学 团

工学团是一个小学校，但同时是一个小工场，又是一个小社会。学校的主要意义是长进；工场的主要意义是生产；社会的主要意义是平等互助，自卫卫人。工场与工厂大不相同：凡露天的生产工作，如种植、开矿、造路、筑桥都包括在内。所以，这个集团包含三种意义，你可以简称它“三一主义”。你还要知道，这三种意义是贯彻我们整个的集团生活。它与平常所谓工读学校是根本不同，工读学校是半天做工，半天读书，工自工，读自读，不相联串。我们这小小试验，是将工场、学校、社会打成一片。

呆板的办工场，呆板的办学校，呆板的干社会工作，都没有意思！因为这样的干，是割裂人生，使活的细胞解体。所以，办的人个个弄得焦头烂额，找不着出路。刽子手的生活有什么意义呀！你若办一个工场，如果你同时注意到工人之长进的机会和平等互助的关系，便立刻变成有意义的工场了。你若办一个学校，如果你同时注意到师生之生产的机会与平等互助的关系，便立刻变成有意义的学校了。你若是去改造一个社会，如果你注意到各分子之生产与长进的机会，便立刻变为有意义的社会了。

约写于 1932 年

出自生活教育社编《生活教育论集》，生活教育社 1937 年自刊。

提高小先生水平的途径

儿童终究是儿童，他们的知识有限。为了把这个学校持久地办下去，必须不断地提高小先生的水平。提高师资水平的途径有三条：一是让负责教学的小先生轮流到上海“山海工学团”学习、进修；二是聘请南京安徽公学校长姚文采先生为儿童自动学校的常年顾问；三是邀请南京中国科学社经常派人到学校进行科学知识指导。

摘自胡同炳著《南京儿童自动学校十年努力记》。

我有了新发现

我有了新发现！我有了新发现！

我昨天玩电池，把铜丝从阴极上接到阳极上去，然后电子流从阴极射出，通过铜丝，流到阳极上去了。

嗨嗨！这没有什么？可是，我要告诉你们，存在我心里多年的问题，这一下被我想通了。

从前不是有人问过我么，教学做合一的过程，究竟和克伯屈根据杜威学说所提出的设计教学法有什么不同呢？当时，我只能说它们相近似，不过设计教学法不是真做，而是教师坐在书桌旁，口喷香烟，眼盯天花板，空想出来的。现在，我完全想通了。设计教学法的过程是：

一、引起动机；

二、决定目的；

三、拟定计划；

四、着手试验；

五、屡试屡验之后，得出断语。

我们过去批评设计教学法，一开始只是引起动机，而教学做合一首先就是行动，行动生疑难，疑难生假设，假设生试验，试验之后生断语，这个过程虽基本和设计教学法不同，比它前进了一步，但它仍有缺点。这个缺点是没有把行动和断语接连起来，就犹如没有用铜丝把电池上的阴电极和阳电极接连起来，因此，发不出电流，也就发不出光和热了。此刻，我把教学做合一的全部过程贯通起来了：

一、行动生困难；

二、困难生疑问；

三、疑问生假设；

四、假设生试验；

五、试验生断语；

六、断语又生行动。

如斯，便把前后两个行动连接起来，像阴阳二电极用铜丝接起来一样，就会通上电流，发出光和热来了。我把这个过程叫做“反省的行动或行动的反省（reflective action）”。

摘自戴伯韬著《回忆陶行知先生——其生平及其学说》，哈尔滨光华书店1948年2月初版。